Horaz (65 bis 8 v. Chr.):

„Wer ausreichend für seinen Bedarf hat,
ist nicht arm. "

Epikur von Samos (341 bis 270 v. Chr.):

„Wem genug zu wenig ist,
dem ist nichts genug. "

Aristoteles (384 bis 322 v. Chr.):

„Glück ist Selbstgenügsamkeit."

Horst J. Kowalke

DIE REISE NACH PASSAU

und warum wir die Welt
nicht retten werden

IMPRESSUM

© 2022 Horst J. Kowalke

Lektorat, Layout & Buchsatz: Susanne S. Junge
Umschlagbild: Jennifer H. Wolf
Fotos: Horst J. Kowalke

ISBN Softcover: 978-3-347-68040-1
ISBN Hardcover: 978-3-347-68043-2

Druck und Distribution im Auftrag des Autors:
tredition GmbH, Halenreie 40-44, 22359 Hamburg, Germany

Das Werk, einschließlich seiner Teile, ist urheberrechtlich geschützt. Für die Inhalte ist der Autor verantwortlich. Jede Verwertung ist ohne seine Zustimmung unzulässig. Die Publikation und Verbreitung erfolgen im Auftrag des Autors, zu erreichen unter: tredition GmbH, Abteilung "Impressumservice", Halenreie 40-44, 22359 Hamburg, Deutschland.

INHALT

VORAB 7

DIE REISE NACH PASSAU 13

DREI GLEICHGESINNTE WERDEN ZU
GUTEN FREUNDEN 143

AUSBLICK...174

ZEUGEN UNSERER ÜBERFLUSSGESELLSCHAFT 178

AUTORENPROFIL..182

VORAB

Drei Männer reisen mit der Eisenbahn von Wanne-Eickel nach Passau. Durch Zufall verbringen wir die gesamte Fahrt über im selben Abteil. Wir drei Herren sind im etwa gleichen Alter und kommen im Verlauf der stundenlangen Bahnreise nach und nach ins Gespräch miteinander. Geredet wird über Gott und die Welt, auch Persönliches kommt nicht zu kurz.

Unsere Route führt durch ein Stück Ruhrgebiet, über Bochum, Essen, Düsseldorf, Köln, Frankfurt am Main, Würzburg, Nürnberg und Regensburg nach Passau. Alle diese geschichtsträchtigen, sehenswerten Städte habe ich bei häufigen Besuchen kennen und schätzen gelernt.

Während unser Zug nach und nach die verschiedenen Stationen passierte, gingen mir so manch bemerkenswerte städtebauliche Eindrücke und viele schöne Erinnerungen an diese besonderen Orte durch den Kopf.

Das aus einem römischen Kastell hervorgegangene Passau gehört zu den meistbesuchten deutschen Mittelstädten. Auch wir drei ‚Reisegefährten' hatten immer wieder mal ein paar Tage in der Drei-Flüsse-Stadt zugebracht, wenngleich aus ganz verschiedenem Anlass.

Mein Auftrag war es diesmal, als verantwortlicher Ingenieur eine neuartige Fertigungseinrichtung zur Bearbeitung von Automobilteilen in Betrieb zu nehmen.

Dem Zweiten im Bunde, Hero Baumann, oblag als Gastintendant die Gestaltung des nächsten Spielplans für das Passauer Theater.

Unser dritter Mann, Otfried Bayer, in einem Ruhrstädtchen ansässiger Gemeindepfarrer, freute sich auf das Wiedersehen mit Passauer Bekannten, wie er uns sagte.

Mir fällt bei diesen Überlegungen auf, dass gerade die hier durch uns drei vertretenen Berufe – es mag ja reiner Zufall sein – dafür stehen, den Erdbewohnern neben den Sorgen um ihre täglichen Grundbedürfnisse ein lebenswertes, menschengerechtes und soziologisch eingebundenes Dasein zu schaffen. Begründen möchte ich das ganz einfach:

Der Ingenieur als technisch begabter Mensch und allem Praktischen zugeneigt, gilt allein von seiner Titulierung her als Motor des technischen Fortschritts. Das ist eher symbolisch gemeint und gilt stellvertretend für alle auf technischem Gebiet Tätigen wie Handwerker und andere Techniker. Nebenbei, auch in anderen Berufen arbeitende, phantasiebegabte Tüftler haben immer wieder Bedeutendes erfunden oder daran mitgearbeitet. Von einem aber ist mit einiger Sicherheit auszugehen: Der Mensch, der mit primitivem Werkzeug und bei größter körperlicher Anstrengung das erste grobe Holzrad aus einem Baumstamm geschlagen und mit großer Freude und Genugtuung gesehen hat, dass es funktionierte, war kein Diplom-Ingenieur. Vom Holzrad bis zu den die Erde umkreisenden und ihren Gravitationsbereich sogar hinter sich lassenden Raumschiffen vergingen Ewigkeiten, auf die menschliche Zeitrechnung bezogen. Das gilt gleichermaßen für die Entwicklung des Computerwesens. Wer hätte noch vor wenigen Jahren als Armbanduhr getarnte, miniaturisierte Allzweckrechner für möglich gehalten?!

Die – gemessen am zeitlichen Verlauf von den allerersten Anfängen der Evolution irdischen Lebens bis heute – verschwindend kleine Zeitspanne zwischen dem in die Welt eintretenden Homo sapiens und der Erfindung der Mikroelektronik oder etwa der immer mehr verfeinerten Medizintechnik zeigt an zahlreichen Beispielen die herausragenden Fähigkeiten der Spezies Mensch, wenn man sein kreatives Denken und jedenfalls meist umsichtiges Handeln bedenkt.

Den Beruf Hero Baumanns darf man getrost als Synonym für die sogenannten schönen Künste nehmen, für die Malerei, die Musik, die Literatur als schöpferische, beschreibende Begabung. Sie ist, frei nach Friedrich Nietzsche, im Wesentlichen Bejahung, Segnung, Vergöttlichung des Daseins. Vor Jahrtausenden bereits schmückten Vorgänger von uns schroffe Felswände und dunkle, großräumige Höhlen mit heute noch gut erhaltenen, teils farbigen Wandbildern. Auch monumentale, aus hartem Gestein herausgehauene Skulpturen zeugen in beeindruckender Weise vom starken künstlerischen Gestaltungswillen unserer Altvorderen. Vieles davon dürfen wir in erstaunlich guter Verfassung besichtigen. Es ist der Beleg dafür, dass der Mensch schon von sehr früh an nicht nur die Sorge um seine tägliche Nahrung, seine Bekleidung, seine Behausung und seine Fortpflanzung im Sinn hatte. Ohne seine kulturellen Neigungen hätte er vielleicht ein Dasein als abgestumpftes, animalisches Wesen gefristet. Das war wegen seiner angeborenen Fähigkeiten gottlob nicht der Fall. Er ging den Weg, der ihn in die Lage versetzte, Großes zu erdenken, etwa die Kunst des Buchdruckens. Als andere kongeniale Erfindungen wäre an dieser Stelle auf das Telefon, den Hörfunk oder das Fernsehen hinzuweisen. Die außerordentlich vielseitigen

Bereiche künstlerischen Schaffens haben die menschliche Phantasie schon immer herausgefordert. Dem Menschen als kreativem Künstler verdanken wir unglaublich viele, nicht nur von der Fachwelt, sondern von uns allen bewunderte Werke; seien es Gemälde, Skulpturen, die wunderbare Welt der Musik oder die uns zur Verfügung stehende, unermesslich umfangreiche Literatur.

Jetzt mag man sich fragen, welchen kulturellen Beitrag eigentlich Theologen wie Otfried Bayer leisten. Nun, sie machen sich – wie ihre philosophischen Kollegen, wie viele Naturwissenschaftler und andere aufgeschlossene, nachdenkliche Erdbewohner – immer wieder Gedanken um den Sinn des menschlichen Lebens. Fortwährend stellen sie sich die Fragen: ‚*Warum* gibt es den Menschen?', ‚*Woher* kommt er?', ‚Hat ihn jemand bewusst geschaffen?', ‚Ist er eine geniale Laune der Natur und zufällig entstanden?' und ‚*Wohin* geht er?' Schließlich ‚Bedeutet der Tod sein Ende oder nur den Abschluss seiner irdischen Pilgerschaft – und ein höheres Wesen, sein Schöpfer, holt ihn zurück in das verlorene Paradies?'

Nach der Rückkehr von Passau in unsere Heimatorte an der Ruhr machten wir wahr, was wir uns versprochen hatten. Wir trafen uns weiterhin in unregelmäßigen Abständen. Es gab jedes Mal viel zu erzählen von dem, was jeder von uns in der Zwischenzeit erlebt hatte. Nichtsdestoweniger machten wir ein Thema zum bevorzugten Gegenstand unserer Gespräche, die in den letzten Jahrzehnten aktueller denn je diskutierten Veröffentlichungen des ‚Club of Rome'.

Wir setzten uns bei diesen Treffen unermüdlich und mit großem Engagement mit den zukünftig zu erwartenden, bedrohlichen Auswirkungen des ungebremsten Wirtschaftswachstums auf ein wenigstens mittelfristig gesichertes Überleben unserer Erde auseinander.

Um die auf Dauer nicht zu verkraftenden, gefährlichen Seiten der Konsumgesellschaft – ungehemmte Ausbeutung unseres darunter ächzenden Planeten, Zerstörung der Natur, extreme Wetterausschläge, geringere Überlebenschancen zukünftiger Generationen – einschätzen zu können, muss man nicht unbedingt ein Experte oder ein Wissenschaftler vom Fach sein. Da reicht der gesunde Menschenverstand aus, um sich vorstellen zu können, wohin der Hase läuft.

Die (Überfluss-)Gesellschaft rennt mit geschlossenen Augen und mit großer Geschwindigkeit auf den Abgrund zu. Sie lebt nach dem Motto ‚Nach uns die Sündflut'. Mit dieser unverantwortlichen Einstellung *können* und *werden* wir die Welt nicht retten.

DIE REISE NACH PASSAU

Es war ein sonniger Montagmorgen. Ich stand im Bahnhof von Wanne-Eickel an, um eine Fahrkarte nach Passau zu kaufen.

Hat meine Frau wohl den Schlafanzug dazugelegt?, fragte ich mich. Sonderbar, dachte ich, dass mir das just in diesem Augenblick einfallen muss, hier, im Schalterraum des Bahnhofs von Wanne-Eickel. Meine Frau packte doch immer sehr umsichtig, sehr sorgfältig, nahezu akribisch meine Reisetasche, ging mir durch den Kopf. Nie hatte sie dabei etwas vergessen, weder Wäschestücke noch Toilettenkrams und alles das, was man so für eine mehrtägige Reise benötigt. Und sie hatte stets meine Sachen derart ordentlich in das Köfferchen gelegt, dass es mir beim Auspacken gelegentlich ein gewisses Unbehagen bereitete, diese eingepackte Ordnung durcheinanderzubringen oder gar aufzulösen.

Ob der wohlbeleibte Herr, der in der Reihe vor mir am Schalter stand, wohl auch alles Notwendige in seinen beiden prall gefüllten Gepäckstücken mit sich führte?, fragte ich mich. Denn nichts kann ärgerlicher sein, sagte ich mir, als am Zielort der Reise feststellen zu müssen, dass man etwas mitzunehmen vergessen hat. Etwa das Rasierzeug oder die Zahnbürste oder sogar den Schlafanzug. Doch nein, dachte ich, dieser dicke Herr macht nicht den Eindruck, als ob er etwas so Wichtiges wie das Rasierzeug oder die Zahnbürste oder den Schlafanzug oder überhaupt irgendetwas vergessen könnte, wenn er auf Reisen geht. Er macht vielmehr einen ungemein korrekten, ausgesprochen seriösen Eindruck – und machte den Eindruck eines Mannes, der häufig auf Reisen geht. Kurz, er wirkte auf mich wie ein routinierter

Bahnreisender, der niemals etwas für seine Reise Notwendiges mitzunehmen vergessen könnte, weil er diesbezüglich offenbar über entsprechende große Erfahrungen zu verfügen schien, dachte ich.

Die meisten Reisenden machen sich auf den Weg, ohne nur einen einzigen Gedanken an beispielsweise ihren Schlafanzug zu verschwenden, ging mir durch den Kopf. Und überhaupt, fiel mir ein, warum in aller Welt sollte es eigentlich so von Bedeutung ein, ob ich dieses Kleidungsstück im Gepäck bei mir führe oder nicht. Denn überdies scheint mir es weitaus angenehmer, besonders in den warmen Sommermonaten, ohne den Pyjama zu schlafen und dabei eine himmlisch anmutende Unbeschwertheit zu fühlen. Solche überaus beruhigenden Nächte werden zu einem besonderen Genuss, wenn man so gänzlich unbekleidet im Bett liegt, sagte ich mir. Und wann sonst sollte man sich so angenehm leicht, so rundum unbeschwert und ganz und gar von allem diesen Alltagskram befreit fühlen, wenn nicht unter dem wohlig kühlenden, leinenen Betttuch, gewissermaßen herausgelöst aus der festen, wie eine zweite Haut wirkenden Hülle des einengenden Nachtzeugs, dachte ich.

Und während der dicke Herr in der Reihe vor mir in der Warteschlange taktweise seine beiden Gepäckstücke mit dem Fuß voranstieß, musste ich immer wieder daran denken, dass ich heute Abend wie gewohnt den von meiner Frau sorgfältig eingepackten Schlafanzug brav überstreifen würde. Und das täte ich völlig freiwillig, ohne jeden Zwang, oder wäre es nicht doch der Zwang der Gewohnheit? Dabei könnte es nichts Einfacheres geben, als den Schlafanzug an seinem zugewiesenen Platz in der Reisetasche zu belassen und mich dann, unbekleidet unter der Leinendecke liegend, wenigstens nachts dem wohligen Empfinden einer unvergleichlich himmlischen Leichtigkeit hinzugeben.

Doch was soll das Ganze?, dachte ich, was soll all dieses gedankliche ‚Palaver' um das Tragen oder das Nichttragen einer Nachtbekleidung?! Wem würde das schon das geringste Verständnis abgewinnen? Außerdem würde ich in der kommenden Nacht in Passau, dem Ziel meiner Reise, in das gute Stück, in meinen lustig bunt gemusterten Schlafanzug, wie ich es gewohnt war, hineinschlüpfen und, ebenso wie gewohnt, in einem bekannten deutschen Wochenmagazin so lange lesen, bis mir schließlich vor Müdigkeit die Augen zufielen. Von alten Gewohnheiten ablassen zu können, ist nahezu hoffnungslos, dachte ich, während der dicke Herr vor mir endlich an der Reihe war und dem Schalterbeamten sein Reiseziel nannte. Es gibt schon sonderbare Zufälle, sagte ich mir, denn der Wohlbeleibte verlangte eine Rückfahrkarte nach Passau, der Stadt an den drei Flüssen, die ebenfalls das Ziel meiner Reise war.

Dort angekommen, würde ich am Abend in dem mir wohlvertrauten, kleinen, anheimelnd gemütlichen und unmittelbar am Ufer der Donau gelegenen Hotel meine Reisetasche auspacken, das frische Hemd für den nächsten Tag herausnehmen, saubere Unterwäsche und Socken, das Rasierzeug und schließlich auch den bunt gemusterten Schlafanzug, den meine Frau mir so fürsorglich eingepackt hatte. Zur Nacht, da hatte ich nicht den geringsten Zweifel, würde ich ihn ganz wie gewohnt überstreifen, eigentlich gegen meine innerste Neigung, dachte ich. Damit würde ich vermutlich auf das Gefühl der Befreiung, auf das in der Tat himmlische Wohlgefühl, verzichten, das sich einstellt, wenn man unbekleidet unter einer grob gewebten, leinenen Bettdecke schläft, dachte ich. Es scheint wohl einen inneren

Zwang zu geben, der einen festhalten lässt an so belanglosen Gewohnheiten wie etwa dem Tragen eines Schlafanzugs, sagte ich mir. Zumal ich dieses überaus einengende Monstrum nach Möglichkeit und bevorzugt im Sommer verschmähte und ich es demzufolge auch diesmal unausgepackt in der Reisetasche belassen würde.

Der dicke Herr steckte seine Rückfahrkarte sorgfältig ein. Er zählte umständlich das Wechselgeld; er gehörte augenscheinlich zu der Sorte Mensch, zu deren Merkmalen eine peinlich-penible Korrektheit passt wie auf den Leib geschneidert. Solche Leute lassen so schnell nichts außer Acht, und sie bringt so schnell nichts aus der Ruhe.

Zu meiner Verwunderung nahm er erstaunlich rasch seine beiden Gepäckstücke hoch und machte mir den Weg zum Schalter frei. Der Mann hinter dem Schalterfenster fragte mich nach meinen Wünschen. Fast war ich versucht, ihm zu antworten, mein augenblicklich größter Wunsch sei, dass ich mich dazu durchringen könne, die kommenden Nächte in Passau ohne Schlafanzug und auch sonst unbekleidet unter der leinenen Bettdecke in dem kleinen Hotel an der Donau zu schlafen. Dummes Zeug, dachte ich, für solcherlei Marotten hat der Beamte vermutlich kein Verständnis. Bestimmt wäre eine derart komische, imaginäre Konfliktsituation für ihn nicht nachvollziehbar, womit er wohl Recht hätte.

Das alles ging mir rasend schnell durch den Kopf. Der Mann hinter dem Schalter wiederholte freundlich seine Frage nach meinen Reisewünschen. Irritiert brachte ich ein verlegenes Lächeln zustande. Es war doch so einfach, hier am Bahnhof von Wanne-Eickel, eine Rückfahrkarte nach Passau zu lösen. Ich fragte mich, warum um alles in der Welt ich manchmal die Angewohnheit habe, über Dinge nachzudenken, die mit meinen augenblicklichen Vorhaben oder

Plänen nicht das Geringste zu tun haben. Ich werde sofort und ohne weiteres Zögern um eine Rückfahrkarte nach Passau bitten, dachte ich, andernfalls könnte der Schalterbeamte schlussendlich doch noch ungehalten werden, denn die Menschenschlange hinter mir war deutlich länger geworden.

Der Mann hinter der Glasscheibe druckte meinen Fahrausweis. Währenddessen fiel mein Blick auf den Reisenden, der hinter mir anstand, unverkennbar ein katholischer Geistlicher. Bruchteile eines Augenblicks, eine Winzigkeit lang, sahen wir uns an, bevor ich meine Fahrkarte und das Wechselgeld an mich nahm und beides in die Manteltasche steckte.

Es ist schon irgendwie merkwürdig oder zumindest recht seltsam, dachte ich beim Weggehen vom Schalter, dass der Geistliche, genau wie der Dicke und ich, ebenfalls eine Reise nach Passau gebucht hatte, wie es deutlich hatte hören können. Passau ist schließlich Bischofssitz, sagte ich mir, und überhaupt eine hübsche, sehenswerte Stadt, am Zusammenfluss von Donau, Inn und Ilz gelegen. Mit den Türmen des Sankt Stephan Doms und den bunten Patrizierhäusern bildet es eine malerische Kulisse und ist nicht zuletzt wegen der dort ansässigen Philosophisch-Theologischen Hochschule häufiges Ziel katholischer Gottesmänner.

Die flüchtige Begegnung am Schalter mit dem Geistlichen, dessen Reiseziel ebenfalls Passau war, der winzig kurze Blicktausch erinnerte mich plötzlich an längst vergangene Zeiten.

Indem ich langsam zum Bahnsteig ging, fühlte ich mich um Jahrzehnte zurückversetzt. Warum musste ich ausgerechnet jetzt, in diesem Augenblick, auf dem Bahnhofsgelände von Wanne-Eickel, an die Tage meiner Kindheit und die folgenden Jugendjahre zurückdenken?, fragte ich mich, und wusste sogleich die Antwort. Es war ohne jeden Zweifel die flüchtige Begegnung mit dem katholischen Priester, die mich so unvermittelt auf meinem Weg zum Bahnsteig an einen Lebensabschnitt erinnerte, der für mich eigentlich unendlich weit zurück lag, aber in diesem Augenblick dennoch erstaunlich klar und deutlich vor meinen Augen stand. Es war ganz einfach dieser kurze Moment des Blickaustauschs mit dem Geistlichen, dachte ich, der die Erinnerungen an längst Vergangenes in mir wachrief.

Ich sah die bescheidene elterliche Wohnung vor mir, die beengten kleinen Zimmer, das schlichte Mobiliar, das nur aus dem Allernötigsten bestand. Ich musste an meine Eltern denken, deren dürftiges Einkommen kaum für unseren Lebensunterhalt reichte. Ich musste an meine jüngeren Brüder denken, denen die katastrophalen Lebensumstände der Kriegs- und Nachkriegszeit verständlicherweise noch nicht begreiflich sein konnten. Auch sah ich meine durch die vielen Bombenangriffe schwer beschädigte und in jenen Jahren für behelfsmäßige Unterrichtsstunden notdürftig hergerichtete Schule. Auch hatte ich unsere wie durch ein Wunder weitgehend unversehrt gebliebene Pfarrkirche plötzlich vor meinen Augen, in der ich später eifrig und mit der wohl nur Kindern eigenen, unschuldigen Frömmigkeit bei der Messe dienen durfte. Ich musste an unseren damaligen jungen Kaplan denken, mit dem ich mich über lange Jahre eng und fast freundschaftlich verbunden fühlte. Ich dachte auch an die in diesen entbehrungsvollen Jahren für uns Kinder so herrlich abwechslungsreichen wöchentlichen sogenannten Gruppenabende im Gemeindehaus. Und die in jenen Zeiten eher seltenen, einfachen Ferienlager in einigen ländlichen Regionen Westfalens sind mir als für damalige Verhältnisse unvergessliche Höhepunkte im Gedächtnis geblieben.

Das war also mein nunmehr Jahrzehnte zurückliegendes soziales Umfeld, meine ganz persönliche, meine kleine Welt, die mich beschäftigte, mich ausfüllte, in der ich mich wohlfühlte und die mir Vertrauen und Zuversicht schenkte. Das war eben die Welt, die mich geprägt hatte. Diese im Grunde unbeschwerten Jahre waren im Grunde richtungsweisend, und sind es sicherlich wohl noch für mein Verhalten gegenüber meiner Umgebung, zu meinen Mitmenschen, dachte ich und ging langsam die Treppe zum Bahnsteig hoch.

Die Erwartungen, die Hoffnungen, die ich damals hegte, schienen sich Schritt für Schritt zu realisieren. Jedenfalls war ich überzeugt, auf dem richtigen Wege zu sein. Mein kindlicher Glauben war sozusagen unerschütterlich und im Rückblick, von heute aus betrachtet, würde ich genau so fühlen. Mein Leben erschien mir in jenen von großem Mangel geprägten Jahren trotz aller widrigen äußeren Umstände wohlgeordnet. Die große Mehrzahl der Deutschen litt immer noch bitterlich unter den kriegsverursachten materiellen Mängeln. Es fehlte kurz nach Kriegsende an Nahrungsmitteln, an Kleidung, an Wohnraum. Das zugeteilte tägliche Brot war karg und knapp, die von den Behörden zugestandenen Rationen an Lebensmitteln reichten kaum, den Hunger zu stillen, der unser ständiger Begleiter war. Und doch hatte es auch sein Gutes, so dachte ich, jetzt am Bahnsteig und dem einlaufenden Zug nach Passau entgegensehend. Uns erfasste in jenen Jahren immer ein unbeschreibliches Glücksgefühl, wenn nach Schulschluss ein dampfender Topf mit dünner Gemüsesuppe auf dem Mittagstisch stand oder ein kärgliches Kartoffelgericht. War das Tischgebet gesprochen, wurden unsere Teller gefüllt, und wir durften endlich essen. Diese schlichten Mahlzeiten, ging mir durch den Kopf, waren immer wieder ein Anlass zur Dankbarkeit dafür, dass wir wenigstens ‚*etwas*' hatten, um unseren ärgsten Hunger zu stillen. Damals kamen uns ein noch so bescheidenes Mittagsmahl oder ein noch so dürftiges Abendessen wie schmackhafte Köstlichkeiten vor.

Von jener entbehrungsreichen Zeit an, dachte ich, habe ich mir die Gewohnheit bewahrt, das Hungergefühl sozusagen zu kultivieren, mich auf die nächste Mahlzeit zu freuen, um sie dann mit herzhaftem Appetit genießen zu können. Über diese Gabe bin ich sehr glücklich, sagte ich mir, sie gehört offensichtlich und ganz ohne Zweifel in die Kategorie der Vorfreude, die bekanntermaßen das Schönste an der Freude ist. Überhaupt konnte ich mich schon immer über die sogenannten kleinen Dinge freuen, die manchen Zeitgenossen eher belanglos oder als das Normalste in dieser Welt erscheinen mögen und die für viele nicht der geringste Anlass sind, auch nur einen einzigen Gedanken an solche ‚Belanglosigkeiten' zu verschwenden. Man hält eben vieles Gute, wozu vor allem das tägliche Brot gehört, für selbstverständlich. Die Wenigsten machen sich Gedanken darüber, dachte ich, auf den Zug wartend, dass das natürliche Hungergefühl vor der nächsten Mahlzeit die Lebensfreude heben, das persönliche Wohlbefinden steigern und das angebotene Essen zu einem wirklichen Genuss machen kann. Und das sollte eine immer wieder aufkommende, tiefe Dankbarkeit in uns auslösen. Diese besondere Beziehung zu meinen täglichen Mahlzeiten habe ich bis heute bewahrt, sagte ich mir, und es ist für mich im Grunde unerheblich, ob mich eine derbe, deftige, aber schmackhafte Hausmannskost erwartet oder ein kulinarisch aufwendig zubereitetes, den Gaumen kitzelndes Gericht.

Alles zu seiner Zeit, dachte ich, es gibt über das Jahr hinweg und immer wieder zahlreiche Gelegenheiten, etwas Besonderes auf den Tisch zu bringen. Derlei Anlässe sind traditionell die Feiertage Ostern, Weihnachten und weitere, etwa Verlobungen und Hochzeiten, Jubiläen und sogenannte „runde" Geburtstage, ein unerwartetes Wiedersehen mit guten Freunden und manchmal auch die oft nicht vermeidbaren Geschäftsessen. Diese besonderen Augenblicke sollten allemal unser Gefühl für etwas nicht Alltägliches bewahren, jedenfalls was unsere Essgewohnheiten und ganz bestimmt unser kostbares, ‚*täglich Brot*' betrifft.

Während die Bahnhofslautsprecher schrill und abgehackt und die Ohren schmerzend unseren in Kürze einlaufenden Zug ankündigten, musste ich daran denken, wie stark doch die frühen Jahre, die Zeit des Heranwachsens, uns Menschen zeitlebens zu prägen imstande sind. Was mich betraf, war ich in einem streng katholischen Elternhaus aufgewachsen, was selbstverständlich rein zufällig zustande gekommen war. Ebenso gut hätte mir das Schicksal oder die Bestimmung, die Vorsehung oder eben auch der bloße Zufall ein jüdisches, ein islamisches, ein hinduistisches oder, was gerade heute nicht mehr außergewöhnlich ist, ein atheistisches Elternhaus ‚bescheren' können und meiner Erziehung mit Sicherheit eine ganz andere Richtung gegeben. Hier dachte ich natürlich vor allem an den starken Einfluss, den einerseits Religion und Glaube und zum andern Nihilismus und Nichtglaube auf die Erziehung des jungen und auf das Weltbild des erwachsenen Menschen haben. Diesen uns in die Wiege gelegten Einflüssen auf unsere individuelle Entwicklung in der Kindheit kann man sich im Normalfall nur schwer entgegenstellen.

Das Schicksal hatte mich nun einmal dem altehrwürdigen Kulturkreis mit der keinesfalls nur geografisch zu verstehenden Bezeichnung ‚Christliches Abendland' gewissermaßen ‚zugeordnet', weil ich ja ebenso wie jeder andere Mensch nicht bestimmen konnte, in welchem Elternhaus oder auch in welchem Land oder in welchem Erdteil ich das Licht der Welt erblicken würde. Jedermann ist also von Geburt an unausweichlich den Einflüssen seiner ersten Bezugspersonen ausgesetzt, dachte ich. Nur wenige Jahre später geben sich dann Schule und Kirche auftragsgemäß alle Mühe, dem jungen Menschen so etwas wie Wissen nahezubringen. Im Falle der Schule betrifft das nachvollziehbare Tatsachen. Die Kirchen und ihre Repräsentanten als Statthalter Gottes auf Erden dagegen müssen ihren Anhängern teils seit Jahrtausenden überlieferte, im Wesentlichen rational nicht zugängliche Lehrinhalte im wahren Sinne glaubhaft machen.

Ich konnte mir ein Schmunzeln nicht verkneifen bei dem Gedanken, dass die Schule in diesem Zusammenhang bestimmt den wohl leichteren Part, also das Weitergeben von realem Wissen, zu tragen hat. Ihr Auftrag ist ja ‚nur', jungen Menschen etwas Greifbares zu vermitteln, ihnen logische Zusammenhänge und allgemein anerkannte Tatsachen nahezubringen, ihr eigenständiges Denken und Beurteilungsvermögen zu fördern und, nicht zuletzt, sie zu einer von humanistischen Grundsätzen geleiteten Persönlichkeit zu formen. Natürlich könnten die der Schule obliegenden Aufgaben an dieser Stelle ausführlicher beschrieben werden, dachte ich, aber das kann nicht meine Aufgabe sein. Auf diesem Sektor existieren bereits ungezählte dicke Wälzer, und es werden nahezu täglich mehr. Außerdem ist das Thema ‚Schule' nicht so simpel, wie es sich anhört, dachte ich aus ganz persönlicher, eigener

Erfahrung mit diversen Einrichtungen dieser Art, die sich fallweise erfolglos und damit vergeblich, mit mir abgemüht hatten.

Dagegen dürfte der Part der Kirchen, oder etwas wertneutraler, der Part der Religionen als Glaubensgemeinschaften, bei der Erziehung junger Menschen ganz anders und weitaus schwieriger sein, ging mir durch den Kopf. Schließlich sind sie nicht in der Lage, ein konkretes, auf Tatsachen aufgebautes Wissen zu vermitteln, nichts Greifbares, aber reichlich Unbegreifliches. Sie bieten keinen verstandesmäßig erfassbaren Lehrstoff an, sondern Lerninhalte, die dem Verstand in der Regel nicht zugänglich sind. Diese Lerninhalte beruhen überwiegend auf schriftlichen und mündlichen Überlieferungen, die man historisch meist nicht beweisen kann, die man schlicht glauben muss. Und dieses ‚daran glauben Sollen' fällt umso leichter auf fruchtbaren Boden, je fester die traditionellen Bindungen zwischen dem jungen Menschen und seinem Elternhaus sind, dachte ich.

Überhaupt haben Traditionen tiefgreifende Wirkungen auf die menschliche Vita. Sie prägen unser Verhalten und unsere Einstellung zu unserem Umfeld, oft sicherlich unbewusst, aber bestimmt nachhaltiger, als man es sich vorstellen kann. Traditionen beruhen auf Erfahrungen, meist guten. Sie sind Überlieferungen, Jahrhunderte alt, vielfach gar über Jahrtausende gepflegt, erweitert, erhärtet, verfeinert und wirken tief verwurzelt, nicht selten rigoros, innerhalb von menschlichen Gruppierungen, innerhalb von Völkern und Nationen. Sie sind weit entfernt von den manchmal negativ besetzten Begriffen wie Gewohnheit oder auch Angewohnheit, die man sich aneignet, sich ‚angewöhnt', und die natürlich auch eine gute Seite haben können.

Diese Gedanken gingen mir durch den Kopf, während der angekündigte Zug nach Passau langsam und leise unseren Bahnsteig anlief.

Und ich dachte daran, wie sehr mein eigenes Verhältnis zur Religion, zum christlichen Glauben und letztlich zu Gott durch die seit Generationen traditionell konservative Einstellung meiner Vorfahren bestimmt war. Und so gab es weder in meiner Kindheit noch später, als Schulzeit und Studium längst hinter mir lagen, für mich nie den geringsten Zweifel daran, dass der liebe Gott unser aller Leben und das gesamte Geschehen auf unserem Planeten wenn schon nicht lenkte, dann doch mehr oder weniger wohlwollend begleitete. Ich hatte den Glauben an die Lehren der katholischen Kirche von klein an so verinnerlicht, wie er mir von den Religionslehrern an den Schulen und von den Geistlichen in unserer Pfarrgemeinde nahegebracht worden war. Ich will damit sagen, dass ich von Kindesalter an dem lieben Gott hoch oben über uns fest vertraut habe. Mein Glaube war über Jahrzehnte meines Lebens sozusagen nicht antastbar und unerschütterlich, und ich dachte dabei an manches Streitgespräch, das ich mit ‚Ungläubigen' oder Zweifelnden geführt hatte. Wie und warum kann denn ein intelligenter Mensch an der Existenz Gottes zweifeln?, hatte ich mich damals immer wieder gefragt. Die richtigen Antworten gäben uns doch die wie in Stein gemeißelten Lehren der Bibel und anderer Überlieferungen, dort steht die Wahrheit, und dort haben weise, ernst zu nehmende Männer die Belege für die Existenz Gottes und für sein Wirken auf Erden in zeitlos gültige Buchstaben geformt, hatte ich immer wieder betont. Und die richtigen und wichtigen Auslegungen gäben uns doch die Diener Gottes, die ausgebildeten Theologen. Besonders sie pflegen doch ein enges, tief verwurzeltes Verhältnis zu Gott, hatte ich damals bei jedem entsprechenden Anlass argumentiert.

Aus vielerlei Gründen mag ich heute, Jahre später, nicht mehr in der naiven Weise glauben, wie ich es von früher Kindheit an getan habe, was damals eine Selbstverständlichkeit für mich war, dachte ich. Vielleicht keimt bei mir irgendwann die Gewissheit auf, dass im Sinne der christlichen Verheißungen für uns alle die Aussicht auf Erlösung von allen irdischen Beschwernissen besteht und jeder, der Christus nachfolgt, im ewigen Leben bei Gott seine Erfüllung findet. Möglicherweise aus Respekt davor halte ich, wie von klein auf gewohnt, einige der bei praktizierenden Christen selbstverständlichen Sitten und Gebräuche immer noch bei. So habe ich geradezu Hemmungen, etwa am Karfreitag Fleisch zu essen oder auch nur fleischhaltige Speisen, und das nicht nur meiner ebenfalls christlich erzogenen Frau zuliebe, die zeitlebens an Karfreitagen aus Tradition auf den Genuss von Fleisch verzichtete. Es ist wohl mein Dilemma, dachte ich, nicht mehr bedingungslos zu glauben und doch an traditionellen religiösen Bräuchen festzuhalten. Das ist eigentlich verstandesmäßig nicht zu fassen, und ich spürte auch diesmal den heftigen Wunsch zu beten. Könnte ich doch, wie ich es lange Jahre getan hatte, zum Herrgott sprechen, mich ihm anvertrauen, ihn um etwas bitten und mir in einer Notlage, einer für mich schwierigen Situation beizustehen oder für einen anderen, mir nahestehenden Menschen tröstende Worte zu finden. Wie gerne würde ich wieder ganz fest an etwas glauben wollen, von dem ich aus tiefsten Herzen überzeugt sein könnte; dachte ich, bekäme ich doch einen noch so kleinen Hinweis, einen winzigen Fingerzeig von oben. Aber es kam keine Antwort. Wenn man es so ausdrücken will, spürte ich immer und immer wieder

‚deutlich' ein unpersönliches, kaltes, ja eisiges Schweigen. Gott antwortet nicht, dachte ich, er sagt nichts und spricht nicht mit uns Menschen, jedenfalls nicht auf direktem Wege. Aber er spricht zu uns über seine irdischen Vertreter, über seine Statthalter auf Erden, so argumentieren diese. Er hält über sie seine Verbindung zu uns, versichern sie immer wieder den ihnen anvertrauten Schäfchen. Diese Auffassung ist mir einfach zu simpel und würde mich irgendwann dahin bringen, an der Existenz eines höheren Wesens zu zweifeln, sagte ich mir damals. Innerlich aufgewühlt und zutiefst erschrocken, wollte ich mir einfach nicht eingestehen, dass mir der Glaube an einen unsere Welt lenkenden Schöpfer nach und nach entgleiten könnte. Solcherlei quälende Gedanken haben manchmal auch ihre guten Seiten, sagte ich mir und fühlte, dies sei der richtige Augenblick, meinen Glauben zu retten, ihn festzuhalten.

Aus dem Glauben heraus erwächst Hoffnung, dachte ich noch, während unser Zug zum Stehen kam. Nahezu jeder Mensch hofft auf irgendetwas, weil Hoffnung nun einmal mit etwas Ersehnenswertem, mit der erwünschten Erwartung von etwas Gutem zusammenhängt. Stets hofft der Mensch auf Verbesserung, etwa darauf, dass seine gefassten Vorhaben erfolgreich ausgehen mögen, er hofft, dass ihm glückliche Lebensumstände erhalten bleiben und weniger glückliche sich zum Guten wenden mögen. Der an Christus Glaubende hofft nicht nur, er ist überzeugt, dass der Tod nicht das Ende bedeutet, sondern die Verheißung auf ein ewiges Leben danach. Er lebt in und mit der Überzeugung, nach seinem Ableben in ein paradiesisches Jenseits hinüberzugleiten. Er stellt sich etwas eigentlich Unvorstellbares vor, einen Zustand, einen Ort, einen Raum, in dem ein dauerhaft glückseliger Friede herrscht. Von da an finden sich zu einem nicht absehbaren Zeitpunkt, dem

Jüngsten Tag, alle Menschen guten Willens zusammen, die jemals auf unserem Planeten gelebt haben, in einträchtiger Verbundenheit und frei von allen irdischen Nöten.

In diesem Augenblick musste ich wieder an die geheimnisvolle Kraft, an die Macht der religiösen Tradition denken, die uns im Bann hält und die uns veranlasst, an etwas Überirdisches zu glauben, das zweifellos jenseits unserer Vorstellungskraft liegt. Es ist schon merkwürdig, dachte ich, die Hoffnung, weit verbreitet auch die Überzeugung, dass mit dem Tod nicht alles vorbei sein kann, ist tief in uns verwurzelt. Und dieses im Grunde verständliche, menschliche Wunschdenken hat so gut wie nichts mit dem später erreichten sozialen Status oder Bildungsstand zu tun, dafür umso mehr mit der frühkindlichen Erziehung, mit dem Umfeld, in dem man aufgewachsen ist, also mit den althergebrachten religiösen Überlieferungen. Bekanntermaßen stirbt die Hoffnung zuletzt.

Endlich stand unser Zug zum Einsteigen bereit. Mein Blick fiel auf den dicken Herrn, der am Fahrkartenschalter vor mir gestanden hatte. Er trug einen auffallend elegant geschnittenen, graufarbenen Anzug.

Kleider tragen manchmal nicht unerheblich dazu bei, aus Leuten Persönlichkeiten zu machen, ging mir so durch den Kopf. Der korpulente Herr hat einen guten Geschmack, dachte ich. Wie ich später während unserer langen Fahrt nach Passau erfahren durfte, beeindruckte er keineswegs allein durch seine Kleidung.

Ich kletterte in den Waggon, fand nach kurzem Suchen mein Abteil und steuerte auf meinen Platz zu. Wie immer hatte ich mir einen Fensterplatz reservieren lassen. Ein solcher Platz hat viel für sich, sagte ich mir. Ich mochte bei meinen Bahnreisen nicht anders sitzen, es war mir zur Angewohnheit geworden. Ein Fensterplatz in Fahrtrichtung, dachte ich, ist um vieles wohltuender und sicherlich auch erquicklicher, als mit dem Rücken zur Fahrtrichtung zu sitzen. Ich blicke nach vorn, schaue voraus und werde im wahrsten Sinne des Wortes nicht von Unvorhersehbarem überrascht. Ich sehe rechtzeitig, was auf mich zukommt, ging mir durch den Kopf. Sitze ich anders, bekomme ich das meiste zu spät oder gar nicht erst mit, etwa ein schönes Gebäude oder eine über einen Fluss oder über andere Bahnlinien gebaute, elegant geschwungene Brücke. Oder es entgehen mir markante Erhebungen oder weit gestreckte Höhenzüge längs der vorbeieilenden Landschaft, vielleicht auch Menschen, die auf dem Felde arbeiten, spargelstechend oder den Acker pflügend, friedlich grasende Pferde, Kühe, Schafe. In Fahrtrichtung gesehen, öffnet sich immer wieder und aufs Neue das vorüberziehende Panorama, es erschließt sich einem geradezu, man kann es in sich aufnehmen, auch vom Schnellzug aus, und genießt das alles wie in einem Film. Es taucht immer wieder etwas Sehenswertes auf. Zudem ist es sehr praktisch, dachte ich, dass man durch gezieltes Rückwärtsschauen, durch ein kleines Wenden des Kopfes das soeben Gesehene, und sei es auch nur für einen kleinen Augenblick, noch einmal wahrnimmt und die am Zugfenster vorbeifliegende Landschaft ein zweites Mal Revue passieren lässt. Alles das bleibt dem verwehrt, der am Fenster einen Platz mit dem Rücken zur Fahrtrichtung hat. Denn das Vorausschauen ist in der Regel um Vieles ansprechender, interessanter, es gibt einem mehr, als wenn man nur hinterher schaut und dann das

Nachsehen hat, ging mir durch den Kopf. Deswegen tun mir die Mitreisenden leid, die zwar einen Fensterplatz haben, jedoch entgegen der Fahrtrichtung sitzen, besonders aber jene, denen der direkte Blick aus dem Zugfenster verwehrt ist, weil sie in der Mitte oder an der Tür zum Abteil sitzen. Allerdings sind nicht alle Bahnreisenden unbedingt erpicht auf einen Fensterplatz, sagte ich mir, manchen macht das nichts aus, es genügt ihnen, in Ruhe die Zeitung zu lesen oder ein Buch. Auch das bloße, schläfrige Vor-sich-hin-Dösen nach einem ermüdenden Arbeitstag bedeutet vielen eine willkommene Entspannung. Andererseits ist es eine Binsenwahrheit, dass nicht alle Bahnreisenden einen Platz am Fenster ergattern können, dazu noch in Fahrtrichtung. Die Sitzverteilung in den Eisenbahnwagen lässt das einfach nicht zu.

Das Reisen mit der Bahn ist doch eine feine Sache, dachte ich, es entspannt, ist bequem und angenehm erholsam. Man erreicht ausgeruht, geschützt vor Wind und Wetter, sein Reiseziel, total unbehelligt vom pausenlos nervenden Straßenverkehr auf überlasteten Autobahnen. Ein weiterer, nicht zu unterschätzender Vorteil kann die anregende, erfrischende, angenehme Gesellschaft mit sympathischen Mitreisenden sein. Das habe ich bei meinen Reisen mit der Bahn erfreulicherweise immer wieder erlebt.

Zum einen sagen mir diejenigen Zeitgenossen besonders zu, die wenig oder nur das Nötigste reden. Ich möchte meistens schlicht und einfach meine Ruhe haben, fühle mich dann nicht gestört und vor allem nicht zu nichtssagenden Allerweltsgesprächen animiert. Zugleich bleibt mir die Unhöflichkeit erspart, Ansätze zu einer für mich lästigen Unterhaltung einfach zu ersticken und damit mein Desinteresse zu bekunden. Ich will in solchen Situationen total abschalten und mir die gute Stimmung und das stille

Vergnügen an meiner Reise nicht verderben lassen. Das klingt reichlich egoistisch, aber ich habe kein Interesse daran, schlecht gelaunt stundenlange Bahnfahrten ertragen zu müssen.

Glücklicherweise gibt es auch gegenteilige Szenarien. Interessante, kurzweilige Gespräche können das Beisammensein mit ‚Reisegenossen' zu einer ausgesprochen vergnüglichen Abwechslung werden lassen. So etwas weiß man leider vorher nicht, doch mit der Zeit bekommt man ein Gespür dafür, welche Gesprächspartner ‚auf der gleichen Welle funken'. Gottlob gibt es solche Begegnungen, die dazu beitragen, dass eine Bahnreise zu einem anregenden, beschwingten, ergötzlichen, munteren und manchmal auch lustigen Erlebnis werden kann.

🚂 🚂 🚂 🚂 🚂 🚂 🚂

Wie wir immer wieder feststellen können, bestimmen Zufälligkeiten unsere Entwicklung, unsere Persönlichkeit, jedenfalls haben sie einen entscheidenden Einfluss. Durch reinen Zufall werden wir in ein wohlhabendes Umfeld hineingeboren oder aber in ein bescheidenes Elternhaus. Und es ist ohne Frage ein Unterschied, ob man in einer religiös gläubigen oder einer nichtgläubigen Familie aufwächst. An dem Umgang mit seinen Mitmenschen können wir immer wieder beobachten, dass die Herkunft maßgeblich sein soziales Verhalten bestimmt. Die Sicht auf die Welt wird einem sozusagen mit der Muttermilch eingeflößt. Das gilt jedenfalls für die meisten, dachte ich, weil es fast unmöglich ist, sich den Einflüssen zu entziehen, denen man von klein an ausgesetzt ist. Und doch gibt es immer wieder Menschen, die später, wenn sie eigenständig zu denken vermögen, ihre individuelle Konstellation, ihre eigene, persönliche Einordnung innerhalb der Gesellschaft hinterfragen und auch richtig einschätzen können. Mancher Zeitgenosse löst sich dann bewusst von seiner anerzogenen Denkweise, die nicht selten skurrile Züge hat und oft voller Vorurteile steckt. Das gilt in der Regel für jene, die ihr individuelles Verhalten kritisch betrachten und dank eines gesunden Menschenverstands intellektuell unabhängig werden wollen und es dann auch bleiben.

Ich hatte es mir an meinem Fensterplatz gemütlich gemacht, einige Zeitungen und ein Wochenmagazin auf dem Klapptischchen und in Reichweite abgelegt, als der katholische Priester mit freundlichem Gruß das Abteil betrat und den Platz mir gegenüber belegte. Er schob sein schwarzes Köfferchen auf die Gepäckablage, legte den dunklen Mantel ab, aus dessen weiten Taschen er ein dickes ledernes Tagebuch hervorholte, hängte seinen Mantel an einen Haken und setzte sich.

Beim Anblick des Geistlichen, der inzwischen das Tagebuch aufgeschlagen hatte, musste ich erneut und wie unter einem inneren Zwang an die vielen Begegnungen zurückdenken, die ich in meinen jungen Jahren mit verschiedenen Kaplänen und Vikaren meiner damaligen Pfarrgemeinde hatte, erst als Messdiener, später in den nach Lebensalter eingeteilten kirchlichen Jugendgruppen. All das war für mich und etliche meiner Freunde und Mitschüler in den sogenannten Nachkriegsjahren gewissermaßen der Mittelpunkt unserer Freizeitaktivitäten. An den Gruppenabenden, die in Wahrheit am Nachmittag stattfanden, wurde vorgelesen, diskutiert, Fußball oder auch Tischtennis gespielt und zu Beginn wie auch zum Ende unserer Zusammenkünfte unserem Schöpfer gedankt und ein Gebet gesprochen. All dies ging mir unmittelbar durch den Kopf. Seltsamerweise spürte ich auch in diesem Augenblick, jetzt, im Zug nach Passau, den heftigen Wunsch, beten zu können, und das so andächtig, so ehrfürchtig und so innig, wie ich es als Kind gelernt und später als Erwachsener über lange Jahre hinweg getan hatte.

Es ist vielleicht kein sinnloser Wunsch, sagte ich mir, und mein Gebet findet vielleicht doch einen Adressaten, es wird wahrscheinlich nicht vergeblich sein, auch dann nicht, wenn eine Antwort oder auch nur ein winziges Zeichen von oben ausbleiben würden und eigentlich nicht zu erwarten sind. Dieses ‚Nicht-Reagieren Gottes' würde ich nicht länger als ein kaltes, frostiges, ja eisiges Schweigen bewerten, sondern vielmehr als stille Zustimmung und unausgesprochene Antwort auf meine im Gebet gestellten Fragen und Wünsche. Ich hatte jetzt und in diesem Augenblick das aufrichtige, kindlich naive Verlangen, mit unserem Schöpfer, mit dem Herrgott, ein Zwiegespräch zu führen, einen lebendigen Dialog in unerschütterlichem Vertrauen auf die stille und doch spürbare Gegenwart Gottes. Und ich hatte plötzlich den starken Wunsch, das Gespräch mit Gott zu suchen, ihm auch in diesem etwas ungewöhnlichen Umfeld, im Reisezug nach Passau, Dank sagen zu wollen dafür, dass ich auf diesem hektischen, chaotischen, betriebsamen und alles andere als perfekten Erdball leben durfte, dass ich überhaupt leben durfte, dass ich in weitgehend geordneten, behüteten Verhältnissen aufgewachsen war. Ich war dankbar für mein Dasein. Dass ich in den langen Jahren meiner Schulzeit und auch später im Beruf einigermaßen erfolgreich war, gab mir genügenden Anlass, unserem Schöpfer im Himmel von Herzen dankbar zu sein. Auch empfand ich es als Gnade und als großen

Glücksfall, dass mir eine liebe Frau und ein ebenso lieber Sohn geschenkt worden waren, was ich nicht als selbstverständlich angesehen hatte. Wir waren gesund, fühlten uns im Verbund mit unserer Familie und in einem vertrauten Kreis aufrichtiger Freunde geborgen und gut aufgehoben.

Der Zug hatte längst den Bahnhof verlassen, und ich war dabei, dank meines Fensterplatzes die vorbeieilende und doch sich mir so eindrucksvoll erschließende Landschaft in mich aufzunehmen. Ich sah backsteinerne, veraltete Fabrikgebäude mit düster rauchenden, hoch in den Himmel ragenden Schornsteinen. Augenblicke später passierte der Zug Fabrikanlagen in moderner Betonbauweise und mit sichtoffenen, großflächigen Glasfassaden, ausgestattet mit umweltfreundlichen Abgaskaminen, denen ununterbrochen schneeweißer Wasserdampf entströmte. Ich sah ausgedehnte, unkrautüberwucherte Brachflächen, dazwischen verrottete Werksruinen, aus denen alles Leben und jede menschliche Aktivität entwichen schien. Ich sah schmutziggraue Siedlungshäuser, zahlreiche den Fahrweg kreuzende Schienenstränge und längs der Bahntrasse dicht befahrene Autobahnen.

Typisch für das Ruhrgebiet, dachte ich, irgendwie veraltet, antiquiert, offensichtlich großenteils nicht mehr zeitgemäß und nicht auf dem letzten Stand moderner Technik. Und im Kontrast dazu – auch das war nicht zu übersehen – konnte man erkennen, dass in die Zukunft gerichtete Innovationen unaufhaltsam und ganz allmählich Fuß gefasst hatten. Das neue Ruhrgebiet löst mit aller Kraft das alte ab, dachte ich, es ist nach wie vor lebendig, aktiv, zukunftsweisend und das nicht zuletzt, sondern gerade wegen der lebenstüchtigen, robusten, optimistischen und daher vorwärts schauenden Menschen in dieser Region. Sie hatten es immer wieder fertiggebracht, alte Strukturen zu überwinden, hinter sich zu lassen, tatkräftig Aufbauarbeit zu leisten nach zwei verlorenen Kriegen und sich dem industriellen Wandel nicht bloß anzupassen, sondern diesen Wandel kompromisslos herbeizuführen. Mir ging durch den Kopf, dass dieser Menschenschlag es verstand und nach wie vor versteht, nicht nur industrielle, sondern gleichermaßen auch kulturelle Maßstäbe zu setzen, in der Literatur, im Theater, in der Musik und nicht zuletzt in den Bildenden Künsten. In dieser von Menschen ganz unterschiedlicher Herkunft und Bildung geprägten Region gibt es so etwas wie Langeweile nicht, dachte ich. Hier findet man immer reichlich Interessantes, Sehens- und Hörenswertes, Liebenswertes, Kurzweiliges, vom grauen, arbeitsreichen Alltag in erfreulicher Weise Ablenkendes. Die großen Ruhrgebietsstädte mit den Metropolen Dortmund, Essen, Duisburg, Gelsenkirchen, Bochum oder Oberhausen leiden schon lange nicht mehr unter dem mehr als belästigenden, ungesunden Konglomerat aus Hütten- und Zechenschmutz und einem rauch- und abgasverdunkelten Himmel, jahrzehntelang undurchdringlich für das Sonnenlicht. Ebenso stehen diese Orte nicht mehr sozusagen sinnbildlich für den in anderen Landesteilen Deutschlands zum Teil auch heute noch so abwertend beurteilten „Kohlenpott", für den hektischen, ohrenbetäubenden Lärm der früher unzähligen Schmiedehämmer, der gigantischen Walzwerke und der geschwärzten Koksöfen, all das gewürzt mit dem staubigen, teerigen, von Kohle- und Ölprodukten geschwängerten, früher für diese Landstriche typischen Geruch. Nur einige wenige Optimisten hatten sich vor nicht allzu langer Zeit vorstellen können, was heute für jedermann sichtbar ist, wie etwa der von einigen ‚politischen Utopisten' seinerzeit angekündigte und in der Zwischenzeit unglaubliche Wirklichkeit gewordene blaue Himmel über der Ruhr. Und wer hätte damals für möglich gehalten, dass man an sonnigen Nachmittagen, an kuschelig warmen Abenden das ganze Jahr über in solchen Städten wie Bochum, Essen, Dortmund und um sie herum und auch an vielen anderen Orten im Ruhrgebiet von fröhlichen Menschen belebte Straßencafés und Biergärten antreffen würde. Solche friedliche Feierabendidylle konnte man früher allenfalls in den nicht mit lärm-, hitze- und staubintensiven Schwerindustrien belasteten Gegenden Deutschlands antreffen.

Das Ruhrgebiet hat sein Gesicht verändert, musste ich unwillkürlich denken, weil die Erzeugung von Eisen und Stahl und die Förderung von Steinkohle schon lange nicht mehr die überwiegende Erwerbs- und Lebensgrundlage der hiesigen Menschen ausmachten. Dieser gewaltige Wandel hat fraglos ebenso gewichtige Ursachen, dachte ich. Die ehemals über viele Jahrzehnte herrschende Dominanz von Kohle und Stahl wurde durch den globalen Wettbewerb zwangsläufig in den Hintergrund gedrängt, zugunsten anderer Industrien, zugunsten von Kleingewerbe und Dienstleistungsfirmen. Das Umkrempeln des Arbeitslebens, die tiefgreifenden und notwendigen Veränderungen im Erwerbsalltag hatten zwar den Charakter des Landes verändert, nicht jedoch, davon bin ich überzeugt, den Charakter der dort ein Leben lang ansässigen, fleißig schaffenden Menschen. Sie verstanden es, den überlebenswichtigen Strukturwandel, erforderlich geworden durch wirtschaftliche Verwerfungen, erfolgreich einzuleiten und zu gestalten.

Die großen und die größeren Städte des Ruhrgebiets legen nach und nach ihr graues, ungesund wirkendes, mürrisches Gesicht ab. Die Innenstädte werden freundlicher, bunter, die Straßen und Plätze wandeln sich zu Stätten des Begegnens, die Bürger genießen den Umbruch, der ihre Wohnorte in lebenswerte, ja liebenswerte Oasen umwandelt. Die Menschen spüren plötzlich ein mehr und mehr zunehmendes Gefühl der Zusammengehörigkeit, das früher eher latent im Unbewussten verborgen war, was sie aber so nicht wahrgenommen hatten.

Auch die kleinen Orte längs der Ruhr zeigen ihr zunehmend wachsendes Selbstwertgefühl zu Recht mit Stolz, indem sie manch voreingenommenem Besucher das Geständnis entlockten, er habe sich unter dem Begriff „Ruhrgebiet" alles mögliche andere vorgestellt, doch keinesfalls das jetzt mit eigenen Augen wahrgenommene, für ihn unfassbare, aber doch selbst erlebte Wunder an der Ruhr. Angesichts der liebevoll restaurierten Fachwerkhäuser oder beim Betrachten der vielen eindrucksvoll gestalteten verschieferten Fassaden prächtiger Bürgerhäuser in den ansehnlich und stilgetreu erneuerten Altstadtvierteln von Herdecke, Hattingen, Wetter, Werden, Mülheim, um nur einige zu erwähnen, musste schon mancher auswärtige Besucher bei seinem Rundgang durch diese Idylle sein schiefes Bild vom Ruhrgebiet korrigieren.

Diesen Gedanken hing ich nach, ausgelöst durch die draußen wie ein sich abspulender Film vorbeiziehende Landschaft, als sich die Tür öffnete und der dicke Herr mit seinen beiden Gepäckstücken das Abteil betrat.

Ich war seltsamerweise nicht im Geringsten davon überrascht, dachte ich, hätte sogar insgeheim darauf wetten mögen, dass der katholische Geistliche und nun auch der korpulente Herr meine Reisegefährten auf der Bahnreise nach Passau sein würden. Und sogleich ging mir durch den Kopf, dass dies eigentlich nur zufällig sein konnte, eine jener Zufälligkeiten, die sich immer wieder erstaunlich oft, natürlich unerwartet, ereignen, die ab und zu jedem von uns begegnen und die nicht wenige Mitmenschen als Fügung und manchmal auch als eine Art von höherer Bestimmung deuten. Solche Fügungen gibt es doch nicht, redete ich mir ein, denn wer sollte schließlich dafür zuständig sein, wer seinen Einfluss geltend machen und uns zusammenführen, hier, in unserem Eisenbahnabteil. Es ist und bleibt ein Zufall, sagte ich mir, dieses Aufeinandertreffen von drei so unterschiedlichen Zeitgenossen, hier im Zug auf dem Wege von Wanne-Eickel nach Passau. Ähnliche Zufälle gibt es doch täglich. Sie ereignen sich tausendfach, dachte ich, ständig kommen irgendwo ungezählte Male Menschen zusammen, ungeplant, ohne jegliche Absprache, auf der Straße, in der Kneipe nebenan, in der Straßenbahn und bei kulturellen Veranstaltungen, beim Besuch von Gotteshäusern, sportlichen Veranstaltungen, im Urlaub und wer weiß, wo noch.

Das Zusammentreffen von drei Männern wie hier im Fernzug nach Passau ist deshalb bestimmt nichts Außergewöhnliches, dachte ich. Allenfalls konnte man es als eine von den Persönlichkeiten her gesehen interessante Mischung der Spezies Mensch betrachten. Hier der katholische Geistliche, dort der korpulente Herr, dessen berufliche Tätigkeit ich seinem Äußerem nach nicht einschätzen konnte. Möglicherweise war er ein Industriemanager, vielleicht ein Versicherungsvertreter oder ein leitender Beamter, und schließlich ich, mit dem technischen Beruf des Ingenieurs. An sich ist das alles ohne größere Bedeutung. Und doch sollte das Treffen ein in mancher Hinsicht richtungsweisendes Ereignis auf der Reise nach Passau werden. Wir drei Männer hatten offensichtlich einen unterschiedlichen Werdegang, übten unterschiedliche Tätigkeiten aus und hatten eine ungefähr gleich lange Lebenserfahrung – wir waren zufälligerweise etwa gleichaltrig, wie unschwer zu erkennen war.

Da saßen wir nun, im Abteil der ersten Klasse im Zug nach Passau, zusammengebracht durch das große Würfelspiel, das man gemeinhin den Zufall nennt und das immer wieder in unser Leben hineinwirkt. Es vermag unser Leben nicht selten in eine ganz bestimmte Richtung zu lenken, scheinbar unabsichtlich und für uns nicht erkennbar und vielleicht doch mit einem mysteriösen Sinn, ging mir durch den Kopf. Gibt es möglicherweise einen Plan, der uns für einige wenige Stunden zusammengebracht hatte? Nach wessen und nach welchem Plan dürfen wir dann diese acht bis zehn Stunden Bahnfahrt miteinander teilen?

Jeder von uns war vermutlich in ein anderes Familienumfeld hineingeboren, jeder von uns lebt ein erkennbar anderes Leben, dachte ich, geprägt durch den dominierenden Einfluss der Elternhäuser auf Erziehung und Entwicklung des Nachwuchses. Hier liegen die Wurzeln für die Formung von Charakter und sozialem Verhalten des Individuums, überlegte ich, lapidar ausgedrückt durch die allgemein bekannte Volksweisheit: ‚*Wie die Alten sungen, so zwitschern auch die Jungen.*'

Der Geistliche las immer noch in seinem Buch, der Korpulente hatte es sich bequem gemacht, sah aus dem Fenster, nahm seine Brille aus dem Etui und reinigte sie etwas umständlich mit einem weißen Taschentuch. Er setzte die Brille auf und musterte das Abteil rundum. Dann wendete er sich an mich: „Fahren Sie auch bis zur Endstation, bis Passau?"

Ich sah von meiner Zeitung auf und blickte ihn an. „Ja", entgegnete ich, „ich habe dort geschäftlich zu tun."

„Schöne, interessante Stadt mit viel Kultur", fügte der Dicke an, „Passau zieht mich immer wieder an, und das nicht nur, weil ich mich öfter im Jahr am dortigen Theater als Gastintendant und Regisseur einbringen darf. Übrigens, mein Name ist Hero Baumann, wenn Sie gestatten."

Kaum hatte er sich vorgestellt, musste ich kurz überlegen. Baumann, dachte ich, ist das nicht der berühmte, weithin bekannte und renommierte Regisseur, über den ich vor nicht allzu langer Zeit einen längeren Aufsatz gelesen hatte, im Kulturteil einer angesehenen überregionalen deutschen Tageszeitung? Natürlich ist er es, da war ich mir sicher, denn dem Zeitungsartikel war eine Abbildung des Theatermannes beigefügt. Die Ähnlichkeit war unverkennbar. Jetzt nannte auch ich meinen Namen und erwähnte, dass ich nach Passau unterwegs sei, um als Ingenieur einem Unternehmen dort beim Anlauf einer neuen Fertigungsanlage zur Seite zu stehen. Meine Tätigkeit bei dem Kunden, einem Autozulieferer, sei etwas längerfristig.

Der Geistliche sah lächelnd zu uns herüber und stellte sich dann ebenfalls vor: „Sie gestatten, Otfried Bayer, ich bin Gemeindepfarrer in einem Ruhrgebietsstädtchen und ebenfalls auf dem Wege nach Passau."

„Dann wissen wir jetzt also, mit wem wir gegenseitig zu tun haben," sagte Baumann, „und somit dürfen wir uns wohl auf eine angenehme, kurzweilige Bahnreise freuen. Ich wünsche uns eine gute Fahrt."

Der Zug hatte Bochum längst hinter sich gelassen, eine Stadt, die nicht allein durch ihre mittlerweile weithin berühmte Ruhruniversität bekannt ist. Sehenswert sind sowohl das Bergbaumuseum wie auch die populäre Sternwarte. Von großer Bedeutung für die Stadt, allerdings in längst vergangenen Zeiten, waren die Produktion von Stahl und Eisen und die Herstellung beliebter Biersorten, von denen nur eine einzige überlebt hat. Nicht zuletzt hatte Bochum ein gewisses Ansehen als Autostadt, leider nur für eine verhältnismäßig kurze Zeit.

Schnell ging es vorbei an Essen, der legendären, weltweit bedeutenden Industriemonopole zwischen Ruhr und Emscher. Die Dynastie der Krupps und ihre standesgemäß repräsentative *Villa Hügel*, heute das prächtige Ambiente für kulturelle Ereignisse vielerlei Art, das *Folkwang-Museum* und die außergewöhnliche, gleichnamige Schule der schönen Künste prägen das Bild von Essen, ebenso wie das an die Glanzzeiten des Bergbaus erinnernde Weltkulturerbe Zeche Zollverein. Auch ist die Stadt Sitz des Ruhrbischofs und beherbergt so sehenswerte Sakralbauten wie die Münsterkirche, eine der ältesten ihrer Art in Deutschland, und die stattliche Ludgeriuskirche in Essen-Werden.

Wenig später erreichten wir das beiderseits der Ruhr und am Beginn des Rhein-Herne-Kanals angesiedelte Duisburg, nach wie vor ein wichtiger Standort der Stahlerzeugung mit riesigen Hochöfen und dem weltgrößten Binnenhafen. Früher gab es die an der Rheinseite gelegene Kupferhütte, wo unterschiedliche Metalle, sogar Silber, aus speziellen Erzen gewonnen wurden. Eines der renommiertesten Museen der Stadt wie auch der Region befindet sich in dem ausgedienten Getreidespeicher Küppersmühle am Innenhafen. Viele andere Industriebrachen hat man zu multifunktionellen Wohn- und Freizeitparks entwickelt. An

Gerhard Mercator, einen der namhaften Bürger Duisburgs, berühmt durch seine kartografischen Werke, etwa Globen und Seekarten, erinnern die Mercatorhalle und andere kulturell wertvolle Belege vom Wirken des Kartografen und vielseitigen Forschers und Künstlers.

Inzwischen rollte der Zug langsam in den Düsseldorfer Hauptbahnhof ein. Die am rechten Rheinufer gelegene Landeshauptstadt von Nordrhein-Westfalen fällt auf durch viele Grünflächen, gepflegte Parkanlagen, ihre zahlreichen geschichtsträchtigen älteren Bauten oder auch durch diverse Denkmäler, die an die Jahrhunderte währende Regentschaft der Herzöge von Berg erinnern. Als bemerkenswerte Stätten der Kultur hervorzuheben sind unter anderen die Kunstakademie, die Deutsche Oper am Rhein, das Konservatorium und natürlich auch die Sternwarte.

Weiter ging unsere Fahrt Richtung Köln. Die im Jahre 50 n.Chr. als römische Kolonie gegründete Metropole von europäischem Rang mit ihren sieben Hauptkirchen, darunter der berühmte Kölner Dom, ist Erzbischofssitz und das begehrte Ziel von jährlich vielen Millionen Besuchern aus aller Welt. Die lebensfrohe Stadt am Rhein beherbergt mehr als zehn namhafte Museen, wie etwa das Wallraff-Richartz-Museum, das Römisch-Germanische Museum, das Ludwig-Museum, das Museum für Ostasiatische Kunst und das Schokoladenmuseum. Erwähnt werden muss unbedingt das weltbekannte Kölnisch Wasser, das seinen Markennamen ‚4711' der anno 1795 von der französischen Besatzung angeordneten Hausnummer Glockengasse 4711 verdankt.

Als nächstem Anlaufbahnhof näherten wir uns Bonn. Ich hatte früher einmal einige Zeit im nebenan gelegenen Bad Godesberg verbracht und damals die Gelegenheit genutzt, mich in der ehemaligen Deutschen Bundeshauptstadt näher umzusehen. Als immer wieder besuchenswert empfand ich die grüne, weitläufige Rheinaue, die Botanischen Gärten der Universität mit ihren schönen alten Bäumen und den liebevoll arrangierten, bunten Blumenrabatten. In der Innenstadt seien dem Besucher neben dem Bonner Münster, errichtet im 11. Jahrhundert, das schöne alte Rathaus und nicht zuletzt das Beethovenhaus zum Besuch empfohlen.

In solche Gedanken war ich vertieft, denn jede Station, die unser Zug mit hoher Geschwindigkeit tangierte und wo er manchmal nur wenige Minuten anhielt, rief alte Erinnerungen in mir wach. Im Abteil war es still, wenn man von dem leisen, gleichförmigen, getakteten Rattern absieht, dieses manchmal bohrend nervende, gelegentlich auch einschläfernde Geräusch, das die eisernen Radreifen im Zusammenspiel mit dem ebenfalls eisernen Schienenstrang kreierten.

🚂 🚂 🚂 🚂 🚂 🚂 🚂

Der Geistliche las in seinem Buch. Herr Baumann hatte die ganze Zeit über aus dem Fenster gesehen und wandte sich dann unvermittelt an uns: „Im Speisewagen dürfte es noch Platz für uns geben. Eine kleine Erfrischung könnte jetzt nicht schaden."

Der Pfarrer sah auf und lehnte dankend ab.

Mir hingegen gefiel der Vorschlag, und ich zeigte mich erfreut: „Diesem willkommenen Ortswechsel schließe ich mich gerne an. Überdies habe ich schon länger das Gefühl, etwas essen zu müssen."

Kurz darauf betraten wir den Speisewagen und fanden gleich einen passenden Tisch.

Die Bahntrasse führte uns nach wie vor am reizvollen linken Rheinufer entlang. Allmählich verließen wir unser Bundesland Nordrhein-Westfalen und näherten uns dem benachbarten Rheinland-Pfalz. Ich musste unmittelbar an dessen Landeshauptstadt Mainz denken, die ehemalige kurfürstliche Residenzstadt mit dem beeindruckenden mittelalterlichen Dom St. Martin, dem vornehmen Sitz der Mainzer Erzbischöfe. Einer der wohl namhaftesten Bürger dieser Stadt ist ohne Frage der Erfinder des Buchdrucks, Johannes Gutenberg, nach dem auch die heimische Universität und das imposante Museum benannt sind. Weltweit einmalig ist die berühmte Ausstellung ‚Antike Schifffahrt'. Eine besondere Augenweide sind die vielen schön gestalteten Plätze mit ihrem bunten Treiben, allen voran der Marktplatz, die zu einem erholsamen Verweilen einladen.

Der Speisewagen war mäßig besetzt, die Speisekarte ganz passabel. Herr Baumann orderte ein Bier und ein kleines Schnitzel, ich einen trockenen Rotwein, dazu eine gemischte Käseplatte. Wir sahen uns kurz an und spürten wohl beide den Wunsch, miteinander ins Gespräch zu kommen. Ich erwähnte nochmals den Grund meiner Reise, dass ich beruflich unterwegs sei. Als Ingenieur habe ich viel mit den unterschiedlichsten Produktionsanlagen, mit Maschinen, etwa zur Herstellung von Automobilteilen aller Art, zu tun. Und in diesem Zusammenhang war es auch mein Job, mich um den reibungslosen Ablauf der Fertigungsprozesse unserer breit gefächerten Kundschaft zu kümmern. Ein anderer Schwerpunkt meiner Ausbildung sei das Spezialgebiet von der Herstellung, den Eigenschaften und schließlich der Anwendung von den Metallen und ihren nahezu unzähligen Legierungen. Insofern sei mein Tätigkeitsbereich nicht nur außerordentlich vielseitig und voller wechselnder Aufgaben, sondern in der Regel mit interessanten Herausforderungen verbunden.

Wir wurden vom Speisewagen-Ober unterbrochen, der uns die bestellten Getränke und Snacks servierte. Seine Aufgabe war nicht allein die Bedienung der Gäste, sondern er fungierte gleichzeitig als Chef du Cuisine, bereitete also die Speisen vor. Der freundliche junge Mann wünschte uns eine gesegnete Mahlzeit und des Weiteren einen angenehmen Aufenthalt in ‚seinem' Bordrestaurant. Wir hoben das Glas und tranken uns zu. Das Essen schmeckte, wir hatten offenbar gut gewählt.

„Was genau haben Sie diesmal in Passau zu tun?", wollte Baumann wissen.

„Wie ich schon erwähnte, ist die Erstabnahme einer neuen, technisch komplizierten Fertigungslinie eine ziemlich umfangreiche, anspruchsvolle Aufgabe", sagte ich, "bevor eine präzise, störungsfreie Produktion in einem Verbund eng verketteter Einzelmaschinen anlaufen kann, sind zahlreiche Details zu bedenken, nicht selten zu ändern und gegebenenfalls Abläufe neu zu programmieren. Mein dort anstehender Auftrag ist die Inbetriebnahme einer ungewöhnlich großen Anlage und dürfte sich wenigstens über eine Woche hinziehen."

Der Dicke spießte den letzten Bissen seines Schnitzels auf die Gabel und leerte sein Bierglas. Er schien mit der kleinen Zwischenmahlzeit augenscheinlich zufrieden, er wirkte entspannt.

„Von Technik verstehe ich nicht allzu viel", ließ er mich wissen, „obwohl sie mich immer wieder fasziniert. Ich arbeite ja in einem Milieu, wo die Technik und technische Einrichtungen allenfalls zu den notwendigen Hilfsmitteln gehören."

„Das sehe ich ebenso wie Sie. Ein realitätsnahes Theaterwesen kann auf technische Einrichtungen wie etwa Dreh- und Hebebühnen ohne jeden Zweifel nicht verzichten. Übrigens", fügte ich hinzu, „es ist mir eine große Freude, jemanden anzutreffen, über den kürzlich ein umfangreicher Aufsatz in einer renommierten überregionalen Tageszeitung erschienen ist. Diesen beachtlichen Beitrag habe ich mit großem Respekt gelesen. Dabei wurde mir so recht bewusst, dass gutes Theater zu machen viel Phantasie und eine wache Kreativität verlangen."

„Vielleicht war dieser sehr ausführlich meine schöne Tätigkeit beschreibende und meine Person würdigende Artikel ein wenig übertrieben."

„Das glaube ich eher nicht", wandte ich ein, „Sie haben es offenbar verstanden, nicht nur der deutschen Theaterlandschaft richtungsweisende Impulse zu geben, erst als Schauspieler und später als Regisseur."

„Sehen Sie, wie es im Leben oft so geht, war auch meine berufliche Laufbahn von Höhen und Tiefen begleitet. Es gab heftige, wellenartige Bewegungen nach oben und nach unten, ich blieb also keineswegs von teils heftig wütenden Gegenwinden verschont."

„Verstehe", sagte ich, „Erfolg und Misserfolg liegen manchmal eng beieinander, und wenn man Großes erreichen will, versucht der Mensch an beiden zu wachsen, seine Stärken weiterzuentwickeln und seine Schwächen auszumerzen. Vor allem sollte man ein möglichst klar definiertes Ziel anstreben," fuhr ich fort, „und dieses beharrlich verfolgen, es niemals aus dem Blick verlieren."

„Wohl wahr, schon als kleiner Junge galt meine Bewunderung dem Theater, den Bühnenauftritten, den vielseitigen mimischen Ausdrucksfähigkeiten der Schauspieler. Unglaublich glücklich war ich, als ich später in der Schule in verschiedenen, den Klassenjahrgängen angepassten Theatergruppen mitwirken durfte."

„Diese kindliche Begeisterung kann man leicht nachvollziehen", warf ich ein, „vor allem, wenn die Aufführungen in Anwesenheit der versammelten Mitschüler, der Lehrer- und der Elternschaft stattfinden."

„Das ist sicherlich so, und diese Liebe zum Theater hat mich dann nicht mehr losgelassen. Nach Reifeprüfung und Zivildienst bei der Bundeswehr bewarb ich mich erfolgreich an einer Berliner Schauspielakademie. Für uns Schüler folgten harte, überwiegend aber auch schöne Jahre. In Arbeitszirkeln, die dem jeweiligen Stand des Schulunterrichts angepasst waren, wurde mitunter sehr lebhaft und nicht nur über Belange unserer Studienfächer diskutiert. Aus diesem Miteinander entstand so manche feste Freundschaft, die in einigen Fällen heute noch Bestand hat."

Langsam näherte sich unser Zug der nächsten größeren Stadt, Frankfurt am Main. Auch an diesem Haltepunkt war ein nennenswerter Aufenthalt nicht vorgesehen. Die Bankenmetropole ist wohl die einzige Stadt in Deutschland mit einer Skyline aus vierzehn Wolkenkratzern, wie man sie etwa von nordamerikanischen Städten, in den Emiraten und inzwischen, atemberaubend schnell und hoch wachsend, von einigen der fernöstlichen Länder her kennt. Ich dachte sofort an meine vielen Besuche in dem am Main gelegenen, bedeutenden, sowohl deutschen wie auch europäischen Finanzplatz. Von den nahezu zahllosen Sehenswürdigkeiten der Stadt schätze ich insbesondere den Römer, Frankfurts berühmtes historisches Rathaus am Römerberg, ferner die Paulskirche, in der im Mai 1848 im Gefolge der Deutschen Revolution die erste frei gewählte Nationalversammlung zusammentrat, und viele andere, ausgesprochen empfehlenswerte Örtlichkeiten, in zwangloser Reihenfolge genannt: Alt-Sachsenhausen mit seinen vielen urigen Apfelwein(‚Ebbelwoi')-Kneipen, die prunkvolle Alte Oper, das Städelmuseum und viele weitere solcher Einrichtungen am Museumsufer, die grüne Oase Frankfurts mit Palmengarten und Botanischem Garten. Nicht unerwähnt bleiben darf eine der meistfrequentierten deutschen Einkaufsstraßen, die Frankfurter „Zeil" mit ihren zahlreichen, einerseits eleganten Geschäften, aber auch ebenso vielen preiswerten Modehäusern und Bekleidungsketten.

In diese Gedanken vertieft, sah ich, wie der Zug fast lautlos aus dem Bahnhof in Richtung Würzburg weiterrollte.

Baumann hatte ein weiteres Bier bestellt und trank auf mein Wohl. Ich dankte und hob mein Weinglas.

„Bis zur Ankunft in Passau werden wohl noch ein paar Stündchen vergehen", sagte er, „und hier im Bordbistro lässt es sich besser aushalten als in unserem Abteil, was meinen Sie?"

„Da stimme ich Ihnen voll zu", sagte ich, „natürlich würde ich mich freuen, wenn ich Ihnen weiter zuhören darf."

„Ja dann", fuhr Baumann fort, „dem Unterricht in Berlin folgte ich mit großem Eifer, ja mit Begeisterung. Die Ausbildung dort brachte uns täglich dem angestrebten Ziel näher. Die Fächer Stimmbildung, Sprecherziehung, Mimik, also Maskenspiel und die Körperarbeit, zum Beispiel Tanzunterricht, nahmen uns unterschiedlich stark in Anspruch. Sie wurden entsprechend ernst genommen. Die Dozenten kannten keine Gnade und ließen uns auch anscheinend banale, nebensächliche, kurze Szenen immer wieder aufs Neue vortragen. Später wurden wir auf die sogenannte Öffentlichkeit „losgelassen", das heißt, wir durften meist vor anderen Klassen der Schule kleine Ausschnitte aus dem unermesslichen Angebot an Stücken weltberühmter Klassiker spielen. Jeder einzelne von uns stand dann unter strenger Beobachtung und Kontrolle. Es wurde ständig unterbrochen, korrigiert, wiederholt, entweder vom Anfang der jeweiligen Szene an oder auch nur abschnittsweise. So gewann unser Auftreten mit der Zeit die von den Lehrern geforderte Sicherheit. Wir machten erkennbare Fortschritte. Das stärkte unser Selbstvertrauen.

In fester Überzeugung von unserem mittlerweile erreichten Können bekamen wir Schüler die Gelegenheit, in kleineren Städten vor Publikum uns zu beweisen. Die Auftritte fanden nicht etwa in offiziellen Theatern statt, sondern meist in Veranstaltungssälen von Seniorenheimen oder in Seminarräumen von Volkshochschulen und ähnlichen Örtlichkeiten. Unser Publikum anerkannte unsere schauspielerischen Bemühungen und war dem Anlass entsprechend dankbar. Später gaben wir ähnliche Gastspiele auch im benachbarten Ausland, etwa in Holland, in Belgien oder auch im italienischen Südtirol. Diese Unternehmungen waren zweifellos wertvolle praktische Ergänzungen im Rahmen unserer Ausbildung, sie öffneten uns andererseits die Augen für die Schönheiten anderer, den meisten von uns vorher nicht bekannten Landschaften. Wir erlebten vieles Neues, gewannen Eindrücke, die man so schnell nicht vergisst. Wir trafen auf angehende Fachkollegen, etwa den Nachwuchs einer niederländischen Akademie, knüpften Bekanntschaften, tauschten Erfahrungen aus und erfreuten uns an den Begegnungen mit anderen, gleichgesinnten jungen Menschen. Absoluter Höhepunkt unserer Auslandsreisen war ein Kurzbesuch in den USA. In New York bekamen wir interessante Einblicke in die dortige Art und Weise der Förderung und Weiterbildung von Schauspielern."

An dieser Stelle machte Baumann eine Pause, leerte sein Glas und bat den Ober um ein weiteres Bier.

Ich fand seinen Werdegang fesselnd und lebendig geschildert, jedenfalls aber auch ein bisschen aufregend.

„Wenn es Sie nicht zu sehr langweilen sollte, will ich gerne weitererzählen", sagte Baumann.

Ich bekundete mein ehrliches Interesse, und er fuhr fort: „Also, nach drei Jahren in Berlin legte ich die Prüfungen in den Pflichtfächern ab, mit zufriedenstellenden Ergebnissen in den geforderten Fächern. Jetzt war es endlich soweit, eine erste bedeutende berufliche Etappe lag hinter mir. Ausgestattet mit einem gesunden Selbstvertrauen, sah ich zum einen der so sehr herbeigesehnten Zukunft am Theater hoffnungsvoll entgegen. Zum anderen war ich nun der rauen Wirklichkeit ausgesetzt und musste mich um ein Engagement bemühen. In den ersten Jahren erhielt ich dank einschlägiger Agenturen meistens kürzere Arbeitsverträge an kleineren Bühnen. Die mir vermittelten Engagements beschränkten sich verständlicherweise vorwiegend auf Nebenrollen, was bei Anfängern üblich ist. Doch ich konnte davon leben und sogar etwas zurücklegen. In diesen ersten Jahren wollte ich ja vor allem Erfahrungen sammeln und dazulernen."

„Später haben Sie sicherlich versucht, durch längerfristige, feste Bindungen an Schauspielhäuser sich ein einigermaßen regelmäßiges Arbeitsleben zu ermöglichen?", bemerkte ich.

„Sie dürfen mir glauben, ich habe vieles unternommen, um irgendwo fest unterzukommen, aber auch in jenen Jahren gab es ein großes Angebot an ausgebildeten Schauspielern, die verständlicherweise auf den Markt drängten. Ich hatte von der Möglichkeit gehört, sich über eine deutsche Kulturstiftung um ein großzügig ausgestattetes Stipendium an einer nordamerikanischen Schauspielakademie bewerben zu können. Die Gelegenheit nahm ich kurz entschlossen wahr, weil ich mir mit eigenen Mitteln ein solches Studium, zumal in Übersee, nicht hätte leisten können. Ich wusste, dass eine erfolgreiche Bewerbung dort unter einem sehr guten Stern stehen musste, weil es viele Mitbewerber, jedoch nur wenige Studienplätze gab. Es verging eine mir unendlich scheinende, eine quälend lange Zeit ungeduldigen Wartens. Ich hatte meinen Traum fast abgeschrieben. Da erhielt ich zu meiner unbeschreiblichen Erleichterung die ersehnte Zusage. Das Kuratorium der Deutschen Kulturstiftung hatte mich und einen Mitschüler aus meiner Berliner Zeit für würdig befunden, als Stipendiaten einer weltweit angesehenen Schauspielschule unser bisher Gelerntes zu vertiefen. Selbst heute noch könnte ich die euphorische Freude, die ich damals empfand, nur unzureichend wiedergeben. Für sechs lange Monate durfte ich in die USA reisen, um meine schauspielerische Ausbildung weiter zu optimieren. Und das an der berühmten nordamerikanischen Schauspielwerkstatt ‚*The Actors Studio*‛, beheimatet in einer ehemaligen presbyterianischen Kirche an der 44. Straße in Manhattan. Das Studio als gemeinnützige Organisation bildet vor Ort keine Schauspieler aus. Die Mitglieder sind vielmehr bereits fertige, oft etablierte und insofern mittlerweile bekannte Akteure. Das Institut hat es sich zur Aufgabe gemacht, Schauspieler weiterzuentwickeln. Vielleicht interessiert Sie, dass einige seiner berühmten Absolventen wie Marlon Brando, James Dean, Jane Fonda, Marilyn Monroe an dieser Schule studiert haben."[1]

„Wie ging es weiter? Ich kann mir vorstellen, dass Sie sich damals wie im siebten Himmel fühlten."

„Sie sehen das richtig, und ich fühlte mich auch so. Wenige Wochen später war es dann soweit: Ich saß endlich im Flieger nach New York. Meine Vorfreude auf die nun vor mir liegende Zeit lässt sich nur unvollkommen ausdrücken. Ich hätte das alles nicht zu träumen gewagt. Von mir heimlich gehegte Wünsche waren greifbare Wirklichkeit geworden. Ich setzte dort jetzt alles daran, meine bisher erworbenen Kenntnisse und Fähigkeiten zu erweitern."

Mittlerweile hatte unser Zug die Landesgrenze zum bayerischen Franken längst passiert. Wir näherten uns einer weiteren Mainmetropole, reich an Geschichte, Kultur und beeindruckender Architektur. Würzburg und natürlich auch seine reizvolle Umgebung waren mir nicht nur wegen ihrer idyllischen Lage zwischen rundum mit Weinreben bedeckten Anhöhen ans Herz gewachsen. Ganz zuerst sei das berühmte barocke, mitten in der Stadt gelegene Schloss genannt, die Würzburger Residenz. Sie wurde Mitte des

---

[1] Viele Jahre später studierte auch die deutsche Schauspielerin Natalia Wörner hier, Anmerkung des Verfassers.

18. Jahrhunderts nach Plänen des genial kreativen Architekten Balthasar Neumann errichtet und als eines der ersten Bauwerke in Deutschland in das UNESCO Welt-Kulturerbe aufgenommen. Neben diesem Prachtbau mit seinem beeindruckenden, freitragenden Treppenhaus und einem der weltgrößten Deckenfresken begegnet man stadtweit vielen anderen Punkten mit Spuren vom hervorragenden Schaffen des herausragenden Baumeisters Balthasar Neumann. Würzburg beherbergt neben dem romanischen Dom St. Kilian, übrigens eine der größten deutschen Kirchen, die von Balthasar Neumann entworfene Schönbornkapelle, die imposante spätgotische, reichlich mit Skulpturen und Fresken ausgestattete Marienkapelle, die auf dem Nikolausberg über Würzburg gelegene Wallfahrtskirche „Käppele" und die gern besuchte Neumünster Kirche, in deren Nähe sich das Grabmal des in Würzburg gestorbenen mittelalterlichen Hofdichters und Minnesängers Walther von der Vogelweide befindet. Natürlich gäbe es noch vieles weitere zu erwähnen, etliche weltliche Bauten und andere großartige Zeugnisse einer ruhmvollen Vergangenheit, aber auch von der lebendigen Gegenwart dieser Stadt. Doch eins sollte man sich nicht entgehen lassen, den einzigartigen Panoramablick von der eindrucksvollen Festung Marienberg. Diese vor rund 3000 Jahren entstandene keltische Fliehburg war über einige Jahrhunderte Sitz der Würzburger Fürstbischöfe. Sie beherbergt heute verschiedene Museen, etwa zur fränkischen Volkskunde, zu fränkischen Kunstwerken, zur Weinkultur, zur Stadtgeschichte, außerdem die damaligen Wohnräume und Schatzkammern der früheren geistlichen Herren, die auch den Umbau der Festung in ein Renaissanceschloss und später ihren Ausbau zur Barockfestung veranlassten. Immer wieder besuchenswert sind die hübschen, kleineren und größeren Weinorte rund um Würzburg, teils am

sogenannten Mainbogen gelegen, wie etwa Volkach. In diesem Umfeld trifft man auf mit Fachwerken geschmückte, altfränkische Häuser in den malerischen Gässchen, mächtige Kirchenbauten, stolze Burgen und natürlich auf schier endlos ausgedehnte Weingärten, angelegt in der Ebene wie auch an mehr oder weniger steilen Hängen. Einige von diesen liebenswerten, zauberhaften, lebensfrohen Gemeinden besuche ich immer wieder gerne, dachte ich und erinnerte mich an so manchen schönen Abend bei deftiger fränkischer Küche und den dazu passenden, herrlich würzigen, vollmundigen heimischen Weinen. Mir fielen dabei besondere Orte und Örtchen ein wie Kitzingen und Ochsenfurt oder Randersacker und Mainbernheim mit dem sehr gut erhaltenen, etwa einen Kilometer langen Stadtmauerring, mit seinen 18 Türmen und zwei Stadttoren. Und ich dachte an Veitshöchheim mit dem Schloss und seinem wunderbaren Rokokogarten, einem der schönsten seiner Art in Europa, an die schmucken, unterhalb des Schwanbergs angesiedelten Weinörtchen Iphofen und Rödelsee, an Schwarzach mit seiner gigantischen Benediktinerabtei Münsterschwarzach, an die verträumten, idyllisch diesseits und jenseits des Mains sich gegenüberliegenden Sommerhausen und Winterhausen, wo man noch echte Gastfreundschaft erleben kann. Das alles ging mir durch den Kopf.

Der kurze Aufenthalt auf dem Bahnhof der Mainmetropole lag hinter uns. Baumann und ich saßen immer noch im Speiseabteil, frisch gebrühten, heißen und angenehm duftenden Kaffee vor uns.

Mein Gegenüber sah gedankenverloren aus dem Fenster. Ich spürte, dass er das Bedürfnis hatte, unser Gespräch von vorhin fortzusetzen. Dann blickte er mich an und zog zwei arg vergilbte Fotos aus seiner dunkelledernen Handtasche. Beide Bilder zeigten in Reih und Glied stehende Gruppen von, so kam es mir jedenfalls vor, erwartungsvoll dreinblickenden jungen Menschen, aufgestellt vor einem kirchenartigen Backsteinbau.

Ich sah ihn fragend an, und er fuhr fast andächtig fort: „Auf dem größeren Foto sind wir Stipendiaten des ‚*The Actors Studio*' unmittelbar vor unserer ersten Unterrichtsstunde abgebildet, zusammen mit ein paar arrivierten amerikanischen Kollegen. Das zweite Bild zeigt uns sechs Monate später. Wir halten stolz die Zeugnisse nach unserem erfolgreichen Abschluss in der Hand. Die Zeit in New York war ja mehr als richtungsweisend für unser berufliches Weiterkommen, zumal die Philosophie der Schulleitung auf ein gegenseitiges Anspornen aller Teilnehmer angelegt war. Es wurde viel improvisiert, daraus entwickelten sich Kreativität und immer wieder neue Situationen, die teils großen Beifall fanden, teils auch, wen wundert das, mehr oder weniger schnell verworfen wurden. Jeder Mitschüler war angehalten, seine Meinung zu den im Unterricht auf der Bühne gespielten Szenen möglichst knapp und wohl begründet vorzutragen und vorbehaltslos Kritik zu üben. Diese Art von Geben und Nehmen erwies sich als außerordentlich fruchtbar. Man lernte bald einzuschätzen, was einen guten Schauspieler ausmacht, aber auch, was ihm noch fehlt."

Hier machte Baumann eine Pause. Die beiden Fotos legte er behutsam in seine Tasche zurück und sagte etwas verlegen, fast wie entschuldigend: „Diese Bilder sind nicht nur wertvolle Erinnerungen an meine Zeit in New York. Ich trage sie seit damals immer bei mir, als Glücksbringer oder, wenn Sie so wollen, als Talisman oder Amulett. Die Fotos haben mich mein ganzes Berufsleben über begleitet und, halten Sie es für naiven Aberglauben, aber sie haben mir bei wichtigen Entscheidungen stets geholfen, zum richtigen Zeitpunkt auch das Richtige zu tun."

„Verstehe," entgegnete ich, „das kann ich ohne Weiteres nachvollziehen. Von einer gesunden Prise Aberglaube können sich die Wenigsten freisprechen, mit dem Verstand lässt sich so etwas nicht erfassen."

Bis zur Ankunft in Passau blieb uns noch reichlich Zeit. Mittlerweile waren wir nur noch die einzigen Mittagsgäste. Die anderen hatten sich in ihr Abteil zurückgezogen. Wir fühlten uns wohl wie in einem gemütlichen Kaffeehaus und beschlossen zu bleiben. Der Ober brachte uns frisch aufgebrühten Kaffee, dazu einen leckeren Apfelstrudel. Baumann spießte ein Stückchen auf die Kuchengabel und führte seine Tasse bedächtig zum Mund. Sein Gesicht wirkte plötzlich wie eingefroren, gedankenverloren. Er blickte mich traurig und wie abwesend an und schwieg für einen Augenblick. Dann entnahm er seiner Geldbörse ein kleines Foto und warf nahezu andächtig einen langen Blick darauf. Es war ein Passbild. Er gab es mir vorsichtig in die Hand.

„Das ist Jane, meine Frau, kurz vor unserer Heirat", sagte er, „sie ist übrigens auch auf den beiden Fotografien zu sehen, die ich Ihnen vorhin gezeigt habe, damals aufgenommen vor dem New Yorker Gebäude des ‚The Actors Studio'. Meine spätere Frau und ich waren ja Kommilitonen, und während der sechsmonatigen Ausbildung im Studio sind wir uns auch menschlich nähergekommen. Genauer gesagt, wir waren bis über beide Ohren ineinander verliebt. Übrigens, ein für mich mehr als erfreulicher „Nebeneffekt" unseres häufigen Zusammenseins war die gründliche

Verbesserung meiner Englischkenntnisse, die für mein späteres berufliches Weiterkommen sozusagen unerlässlich waren, wie ich immer wieder feststellen konnte."

Erneut machte Baumann eine kleine Pause. Er wischte sich mit dem Taschentuch über die Augen.

„Die sechs Monate dort vergingen wie im Fluge", fuhr er fort, „die täglichen Unterrichtsstunden, die Bühnenarbeit, das ständige Wiederholen des Gelernten nahmen uns total in Anspruch. Und so freuten wir uns verständlicherweise schon im Vorhinein auf die entspannenden Stunden in unserer Freizeit. Den Nichtamerikanern unseres Semesters bescherte der Moloch New York ein völlig neues, ein bisher nicht gekanntes Lebensgefühl. Wir bewegten uns in einer sprichwörtlich fremden, wundersamen, aufregenden, bizarren Welt, standen ehrfurchtsvoll staunend vor den teils eng aneinander geschmiegten, himmelhohen Bauten aus Stahl, Glas und Beton. Wir fühlten uns regelrecht schwindlig, um nicht zu sagen, wie benommen vom bloßen Hochschauen auf die winzig erscheinenden Fleckchen blauen Himmels zwischen den die Wolken ankratzenden Gebäuden."

„Das kommt mir alles so bekannt vor", unterbrach ich ihn, „mir erging es nicht anders bei meinem ersten, inzwischen viele Jahre zurück liegenden Besuch in ‚The Big Apple', wie der New Yorker ja gerne und liebevoll seine Stadt nennt. Auch ich staunte damals wie ein kleines Kind. Geschäfte und große Warenhäuser hatten sieben Tage die Woche und 24 Stunden am Tage geöffnet, was für die Einheimischen als selbstverständlich galt, uns hingegen doch recht ungewöhnlich, eigenartig überzogen und vielleicht sogar als unnötig erschien."

Baumann nickte: „Ein großer Teil der amerikanischen Bevölkerung hat nun einmal eine ausgeprägt andere Auffassung zu seinen vermeintlichen Bürgerrechten und zu seiner persönlichen Freiheit als wir Europäer. Das hat zweifellos seine Ursachen in der wechselvollen Geschichte und den daraus entstandenen Bräuchen und Traditionen der Vereinigten Staaten, zugegebenermaßen mit manchmal etwas skurrilen, schrulligen Ansprüchen, hergeleitet von ungeschriebenen Rechten aus der Gründerzeit, etwa dem Recht des Stärkeren oder dem Selbsterhaltungstrieb gegenüber den Ureinwohnern. Als unschönes Beispiel nenne ich die Waffengesetze, die ursächlich sind für alljährlich tausende Opfer von Amokläufern und anderen Straftätern. In den USA herrscht weit verbreitet die Maxime von der Eigenverantwortlichkeit. Das gilt, wie wir wissen, leider auch für das Gesundheitswesen", ergänzte er.

Hier konnte ich ihm nur voll und ganz zustimmen.

„Jane, meine spätere Frau, und ich nutzten unsere gemeinsamen freien Stunden für das Kennenlernen der Down Town, wie man die Zentren nordamerikanischer Städte nennt. Mit Recht gilt New York als die Weltstadt mit den meisten Attraktionen. Diese rund um die Uhr kraftvoll pulsierende Metropole schläft niemals. Ihre unzähligen Geschäfte, Kaufhäuser, Theater, Kunstgalerien und musikalischen Aufführungen aller Art finden nahezu ununterbrochen ihr Publikum. Die berühmten Avenues, an der Spitze der sagenumwobene Broadway, die bis zu fünfspurigen Boulevards müssen Tag und Nacht den dröhnenden Motorenlärm und das ständige aufreizende Hupen der Autofahrer ertragen. Auch das gehört zweifellos zum Charakter dieser Weltstadt. Unvergessliche Eindrücke hinterlässt beim staunenden Besucher der Anblick so berühmter Plätze wie der Times Square mit seinen riesigen, bunten, ständig nervös blinkenden Lichtreklamen. Hier hat die gleichnamige, renommierte Zeitung ihren Sitz. Für Kunstliebhaber ist New York ein regelrechtes Paradies. Es gibt dort mehr als 20 Museen unterschiedlicher Genres, alle unglaublich vielseitig und aufwendig ausgestattet. Ein absolutes Muss ist das Metropolitan Museum of Art, ´The Met`, mit seinen drei Standorten. Das Hauptgebäude liegt an der Fifth Avenue, direkt an der Museumsmeile und unweit vom Central Park. Andere Häuser haben Natur und Technik zum Gegenstand, wiederum andere bringen uns Geschichte und Geographie des Landes näher. Wir erfreuen uns erholsamer Stunden in den vielen öffentlichen grünen Parks, von denen der Central Park der wohl bekannteste ist, und fanden Entspannung in den eher beschaulichen Randgebieten, an den Stränden von New York oder Long Island mit seinen historischen Fischerhäuschen. Wenn es unsere Zeit erlaubte, besuchten wir, vorzugsweise an den Wochenenden, interessante Sehenswürdigkeiten außerhalb New Yorks, etwa Washington D.C. oder Boston oder die atemberaubenden Niagarafälle an der Grenze zu Kanada."

An dieser Stelle hielt Baumann ein. Er sah mir mit ruhigem Blick in die Augen und fragte mich ohne Umschweife, ob er es mit dem Erzählen seiner persönlichen, alten Geschichten und Erlebnisse nicht übertriebe. Ihm liege es fern, mich damit in aufdringlicher Weise zu langweilen. Aber er denke auch heute noch immer wieder, wie unter einem inneren Zwang, dankbar an viele unvergessliche Augenblicke und überhaupt an die schönen Jahre mit Jane zurück.

Keineswegs langweile mich das, hatte ich ihm geantwortet und hinzugefügt, dass ich die Lebensgeschichte anderer Mitmenschen immer wieder spannend fände, weil es mir als Zuhörer wie ein bunter Blumenstrauß, mal mehr, mal weniger üppig, vorkäme.

🚂 🚂 🚂 🚂 🚂 🚂 🚂

Unser Aufenthalt im Speisewagen hatte sich wider Erwarten ziemlich lange hingezogen. Wir tranken unseren letzten Kaffee, beglichen die Rechnung und gingen zurück zum Abteil, wo es sich unser katholischer Geistlicher bequem gemacht hatte. Er trug jetzt anstelle seiner schwarzen ‚Dienstkleidung' eine bunt gemusterte Wolljacke, sah also nicht mehr aus wie ein Gottesmann auf Reisen. Augenscheinlich hatte er ein Schläfchen hinter sich. Als er uns bemerkte, öffnete er blinzelnd die Augen und sah uns etwas irritiert an. Dann lächelte er: „Hatten Sie einen angenehmen Aufenthalt im Bistro?"

„Wenn Sie so fragen", sagte ich, „Langeweile kam nicht auf. Wir haben uns etwas verplaudert. Manchmal verliert man das Gefühl für die Zeit, besonders dann, wenn sie bei anregenden Gesprächen wie im Fluge vergeht."

Baumann gab so etwas von sich wie „Die Vergangenheit holt einen halt immer mal wieder ein." Dann setzte er sich.

Bis Passau lagen noch einige Stunden Bahnfahrt vor uns. Der Zug fuhr soeben in den Nürnberger Bahnhof ein. Wie auch an den vorangegangenen Stationen fehlte uns auch hier in der Frankenmetropole die Zeit und damit die Gelegenheit zu einer angemessenen Unterbrechung. Bei dem kurzen Stopp wurden einige Anschlussverbindungen ausgerufen. Der Zug setzte sich langsam in Bewegung.

Besuche in Nürnberg weckten in mir viele schöne Erinnerungen. Besonders gerne dachte ich an so manchen interessanten Aufenthalt in der historischen Altstadt zurück. Von dort aus sind viele bemerkenswerte Sehenswürdigkeiten entweder in Sichtweite oder fußläufig in wenigen Minuten erreichbar. Als unumstrittenes Wahrzeichen der Stadt gilt die Kaiserburg aus dem 11. Jahrhundert mit ihrem markanten, hochaufragenden Sinwellturm. Berühmte Künstler wie Veit Stoß als meisterlicher Holzschnitzer oder Peter Vischer als Bildhauer und begnadeter Bronzegießer haben vor allem durch die würdige Ausstattung so prunkvoller Sakralbauten wie der Nürnberger Stadtkirche St. Sebaldus oder der direkt am Hauptmarkt gelegenen Frauenkirche ihre Spuren hinterlassen. In St. Sebaldus besticht das von Peter Vischer im 16. Jahrhundert in gegossener Bronze geschaffene Grabmal des Stadtheiligen durch seine künstlerische Filigranität. Vom landesweit berühmten Balkon der Frauenkirche aus wird alljährlich der im ganzen Land bewunderte Christkindlesmarkt eröffnet. Die vielen bunten, altertümlichen Fachwerkhäuser an der Weißgerbergasse bilden in der Weihnachtszeit bei festlicher Beleuchtung die beeindruckende Kulisse für dieses Ereignis, natürlich bestaunt in freudiger Erwartung von Abertausenden auswärtiger Besucher.

Kein Geringerer als Albrecht Dürer hat den Ruf von Nürnberg in alle Welt getragen. Zeugnisse seines Wirkens legen nicht nur die in dem nach ihm benannten Museum, dem Dürerhaus, ausgestellten Exponate ab, sondern man findet an vielen Plätzen und Häusern Spuren der vielseitigen künstlerischen Neigungen und Fähigkeiten Dürers. Dass der Besucher der Stadt nach oder auch zwischen seinen Besichtigungen sich in den zahlreichen Restaurants, Cafés und Bars erholen und neue Kräfte sammeln kann, bedarf wohl keiner besonderen Erwähnung. Nürnberg beherbergt über ein Dutzend Museen, die ausführlich Vergangenheit und Gegenwart der unterschiedlichsten Gebiete darstellen und beschreiben. Erwähnt werden sollen an dieser Stelle das Germanische Nationalmuseum, das als größtes kulturgeschichtliches im deutschsprachigen Raum gilt. In mehreren Häusern wird das Eisenbahnwesen in beeindruckender Weise gezeigt, während für die kleineren Besucher das Spielzeug-Museum und der hiesige Tiergarten weitaus eher deren Neugier befriedigen und auf ihr kindlich-lebhaftes Interesse stoßen dürften. Ein dunkles Kapitel der deutschen Geschichte vermittelt das im Krieg baulich bei Weitem nicht fertiggestellte Reichsparteitagsgelände. In dem dort eingerichteten Dokumentationszentrum wird der Besucher umfassend über die Anfänge und das unrühmliche Ende des „Dritten Reiches" sowie über die Schrecken des 12-jährigen Regimes der Nationalsozialisten informiert.

An all das musste ich denken, während der Zug sich mit hoher Geschwindigkeit in Richtung Regensburg bewegte, unserem nächsten Halt.

„Der liebe Gott meint es gut mit uns", sagte ich, „wir haben bestes Reisewetter, und auch für die nächsten Tage sind überwiegend sonnige Stunden vorhergesagt."

Der Gottesmann lächelte und blickte versonnen vor sich hin.

Herr Baumann wiegte den Kopf: „Ich denke nicht, dass unser Klima aus dem Himmel heraus gesteuert wird. Selbst Petrus, der gemeinhin ja als zuständiger und damit verantwortlicher Heiliger für unser Wetter in die Pflicht genommen wird, beschert uns zunehmend folgenschwere Wetterextreme. Wärmere Winter und kältere Sommer, katastrophale Regengüsse, verheerende Orkane, zerstörerische Taifune und unübersehbar verstärkt abschmelzende Polkappen dürften auch nicht im Sinne unseres Apostelfürsten sein. Ich vertraue vielmehr den Erkenntnissen zahlreicher Wissenschaftler, insbesondere den von namhaften Klimaforschern und Meteorologen vertretenen, dass wir Menschen zu einem großen Teil, ganz allgemein verursacht durch unseren sorglosen Umgang mit unserer Mutter Erde, zu unberechenbaren Eskapaden von Klima und Wetter beitragen. Wir haben es in den Händen, durch eine besser organisierte Nutzung der immer knapper werdenden Bodenschätze bei gleichzeitiger deutlicher Verminderung klimaschädlicher Emissionen, unnatürliche, ja katastrophale Lebensbedingungen auf unserem Planeten abzuwenden oder wenigstens auf ein für Menschen erträgliches Maß einzuschränken."

Herr Bayer, ganz der Theologe, wandte sich an Baumann: „Wir wissen viel über alles Mögliche und haben eine Menge von dem erforscht und gelernt, wann und auf welche Weise das Universum, unser vergleichsweise kleines Sonnensystem und unsere winzige Erde entstanden sind. Auch über das launische Verhalten von Klima und Wetter besitzen wir wichtige Erkenntnisse. Aber zu etwas ganz Wesentlichem, etwas für das Verstehen unseres Daseins außerordentlich Entscheidendem finden wir seit Jahrtausenden keine plausible Antwort. Wir wissen nicht genau, welche Kraft seit Jahrmilliarden das Weltall und unser unmittelbares Umfeld Erde mit einer physikalisch nahezu unheimlich anmutenden Präzision in Bewegung hält. Zum anderen haben wir seit Darwins Forschungsarbeiten bestimmte Vorstellungen darüber, wie die Evolution der Lebewesen mutmaßlich vonstattenging und somit auch über die stufenweise Entwicklung der anfänglich primitiven Form des Lebens zum Homo sapiens. Leider müssen wir feststellen, dass von jeher die Stifter und die Bewahrer der mannigfaltigsten Religionen immer wieder Antworten auf die nach wie vor offenen Fragen nach dem Sinn unseres Lebens gegeben haben, ohne diese auch nur einigermaßen eindeutig, überzeugend und letztlich zufriedenstellend begründen zu können. Wird man jemals schlüssige, für uns Menschen nachvollziehbare Erklärungen finden? Ich denke nicht, weil nur der kindliche Glaube an unseren Schöpfer uns da helfen kann. Philosophen aller Couleur suchen seit jeher Antworten auf die Fragen nach ‚Ursprung, Sinn beziehungsweise Bestimmung, Ende des irdischen Daseins, und was folgt danach?'. Für viele von ihnen war es zeitlebens eine oft selbstquälerische Beschäftigung. Der große Immanuel Kant hat am Ende seines Lebens erkennen müssen, dass seine jahrelangen Bemühungen, ja sein ganzes Lebenswerk, letztlich den drei kurzen Fragen gegolten hat:

Was können wir wissen?
Was sollen wir tun?
Was können wir glauben?"

Otfried Bayer war in seinem Element. Er sah uns eindringlich an und fuhr fort: „Es ist wohl so, die erste Frage gilt dem menschlichen Erkennen, die zweite zweifellos unserem Handeln. Die dritte dagegen befasst sich mit Dingen, die darauf hinweisen könnten, dass unser Dasein nicht nur einen individuellen, also subjektiven Zweck hat, sondern auch einen objektiven haben könnte. Dann wäre vielleicht die Existenz eines höheren Wesens nicht auszuschließen, folglich auch nicht die Unsterblichkeit des Individuums. Würde sich das alles jemals klären lassen, oder bleibt die zweifellos existierende scharfe Abgrenzung zwischen unserem Wissen und unserem Glauben auf ewig bestehen? Wäre letzteres der Fall, so wären wir wohl ausschließlich auf den Glauben an die von den Religionen verkündeten, althergebrachten Überlieferungen und deren vage Verheißungen auf ein mögliches, paradiesischglückseliges Leben nach unserem Tod angewiesen, was zweifellos auf nicht belegbaren Annahmen beruht. Selbst die Zeugnisse biblischer Zeitgenossen helfen da nicht weiter. Ich als katholischer Priester bin nicht nur meines Amtes wegen ein überzeugt gläubiger Mensch. Und deshalb bekenne ich mich von ganzem Herzen zu den Lehren meiner Kirche, zu Gott als dem Schöpfer dieser Erde, ebenso zur göttlichen Dreifaltigkeit. Auch glaube ich fest an die Auferstehung am Jüngsten Tag."

„Es verwundert immer wieder, nein, ich finde es höchst erstaunlich und bemerkenswert, dass eine kleine, eigentlich eher belanglose Bemerkung wie ‚*Der liebe Gott meint es heute gut mit uns*‘ ein so lebhaftes, tiefgreifendes Gespräch auslösen kann," sagte ich.

Baumann hatte aufmerksam zugehört.

„Ich darf Ihnen versichern, dass auch ich mich immer wieder mit den Fragen nach dem Sinn und Zweck der menschlichen Existenz befasse", warf er ein, „wenn schon ein übergeordnetes Wesen für die Erschaffung unseres zweifellos wunderbaren Planeten mit Sicherheit ausgeschlossen wäre, bliebe als denkbare Erklärung für seine Entstehung und für unsere Herkunft nur der Zufall. Warum konnte sich aus dem Chaos des Universums und ausgerechnet auf unserer Erde ein derart großartiges, ausgewogenes Leben mit einer vielfältigen Pflanzen- und Tierwelt und letztlich als Krone des Ganzen der Mensch entwickeln?"

Er hielt kurz an, dann redete er weiter: „Hier eine eindeutige Antwort zu geben ist auch die moderne Astronomie nicht imstande. Mit den inzwischen verfügbaren technischen Hilfsmitteln, etwa den riesigen Teleskopen, kam die Fachwelt erst vor wenigen Jahren zu der Erkenntnis, oder besser zu der begründeten Annahme, dass es dreimal so viel Sterne gibt wie bisher vermutet wurde. US-Astronomen schätzen die Anzahl der Galaxien, also der Milchstraßen im All, auf annähernd 500 Milliarden. Bei einer solchen Zahl möchte unser Gehirn streiken, allein bei dem Gedanken, dass je Galaxie bis zu einer Billion Sterne im Bereich des Möglichen liegen. Neueren Beobachtungen zufolge gibt es unter ihnen viel mehr schwachleuchtende Himmelskörper als bisher angenommen, ein Befund, der auf eine unbeschreiblich hohe Zahl unserer Erde ähnlicher Gestirne im Universum schließen lässt. Viele dieser Sterne existieren seit zehn Milliarden Jahren und länger, also lange genug, um ein wie auch immer geartetes Leben hervorzubringen. Insofern könnte das Leben auf dem unserem mit einiger Wahrscheinlichkeit nicht einmalig zu sein. Eine andere Auffassung dürfte unter den im Weltraum gegebenen Konstellationen nicht nur unrealistisch, sondern vermessen, überheblich, arrogant oder, kurz ausgedrückt, herablassend sein. Die Entwicklung des menschlichen Lebens vom Einzeller über zahlreiche biologische Zwischenstufen bis hin zum heutigen Homo sapiens soll übrigens immerhin einige Milliarden Jahre gedauert haben."

Er machte eine kleine Pause und sprach dann weiter: „Und wenn es tatsächlich Lebewesen auf anderen Sternen, Planeten oder Planetoiden gäbe, dann würden wir gerne wissen:

Wie steht es um deren Aussehen, um ihr Verhalten, um ihre körperlichen und mentalen biologischen Eigenschaften, um ihre Fähigkeiten insgesamt?

Sind sie primitiver oder höher entwickelt als wir?

Haben die Aliens, ich nenne sie einfach mal so, ähnliche, unseren Vorstellungen nach analoge Kulturen, Philosophien, vielleicht sogar Religionen wie wir?

Wie gehen sie miteinander um, sind sie nach irdischen Maßstäben empathisch, verhalten sie sich also mitfühlend, anständig, fair?

Gleichen die dort gegebenen umweltlichen Randbedingungen, etwa die chemischen, die physikalischen oder auch die klimatischen Verhältnisse als Voraussetzung für organisches Leben den unseren oder sind sie anders?"

Nach kurzem Innehalten sprach Baumann weiter: „Nur durch das auf der Erde gegebene Umfeld kann ein biologisches Leben wie das unsere erstens entstehen, zweitens sich weiterentwickeln und drittens auf nicht genau absehbare Zeit weiter existieren. Für unsere Lebensfähigkeit waren deshalb einige chemische und physikalische Voraussetzungen unabdingbar. Chemisch betrachtet wäre die Umwandlung von im Universum reichlich vorhandenem Wasserstoff in Basiselemente wie Sauerstoff und Kohlenstoff zu nennen, die für den Aufbau organischen Lebens unerlässlich sind. Diese Umwandlung kam, heutigen

Erkenntnissen zufolge, über eine Milliarden Jahre dauernde Kernfusionskette zustande und führte schließlich zur Bildung von lebenswichtigen Elementen, etwa den gasförmigen, zum Beispiel Stickstoff, den alkalimetallischen, zum Beispiel Calcium und Natrium, und den metallischen, hier in erster Linie das Eisen. Doch das ist nur die eine Seite der Medaille. Die andere Seite betrifft die physikalischen Bedingungen, unter denen sich ein organisches Leben, wie wir es kennen, erst entwickeln konnte. Maßgebend ist beispielsweise die Position der Erde innerhalb unseres Sonnensystems, etwa der Abstand zur Sonne, die Neigung der Erdachse, die Masse unserer Erde als Voraussetzung für die Gravitation und damit die Anziehungskraft auf alle Materie wie Wasser, Lufthülle und alle irdischen Lebewesen. Meine Herren, ich möchte Sie an dieser Stelle nicht mit hier unangebrachten Details quälen. Die uns Menschen von je an quälende Frage wird wohl für immer unbeantwortet bleiben: Sind das Universum und unser im Vergleich dazu mehr als unscheinbarer Planet durch reinen Zufall entstanden oder durch das gewollte Handeln eines unglaublich kreativen und omnipotenten Schöpfers? Darüber haben berühmte Denker, Philosophen, Religionsstifter, Agnostiker aller Kulturen seit Jahrtausenden intensiv nachgedacht. Der um anno 480 v. Chr. geborene griechische Denker Protagoras, dem der Ausspruch ‚*Der Mensch ist das Maß aller Dinge*' zugesprochen wird, übrigens ein Satz, der durchaus interpretationswürdig ist, soll eine seiner Schriften sinngemäß damit begonnen haben, ‚dass man von den Göttern weder wissen könne, ob sie sind, noch ob sie nicht sind; dies zu ermitteln sei viel zu dunkel und unser Leben auch zu kurz. Bemerkenswert ist, dass drei von den fünf der Reihe nach größten Weltreligionen Christentum, Islam, Hinduismus, Buddhismus und Judentum ein höheres Wesen als

Weltenschöpfer für ihre Überzeugungen und Lehren für sich in Anspruch nehmen. Nebenbei gesagt, vertreten die genannten Religionen ähnliche moralische und ethische Grundsätze und tun sich eigenartigerweise trotzdem recht schwer im täglichen Zusammenleben. Ungeachtet dessen stellt sich die Frage, ob Gott den Menschen geschaffen hat oder der Mensch Gott."

Mit diesen Worten schloss Baumann seine zu ‚Gott und der Mensch` geäußerte Auffassung ab, nicht ohne uns zu fragen, ob er uns nicht ‚auf den Geist gegangen` sei mit seiner ganz persönlichen Meinung zu diesem mehr als diffizilen Thema. Er hatte es jedenfalls geschafft, uns sehr nachdenklich zu machen.

Und plötzlich standen mir die Jahre meiner Kindheit und die meines Erwachsenwerdens wie zeitgerafft, wie ein abspulender Film vor Augen. Ich fühlte eine tiefe Dankbarkeit, dass mir eine im Wesentlichen unbeschwerte Jugendzeit, eine erfolgreiche Zeit meiner schulischen und später auch meiner beruflichen Ausbildung vergönnt gewesen war. Dagegen waren meinen Eltern nur wenige glückliche Jahre beschieden. Ihr kurzes Leben war reich an Entbehrungen, falls in diesem Zusammenhang der Begriff ‚reich` überhaupt verwendet werden darf, dachte ich. Sie waren früh gestorben, der Vater damals noch keine vierzig, die Mutter etwas über dreißig Jahre alt. Beide hatten ihr ganzes kurzes Leben geglaubt, gebetet, gehofft. Glaube und Hoffnung waren die Grundlagen, sozusagen das Kapital, das ihre christlichen Elternhäuser ihnen mitgegeben hatten als

Voraussetzung für ein gottgefälliges Leben. Ihre religiösen Überzeugungen und die christlichen Traditionen gaben meine Eltern wie selbstverständlich an uns Kinder weiter.

Es hatte den Anschein, dass sich ein gewisses gegenseitiges Interesse an der individuellen Weltanschauung bei jedem von uns Reisegenossen entwickeln würde. Ich war überzeugt davon, dass wir drei allzu gerne und mit Freude und Vergnügen ein paar weitere gemeinsame Stunden miteinander zugebracht hätten. Unsere lange Bahnfahrt bot ja reichlich Gelegenheit, manches anzusprechen. Außerdem schien jeder von uns das Bedürfnis zu haben, seine persönlichen Ansichten etwa zu Sinn und Zweck des menschlichen Daseins den beiden anderen darzulegen und miteinander zu diskutieren. Zu unserem Bedauern hätte die rund achtstündige Fahrt nach Passau bei weitem nicht ausgereicht, um etwas ausführlicher wesentlichen und immer wieder gestellten Fragen nach dem Woher, dem Warum und dem Wohin des Menschen nachzugehen, etwa in dem Sinne, ob unsere Welt dem Plan eines höheren Wesens zu verdanken oder ob ein solcher auszuschließen sei. Vielleicht hatten wir in Passau Zeit und Gelegenheit für weitere Gespräche.

Die Durchsage des Zugführers klang verwaschen, schrill, abgehackt. Man konnte deshalb seinen Worten nur mit Mühe folgen: „In wenigen Minuten erreichen wir den Passauer Bahnhof, unsere heutige Endstation. Bitte, nehmen Sie alle Ihre Gepäckstücke an sich. Lassen Sie keine Kleidung und andere Gegenstände im Abteil zurück.

Im Namen des Zugpersonals wünsche ich Ihnen einen guten Tag und einen angenehmen Aufenthalt in der schönen Donaustadt. Vielen Dank."

„Bevor wir jetzt auseinandergehen, lasst uns unsere Passauer Adressen oder, wenn vorhanden, unsere Telefonnummern austauschen. Mir liegt sehr am Herzen, Sie möglichst bald hier in Passau wiederzusehen. Das könnten wir mit einem Abendessen in einem der gemütlichen hiesigen Lokale verbinden," sagte Baumann. Der Vorschlag kam Otfried Bayer und mir nicht nur entgegen, sondern auch uns war sehr daran gelegen, unsere zufällig entstandene, wenn auch noch ganz frische Bekanntschaft nicht abrupt enden zu lassen. Wir verabredeten als groben Termin den kommenden Donnerstag. Über Ort und Uhrzeit würden wir uns rechtzeitig abstimmen.

Unser Gepäck stand aufgereiht im Durchgang vor unserem Abteil. Wir brauchten nur noch Mantel oder Jacke umzuhängen.

Otfried Bayer, unser geistlicher Herr, hatte ja vor ein paar Stunden seine schwarze Reisesoutane zugunsten einer freundlichen, bequemen Zivilkleidung abgelegt. Sie stand ihm gut, saß wie angegossen. Der zünftige bajuwarische Trachtenanzug ließ ihn um einiges jugendlicher erscheinen.

Der Zug verlangsamte das Tempo und glitt Richtung Bahnhof. Den kreischend quietschenden Bremsen war ein allmähliches, ruckelfreies Auslaufen der Waggons eigentlich nicht zuzutrauen, doch sie schafften es erstaunlich gefühlvoll und geschmeidig. Unser Gefährt war auf angenehme, komfortable Weise in seinen heutigen Zielbahnhof eingelaufen.

Herr Baumann hatte mit seinen prall gefüllten Koffern im besten Wortsinn alle Hände voll zu tun. Er verfügte unverkennbar über große körperliche Kräfte, denn er jonglierte sein Gepäck wie leichtes Spielzeug. Wir stiegen aus, lachten und freuten uns wie kleine Jungen, reichten uns zum Abschied noch einmal die Hände und strebten dem Ausgang zu. Ich bekam noch mit, wie Hero Baumann gekonnt ein Taxi auf sich aufmerksam machte, wie der Fahrer die beiden Koffer verstaute und dass sie unverzüglich losfuhren.

Ehe ich es Baumann gleichtun konnte, bot sich mir ein verblüffender Anblick. In einiger Entfernung von mir umarmte unser Priester eine schlanke, hochgewachsene, dunkelhaarige Frau. Sie scheint um einiges jünger zu sein als er, dachte ich, vielleicht so Mitte Dreißig bis Anfang Vierzig. Die Frau erwiderte die Umarmung auf das Innigste. Sie hielten einander fest und verharrten für lange Sekunden wie weltvergessen. Nach einer gefühlten kleinen Ewigkeit lösten sie sich behutsam und zärtlich und ließen voneinander ab.

Ich war mir so gut wie sicher, dass eine solche Art von Begrüßung in der Öffentlichkeit zwischen einem amtierenden Priester und einer gut aussehenden Frau im Normalfall zwischen Geschwistern oder anderen Verwandten oder allenfalls zwischen sehr gut Bekannten üblich ist. Dann aber wurde meine Verblüffung immer größer, sie wuchs nahezu ins Unermessliche, als ich staunend sah, wie sich zwei kleine Kinder, ein Junge und ein Mädchen, dem in Zivil gekleideten Priester mit wildem Ungestüm in die Arme warfen. Sie jubelten um die Wette und riefen unentwegt „Papa, Papa", und das so laut, dass es deutlich auf dem großen Bahnhofsvorplatz zu hören war. Der Junge mochte etwa zehn, das Mädchen sechs Jahre alt sein. Sie kletterten an ihrem Vater hoch in einer Weise, dass er die beiden links und rechts auf den Armen halten konnte. Bald darauf ließ er die Kinder behutsam hinab und küsste sie abwechselnd. Das sieht ja so aus, wie eine ganz normale Familie eben aussieht, dachte ich, irritiert von dieser für mich mehr als unerwarteten und bestimmt nicht alltäglichen Situation.

Plötzlich sah Bayer, dass ich den Bahnhof noch nicht verlassen hatte, sondern nur wenige Meter von der kleinen Gruppe entfernt war. Er sagte, der Frau zugewendet, ein paar Worte und kam auf mich zu.

„Werde Ihnen und auch Baumann das alles erklären, wenn wir uns am Donnerstag zusammensetzen. Das bin ich Ihnen beiden schuldig", sagte er mit gesenkter Stimme und ging zurück zu der Frau und den Kindern. Die Vier steuerten auf den Bahnhofsausgang zu und dann auf einen in der Nähe geparkten Kleinwagen mit Passauer Kennzeichen. Bayers Koffer und Taschen verschwanden im Kofferraum, und nicht lange darauf rollte der Wagen mit der kleinen Gesellschaft davon. Ich schaute ihnen nach, bis das Auto meinem Blickfeld entschwunden war, blieb noch einige Minuten aufs Äußerste verwundert stehen und kümmerte mich dann, irritiert und kopfschüttelnd, um ein Taxi.

Nach kurzer Fahrt stand ich vor dem kleinen Hotel in der Altstadt, direkt am Donauufer gelegen, in dem ich stets wohnte, wenn ich in Passau zu tun hatte. Insofern waren Hotel und mein Zimmer – nach Möglichkeit wurde für mich immer das gleiche reserviert – mir von meinen regelmäßigen Besuchen dort vertraut und ans Herz gewachsen. Ich fühlte mich wie zuhause, nicht zuletzt wegen des guten, fast freundschaftlichen Verhältnisses zu den überaus sympathischen Wirtsleuten, die mich wie immer herzlich begrüßten. Sie erkundigten sich nach meinem Befinden und wollten wissen, wieviel Zeit ich diesmal für die Erledigung meines Auftrages in der vor der Stadt gelegenen großen Maschinenfabrik einrechnen müsse, also wie lange ich ihr Gast sein würde.

„Alle Beteiligten rechnen damit, dass es diesmal etwas länger dauern könnte", gab ich zur Antwort, „es sind immer noch einige Details offen, die einer Klärung bedürfen. Deshalb müssen wir mit aller gebotenen Sorgfalt vorgehen. Auf keinen Fall dürfen wir die Feinabstimmung der Steuerung, die Installation erst kürzlich gelieferter Bauteile und schließlich die Inbetriebnahme der gesamten Fertigungslinie unter Zeitdruck angehen."

Die Wirtsleute nickten verständnisvoll.

Zuvorkommend wie immer wies die Wirtin mich auf die heutige Abendkarte hin, auf der zwei leckere Fischgerichte angeboten würden, denn sie kannte meine Vorliebe für ihre delikat zubereiteten Donaufische aller Art. Lächelnd nahm ich das zur Kenntnis und konnte meine nahezu euphorische Freude ob dieser gelungenen Überraschung nicht verbergen. Ich machte meine Einträge ins Gästebuch, nahm den Hausschlüssel entgegen und bezog mein Zimmer. Es war hell, geräumig und bot daher viel Platz. Seine Einrichtung zeugte vom guten Geschmack der Wirtsleute. Von dem hohen, langgestreckten Zimmerfenster aus hatte ich einen herrlichen Blick auf die Donau und den Georgsberg mit der prächtigen Veste Oberhaus. Die mächtige, ausgedehnt errichtete Burganlage ist eine der größten, gut erhaltenen Festungen in Europa, gegründet Anfang des 13. Jahrhunderts und gilt heute als eines der markanten Kulturdenkmäler unseres Kontinents. Zu dem von der Stadt Passau übernommenen gigantischen Bauwerk gehören unter anderem ein Museum, eine Sternwarte, ein Kino und reichlich Flächen für Freiluftveranstaltungen, etwa für Konzerte oder Burgfestspiele. Es gibt auf dem Gelände etliche kleine Plätze mit traumhaftem Ausblick auf die drei Flüsse und auf die Altstadt. Zu diesen Plätzen gehört fraglos das gepflegte Bergrestaurant mit seinem ebenso stilvollen wie gemütlichen Biergarten. Dieses beeindruckende, reizvolle Panorama ließ ich eine Zeitlang von meinem Fensterplatz auf mich einwirken. Dann nahm ich ein erfrischendes Bad, was nach der langen Bahnreise mehr als wohltuend war. Das Oberhemd tauschte ich gegen einen leichten Pulli und genehmigte mir kurz darauf in der Gaststube noch schnell einen Krug, gefüllt mit süffigem Passauer Urhell, dessen Frische und unverwechselbarer, hopfiger Geschmack gleichermaßen Zunge und Gaumen labte. Noch vor dem Abendessen gönnte ich mir einen entspannenden Spaziergang durch die Altstadt, der für mich inzwischen zur lieben Gewohnheit geworden war und einfach sein musste. Neben vielen Sehenswürdigkeiten, wie etwa dem Rathaus mit dem geräumigen Biergarten davor, dem gewaltigen Dom St. Stephan mit seinen markanten, weithin sichtbaren Türmen und der weltgrößten Kirchenorgel und mit dem Kloster Mariahilf auf dem gegenüberliegenden, gleichnamigen Berg gibt es in der Altstadt viele einladende Gasthäuser und gemütliche Kneipen, weit über hundert in allernächster Nähe. Nach wenigen Minuten zu Fuß gelangt man an Passaus Ortsspitze mit dem berühmten Drei-Flüsse-Eck, wo drei verschieden eingefärbte Flüsse aus drei Himmelsrichtungen aufeinandertreffen, die blaue Donau, der grüne Inn und die dunkle, schwarze Ilz.

Der vorabendliche Bummel über die Halbinsel zwischen Donau und Inn hatte mich hungrig gemacht. Schon auf dem

Rückweg zu meinem Hotel freute ich mich auf das einladende Abendessen, also auf die von meiner Wirtin angedeuteten Fischgerichte. Ich machte mich frisch und suchte im Gastraum meinen gewohnten Tisch auf, der gottlob unbesetzt war. Gegen den ersten Durst bestellte ich ein weiteres Hacklberg Urhell. Beide auf der sorgfältig von Hand geschriebenen Speisekarte offerierten Fischgerichte fand ich verlockend, hatte somit die Qual der Wahl. Zum einen gab es Donauwels im Gemüsesud auf cremigem Blattspinat, zum andern zu meiner großen Freude den nicht sehr oft angebotenen Donauhuchen, heute knusprig gebraten auf Gemüsestifteln in Senfsauce. Die Wahl fiel mir nicht schwer, weil man den eher selten gefischten Huchen nicht alle Tage serviert bekommt. Der Huchen gehört zur Familie der Lachsfische. Er kann eine Länge von über einem Meter erreichen und wiegt dann um die dreißig Pfund und mehr. Wegen seines wohlschmeckenden Fleisches wird er von Liebhabern mehr als geschätzt. Überhaupt schenkt uns die Donau eine Vielzahl schmackhafter Süßwasserfische wie Schleie, Karpfen, Hecht, Wels, Zander, auch den seltener gewordenen Stör, die Regenbogenforelle, Weißfische und den delikaten Donaukrebs. Der Fluss beherbergt immerhin mehr als fünfzig verschiedene, darunter nicht wenige überaus begehrte Fischarten.

Ich hatte mich also für den Huchen entschieden und wurde nicht enttäuscht. Der trockene Grauburgunder zu dem zart gebratenen Fisch rundete das köstliche Mahl ab. Das Dessert sparte ich mir und nahm stattdessen einen regionalen Obstler als Absacker, bevor ich mich gesättigt und todmüde, aber rundum zufrieden auf mein Zimmer begab.

Es war spät geworden, es lagen eine lange Reise und ein langer Tag hinter mir. Ich legte mich unverzüglich und erschöpft zu Bett, ohne Schlafanzug, der noch sorgfältig eingepackt im Koffer lag, und schlief in einem Zuge durch bis zum nächsten Morgen. Erst der aufschreckend durchdringende, schrille Ton meines Reiseweckers holte mich aus dem Tiefschlaf. Wenig später saß ich beim Frühstück.

Ein Taxi brachte mich zum Kunden. Mit dem zuständigen Projektleiter ging ich unsere schriftlich vorbereitete umfangreiche Agenda durch. Dann legten wir das detaillierte Vorgehen fest, um die Inbetriebnahme der neuen Fertigungslinie in Gang zu bringen. Bei optimistischer Einschätzung und optimalem Ablauf müssten etwa acht Werktage veranschlagt werden, da waren wir uns einig. Das bedeutete für mich mehr als eine Woche vor Ort.

🚂 🚂 🚂 🚂 🚂 🚂 🚂

Jeder Arbeitstag begann um acht und endete selten vor achtzehn Uhr. Das nahezu minutiös geplante Programm für die Endmontage und die ersten Probeläufe der komplizierten, verketteten Einzelaggregate erforderte unsere uneingeschränkte Konzentration, anstrengend, aber das war schließlich meine Aufgabe, mein Job. Und der fällt umso leichter, je deutlicher die Fortschritte, in diesem Fall bezogen auf die Fertigstellung einer komplizierten, vollautomatisierten Produktionsstraße, zu erkennen sind. Das hatte ich bei meiner mittlerweile langjährigen Tätigkeit als Ingenieur immer wieder erleben dürfen. Solche Erfahrungen waren für mich eine wertvolle Hilfe und Motivation zugleich.

Am zweiten Abend, den ich in Passau war, rief mich unser Theaterintendant Herr Baumann an. Es ging um das für

Donnerstag vorgesehene Treffen. Herrn Bayer, den Dritten in unserem Bunde, habe er bereits kontaktiert. Beide würden das einladende Gartenrestaurant auf der Veste Oberhaus empfehlen. Vom Georgsberg aus könne man den malerischen Blick auf die Stadt und die drei Flüsse in zünftiger Umgebung genießen.

„Einverstanden", sagte ich, „eine ausgezeichnete Idee, werde, wie von Ihnen vorgeschlagen, um 19:30 Uhr dort sein."

„Übrigens möchte ich Sie um etwas bitten", Baumann machte eine kleine Pause, „mir wäre sehr daran gelegen, unser gestern im Bahnbistro geführtes Gespräch fortzusetzen. Wenn Sie das auch möchten, könnten wir uns am morgigen Mittwoch, vielleicht gegen 20 Uhr, schon einmal vorab sehen. Es gibt in der Altstadt das renommierte Gasthaus ‚Weingut Weinlokal', das ich nur empfehlen kann."

„Ich kenne dieses Restaurant, ein Lokal in gehobenem Ambiente, bekannt für seine sehr gute Küche und seine erlesenen Weine."

🚂 🚂 🚂 🚂 🚂 🚂 🚂

Wir trafen uns also am folgenden Abend. Baumann trug einen knallgelben Pulli, kombiniert mit einem hellblauen Jackett und tiefroten Jeans. Er wirkte in seinem etwas grellen Outfit wie ein exzentrischer Theatermensch, Künstler, Musiker, also total anders als vorgestern in seinem bürgerlich-grauen Maßanzug. Der von ihm reservierte Fensterplatz hatte einen angemessenen Abstand zu den anderen Tischen und somit den Vorteil, dass man sich ungestört und in aller Ruhe unterhalten konnte.

„Wie war Ihr Tag?", erkundigte sich Baumann.

„Heute sind wir ein gutes Stück vorangekommen und voll im Plan."

„Bei mir ist es ähnlich gelaufen", ließ er mich wissen, „habe für die kommende Theatersaison eine Handvoll frisch engagierter, junger Kolleginnen und Kollegen kennenlernen dürfen. Es bereitet mir immer wieder eine besondere Freude, in diese unbekümmerten, erwartungsfrohen Gesichter zu schauen, mit ihnen zu reden, sie zu motivieren und dafür zu sorgen, dass ihnen bei aller geforderten und notwendigen Disziplin auch Freude und Begeisterung an ihrem schönen Beruf nicht verloren gehen. Ihr Berufsweg ist in der Regel bei weitem nicht immer glatt und eben, sondern häufig beschwerlich, mühsam, steinig."

Wir bestellten unser Essen. Baumann wählte gebratene Gambas und Jakobsmuscheln mit Trüffelrisotto an Proseccoschaum, dazu einen Sauvignon Blanc, ich orderte ein mittelgroßes Rindsfilet vom Jungbullen mit Kartoffel-Gnocchi und einen toskanischen Rosé.

Baumann räusperte sich: „Vorgestern im Zug haben wir über Gott und die Welt gesprochen. Dabei hatte ich den Eindruck, dass insbesondere unser priesterlicher Reisegefährte nicht nur seines Berufes wegen mit einigen meiner in den Raum geworfenen Thesen alles andere als einverstanden war. Gerade auch meiner christlichen Erziehung halber sind mir diese Worte nicht leichtgefallen. Zum andern stehe ich dem Glauben an einen allmächtigen Weltenlenker mittlerweile äußerst skeptisch gegenüber. Wenn Sie so wollen, bin ich nur einer von vielen aus der wachsenden Anzahl christlicher Zeitgenossen, die sich von der Kirche und ihrem großenteils nicht mehr zeitgemäßen

Kirchenrecht, von ihrer eingefrorenen Dogmatik abwenden."

Baumann hielt inne. Er wirkte plötzlich, als sei alle Energie von ihm abgefallen, er glich einem Menschen, dem der Lebenswille schlagartig verlorengeht, seine Augen blickten wie ins Leere. Eine ganze Weile verharrten wir schweigend und tranken uns wortlos zu.

Dann hatte er sich wieder im Griff: „Erinnern Sie sich an die Fotografien, die ich Ihnen im Bahnbistro zeigte, die Fotos aus meinem Studienaufenthalt an dem New Yorker ‚The Actors Studio'? Eine der auf den Bildern festgehaltenen Mitschülerinnen hatte ich einige Jahre nach unserer Ausbildungszeit geheiratet. Doch davon später.

Nach erfolgreichem Abschluss des Schauspielkurses mussten wir uns zu unserem größten Bedauern für eine längere Zeit trennen. Meine Angebetete ging zu ihren Eltern nach Los Angeles zurück, ich suchte mein Glück in Heidelberg, zunächst für eine Saison als Mitglied des dortigen Theaterensembles. Dort bekam ich anfänglich in kleineren Rollen die Chance zu zeigen, was ich gelernt hatte. Ganz nebenbei, vom sprichwörtlichen Lampenfieber blieb auch ich nicht verschont. Ich sah es aber nicht als unangenehme, lästige Gemütsbewegung, sondern empfand es eher als motivierend, als Ansporn für meine Leistungen auf der Bühne.

Um meine Ausbildung in Richtung Theatermanagement und Regie zu ergänzen, bewarb ich mich um die Aufnahme an der Theaterpädagogischen Akademie Heidelberg. Die Schule befand sich also idealerweise an Ort meines Engagements. Somit wurde mir ermöglicht, neben meinem Studium dort auch weitere kleinere Rollen am dortigen Theater zu spielen. Übrigens verfolgt die Heidelberger

Akademie ähnliche Ziele wie ‚The Actors Studio'. Unterrichtsfächer sind Schauspieltechniken, Darstellendes Spiel, Körpersprache, Pantomime, Ausdrucksgestaltung und Sprechbildung, Regie und anderes mehr wie Tanz, Choreographie, Theatergeschichte, Produktion. Auch in Heidelberg waren Abschlussprüfungen abzulegen, die ich mit zufriedenstellenden Ergebnissen hinter mich brachte. Die Ausbildung dort war ganz nach meinen Vorstellungen und erwies sich als richtungsweisend für mein späteres Berufsleben."

Der Kellner brachte uns die Speisen, die er dekorativ angerichtet und mit frischen Kräutern appetitlich garniert servierte. Das Essen war ausgezeichnet und wurde dem guten Ruf des Hauses gerecht. Wir genossen es entsprechend, lobten Koch und Küche und redeten nur wenig, während wir uns an dem Gebotenen labten.

„Wäre doch wunderbar, wenn das Sommerwetter vorerst anhielte", sagte ich, „dann könnten wir das Idyll und den Liebreiz dieser schmucken, attraktiven Stadt aus vollem Herzen genießen."

Baumann nickte: „Es ist eigentlich schade, dass wir den Tag über beschäftigt sind, aber gerade deshalb sind wir ja hier. Gottlob werden wir, gewissermaßen als ausgleichende Gerechtigkeit, am Abend eine bezaubernde Sicht auf Passau haben, die drei Flüsse und die umliegenden Anhöhen. Freundlich grüßt uns das friedliche Bild, das sich beim Blick von der Festung Oberhaus vor den Augen des Betrachters ausbreitet. Ich freue mich bereits jetzt auf unser morgiges Treffen dort oben."

„Das geht mir ebenso", sagte ich, „und ich hoffe auf einige anregende, gemütliche Stunden auf dem Gelände der alten Festung. Ich kann immer noch nicht sagen, wie froh ich bin, dass wir drei nach unserer per Zufall zustande gekommenen Reise weitere Zeit miteinander verbringen dürfen. Darf ich Sie fragen, lieber Herr Baumann, was Sie nach Ihrer Heidelberger Zeit gemacht haben, nachdem Sie dort ein weiteres Mal erfolgreich die Schulbank gedrückt hatten?"

Er nahm einen kleinen Schluck von seinem Sauvignon: „Die Doppelbelastung, über den Tag die Schule, am Abend die Verpflichtung als Mitglied des hiesigen Schauspiel-Ensembles, ging nicht spurlos an mir vorbei. Ich zeigte unübersehbar Erschöpfungserscheinungen. Ich brauchte dringend eine Auszeit. Natürlich stand ich in ständiger Verbindung mit Jane. Wir telefonierten häufig. Ich muss jedoch gestehen, dass unsere regelmäßig auf den Weg gebrachten Briefe mir ebenso große Freude machten wie unsere Telefonate, weil man das Geschriebene immer wieder und zu jeder Zeit vor Augen hat, weil man es nachlesen kann. Jane hatte ein befristetes Engagement angenommen, am Geffen Playhouse, ein kleines, doch eines der besten unter den vielen berühmten Theatern in Los Angeles. Dieses wunderschöne Gebäude liegt an der Le Conte Ave im beschaulichen Stadtteil Westwood und nahe der University California. Regelmäßig treten dort großartige Schauspieler auf. Dort spielen zu dürfen, fühlte sich für Jane an wie ein Lotteriegewinn. Nun hatte sie endlich die Gelegenheit zu zeigen, dass sie eine gute, breit angelegte Ausbildung zur Schauspielerin genossen hatte."

„Und Sie", unterbrach ich ihn, „haben Sie Ihre Auszeit wahrnehmen können?"

„Das habe ich, allerdings erst ein paar Wochen später, denn ich wollte nicht kurz vor Ende der Heidelberger Theatersaison mein Engagement dort abbrechen. Als es dann soweit war, hielt mich nichts mehr hier in Deutschland. Meine Ersparnisse, so hatte ich mir es ausgerechnet, reichten immerhin für ein paar Monate Aufenthalt in den Vereinigten Staaten. Die Zeit der quälenden Trennung von meiner Jane sollte endlich vorbei sein. Ich muss nicht erwähnen, wie überwältigt und mit welchen Gefühlen wir uns wenige Tage später auf dem Flughafen Los Angeles glücklich in den Armen lagen.

Mit ihren Eltern und ihren beiden älteren Brüdern verstand ich mich auf Anhieb, und ich denke, auch umgekehrt. Weil ich inzwischen, nicht zuletzt dank der Mithilfe von Jane, während der halbjährigen Studienzeit in New York ein leidlich gutes Englisch sprechen gelernt hatte, war die Verständigung in meiner neuen Umgebung kein großes Problem.

Jane wohnte bei ihren Eltern in Pasadena, einem Vorort von Los Angeles. In dem geräumigen Haus verfügte sie über ein gemütliches Appartement, das sogar mit einem Gästezimmer ausgestattet war. Dort durfte ich unterkommen für die drei bis vier Wochen, die ich bleiben wollte. Wir hatten meinen Besuch in Los Angeles für einen Zeitraum eingeplant, in dem Jane keinen Verpflichtungen an ihrem Theater nachkommen musste. Somit ergaben sich für uns genügend Gelegenheiten zum Kennenlernen der riesigen Stadt und für beeindruckende Besichtigungen in ihrer näheren und auch weiteren Umgebung.

Die Hauptstadt Kaliforniens mit ihren vier Millionen Bewohnern ist das unumstrittene Zentrum der amerikanischen Film- und Fernsehbranche. Etliche Filmstudios verschiedener Gesellschaften zeugen von den Pionierzeiten und von der großartigen Vergangenheit dieser weltweit geschätzten Form der Unterhaltung. Heute werden dort kaum noch Filme gedreht, Hollywood lebt hauptsächlich vom Tourismus. Man kann imposante Attraktionen ohne Ende bewundern, seien es die vielseitigen kulturellen

Angebote oder die hinreißend schönen, pittoresken, direkt vor der Stadt gelegenen weitläufigen Strandbereiche des Pazifiks, die bürgernahen, erholsamen Grünanlagen und vieles mehr. Jane war verständlicherweise die ideale Fremdenführerin. Schöne Stunden verbrachten wir in Santa Monica Beach, wo man einen ansprechend und abwechslungsreich angelegten Vergnügungspark vorfindet, an den langgezogenen, feinsandigen Stränden von Long Beach, im wunderschönen Küstenort Malibu, den man mit dem Auto über den Highway One erreicht, der traumhaften Straße längs der Pazifikküste.

Zu den Glanzlichtern von LA gehört ohne Frage der Disneyland Park, ein vergnügliches Erlebnis, beileibe nicht nur für die kleinen Besucher.

Von den vielen empfehlenswerten Museen hat mich das Getty Center besonders beeindruckt mit seinen prächtigen Gartenanlagen, mit seinen Sammlungen bedeutender europäischer und amerikanischer Kunstwerke, ausgestellt in faszinierenden, phantasievoll gestalteten Gebäudekomplexen.

Abends waren wir oft zusammen mit Janes Familie in deren hübsch angelegtem Garten, bei erfrischenden Getränken und nach amerikanischer Gewohnheit bei deftigen, schmackhaften Barbecues. Gegenstand unserer Gespräche war dann vor allem das von uns tagsüber Erlebte und natürlich auch das, was für die nächsten Tage geplant war. Ich muss gestehen, dass ich besonders über das herzliche, unbefangene Verhältnis zu Janes Familie erfreut war, das ich in dieser freundschaftlichen Art und Weise vorher bestimmt nicht als selbstverständlich vorausgesetzt hätte.

Jane und ich waren uns einig gewesen darin, so rasch wie möglich zu heiraten. Ihren Eltern hatten wir uns bis dahin nicht anvertraut. Auch Ort und Zeitpunkt der Hochzeit waren noch ungewiss. Vor allem bewegte uns die Frage des Orts, da unsere Familien ja auf weit auseinander liegenden Kontinenten lebten. Andererseits standen wir nicht unter Zeitdruck, konnten daher alles in Ruhe bedenken und dann eine Entscheidung treffen."

Baumann schwieg einen Augenblick, wir waren mit dem Dessert beschäftigt, einem verführerisch angerichteten Obstsalat an einem Parfait von Vanillecreme und Zitronensorbet. Zum Abschluss nahmen wir einen Espresso.

„Und wo haben Sie schließlich geheiratet?", fragte ich.

„Nun, wir hielten es für richtig und zweckmäßig, unsere Hochzeit in Deutschland zu feiern. Wir wollten meinen mittlerweile betagten Eltern die weite und für sie beschwerliche Reise nach Übersee nicht zumuten. Uns kam daher sehr zupass, dass Janes Eltern schon länger eine Europareise geplant hatten, die sich nun praktischerweise mit unserer Hochzeit in Berlin verbinden ließ.

Drei Monate später war es dann so weit. Janes Eltern und zwei ihrer Geschwister landeten am Flughafen Tempelhof. Wir machten uns auf den Weg zu meinen Eltern, die in Charlottenburg zu Hause sind. Nach einer voraussehbar zunächst sichtlich zurückhaltenden, etwas verlegen wirkenden Begrüßung hatten wir einen harmonischen Nachmittag. Die anfängliche, verständlicherweise allgemeine Reserviertheit wich allmählich einem wachsenden und schließlich herzlichen Einvernehmen. Das Eis war zu unser aller Erleichterung gebrochen. Das offensichtlich großenteils verschüttete und wegen fehlender Übung sehr gewöhnungsbedürftige Englisch meiner Eltern besserte sich im Laufe des Zusammenseins mit den amerikanischen

Besuchern und war dann nicht länger eine holprige, nur schwer zu überwindende Sprachbarriere.

Janes Familie logierte in einem kleinen Charlottenburger Hotel, das wir auch für die Hochzeitsfeier ausgesucht hatten. Wenige Tage später heirateten wir. Jane und ich waren selig, fühlten uns wie auf einem anderen Stern, atmeten nach der Trauung tief durch und umarmten voll des Glücks jeden einzelnen unserer Gäste. Im kleinen Kreis der engsten Angehörigen genossen wir die unvergesslichen Stunden. Es war ein gelungenes Fest. Erst spät in der Nacht beendeten wir die schöne Feier in gelöster, aufgelockerter Stimmung.

Wenige Tage später verabschiedeten sich unsere amerikanischen Verwandten, die sie nun auch für mich waren. Vor ihrer Abreise besuchten wir auf ihren Wunsch hin gemeinsam die markantesten Sehenswürdigkeiten von Berlin. Sie zeigten sich von der deutschen Hauptstadt und ihrer urbanen Vielfalt sichtlich beeindruckt. Die an so manchen Stellen nach wie vor wahrnehmbaren Spuren der jahrzehntelangen deutschen Teilung machte sie betroffen. Janes Eltern bestätigten uns, dass dem Durchschnittsamerikaner das Ausmaß der politischen und gesellschaftlichen Folgen, hier an der globalen Nahtstelle zwischen den westlichen Demokratien und dem kommunistischen Ostblock, nicht so recht bekannt, geschweige ernsthaft bewusst war. Von Berlin aus wollten sie vor ihrer Heimreise nach LA einigen europäischen Metropolen Kurzbesuche abstatten. Eingeplant hatten sie Paris, Wien, Rom und London.

Jane und ich fuhren für ein paar Tage in die Flitterwochen an den Bodensee, der eingebettet liegt in eine wunderschöne, liebliche Gegend, in die pittoresken Regionen der benachbarten Bundesländer Deutschland, Österreich und

Schweiz. Wie es nun mal so ist, die schöne Zeit dort verging wie im Fluge.

In Berlin zurück, hatte uns der Alltag wieder, wie man den wahren, den normalen Lebensrhythmus etwas diffus beschreiben könnte. Also mussten wir uns nun um Dinge kümmern wie Theaterengagements, die uns das Einkommen sichern mussten, sowie um Wohnort und Wohnung, weil der Mensch schließlich ein kuscheliges Heim braucht, einen Bereich, in den er sich zurückziehen kann, einen Hort der Entspannung und Erholung von den alltäglichen Verpflichtungen. Darüber hinaus hatten wir die für uns nicht leichte Entscheidung zu treffen, ob wir unseren gemeinsamen Lebensweg in Janes Heimat oder bei mir in Deutschland beginnen sollten. Nach sorgfältigem Abwägen vieler maßgeblicher Kriterien hielten wir es für zweckmäßig, zunächst in den USA unser Glück zu suchen. Ausschlaggebend dafür war, dass Jane zwar vor Monaten damit begonnen hatte, in Intensivkursen die deutsche Sprache zu erlernen, aber ihre diesbezüglichen Kenntnisse für das deutsche Sprechtheater noch nicht ausreichten. Bei mir war das etwas anders, weil mein Englisch dank meiner längeren Aufenthalte in den Vereinigten Staaten für die Arbeit dort genügte. Wir bemühten uns also um ein Engagement am im Stadtzentrum von Los Angeles gelegenen ‚Mark Taper Forum' und hatten Glück mit unserer Bewerbung."

„Sie beide lagen sicherlich goldrichtig mit Ihrer Entscheidung, wenn ich das so sagen darf, und ich bin neugierig zu hören, wie es Ihnen dann so weiter erging. Wir haben bestimmt, vielleicht sogar schon morgen, die Gelegenheit, etwas Näheres von Ihrer Arbeit in den USA zu hören. Leider dürfte das heute Abend nicht mehr so recht passen, denn die Zeit ist fortgeschritten, und ich habe morgen einen anstrengenden Tag. Bei unserem Kunden steht eine aufwändige Zwischenabnahme der neuen Fertigungslinie an, ihr erster ernsthafter Produktionslauf. Ich bin verantwortlich für einen möglichst reibungslosen Einstieg in das neuartige Herstellverfahren, und da ist höchste Aufmerksamkeit und äußerste Konzentration gefordert. Ich freue mich schon auf unser nächstes Treffen, zusammen mit Herrn Bayer auf der Veste Oberhaus."

Baumann nickte, wir zahlten und trennten uns.

Der folgende Arbeitstag war für mich kein guter, kein erfolgreicher. Der Probelauf der verketteten Werkzeugmaschinen ging daneben. Wir konnten nicht ohne weiteres damit rechnen, dass wichtige Steuerungselemente der neuesten Bauart, einige übrigens erfolgreich erprobte und bewährte Ventile, nach kurzer Laufzeit der Anlage dem Härtetest nicht standhielten. Der gesamte maschinelle Verbund kam bei dem entscheidenden Testlauf unter Hochlast plötzlich zum Stillstand. Jeder, der Ähnliches in verantwortlicher Position mitgemacht hat, kann den Frust, die Enttäuschung über diesen peinlichen Rückschlag nachvollziehen. Wegen des Ausfalls dieser zwei, drei elektronischen Magnetventile und der Beschaffung der Ersatzteile waren wir gezwungen, das Abnahmeverfahren für mehrere Tage zu unterbrechen. Für mich bedeutete das einen entsprechend längeren Aufenthalt in Passau. Leerlauf dadurch hatte ich keinen. Wegen anderer, mir zugeteilter Projekte stand ich mit meiner Stammfirma im Ruhrgebiet in ständiger telefonischer Verbindung. Mein Hotelzimmer war infolge einer im Grunde unnötigen technischen Panne zum, heute würde man es so nennen, ‚Home Office' geworden.

🚂 🚂 🚂 🚂 🚂 🚂 🚂

Am nächsten Tag rief Baumann mich an. Er erinnerte an das für diesen Abend verabredete Treffen auf der Veste Oberhaus. Natürlich hatte ich das nicht vergessen, denn wenige Stunden vorher hatte unser katholischer Priester, Herr Bayer, mit mir telefoniert. Er sprach etwas zögerlich und unüberhörbar verlegen und wollte mich wissen lassen, dass er Herrn Baumann und mir gegenüber eine Klarstellung schuldig sei. Er habe uns etwas sehr Persönliches mitzuteilen. Ich ahnte gleich, worauf er hinauswollte, denn an die Szene mit ihm, der Frau und den beiden Kindern am Passauer Bahnhofsausgang musste ich in diesen Tagen immer wieder denken.

Pünktlich zur vereinbarten Zeit trafen wir uns auf der Burg, der Veste Oberhaus. Unser Priester trug normale Straßenkleidung, ein hellgraues Sakko, ein buntes Oberhemd und blaue Jeans. Baumann bevorzugte diesmal ein etwas weniger schrilles Outfit als am Tag zuvor. Bevor wir uns ins Restaurant begaben, vertraten wir uns mit ein paar Schritten über das Freigelände der Festung die Füße. Von der Batterie Linde, wie man die von Wehrmauern umgebene Terrasse der Veste Oberhaus nennt, genossen wir den Ausblick auf das Drei-Flüsse-Eck unter uns, die unterschiedlich eingefärbten Donau, Inn und Ilz, eingebettet in das Weichbild der Stadt.

Wenig später saßen wir im Biergarten an unserem reservierten Tisch und erfreuten uns an diesem schönen Sommerabend. Die Bedienung ließ nicht lange auf sich warten. Der vor uns stehende Krug mit frisch gezapftem Passauer Hellen machte uns Appetit auf etwas Deftiges. Als hätten wir uns abgesprochen, bestellte jeder das gleiche Hauptgericht, einen zünftigen bayerischen Schweinsbraten mit Kraut und Semmelknödeln, eine köstliche Mahlzeit, abgerundet mit einem appetitanregend goldgelben, schäumenden Bier.

Während wir aßen, wurde nicht viel gesprochen, abgesehen davon, dass wir uns zwischendurch lobend über das schmackhafte Essen äußerten. Für mich war der heimische Schweinsbraten jedes Mal etwas Besonderes, wenn ich in Bayern zu tun hatte.

Herrn Bayer war anzumerken, dass er uns gegenüber etwas loswerden wollte. Ich ahnte, ihm lag sehr daran, uns über sein eheähnliches Verhältnis zu berichten, das mit seinem Status als katholischer Geistlicher nicht vereinbar war. Ich war ja vorgestern zufällig zum Zeugen geworden, wie herzlich und wie überschwänglich ihn die Frau und die beiden Kinder vor dem Passauer Bahnhof willkommen geheißen hatten, und war neugierig darauf, wie er uns gegenüber sein für einen katholischen Priester reichlich seltsames Verhalten erklären würde. Auch Baumann sah ihn erwartungsvoll an, sich augenscheinlich fragend, was Bayer wohl zu sagen hätte. Der legte seine Serviette beiseite, räusperte sich und nahm einen tiefen Zug aus seinem Krug. Er verharrte einen Augenblick, bevor er, an mich gewandt und sichtlich verlegen, mit leiser Stimme begann:

„Nach unserer Ankunft am Passauer Bahnhof waren Sie unfreiwilliger Zeuge, dass und insbesondere wie liebevoll und zärtlich eine Frau und ihre beiden Kinder mir einen so herzlichen Empfang bereiteten. Ich will nicht lange um den heißen Brei reden und ohne große Umschweife Ihnen beiden eingestehen, dass ich mit dieser Frau seit einigen Jahren in einem eheähnlichen Verhältnis lebe. Nicht nur das, wir sind auch die Eltern der beiden Kinder, die allerdings bis heute nicht wissen, dass ich keinem sozusagen ‚normalen' weltlichen Beruf nachgehe, sondern in Wahrheit ein amtierender katholischer Priester bin."

Baumann schuckte. Er wirkte offensichtlich überrascht. Für mich hingegen kam Bayers Eingeständnis keineswegs unerwartet nach dem, was ich bei unserer Ankunft am Passauer Bahnhof gesehen hatte. Wir schauten uns ernst und schweigend an, denn welche Worte sind in einem solchen Augenblick schon angebracht?

„Gott sei es gedankt, nun ist es heraus, jetzt ist der Ballon geplatzt", fuhr Bayer fort, „Sie können sich die schwere Bürde vorstellen, die ich mir und meiner engsten Umgebung aufgeladen habe. Manchmal fühle ich mich, als drückte diese Last mich permanent zu Boden. In solchen Momenten leide ich wie ein Tier. Diese unglückliche Situation kann ich nur durch das regelmäßige Zusammensein mit meiner ‚Familie' ertragen. Wir leben ja in einer offiziell nicht anerkannten und somit nicht existierenden, ja nach kirchlichem Recht gotteslästerlichen, frevelhaften, unwürdigen Beziehung. Zum andern werfe ich mir regelmäßig vor, bis jetzt mich meinen amtlichen Vorgesetzten gegenüber nicht erklärt zu haben. Den Mut brachte ich bisher nicht auf, teils aus Sorge um meinen guten Ruf in der Gemeinde, teils aus Rücksichtnahme gegenüber der mir wahrhaftig aufs Engste verbundenen Frau und unseren gemeinsamen Kindern."

Er unterdrückte eine Träne, rieb sich die Augen: „Ganz gewiss werde ich bei passender Gelegenheit mich aufraffen und den Kirchenbehörden den Rücktritt anbieten. Wie manche meiner geistlichen Brüder in ähnlicher Lage werde ich mir eine passende Tätigkeit an einer Schule oder in einer sozialen Einrichtung suchen. Auch fühle ich mich verpflichtet, meinen Kindern in geeigneter, schonender Weise unsere unglückliche Situation zu erklären in der Hoffnung, dass sie früher oder später einmal das bedrückende, missliche Dilemma verstehen werden, in dem wir uns befinden und mit dem wir schon länger leben müssen."

Bayer räusperte sich und sprach leise weiter. „Also, vor mehr als zehn Jahren begegneten wir uns während einer Bildungsreise in Rom. Ria besuchte mit ihrer Passauer Frauengruppe die Ewige Stadt, ich war mit Mitgliedern des Katholischen Männervereins meiner Pfarrei unterwegs. Wir wohnten in einem freundlichen Pilgerhotel am Rande der Stadt. Dort logierten auch die Passauer Frauen. Die Leitung des Hotels hatte den beiden Gruppen als einzigen dort untergebrachten deutschen Hausgästen eine gemeinsame lange Tafel zugewiesen. Hier kamen wir innerhalb eines festgelegten Zeitfensters regelmäßig zum Frühstück zusammen und nach den anstrengenden Tagestouren auch zum Abendessen. Ria als Betreuerin der Frauengruppe hatte es längere Zeit vor Reiseantritt als notwendig angesehen, sich umfassend mit typischen, besuchenswerten Sehenswürdigkeiten des Vatikans und der italienischen Hauptstadt vertraut zu machen und das tägliche Programm erarbeitet. Beim Abendbrot wurden Besonderheiten des Tages besprochen. Ria wurde nicht müde, in munteren Gesprächen mit der Runde den Tag und das Erlebte zu rekapitulieren. Ihre Art, etwas vorzutragen oder zu erklären, ihre ungekünstelte Begeisterung steckte ihre Tischgesellschaft geradezu an und natürlich auch mich. Während dieser Tage ergab sich, dass wir ein paarmal, ungeplant, beim Frühstück nebeneinander saßen. Ich erinnere mich wie heute an die

Akribie, mit der Ria die anstehenden Tagestouren vorbesprach und durchführte. Ihre lebensfrohe, unkomplizierte Art beeindruckte mich von Anfang an. Ich fand sie ausgesprochen liebenswert, und es wurde viel gelacht. Einige Tage später mussten wir dann Abschied nehmen. Das war gleichzeitig und zu meinem Bedauern auch das Ende des fast euphorischen, wortlosen Sich-Verstehens, das uns ergriffen hatte, wenn wir am Abend im Hotel beieinander saßen, unter dem Eindruck dessen, was wir tagsüber erleben durften. Das konnte ja nur ein winziger Bruchteil sein von dem, was Rom zu bieten hat. Nicht umsonst wird gelegentlich behauptet, dass man für das Kennenlernen der Stadt der sieben Hügel nicht weniger als sieben Jahre benötige."

Bayer brach abermals ab. Man sah ihm die große Anstrengung an, die Überwindung, die es ihn kostete, vor uns sein Innenleben auszubreiten. Es hatte den Anschein, als wartete er regelrecht darauf, dass wir auf seine „Beichte" hin eine Reaktion zeigten. Wir schwiegen.

Er fasste sich ein Herz und schilderte uns detailliert, wie seine Beziehung zu Ria nach ihrer ersten Begegnung in Rom allmählich enger wurde: „Über zwei Jahre hörten wir nichts voneinander. Ich hatte sie nicht vergessen, im Gegenteil. Immer, wenn ich irgendetwas im Zusammenhang mit Rom hörte, musste ich unwillkürlich an sie denken. Sie hatte mich mit ihrer warmherzigen Lust am Leben, mit ihrem offenen, entgegenkommenden Umgang mit jedermann und besonders auch mit ihrer unkomplizierten, kindlichen Einstellung der Religion und ihrer Kirche gegenüber tief beeindruckt."

Bayer stockte, dann nahm er den Faden wieder auf: „Dass wir uns später, vielleicht zufällig, wieder begegnen sollten, ist mir heute noch rätselhaft. Ich bin überzeugt, es muss eine höhere Fügung gewesen sein. Ich war wieder einmal in Passau, hatte mir ein paar Urlaubstage genommen, um dort einen Studienfreund zu besuchen. Ich sah Ria auf dem Domplatz, mitten in einer Schlange von Menschen, die um Karten für das obligatorische Orgelkonzert im Dom St. Stephan anstanden. Diese Konzerte finden von Mai bis Oktober täglich mittags und abends statt. Am Mittag wird die weltweit bekannte Orgel von heimischen Dommusikern und abends nicht selten von international bekannten Organisten aus aller Welt gespielt. Ich wartete im Innenhof auf sie, bis sie ihre Eintrittskarte für ein Abendkonzert erworben hatte. Dann ging ich auf sie zu. Beide waren wir gleichermaßen überrascht wie erfreut, uns hier so völlig unerwartet gegenüberzustehen. Bei einer Tasse Kaffee in einem Altstadtcafé hatten wir uns viel zu erzählen. Ria betreute nach wie vor ihre Gruppe katholischer Frauen, eine schöne Aufgabe, von der sie meinte, sie sei ein wohltuender Ausgleich sei für ihre anstrengende berufliche Tätigkeit als Ressortleiterin einer Versicherung.

Am nächsten Tag besorgte ich mir ebenfalls eine Eintrittskarte für die Soiree. Von den dort virtuos vorgetragenen Werken klassischer Kirchenmusiker, unter anderem von Johann Sebastian Bach, Georg Philipp Telemann und Heinrich Schütz, waren wir beide angetan. Später ließen wir im Café Stephan's Dom bei einem Gläschen Wein den schönen Abend ausklingen.

Rias Heimweg führte an meiner kleinen Pension vorbei. Wir bestiegen ihren hübschen Kleinwagen. Nach wenigen Minuten war ich an meinem Ziel angelangt, und wir wünschten uns eine gute Nacht. Dabei blickten wir uns halb lächelnd, halb ernsthaft in die Augen. Ich konnte nicht umhin, sie etwas verlegen zu fragen, ob ich sie bei meinem nächsten Besuch in Passau wiedersehen dürfe. Ria zögerte etwas, bevor sie nickte und mir ihr Kärtchen gab. Hocherfreut und erleichtert zugleich reichte ich ihr ein Stück Papier mit meiner Adresse und Telefonnummer.

Ein paar Monate später rief ich sie an. „Ich bin zu einem mehrtägigen theologischen Fachseminar nach Passau eingeladen", hatte ich gesagt. Zu der Veranstaltung seien auch kirchliche Laien willkommen. Vielleicht fänden die Referate ihr Interesse, weil aktuelle kirchliche Grundsatzfragen auf der Tagesordnung stünden und weil konstruktive Diskussionsbeiträge aus der Zuhörerschaft ausdrücklich erwünscht seien. Nähere Informationen enthielte das Tagungsprogramm, das ich ihr gerne zuschicken könne. Nach kurzem Überlegen willigte sie ein.

Tagsüber besuchten wir etliche der meist überzeugend vorgetragenen Referate, hörten gute Argumente der kirchenkritischen Reformer und manche dagegengesetzte Stellungnahme der Traditionalisten. Somit konnten wir uns vor Ort ein Bild machen von den aktuellen Problemen der katholischen Kirche. Mancher Zuhörer gewann den Eindruck, dass die Umsetzung berechtigterweise angemahnter Reformen durch etablierte, wertkonservative Kirchenobere auf das Heftigste blockiert wird und dass die progressiven, fortschrittlichen Kräfte einen schweren Stand haben.

Es waren aufregend schöne Tage für uns, dort in Passau. Die Abende hatten wir ganz für uns. Ria und ich konnten den unaufhaltsam heftiger werdenden Empfindungen für einander nicht mehr viel Widerstand entgegensetzen. Wir waren über beide Ohren ineinander verliebt. Sie hatte mein Herz im Sturm erobert. Wir fühlten beide das starke Verlangen, das naturgewollte Begehren, welches für das Fortbestehen der Spezies Mensch von ihrem Beginn an gesorgt hat. Bei mir regten sich über lange Jahre unterdrückte Gefühle. In mir erwachte der Mann, und über

Nacht waren wir dann das, was man ein Paar nennt. Am nächsten Morgen sahen wir uns verlegen in die Augen, wie kleine Kinder, die etwas Unerlaubtes getan haben. Ria lächelte schüchtern. Ich nahm sie in die Arme, sie schmiegte sich fest an mich, und wir überließen uns schweigend dem Augenblick. Wir waren einfach glücklich, überwältigt von dem, das für uns beide so plötzlich auf uns zugekommen war.

In unserer letzten Ferienwoche machten wir einen Abstecher in das Berchtesgadener Land, das wir nicht kannten. Von unserer bayerisch-gemütlichen Pension aus konnten wir den Watzmann sehen, den höchsten Berg auf deutschem Boden, im zentralen Gebirgsstock der Berchtesgadener Alpen. Wir genossen ein paar unbeschwerte Tage und nutzten sie für Ausflüge zu einigen der umliegenden attraktiven Ziele. Besonders angetan waren wir vom märchenhaft malerischen Königssee, der auf einer Seite von der östlichen Steilwand des Watzmann begrenzt wird. Diese Steilwand verursacht übrigens das beeindruckende Echo, welches der Bootsführer mit seiner Trompete bei der obligatorischen Fahrt über den See vom Schiff aus erzeugt. Angesteuert wird die auf einer Halbinsel gelegene Wallfahrtskirche St. Bartholomä. Von dort aus sieht man das Nordufer mit dem Malerwinkel, einen beliebten Aussichtspunkt. Der Königssee gehört zur Gemeinde Schönau, die vor vielen Jahren eine Kabinenbahn zur 1800 Meter hohen Bergstation auf dem Jenner anlegte. Wir gondelten hinauf. Ab da nutzten wir den bequemen Spazierweg zum Bergesgipfel, der eine sehr schöne Sicht auf das Watzmannmassiv und den Königssee bietet. Die abwechslungsreichen, teils aufregenden Tage in und um Berchtesgaden gingen schneller zu Ende, als uns lieb war. Es gab keine Langeweile. Wir nutzten unsere Zeit für

Fahrten nach Bad Reichenhall, nach Ramsau, zum von den Nationalsozialisten mit großem Aufwand errichteten Kehlsteinhaus oder etwa für die Besichtigung des Salzbergwerks Berchtesgaden, das nach fast 1000jährigem Bestehen immer noch in Betrieb und außerdem eine beliebte Attraktion für zahllose Besuchergruppen ist.

In Passau zurück, war uns schnell bewusst, dass unsere Lebenssituation ab jetzt vollkommen anders war. Mir wurde regelrecht übel, wenn ich an meine Position als Gemeindepfarrer dachte, an die vielen mir dort anvertrauten Menschen, die es gewohnt waren, mit ihren kleineren oder manchmal auch größeren Gewissensnöten, mit ihren Schuldgefühlen sich vertrauensvoll an mich zu wenden und um Rat nachsuchten. Vor allem aber fühlte ich mich nicht weniger schmerzhaft betroffen, wenn ich an das vom mir gebrochene Keuschheitsgelöbnis dachte. Trotz dieser schwerwiegenden Bedenken und nach langen Gesprächen entschieden Ria und ich uns dafür, unser bisheriges Leben bis auf weiteres beizubehalten. Sie blieb in Passau, ich in meiner Ruhrgebietspfarrei.

Wenige Wochen später veränderte sich unsere ohnehin schwierige Lage, als Ria mich wissen ließ, dass sie schwanger sei. Natürlich bedeutete das für uns, mit weiteren unvorhergesehenen Problemen fertig zu werden. Trotz alledem blieben wir bei unserem ursprünglich gefassten Beschluss und leben bis heute überwiegend getrennt."

Baumann und ich sahen uns an etwas ratlos an, bevor er, an Bayer gewendet, nur diesen einen Satz sagte: „Wenn Sie Ihren Seelenfrieden haben wollen, lieber Herr Bayer, sollten Sie sich so schnell wie möglich Ihren Oberen offenbaren."

Er äußerte sich zu dieser mehr als heiklen Situation mit einer Bestimmtheit, die mich verblüffte. Auch unseren Geistlichen schien die knappe, aber deutliche Antwort zu überraschen, nachdenklich zu machen.

„Ich habe ja vorhin versucht, Ihnen meine Beweggründe darzulegen. Sie haben Recht, Herr Baumann, meine Lieben und ich sind nun an einem Punkt, der ein weiteres Versteckspielen nicht mehr zulässt. Werde mit Ria unser Vorgehen besprechen. Wir müssen uns ein Herz fassen und ohne Zögern eine vernünftige Lösung finden. Wir wollen endlich eine normale Familie sein. Es liegen jetzt viele schwere Wochen, vielleicht Monate vor uns. Wir werden uns manchen peinlichen Fragen von Amts wegen und aus meiner Gemeinde heraus stellen müssen und reichlich unschönen, erniedrigenden, vielleicht sogar hässlichen Situationen ausgesetzt sein. Besonders müssen wir achtgeben, dass unsere Kinder möglichst unbeschädigt bleiben, seelisch nicht verletzt, gar traumatisiert werden und sich ihrer Eltern nicht zu schämen brauchen."

„Wie ist eigentlich die aktuelle Haltung der Kirche, beispielsweise in Ihrer Situation," fragte ich.

„Da müsste ich etwas ausholen und ein paar Anmerkungen zur Geschichte des Zölibats machen. Also, im Alten Testament ist nichts über die geforderte Ehelosigkeit von Priestern erwähnt. Erstmals wurde der Zölibat im Jahre 306 auf der Synode von Elvira für den spanischen Klerus gefordert. 385 verlangte Papst Siricius für das gesamte Christentum die Ehelosigkeit der Priester. Erst im Jahre 1139 machte man anlässlich eines Laterankonzils unter Papst Innozenz II den Zölibat für christliche Geistliche auf der ganzen Welt zur Pflicht. Bestehende Ehen wurden für ungültig erklärt. Weil der Zölibat dem Kirchenrecht unterworfen ist, nicht aber dem göttlichen, darf dieses Recht, zumindest theoretisch, geändert werden. Der Zölibat ist nach Auffassung vieler Kirchenrechtler keine gesetzliche Verpflichtung, nicht einmal eine förmliche Zusage. Der zukünftige Priester wird im Zusammenhang mit seiner Weihe zum Diakon einzig gefragt, ob er bereit sei, künftig zölibatär zu leben. Die erwartete Antwort lautet dann ‚Ich bin bereit', was eine reine Absichtserklärung ist. Er gelobt also nichts und gibt auch kein diesbezügliches Versprechen ab."

„Wie oft kommt es denn vor, dass Priester heiraten", wollte Baumann wissen, „und wie wird die Verletzung, ich nenne sie mal Missachtung, des Zölibats sanktioniert?"

„Man geht davon aus, dass jährlich weltweit ein bis zwei Tausend Priester ihr Amt aufgegeben, um zu heiraten. Davon üben etwa ein Fünftel nach der Trennung oder nach dem Tod der Partnerin ihr Amt wieder aus. Nach kirchlichem Recht dürfen keine Strafen verhängt werden. Dem zuständigen Bischof steht es aber zu, Sanktionen auszusprechen. Entweder entscheidet er sich für eine Suspension des Delinquenten, das bedeutet das teilweise oder auch das vollständige Verbot der Amtsausübung, oder er spricht sich für die sogenannte Laisierung aus, das heißt für die Entlassung aus dem Klerikerstand. Die Laisierung wird verhängt, wenn der Kleriker sein eheähnliches Verhältnis nicht beenden will."

„Welche sozialen Konsequenzen ergeben sich für den Betroffenen?", erkundigte ich mich.

„Die als Angestelltem der Kirche bis zu seiner Entlassung erworbenen Pensionsansprüche bleiben ihm erhalten. Allerdings ist er nicht mehr versichert gegen Arbeitslosigkeit und auch nicht krankenversichert, weil Kleriker in der Regel privatversichert sind. Er muss sich also um eine bezahlte Tätigkeit kümmern, will er sich und gegebenenfalls auch seine ‚Familie' zukünftig angemessen versorgen. Im Normalfall ist der Weg zur Laisierung langwierig, da er zunächst nach Rom führt. Von dort geht er wieder zurück zum Heimatbistum. Das Prozedere ist also zeitraubend und nicht zuletzt demütigend, es fordert große Geduld und einen langen Atem.

Sie haben mir aufmerksam zugehört, meine Herren, dafür bin ich Ihnen außerordentlich dankbar. Besonders Ihre Ermunterung, mich meinen Vorgesetzten so bald als möglich mitzuteilen, hat mich aufgerüttelt. Seien Sie sicher, dass ich Ihre eindringlichen Ermutigungen sehr ernst nehme. Ich bin bereit, das Leben meiner ‚Familie' und mein eigenes in ordentliche Bahnen zu lenken."

Bayer nahm seinen Krug: „Diesen letzten Schluck trinke ich gerne auf Ihr Wohlergehen, liebe Freunde, ich darf Sie jetzt doch so nennen. Nun wird es Zeit für mich. Habe nämlich meiner Frau versprochen, heute Abend etwas früher bei den Kindern zu sein und ihnen vorzulesen. Das lieben sie und freuen sich schon darauf. Außerdem sind Schulferien, und sie dürfen sich Zeit lassen mit dem Zubettgehen. Dem nächsten Zusammensein mit Ihnen, vielleicht schon in wenigen Tagen, sehe ich in gespannter Erwartung entgegen. Gute Nacht, schlafen Sie gut."

Baumann und ich blieben noch eine Weile und nahmen zum Abschluss einen Gute-Nacht-Trunk. Heute Abend war es ein hiesiger Obstler.

„Manchmal glaube ich nicht an Zufälle", sagte ich, „es ist vielleicht eine Fügung, zustande gekommen wie auch immer, dass ausgerechnet wir drei eingefleischte Ruhrgebietler die gleiche bayerische Stadt zum Reiseziel haben."

Während der stundenlangen Bahnfahrt waren wir uns nicht nur sympathisch geworden, sondern es hatte sich allmählich so etwas wie eine gegenseitige Zuneigung entwickelt. Irritiert von Bayers Eingeständnis sprachen wir eine ganze Weile kein Wort. Vermutlich hatten wir die gleichen Gedanken, überrascht von dem vorhin Gehörten. Es war doch die richtige Entscheidung unseres Gottesmannes, dachte ich, sich uns so vorbehaltslos anvertraut zu haben, sein Herz auszuschütten und etwas, das ihn schwer bedrückte, sich von der Seele zu reden. Beide standen wir unter dem Eindruck, dass Bayer sich nach seinem Schuldbekenntnis sichtlich erleichtert fühlte, so als sei ihm ein zentnerschwerer Stein vom Herzen gefallen. Er wollte endlich die erdrückende Last loswerden, seine Zukunft und die seiner Lieben in geordnete Bahnen lenken, seine Schuldgefühle endlich ablegen. Alles das ging mir durch den Kopf. Bayer hatte endlich seinem Herzen Luft gemacht. Ich war erleichtert bei dem Gedanken, dass wir ihn in seiner Absicht bestärkt hatten, so bald wie möglich sein Leben und das seiner ‚Familie' zu ordnen, zu legalisieren.

„Sie wirken ausgesprochen nachdenklich", hörte ich Baumann wie von weither sagen, „ich schlage vor, wir vertagen uns und sehen uns hoffentlich noch, bevor wir unsere beruflichen Verpflichtungen, unsere Aufgaben hier in Passau erledigt haben und abreisen müssen."

Die nächsten Tage brachte ich in der Maschinenfabrik zu, um das Bedienungspersonal mit der neuen Anlage vertraut zu machen. Das gehörte schließlich auch zu meinen Aufgaben. Bei der Planungsabteilung war der Ersatz für die nachbestellten, beim ersten Probelauf ausgefallenen elektronischen Magnetventile inzwischen eingetroffen. Wir konnten jetzt den zweiten Durchgang starten. Man kann sich leicht vorstellen, dass die Anspannung bei allen Beteiligten bis zum Zerreißen wuchs. Besonderes Augenmerk galt dabei meiner Person, weil meine Firma und ich als deren technischer Mann vor Ort für das Projekt geradestehen und die reibungslose Funktion der neuen Fertigungslinie gewährleisten mussten. Andererseits war das nicht mein erster derartiger Auftrag, es gab immer wieder mal Anlaufschwierigkeiten bei solchen komplizierten Systemen, und ich hatte diese zu beheben. Und das gelang mir auch diesmal, in kollegialer Zusammenarbeit mit den vom Kunden zur Verfügung gestellten Technikern. Die Probeläufe erstreckten sich über mehrere Stunden. Anschließend konnten wir gemeinsam zu Protokoll geben, dass die geforderten Abnahmebedingungen nunmehr erfüllt seien. Nicht allein die Erleichterung über den erfolgreichen Abschluss dieser umfangreichen Arbeiten war der Anlass, alle Beteiligten im Namen meiner Firma zu einem gemütlichen Abendessen in aufgelockerter Stimmung einzuladen.

Damit war meine Mission in Passau eigentlich beendet. Normalerweise hätte ich jetzt kurzfristig abreisen können. Doch dann dachte ich an meine beiden, mir ans Herz gewachsenen Reisegefährten. Baumann hatte seine Beratertätigkeit am hiesigen Schauspiel noch nicht abgeschlossen, Bayer nutzte die Zeit und verband die Schulferien seiner Kinder mit seinem eigenen Jahresurlaub. Wir wollten uns doch auf jeden Fall noch einmal zusammensetzen, hatten wir uns vorgenommen. Ich informierte meine Firma und nahm eine Woche Urlaub. Somit stand einem weiteren Treffen, wenigstens von meiner Seite, nichts mehr im Wege. Baumann ergriff, war es Zufall oder nicht, wiederum die Initiative. Er rief uns an und fragte nach, ob uns ein Termin am Anfang der kommenden Woche genehm sei. Er würde sich um ein geeignetes Restaurant kümmern und uns rechtzeitig Bescheid geben. Er zeigte sich dann hoch erfreut, dass beide seinem Vorschlag, ohne zu zögern, zustimmten, und wünschte einen guten Abend.

Das Wochenende über schrieb ich meinem Chef einige Aktennotizen, um die Arbeit der vergangenen Woche zu dokumentieren. Am Abend besuchte ich ein Jazzlokal. Dort spielte eine lokale Band Old Time Jazz im Stil der zwanziger und dreißiger Jahre, übrigens eine Sparte der Musik, die mich schon immer begeistert hat.

Für den folgenden Montag hatte Baumann einen Tisch in einem urigen Altstadtrestaurant reserviert. Es war an diesem Abend deutlich spürbar, dass Bayer sich vorgenommen hatte, eine Entscheidung baldmöglichst herbeizuführen und sein Doppelleben zu beenden. Schon bei der Begrüßung wirkte er gelöst, wie befreit. Sein Lächeln schien natürlich und völlig unverkrampft. Es war ihm deutlich anzusehen, dass eine übergroße Last von ihm abgefallen war.

Gleich nach dem ersten Glas ergriff Bayer das Wort: „Ich möchte mich bei Ihnen nochmals für den Rat bedanken, die zuständigen klerikalen Instanzen möglichst bald über mein dem kirchlichen Recht widersprechendes Privatleben in Kenntnis zu setzen. Ich will und muss endlich reinen Tisch machen. Das bin ich nicht nur meinen Lieben schuldig, sondern vor allem auch den vielen Gemeindemitgliedern, die über lange Jahre hindurch mir als ihrem Seelsorger nicht nur ihr bedingungsloses Vertrauen schenken, sondern mit denen ich einen wahrlich herzlichen, oft sogar freundschaftlichen Umgang pflege. Schon deshalb muss und werde ich um meines inneren Friedens willen diesen schweren Gang gehen."

Wir nickten ihm aufmunternd zu und schwiegen eine Weile. Dann sahen wir in die Speisekarten und bestellten. Beim Essen sprachen wir über das Tagesübliche, über das Wetter, über Aktuelles aus der Weltpolitik und natürlich über das, was wir in den Tagen nach unserem letzten Treffen so erlebt hatten.

Später beim Kaffee bat ich Herrn Baumann, ob wir das kürzlich abgebrochene Gespräch, sein bewegtes Leben betreffend, hier und heute nicht fortsetzen sollten. Ich wäre doch mehr als neugierig zu erfahren, wie es nach der Heirat mit Jane, seiner amerikanischen Frau und Kollegin, weitergegangen sei.

Baumann schien nicht abgeneigt, sagte aber etwas Ähnliches wie: „Herr Bayer war ja nur zeitweise dabei, und ich möchte ihn mit meinen Geschichten nicht langweilen. Übrigens standen meine Frau und ich damals erst am Anfang unserer Laufbahn."

Bayer protestierte umgehend: „Natürlich interessiert mich Ihre Vita und natürlich auch die Ihrer Frau. Ich kann mir vorstellen, dass Ihnen als Mann des Theaters, als Schauspieler, viel Spannendes und bestimmt manches Aufregende begegnet ist."

„Sie waren, lieber Herr Baumann, nach Abschluss Ihrer Ausbildung an verschiedenen nordamerikanischen Bühnen tätig", warf ich ein, „welche Ihrer Wirkungsstätten haben Sie in besonders guter Erinnerung?"

„Schwer zu sagen, denn an den meisten US-amerikanischen Theatern gibt es einen bunten Reigen der unterschiedlichsten Darbietungen unter einem Dach. Das heißt, es kommen neben Sprechstücken, die hierzulande unter den Begriffen Schauspiel, Drama, Komödie oder ähnlichem gerne besucht werden, auch musikalische Werke sowie Shows jedweder Art zur Aufführung. Somit stehen also, je nach dem planmäßigen täglichen Programm, nicht nur klassisch ausgebildete Schauspieler, sondern Sänger und Sängerinnen ebenso wie Musiker und Musikerinnen aller Couleur auf der Bühne. Unsere Einsätze richteten sich selbstverständlich nach den Spielplänen des Hauses, das uns gerade engagiert hatte. Ich darf im Nachhinein unsere Zeit dort so bewerten, dass sie uns beruflich ein großes Stück weitergebracht hat. Wir gewannen an Erfahrung, übten uns in Disziplin und Durchsetzungsvermögen, also in Eigenschaften, die in unserem Metier unerlässlich sind. Zwei Jahre später verließen Jane und ich den amerikanischen Kontinent. Wir machten einen großen Sprung in einen anderen englischsprachigen Raum, nach Australien."

„Ein mutiger Schritt von Ihnen beiden, ich meine, sowohl beruflich wie auch privat", sagte Bayer, „Australien ist mir auch im Zeitalter der vielfältigen medialen Kommunikationsmöglichkeiten und trotz des heutzutage zur Verfügung stehenden Hochgeschwindigkeitsverkehrs, etwas sehr abseits gelegen, fast wie auf einem anderen Stern. Und die geschichtliche Entwicklung des Landes, seine Kultur und insbesondere seine Theaterlandschaft sind mir weitgehend fremd, so gut wie unbekannt. Was hat Sie eigentlich veranlasst, Ihren Fuß auf den fünften Kontinent zu setzen, hatten Sie schon vorher irgendwelche Verbindungen dorthin?"

„Zum einen ist das Land verhältnismäßig dünn besiedelt, das heißt, es ist nach wie vor aufnahmefähig und vor allem aufnahmebereit für Zuwanderer aus aller Welt. Australien braucht Menschen mit den verschiedensten Qualifikationen. Es will, es muss sich global anpassen, es muss auf allen gesellschaftlichen Sektoren Schritt halten können und darf, international gesehen, nicht den Anschluss verlieren. Zum anderen lebt dort seit vielen Jahren ein Freund von mir", er brach ab, machte eine kleine Pause, „nun, als Entdecker Australiens gilt der berühmte britische Seefahrer James Cook. Er betrat den riesigen Kontinent im Jahre 1771 und erklärte ihn zum Besitz der britischen Krone. Die Briten nutzten die Insel bereits wenige Jahre später, ab 1788, als Strafkolonie für ihre Gefangenen, weil die englischen Gefängnisse hoffnungslos überfüllt waren. Die Ureinwohner, von den ersten Besatzern Aborigines genannt, wurden von den europäischen Siedlern in brutaler Weise unterworfen und sind erst seit 1960 gesetzlich anerkannte, gleichberechtigte Bürger. Aber das ist eine andere, eine mehr als traurige, eine tragische Geschichte. Nebenbei, auch heute noch ist Elisabeth II., die Königin des Vereinigten Königreichs das australische Staatsoberhaupt. Insofern gilt das Land, obwohl offiziell seit 1901 unabhängig, immer noch als Monarchie. Doch jetzt ein paar Worte zur dortigen Theaterlandschaft. Die australischen Bühnen spielten nach der Kolonialisierung durch die Engländer traditionelle Stücke, basierend auf der klassischen britischen und irischen Literatur. Allerdings begannen bald darauf australische Einflüsse sich durchzusetzen, und das unter zunehmender Mitwirkung von aboriginalen, anglo-keltischen und anderen multikulturellen Darstellern. In der Folge gewann die Theaterkultur Australiens ihre verdiente eigenständige Bedeutung und Beachtung auf der Weltbühne. Das alles wusste ich von meinem erwähnten alten

Schulfreund, der als Lehrer in Sidney lebt und bei dem ich mich vor unserem Engagement dort eingehend erkundigt hatte. Heute stellt sich das australische Theaterwesen als schmucker, bunter Strauß dar und umfasst Aufführungen der verschiedensten Genres, vom Drama über die Komödie bis hin zu Oper, Musical, Bühnenshows und Konzerten aller Stilrichtungen. Nicht nur die Metropolen, sondern auch die kleineren Städte bemühen sich erfolgreich um eine ausgeglichene künstlerische Programmgestaltung ihrer örtlichen Theater. Namhafte Bühnen agieren etwa in Sidney mit dem ‚Belvoire St. Theatre' und der ‚Griffin Theatre Company', in Melbourne mit dem in einer ehemaligen Brauerei untergebrachten ‚Malthouse Theatre', in Perth mit der ‚Black Swan State Company' und in Adelaide mit den ‚Brinkmann Productions'. Erwähnt werden sollte nicht zuletzt das berühmte ‚Queensland Performing Arts Centre' in Brisbane, ausgestattet mit imposanten Bühnen für Schauspiel, Oper, Musical, Ballett, Kabarett, Konzerte und ähnliche Veranstaltungen. Jane und ich bekamen erwartungsgemäß zunächst für nur eine Spielzeit ausgehandelte Verträge am klassischen Sprechtheater. Wir hatten kaum Gelegenheit, uns in die pulsierende, hektisch-wache Millionenstadt nur annähernd einzuleben, da mussten wir schon bei den ersten Bühnenproben zeigen, dass unsere Ausbildung und die darauffolgenden praktischen Jahre nicht vergeblich gewesen waren. Unsere Arbeit fiel uns leicht, weil wir zum einen die Landessprache beherrschen und uns zum andern über ein mangelndes Selbstwertgefühl nicht beklagen konnten. Eine große Hilfe war uns der Souffleur, wie vielen anderen Kollegen auch. Diese nicht unwichtige Tätigkeit machte sich schon damals die Soufflage per Funk zunutze. Dabei tragen die Darsteller ein kleines Empfangsgerät im Ohr. Der Souffleurkasten ist somit überflüssig, störende Nebengeräusche entfallen weitgehend.

Unsere ersten Rollen spielten wir in Ingmar Bergmans ‚Szenen einer Ehe' und in Oscar Wildes ‚Bunbury oder Ernst sein ist alles', ersteres ein Beziehungsdrama, das andere eine heitere Verwechslungsgeschichte."

„Hatten Sie während Ihrer Zeit dort das Gefühl, an den Schauspielhäusern auf ein den schönen Musen gegenüber aufgeschlossenes, begeisterungsfähiges Publikum zu treffen, das Sie beide als Newcomer akzeptierte?", fragte ich.

Baumann besann sich einen Augenblick, dann sagte er lächelnd: „Wir waren damals doch noch so jung, wir wollten die Welt erobern, jedenfalls unsere kleine Welt des Theaters, und glaubten fest an eine rosige Zukunft. Eine solch positive Einstellung hilft nicht nur in unserem Beruf. In aller Regel hatten die Zuschauer ein Gespür für unsere Leistungen auf der Bühne, für unsere Bemühungen, dem Publikum eine realitätsnahe, packende Unterhaltung zu bieten. Um es vorwegzunehmen, wir blieben etwa drei Jahre auf dem fünften Kontinent, nutzten jede Gelegenheit, möglichst viele der für uns fremden, attraktiven Landstriche Australiens kennenzulernen. Mittlerweile hatten wir einen größeren Freundeskreis dort drüben und fühlten uns nicht zuletzt auch deshalb gut aufgehoben. Einmal im Jahr besuchten wir unsere Lieben in Los Angeles und in Berlin und blieben ansonsten übers Telefon in Verbindung."

„Es ist bekannt, dass gerade Schauspieler ihren Beruf meist nicht gerade vor ihrer Haustür ausüben können", sagte ich, „sie nehmen anspruchsvoller, sicherlich auch lukrativer Rollen wegen oft wöchentlich, manchmal sogar täglich weite Wege in Kauf und müssen nicht selten ihren Wohnort wechseln. All das kostet Kraft, benötigt viel Zeit, erfordert immer wieder großes Organisationstalent und Improvisation, sodass sensible Naturen, wie sie es nun einmal sind, vielleicht auch sein müssen, nicht nur in Stresssituationen überfordert werden und deshalb schon bei den geringfügigsten Anlässen äußerst gereizt reagieren. Wie sind Sie und Jane mit solchen Situationen umgegangen?"

„Diese in unseren Augen zweitrangigen Problemchen haben wir nie als Belastung empfunden. Außerdem, Mobilität war schon immer das Merkmal unserer Berufsgruppe. Sie gehört einfach dazu."

„Und, wenn ich so fragen darf, welcher Kontinent, oder anders, welches Land hat Sie, auch beruflich gesehen, gereizt, nachdem Sie Ihr Engagement in Australien beendet hatten?"

„Traditionell bestehen viele Bindungen zwischen Australien und dem englischen ‚Mutterland', nicht zuletzt, weil der fünfte Kontinent formell als parlamentarische Monarchie nach wie vor der britischen Krone untersteht. Beide Länder sind politisch und wirtschaftlich eng verbunden. Das gilt auch für die kulturellen Belange. Das australische Englisch, besser gesagt, dessen Aussprache, weist auf den sprachlichen Mix und damit auf die lokale Herkunft der von den britischen Inseln zugewanderten Einwohner hin. Dort zeigt sich, wie in anderen englischsprachigen Ländern, bei genauem Hinhören der soziale Einfluss auf die Muttersprache.

Unser Intendant in Sydney pflegte einen engen fachlichen und persönlichen Austausch mit britischen Kollegen. Jane und ich durften davon profitieren und wurden von ihm an das Londoner ‚Theatre Royal Haymarket' vermittelt. Dieses 1720 gegründete Haus hat eine wechselvolle Geschichte und wurde immer wieder umgebaut und manches Mal renoviert. Hier fanden Uraufführungen bedeutender Literaten statt, von Henrik Ibsen, von Oscar Wilde und von William Somerset Maugham, um nur einige zu nennen. An dieser Bühne blieben wir zwei Jahre. Wir wohnten während dieser Zeit in Nottingham Hill, im Westen von London. Die nicht weit von unserer Wohnung gelegenen grünen Oasen, die Kensington Gardens, den St. James Park und den Hyde Park nutzten wir gerne in unseren freien Stunden zur Entspannung und zur Erholung von der Arbeit am Theater.

Während unserer Londoner Zeit lernten wir die in vieler Hinsicht außergewöhnliche Weltstadt mehr und mehr kennen und schätzen. Besonders der historische Kern des Stadtbezirks City of Westminster war uns ans Herz gewachsen. Dort hat im Westminster Palace die britische Regierung mit Unterhaus und Oberhaus ihren Sitz, vergleichbar mit unserem Bundestag und Bundesrat. In Westminster befinden sich mit dem Buckingham Palast und der Downing Street Nr.10 auch die offiziellen Residenzen der britischen Monarchen und der Premierminister. Gleich nebenan liegen so prachtvolle Bauten wie die Westminster Kathedrale und die Westminster Abbey, in der die Krönungszeremonien stattfinden, und die im Innern zahlreiche prunkvolle Ruhestätten früherer britischer Herrscher birgt. Übrigens fand in der Westminster Hall 1946 die erste Versammlung der Vereinigten Nationen statt.

In England, insbesondere in London, fühlten wir uns manchmal wie in einer fremden, lange zurückliegenden, altertümlichen Welt. An vielen Orten stößt man immer wieder mal auf monumentale Relikte aus den glanzvollen Tagen der Kolonialzeit. Das betrifft insbesondere die teils exotischen Exponate in einigen der zahlreichen Londoner Museen. Im Britischen Museum beispielsweise trifft man auf zum Teil gewaltige, originale Fragmente von griechischen Bauten, etwa Reliefs vom Parthenon der Akropolis in Athen, ebensolche kurzerhand demontierten Teilstücke ägyptischer Sakralbauten und ähnliches mehr. Englische

Besatzer hatten diese Kunstwerke in wenigen Jahrhunderten zusammengetragen, um es zugunsten der ‚Sammler' einmal gnädig und positiv zu umschreiben. An glorreiche Zeiten des britischen Commonwealth's erinnert der Trafalgar Square mit der hohen, reichgeschmückten Säule zu Ehren des Admirals Horatio Nelson. Der Seeheld verlor in der siegreichen Schlacht der englischen Flotte über die unter Napoleon verbündeten Franzosen und Spanier sein Leben. Unmittelbar an dem Platz liegen die Nationalgalerie als großartig ausstattetes Kunstmuseum und die Kirche St. Martin-in-the-Fields, bekannt durch die dort öfter veranstalteten hochrangigen Konzerte.

Weitere geschichtsträchtige Orte sind, um nur einige zu nennen, der Tower of London mit dem kostbaren britischen Kronschatz, ausgestellt in panzerglasgesicherten Vitrinen, der Marble Arch, ein prächtiges, aus weißem Carrara-Marmor gearbeitetes, früher ein in den Buckingham Palast führendes Portal, heute als Blickfang unweit des Speakers' Corner am Hyde Park aufgestellt. An der Stelle ist es jedem Bürger erlaubt, am Sonntagnachmittag auch noch so skurrile Ansprachen zu jedem Thema an meist gespannt lauschende Zuhörer zu richten. Allein die königliche Familie darf nicht Gegenstand solcher Reden sein.

Auch die St. Paul's Kathedrale gehört zu den großen Sehenswürdigkeiten der Stadt. Ein Kuriosum ist die begehbare sogenannte Flüstergalerie in dreißig Meter Höhe innerhalb der riesigen Kuppel. Der Besuch eines Gottesdienstes oder eines der häufigen Konzerte lohnt sich immer und ist jedes Mal ein bewegendes Ereignis. Den Piccadilly Circus zu besuchen, ist ein unbedingtes Muss. Als Straßenkreuzung und öffentlicher Platz diente er früher zugleich als Verkehrsinsel, in deren Mitte der sogenannte Eros-Brunnen stand. Nach mehreren aus verkehrstechnischen Gründen notwendigen Umgestaltungen des beliebten Platzes wurde der Brunnen runde zwölf Meter weg von der Platzmitte versetzt. Er hat nun seinen Standort vor dem ‚Criterion Theatre' gefunden. Natürlich nutzten wir unsere freien Tage, andere prominente Stätten auch außerhalb Londons kennenzulernen, zum Beispiel das Schloss Windsor, die älteste bewohnte Burg der Welt und eine der offiziellen Residenzen der Queen. Die Besichtigung des unweit von Windsor gelegenen Eton College, eine vor mehr als sechshundert Jahren gegründete Schule für Jungen und eines der teuersten Internate der Welt, gibt dem Besucher Einblicke in die auch heute noch sehr harten, geradezu spartanisch anmutenden Erziehungspraktiken englischer Pädagogen.

Der Hampton Court Palace, unter anderem der Sitz Heinrich VIII. aus der Dynastie der Tudors, liegt im äußersten Südwesten von London am linken Ufer der Themse. Das Schloss diente vom Anfang des 16. Jahrhunderts bis zur Mitte des 18. Jahrhunderts den englischen und britischen Königen als bevorzugte Residenz. Dieser riesige Palast, ausgestattet mit zahllosen prächtig ausgeschmückten Räumlichkeiten, sogar mit Tennisplätzen, mit Bowlingbahnen und mit wunderschönen, teils im barocken Stil angelegten Gärten, die nach über fünfhundertjähriger Geschichte immer noch das begehrte Ziel Tausender Touristen sind. Von der weitläufigen, ausgedehnten Gartenlandschaft möchte ich den vor Jahrhunderten entworfenen Irrgarten, ein in England unter dem Namen ‚Maze' sehr beliebtes Freizeitvergnügen, hervorheben und den wohl ältesten und auch größten Weinstock der Welt, gepflanzt im Jahre 1768. Bis vor hundert Jahren waren seine schmackhaften Trauben ausschließlich der königlichen Tafel vorbehalten. Heutzutage werden die süßen Beeren im Herbst täglich geerntet und an Besucher verkauft.

An unseren wenigen freien Wochenenden unternahmen wir Touren in das Landesinnere Englands. Etwa zum im Nordwesten der Insel gelegenen Lake District, ein zum UNESCO-Welterbe erhobener Bezirk mit mehreren Hundert natürlichen Seen. Deren größter ist der Windermere, ungefähr einen Kilometer von der gleichnamigen Stadt entfernt. Diese lieblich-raue Landschaft mit ihren zahllosen Gewässern, ihren langgezogenen Tälern und den eindrucksvollen Bergketten der Cumbrian Mountains hatte es uns angetan. Meistens nahmen wir für die Rückfahrt nach London die südliche Route entlang der pittoresken Ostküste mit ihren vielen idyllischen Örtchen. Wir machten dann Abstecher nach Middlesborough, zum nördlich von York gelegenen Nationalpark North York Moors, nach Kingston Upon Hull und fuhren weiter südlich von Norwich aus über den Motorway zurück nach London."

„Dass Sie nach zwei Jahren das landschaftlich reizvolle und in vielerlei Hinsicht faszinierende England dann doch verlassen haben, deuteten Sie bereits an", sagte Otfried Bayer, „hatten Sie schon Pläne gemacht für weitere berufliche Herausforderungen?"

„Keine konkreten", gab Baumann zur Antwort, „wir bemühten uns um Engagements an kontinental-europäischen Bühnen und dachten an Berlin, Hamburg, Zürich, Wien, um einige deutschsprachige zu nennen. Sicherlich wären auch Häuser in den Metropolen Paris, Rom oder im nördlichen Europa, etwa in Kopenhagen oder Stockholm, verlockend gewesen. Aber es gibt für uns Darsteller manchmal schwer zu überwindende sprachliche Hürden, weil wir meist mit und von Lifeauftritten leben. Aus diesem Grunde war es vorteilhaft für uns, dass Jane mit harter Arbeit und großer Selbstdisziplin die deutsche Sprache gelernt hatte."

„Lassen Sie mich raten, lieber Herr Baumann, Jane und Sie zog es bestimmt nach Hamburg oder Berlin."

„Ganz recht, das war wirklich so. Unsere Agentur bot uns durchaus annehmbare Jahresverträge am ‚Thalia Theater' an, einer der drei großen Hamburger Staatsbühnen. Da gab es kein langes Überlegen. Wir nahmen die Chance wahr und wechselten von der Themse an die Alster. Auf den Spielplänen des Hauses standen damals Autoren wie Shakespeare, Wedekind, Molnar, auch Ibsen. Für mich persönlich war es ein Glücksfall, dass zu dieser Zeit der damals schon berühmte Boy Gobert die Intendanz des Theaters innehatte. Bei ihm konnte ich viel über das Managen eines Theaterbetriebs lernen, also meine diesbezüglich in Heidelberg erworbenen Kenntnisse vertiefen. Gobert holte übrigens so hervorragende Regisseure wie Peter Zadek, Jürgen Flimm oder Hans Neuenfels an sein Haus. So wurde unter der Regie von Flimm das damals umstrittene Stück ‚Geschichten aus dem Wienerwald' von Ödön von Horvath aufgelegt. Wir durften beide mitwirken. Jane übernahm die Rolle der Valerie, ich den Part des Ferdinand Hierlinger. Der Einstieg in das Hamburger Theaterleben war uns gelungen.

Nach und nach kamen, leider nur selten für beide im gleichen Stück, weitere Leseproben hinzu. Die Leseprobe ist gewissermaßen der Auftakt, die Vorbereitung für das Bühnenstück, zusammen mit dem gesamten dafür vorgesehenen Ensemble. Alle Mitwirkenden, Regisseur, Dramaturg, Regieassistenten und natürlich die Schauspieler, sitzen dabei an einem Tisch. Die Leseprobe vermittelt die ersten Eindrücke von der Besetzung der Rollen. Als nächstes folgt die so genannte Stellprobe, bei der die Haltungen, Stellungen, Bewegungen und Gesten der Personen auf der Bühne festgelegt werden. Nach einer von dem Bühnenstück abhängigen Anzahl an Proben gibt es als Nächstes die Hauptprobe und schlussendlich die Generalprobe, alle in voller Bühnenausstattung, wie das für die Premiere vorgesehen ist. Ich sage Ihnen das deshalb so detailliert, damit Sie sich ein ungefähres Bild von dem großen Aufwand machen können, der für die professionelle Umsetzung eines für die Bühne vorgesehenen Dichterwerks betrieben werden muss. Falls Sie noch Fragen haben, will ich sie gern beantworten."

Wir mussten diesen Teil der beruflichen ‚Spielwiese' Baumanns erst einmal verdauen und bewunderten die vielseitigen Anforderungen an Intendanz und Regie.

Baumann sprach weiter: „Wer sich in Hamburg etwas auskennt, weiß um das weltstädtische Charisma der Freien und Hansestadt, der hinter Berlin zweitgrößten Metropole Deutschlands. Ihr Renommee beruht nicht nur auf dem ausgeprägt regen Handel mit aller Welt, begünstigt durch Lage und Zuschnitt ihres Hafens, sondern auch auf dem breit gefächerten Arbeitsmarkt, den ausgesprochen attraktiven Angeboten auf dem Bildungssektor und besonders auf einer nahezu einzigartigen kulturellen Landschaft. Den heutigen Status verdankt Hamburg nicht zuletzt seiner Geschichte, die bis in die Zeit vor Karl dem Großen, bis in das achte Jahrhundert nach Christus zurückreicht. An dieser Stelle weitere Einzelheiten anzuführen, ginge zu weit, würde andererseits die Bedeutung Hamburgs verdientermaßen unterstreichen. Für Jane und mich waren die kurzen Jahre, die wir dort leben durften, ein wahres Geschenk. Die Stadt war uns ans Herz gewachsen. Wir waren restlos verliebt in unsere neue Heimat und konnten uns Hamburg als dauerhaften Wohnsitz gut vorstellen, zumal ja nicht allein die Stadt selbst und ihr unmittelbares Umfeld Millionen Besucher anziehen und faszinieren. Das ‚Alte Land‘, ein einzigartiger Landstrich noch im Hamburger Einzugsbereich mit Städtchen wie Buxtehude, Stade, Jork und einigen anderen, ist eine vielbesuchte Urlaubsregion und gilt als ‚der‘ Obstgarten Deutschlands, nur einen Katzensprung von Hamburgs Zentrum entfernt.

Zudem liegen die Nordsee mit ihren friesischen Inseln und vielen Badeörtchen und die Ostsee mit den Seebädern Heiligenhafen, Dahme, Kellenhusen, Grömitz, Scharbeutz, Timmendorf und Travemünde, um nur einige zu nennen, den Hamburgern sozusagen vor der Haustür, da lohnen sich schon Tagesausflüge."

„Gottlob gibt es Orte, die uns auf Anhieb begeistern, die wir regelrecht liebgewinnen und die wir nicht mehr missen möchten", sagte Otfried Bayer, „ich habe ein paar Semester Theologie in München studiert. Seit der Zeit zieht es mich immer wieder in den Süden. Was dem Hamburger die Nord- und Ostsee bedeuten, sind dem Münchener die Alpen, die mächtigen, bizarren, sich hoch in den Himmel reckenden Gebirge. Sie, liebe Freunde, erinnern sich vielleicht noch, dass Ria und ich dort unsere ersten gemeinsamen Urlaubstage erlebten. Später haben wir regelmäßig mit unseren Kindern schöne Ferienwochen im Berchtesgadener Land verbracht."

„Das verstehe ich," erwiderte Baumann, „auch in Hamburg stimmte einfach vieles, „trotzdem verließen wir nur Jahre später unfreiwillig und aus einem nicht vorhersehbaren, traurigen, bedrückenden und sehr entmutigenden Anlass die Hansestadt. Doch der Reihe nach. Jane ging ganz in ihrer Arbeit am ‚Thalia‘ auf. Sie sah darin die Erfüllung eines kindlichen Traums, den sie in ihren jungen Jahren so oft geträumt hatte und der nun Wirklichkeit geworden war. Im täglichen häuslichen Miteinander ergänzten wir uns erfreulich intuitiv, das heißt, ohne große, detaillierte Absprachen zu treffen oder gar regelmäßig Pläne zu machen zur Erledigung der notwendigen, haushaltsüblichen ‚Kleinigkeiten'. Während der spielfreien Sommermonate unternahmen wir eher kürzere Urlaubsreisen. Mal ging es an die holländische Nordsee, mal in die skandinavischen Länder, mal buchten wir eine Flussfahrt von Moskau nach St. Petersburg. Selbstverständlich flogen wir in den Theaterferien zu Janes Familie nach Los Angeles, was ihr begreiflicherweise viel bedeutete.

Meine Eltern, die in Berlin lebten, besuchten wir immer mal so zwischendurch, wenn wir ein paar freie Tage hatten. Leider verstarben sie hochbetagt kurz hintereinander, anscheinend an Altersschwäche, wie wir von den Pflegern hörten. Es war ein großer Trost für uns, dass meine Eltern auf ein langes, erfülltes Leben zurückblicken durften. Unsere Arbeitsverträge am ‚Thalia' hatten Laufzeiten von jeweils zwei Jahren. Das zweite Vertragsjahr war nicht ganz zu Ende. Es sollte für uns beide der Anfang einer langen Leidenszeit sein. Jane klagte jetzt öfter über quälende Kopfschmerzen. Abhilfe verschaffte ihr die Einnahme von bewährten, in Apotheken rezeptfrei erhältlichen Tabletten. Damit konnte sie eine Zeitlang leben. Doch Wochen später war das Kopfweh wieder da, so heftig und so unerträglich, dass sie ihre abendlichen Vorstellungen nur mit Hilfe stärkerer Schmerzmittel durchstehen konnte. Die Migräneschübe, nennen wir sie mal so, setzten nicht nur in immer kürzeren Abständen ein, sie nahmen auch an Heftigkeit zu. Das führte so weit, dass Jane den einen oder anderen fest geplanten Auftritt absagen musste. Sie konsultierte ihren Internisten, der ihr zu alternativen

Arzneimitteln riet, zu hinreichender Aufnahme von Flüssigkeit und viel Bewegung an der frischen Luft. Wir machten ausgedehnte Spaziergänge, die ihr ausgesprochen gut taten. Zeitweise konnte sie auf die Einnahme der Schmerztabletten verzichten. Doch dann, oft Wochen später, kamen die Kopfschmerzen zurück, nun häufiger begleitet von Schwindelanfällen. Wir waren niedergeschlagen, ratlos, weil weder die Ursache bekannt war für Janes Beschwerden noch eine wirksame Abhilfe in Sicht. Die ihr verordnete Zwangspause am Theater traf sie besonders hart. Sie musste notgedrungen eine Auszeit nehmen, weil sie sich nicht auf ihre Rollen konzentrieren konnte. In dieser Lage griffen wir nach jedem Strohhalm. Wir zogen einen namhaften Homöopathen zu Rate. Die von ihm empfohlenen Arzneimittel auf pflanzlicher Basis brachten uns auch nicht weiter. Weil Janes Hausarzt die Gründe für ihre gesundheitlichen Probleme nicht finden konnte, überwies er sie an einen Orthopäden. Der schloss den sogenannten orthopädischen Spannungskopfschmerz nicht aus. Da die Behandlung mit schmerzlindernden Wirkstoffen nur kurzfristige Erfolge zeigte, versuchte er, Janes Beschwerden mit dem Training der Halswirbelsäulen- und Schultermuskulatur sowie mit Stretching und mit Massagen abzustellen. Auch das brachte keine spürbare Besserung, ebensowenig wie die später versuchsweise angewendete Akupunktur.

Allmählich lagen unsere Nerven blank ob unserer anscheinend aussichtslosen Situation. Immer wieder versuchten wir in langen Gesprächen herauszufinden, was wohl der Auslöser für Janes Leiden sein könne. Irgendwann fiel das Wort ‚Luftveränderung'. Vielleicht war das eine Lösung. Unser Arbeitsvertrag beim ‚Thalia' würde in Kürze auslaufen. Wir überlegten, ob wir etwa in Europas Süden so eine Art von Kurort finden könnten, wo unser Beruf und Janes Genesung unter einen Hut zu bringen wären. Italien, Spanien, Portugal waren schon wegen der Sprachbarrieren für uns keine Option. Ein Engagement in der Schweiz schien uns denkbar, möglicherweise sogar optimal. Über unsere Agentur ließ ich mich an des Schauspielhaus Zürich vermitteln, eine der ersten Adressen nicht nur für aufstrebende Darsteller. Jane litt nach wie vor unter den sporadisch auftretenden Kopfschmerzen, sie nahm eine Auszeit, weil sie einer strengen Schonung bedurfte.

Gleich nach Beginn der Sommerpause mussten wir uns von dem uns lieb gewordenen Hamburg trennen. Wir machten uns auf den Weg in die Schweiz. Aus Sorge, die Züricher Stadtluft könnte sich schädlich auf Janes Gesundheitszustand auswirken, bemühten wir uns um eine eher ländlich geprägte Wohngegend. Die fanden wir in dem in über sechshundert Meter Höhe gelegenen Bergdörfchen Binz, nur wenige Kilometer von der Stadt entfernt. Hier hatte Jane die nötige Ruhe und die ersehnte frische Luft. Wir bezogen ein wohnlich ausgestattetes Apartment mit Blick auf die Berge und gewöhnten uns schnell an diese herrliche Gegend. Der Zürichsee in der Nähe lag uns sozusagen zu Füßen."

„War der Wechsel in die Schweiz erfolgreich, hatte er schließlich die von euch erhoffte Wirkung?", fragte ich, „die Schweizer Luft ist ja bekannt dafür, dass sie vor allem in den höheren Lagen besonders rein ist. Sie gilt als praktisch frei von Verschmutzung mit Feinstäuben, Gasen und anderen Partikeln und hat sich als vorbeugend und sogar heilend bei Krankheiten der Atemwege, aber auch bei Herz-Kreislauf-Erkrankungen bewährt."

Baumann stimmt dem zu: „Anfänglich war das so. Jane schien das Klima dort gut zu bekommen. Während der inzwischen angebrochenen Sommerpause am Theater erkundeten wir mit kleinen Abstechern die nähere, reizvolle Umgebung rund um den Zürichsee. Es gibt dort viele attraktive Ausflugsziele hoch oben über dem Wasser. Jane wirkte entspannt wie schon lange nicht und sprach zu meinem Erstaunen über die übernächste Spielzeit, für die sie so schnell wie möglich einen Jahresvertrag realisieren wollte, um ihrem geliebten Beruf wieder nachgehen zu können. Das war auch in meinem Sinne, weil sie sich zu unserer großen Erleichterung wieder ausgesprochen gut fühlte. Daher waren wir überzeugt, mit dem Klimawechsel auf dem richtigen Weg zu sein.

In unser behagliches neues Zuhause hatten wir uns schnell eingelebt. Bei gutem Wetter saßen wir in unserem Gärtchen und genossen bei Kaffee oder einem Kaltgetränk die dörfliche Ruhe und die idyllische Bergwelt rundherum. Erholsame, ausgedehnte Spaziergänge in diesem friedlichen, rustikalen Umfeld schenkten uns die Kraft zurück, die uns in den letzten Monaten verlorengegangen war. Das kam besonders Jane zugute. Sie blühte sichtbar auf.

Für das Winterprogramm waren für mich zwei oder drei Rollen vorgesehen. Damit war ich vorerst weitgehend ausgelastet. Unsere Premieren kamen beim Publikum gut an. Auch die Presse sparte nicht mit lobenden Rezensionen. Jane freute sich jedes Mal darüber, dass auch die überregionalen Gazetten die Züricher Wiederaufnahmen kritisch, aber fair kommentierten. Kindlich neugierig warfen wir manchmal schon vor dem Frühstück einen Blick in die heimischen Tageszeitungen, wenn wir kurz davor ein neu aufgelegtes Stück über die Bühne gebracht hatten. Bei den Erstaufführungen hatte Jane vorn im Rang ihren festen Platz. Sie verfolgte das Geschehen aus günstiger Perspektive mit großer Aufmerksamkeit und hielt sich mit berechtigter Kritik nicht zurück, wenn wir später über den Gesamteindruck der Premiere diskutierten. Dafür war ich ihr ausgesprochen dankbar, sie war schließlich vom Fach.

Die Saison ging allmählich in ihre Halbzeit. Die Bäume trugen zartes Grün, der Frühling zeigte sich von seiner blühenden Seite, und die Natur bereitete dem Sommer das Feld. Der Umzug in die Schweiz war erkennbar eine unserer besseren Entscheidungen. Janes quälende Kopfschmerzen und Schwindelanfälle waren gottlob in den vergangenen Monaten ausgeblieben. Es sah so aus, dass wir beide die Lebensqualität zurückgewonnen hatten, die wir zuletzt schmerzlich vermissen mussten.

Wir schmiedeten Pläne für die nächste Theatersaison und nahmen mit unserer langjährigen Agentur Verbindung auf, um Jane das ersehnte Engagement für die kommende Saison zu verschaffen. Das gelang erfreulicherweise. Wir konnten unsere Freude kaum fassen und dankten dem Himmel für Janes unerwartet positive gesundheitliche Entwicklung.

Die folgende Spielzeit verlief in jeder Hinsicht zu unserer Zufriedenheit. Jane fühlte sich wie neugeboren. Die Bühne hatte sie, und sie hatte die Bühne zurück. Im Sommer stand, wie seit Jahren üblich, der Besuch bei ihren Eltern an. Am Flughafen von Los Angeles gab es ein überaus emotionales Wiedersehen. Jedem von uns war ein schwerer Stein vom Herzen gefallen, alles hatte sich zum Guten gewendet, und wir genossen die wenigen Wochen im sonnigen Kalifornien."

An dieser Stelle hielt er inne, schaute wie abwesend ins Leere. Bayer und ich sahen uns etwas verwundert an. Wie konnte es sein, dass er uns einen Augenblick zuvor von der glücklichen Wendung in Janes Leben erzählt hatte und jetzt, für uns völlig unerwartet, aus heiterer Stimmung heraus in ein tiefes mentales Loch gefallen schien? Da gab es offensichtlich etwas, das ihn bedrückte und das ihm sehr zu schaffen machte. Vielleicht mochte er darüber reden, fühlte sich andererseits gerade jetzt nicht imstande, alte, schmerzlich quälende Augenblicke wieder hochkommen zu lassen. Mir blieben noch zwei, drei Urlaubstage in Passau. Die wollte ich nutzen, um mit meinen ‚seelenverwandten‘, neu gewonnenen Freunden zusammen zu sein. Es gab ja noch einiges anzusprechen. Ferner war mir sehr daran gelegen, unsere Verbindung nach der Rückkehr in das heimatliche Ruhrgebiet auch weiterhin aufrechtzuhalten.

„Wenn Sie einverstanden sind", wandte ich mich an die beiden, „lade ich Sie für morgen Abend in das Restaurant meines Hotels zum Essen ein. Die Küche dort ist ausgezeichnet und im Übrigen jederzeit für eine kulinarische Überraschung gut. Ich freue mich schon jetzt auf dieses Treffen. Und nehmen Sie es mir bitte nicht übel, lieber Herr Baumann, dass ich sehr neugierig bin darauf, wie es Ihnen und Ihrer Frau weiter erging, nachdem Ihre Sommerferien in Kalifornien beendet waren."

Baumann sah mich an, immer noch leicht konsterniert. Wir verließen das Restaurant und wünschten uns eine gute Nacht.

🚂 🚂 🚂 🚂 🚂 🚂 🚂

Am nächsten Morgen rief ich den Technischen Leiter der Maschinenfabrik an und fragte, ob die Fertigungsanlage die Produktion aufgenommen hätte und nunmehr störungsfrei liefe. Es gäbe keinerlei Probleme, sagte er mir, im

Gegenteil, die bearbeiteten Bauteile seien von guter Qualität. Er würde sich freuen, mir vor meiner Abreise noch einmal persönlich für die erfolgreiche Zusammenarbeit zu danken. Wir hatten ein angenehmes, abschließendes Gespräch, und ich verabschiedete mich in bestem Einvernehmen von unseren Partnern.

Früh am Abend verließ ich mein Zimmer und ging die Treppe hinunter in den Gastraum. Das Restaurant war mäßig gefüllt, obwohl das Wochenende angebrochen war. Der reservierte Tisch mit freiem Blick auf den Fluss war bereits hübsch eingedeckt. Es war ja Sommer, also des Abends länger hell. Ich bestellte ein Bier und schaute dem bunten Treiben am bevölkerten Donauufer zu. Die Stadt lebt auch vom Tourismus, dachte ich. Sie zieht viele Gäste an aus dem In- und Ausland. Und Passau ist ja Ausgangspunkt für die beliebten Flusskreuzfahrten auf der Donau, was immer ein besonderes Erlebnis ist. Der Fluss streift oder quert acht Länder von seinen Quellen im Schwarzwald an, bevor er nach mehr als 2700 Kilometern das Donaudelta nahe der rumänischen Stadt Tulcea erreicht. Die Donau nimmt den Gast mit durch die liebliche Wachau, bahnt sich ihren Weg durch die wild-romantischen Karpaten und passiert landschaftliche und kulturelle Glanzpunkte im Weichbild der prächtigen, eleganten Metropolen Wien, Budapest, Bratislava, Belgrad und zahlreichen anderen reizvollen Orten. Während mir das durch den Kopf ging, betraten Otfried Bayer und Hero Baumann das Lokal. Ich winkte ihnen zu, bat sie an unseren Tisch. Wir begrüßten uns herzlich wie alte, vertraute Bekannte. Bald hatte jeder sein Getränk, und wir stießen an.

„Ich habe noch fünf bis sechs Tage hier zu tun", begann Baumann, „dann bin ich mit dem Management des hiesigen Theaters im Reinen. Programm und Besetzung von vier

Neuinszenierungen für die nächste Saison werden bis dahin festgezurrt sein."

„Und ich darf noch fast drei Wochen mit meinen Lieben zusammenbleiben. Mit Ria muss ich noch manches bereden und vorbereiten. Ich möchte endlich reinen Tisch machen und eine ganz normale Familie haben. Ich kann Ihnen, meine Herren, nicht genug danken für Ihre mich ermutigenden Ratschläge. Sie bestärken mich darin, vorbehaltslos meine Verfehlungen der katholischen Kirche gegenüber auszuräumen. Ich muss diese schreckliche Heimlichtuerei so rasch wie möglich beenden."

„Das schaffen Sie", sagte Baumann, „es steht Ihnen vermutlich ein peinliches Spießrutenlaufen bevor, quer durch manche Instanz der kirchlichen Hierarchien. Und es wird schwer für Sie sein, Ihrer Pfarrgemeinde Ihr Doppelleben zu erklären, als einer der Seelsorger, der seine Pfarrei so abrupt verlassen muss. Ich bin mir sicher, bei alledem werden Sie bei vielen auf ein tiefes Verständnis, bei anderen auf ein ehrliches Bedauern treffen. Das wird Ihnen gut tun und den Abschied von Ihrer Gemeinde leichter machen."

Der Ober brachte die Speisekarten. Ich schlug die erste Innenseite auf.

„Sehen Sie her", ich zeigte auf dort gesondert angeführte Gerichte, „als Überraschung des Tages gibt es Bodenseefelchen. Die kann ich Ihnen ausdrücklich empfehlen, falls Ihnen heute Abend an Fisch gelegen sein sollte."

Beide überlegten nicht lange, nickten zustimmend, und so waren wir uns auch diesmal einig bei der Auswahl der Speisen. Wir wurden nicht enttäuscht. Als Beilagen zu den in Butter zart gebratenen Felchenfilets gab es goldgelbe

Salzkartoffeln und einen knackigen gemischten Salat. Dazu tranken wir einen trockenen Riesling.

Nach dem Essen blieben wir beim Wein. Wir sprachen kurz über das aktuelle politische Geschehen hier bei uns in Deutschland und in einigen anderen Regionen der Welt. Wir schrieben das Jahr 1973. Bei uns regierte unter Willy Brandt die erste bundesdeutsche sozialliberale Koalition. Das Gesetz über den Beitritt der Bundesrepublik Deutschland zu den Vereinten Nationen wurde vom Bundestag verabschiedet. Helmut Kohl wurde Vorsitzender der CDU. In den USA belastet die Watergate-Affäre die Regierung Nixon. Positiv zu vermerken war die Beendigung des Vietnamkrieges unter dem US-Präsidenten Richard Nixon. In New York wurde das World Trade Center eröffnet. Der Kunstwelt ging der große Maler Pablo Picasso verloren.

Hero Baumann sprach dann weiter: „Ich hatte Ihnen erzählt, dass Jane und ich seinerzeit am Schauspielhaus Zürich engagiert waren und uns dort gut aufgehoben fühlten. Jane hatte ihre zwischenzeitlich abhanden gekommene Lebensfreude wiederentdeckt. Wir pflegten gute Kontakte zu unserem privaten, zum nachbarschaftlichen und auch zum beruflichen Umfeld, also zu Verwandten, Freunden und Kollegen. Unsere Arbeitsverträge waren fair ausgehandelt und ließen nichts zu wünschen übrig. Finanziell waren wir hinreichend abgesichert.

Die eher unregelmäßigen Treffen mit einigen meiner Kommilitonen von der Berliner Schauspielschule, dem Ort meiner ersten Ausbildung, waren für uns eine immer wieder willkommene Abwechslung. In diesem Jahr wollten wir zum Jahresende zusammenkommen, und zwar im Westteil der damals noch geteilten, ehemaligen deutschen Hauptstadt. Organisiert hatten es der frühere Mitschüler und langjährige

Freund Alfons und seine Lebensgefährtin, ebenfalls vom Fach. Jane und ich waren über die Weihnachtstage und bis in den Januar hinein vorstellungsfrei. Es war der vorletzte Tag des Jahres. Wir nahmen das Flugzeug und landeten in Berlin-Tegel, wo wir bereits erwartet wurden. Für eine Unterkunft hatte Bernhard gesorgt, seinerzeit der Benjamin unserer Klasse, diesmal im zentral gelegenen Hotel am Savignyplatz. Seine Frau leitete dort den Empfang.

Alfons und seine Partnerin waren bereits zur Stelle, pünktlich wie immer. In der Lobby nahmen wir einen belebenden Kaffee und bezogen unsere Zimmer.

Für jenen Abend hatten wir uns einen Bummel über den Kurfürstendamm vorgenommen. Der war um diese Jahreszeit in ein gleißendes Lichtermeer getaucht, menschenüberfüllt, und der für Weihnachtsmärkte typische, etwas aufdringliche Mix aus Glühwein, gebrannten Mandeln, fremdländischen, exotischen Gewürzen und nicht zuletzt aus Bratwurst und gebackenem Fisch dominierte unsere Atemluft. Wir schauten dem bunten Treiben eine Weile zu, gingen den Ku'damm zurück bis zur Knesebeckstraße und betraten das gleich um die Ecke liegende Altberliner Wirtshaus, an das wir uns von früher her noch gut erinnerten. Zu essen gab es dort deftige, rustikale Berliner Spezialitäten, etwa Eisbein mit Sauerkraut, gebratene Leber mit Apfelrotkohl oder die berühmten Bouletten. Als Beilagen wurden Kartoffeln in allen Varianten gereicht. Das Lokal führte verschiedene Biersorten der alteingesessenen Brauerei Lemke, so auch das klassische, helle Lagerbier ‚Berliner Perle' als leckere Getränke.

Wir waren hungrig und aßen und tranken mit großem Appetit. Weil wir uns länger nicht gesehen hatten, gab es viel zu erzählen. Alfons und seine Partnerin waren seit einigen Jahren am Volkstheater Wien fest angestellt. Beide sprachen begeistert von dem an der Wiener Neustiftgasse beheimateten Haus, gegründet Ende des 19. Jahrhunderts, sozusagen als Gegenstück zu dem der kaiserlichen Familie und der Aristokratie vorbehaltenen Burgtheater. Als Gründungsname wurde es damals ‚Deutsches Volkstheater' genannt, um es von den anderen nationalen Bühnen der Donau-Monarchie zu unterscheiden. Auf dem Programm stehen immer noch neben beliebten Volksstücken vor allem klassische, aber auch moderne Dramen, wie Alfons uns erzählte, sichtlich stolz und davon angetan. Er ließ sich nicht nehmen, die fortschrittlich eingestellte Theaterleitung und besonders ihr Fingerspitzengefühl für eine zeitgemäße Programmgestaltung lobend hervorzuheben.

Zur Einstimmung auf die letzten Stunden des Jahres sahen wir nachmittags am Schillertheater das tragisch-komische Stück ‚Das Ende vom Anfang' des irischen Dramatikers Sean O'Casey. Wir amüsierten uns köstlich.

Dann zogen wir zum Savignyplatz. Im ‚Le Petit Royal' feierten wir den Jahreswechsel bei bester Laune und in ausgelassener Stimmung. Wir erinnerten uns an alte Berliner Zeiten und an so manches gesellige Beisammensein, auch später, als wir alle schon im Berufsleben standen, speisten vorzüglich und nutzten danach eifrig die Tanzfläche. Die an diesem Abend aufgebotene Swingband hatte ohne Frage großen Anteil daran, dass wir unser mehr oder weniger ausgeprägtes Tanztalent öffentlich zu Schau stellten. Die Stunden bis zum Mitternachtssekt vergingen wie hinweggezaubert. Jane war glücklich.

Am Neujahrsmorgen wachte ich mit einem leichten Kater auf. Es war noch früh, das Bett neben mir zu meiner Verwunderung leer. Jane kam aus der Dusche. Sie setzte sich zu mir ans Bett und legte ihren Arm um mich. Wir wünschten uns noch einmal ein gutes neues Jahr. Eine ganze Weile saßen wir schweigend nebeneinander. Unseren nachdenklich wirkenden Gesichtern war unschwer anzusehen, was wir in diesen Augenblicken empfanden. Jane stand auf, setzte sich vor den Spiegel, betrachtete ihr Gesicht und sagte leise so etwas wie: „Jetzt bin ich ein Jahr schmerzfrei, ich bete, dass es so bleibt." Ich ging hinüber zu ihr, nahm sie fest in den Arm und flüsterte: „Das wünsche und hoffe ich auch, mein tapferes Mädchen."

Zum Mittag trafen wir uns mit unseren Freunden im San Marino, einem italienischen Restaurant, ebenfalls am Savignyplatz gelegen. Wir hatten auf das Frühstück verzichtet, abgesehen von einem belebenden schwarzen Kaffee, und freuten uns auf hausgemachte italienische Spezialitäten. Schon die Speisekarte in ihrer Vielfalt wirkte appetitanregend. Den voraufgegangenen Silvesterabend ließen wir ausgiebig Revue passieren, denn alle standen noch unter dem Eindruck unseres in fröhlicher, lustiger, gelungener Stimmung begangenen Jahresabschlusses. Auch dieser erste Tag des Jahres sah uns wieder in bester Laune. Gut aufgelegt, lachten wir viel und genossen die mediterranen Leckereien.

Alfons und Lisa, seine Partnerin, mussten uns leider am späten Nachmittag Richtung Wien verlassen, weil bereits am übernächsten Tag Verpflichtungen am dortigen Volkstheater auf sie warteten. Jane und mir blieben noch ein paar freie Tage. Bernhard und seine Frau Marga leisteten uns in dieser Zeit Gesellschaft. Er animierte uns zu einer Stadtrundfahrt, und wir sahen mit einer gewissen Genugtuung, dass sich im Ostteil Berlins seit meinem Weggang einiges geändert hatte. Die meisten Relikte der fürchterlichen Zerstörungen waren beseitigt. Allein der hässlichen, die Stadt teilenden und Menschen voneinander trennenden Schandmauer begegnete man noch an vielen

Stellen öfter, als es einem lieb war. Insgesamt gesehen zeigte der Osten Berlins ein unfreundliches, jämmerliches, beklagenswertes Bild, einmal abgesehen von einigen Paradevierteln und Vorzeigeboulevards.

Wenige Tage später nahmen auch wir Abschied von Bernhard und Marga und flogen zurück nach Zürich. Für den Rest unseres Urlaubs gönnten wir uns einen einwöchigen Aufenthalt im Tessin. In Ascona fanden wir eine nette Unterkunft. Vom Lago Maggiore und seinem auch wintertags reizvollen, besuchenswerten Umland waren wir immer wieder angetan. Diesmal erholten wir uns bei Tagestouren rund um den nördlich gelegenen Schweizer Teil, über Locarno bis hinunter nach Lugano im Osten und bis in das urwüchsige, wild-raue Verzascatal an der nordwestlichen Seite des Sees.

Hier fanden wir die Ruhe und Entspannung, die uns nach den voraufgegangenen turbulenten Feiertagen in Berlin mehr als gut taten. Im Verzascatal findet man die Grotti, das sind kleine, steinerne Wirtschaften. In den warmen Monaten laden nach Art unserer Biergärten aus heimischem Felsen gehauene, granitene Tische und Bänke zum Verweilen ein. Das Angebot an Speisen in einem Grotto reicht von einfachen Gerichten wie geräucherte Bachforelle, Tessiner Schinken- und Salami-Platte oder Minestrone, alles das für den kleinen Hunger, bis hin zu anderen Schweizer Köstlichkeiten, etwa Polenta mit Schweinebraten, Rösti an Fleisch oder auch an Fisch, Maronengerichte aller Art, auf Wunsch auch Fondues und Raclettes.

Wir ließen es uns gut gehen in diesem urwüchsigen Teil des Tessins. Leider hatte uns kurze Zeit später der Züricher Alltag wieder voll im Griff. Das zu bedauern wäre ungerecht, dachte ich. Schöne Tage zur rechten Zeit hat man gerne, aber auf Dauer kann man ihrer überdrüssig werden. Also fanden wir uns pünktlich am Schauspielhaus ein. Wir freuten uns darauf, wieder den vertrauten Bühnengeruch zu schnuppern, und meldeten uns zurück. Gleich als Erstes wollte die Theaterleitung wissen, ob ich Interesse daran hätte den Intendanten zu entlasten und einen Teil seiner Aufgaben zu übernehmen. Das Angebot kam mir sehr gelegen, wenn es mich auch reizte, vor allem als Darsteller der unterschiedlichsten Charaktere auf der Bühne zu stehen. Andererseits war ich überzeugt, dass meine eigentliche Neigung auf die Dauer gesehen im Bereich des Managements, hier insbesondere in der Intendanz, liegen sollte. Auch hatte ich ein großes Interesse an Aufgaben im Bereich der Regie. In Zürich bot sich mir nun erstmals die Gelegenheit, mich in der Praxis darin einzuarbeiten.

Im Zusammenhang mit einem Personalwechsel musste Jane zwei für sie neue Rollen einstudieren. Sie übte ihre Parts gewissenhaft und mit großem Fleiß. Unsere Wohnung in Binz verfügte über ein kleines, separat gelegenes Zimmer. Dort konnte sie ihre Texte auswendig lernen und nach Belieben rezitieren. War sie der Meinung, ihren Stoff zu beherrschen, bat sie mich hinzu. Sie wartete dann gespannt, was ich zu einzelnen, mir probeweise vorgeführten Szenen sagen würde. Es machte mir Freude, wenn ich den Eifer sah und den großen Ernst, mit dem Jane sich in ihre Rollen hineinversetzte. Ihre professionelle Einstellung zahlte sich schlussendlich aus, wenn sie vor Publikum auf der Bühne stand. Dann erwiesen ihr die begeisterten und mit Beifall nicht geizenden Besucher die berechtigte Anerkennung für ihre Talente und ihre harte Arbeit.

Mit unserem geregelten und doch abwechslungsreichen Leben, mit unseren Erfolgen konnten, nein, mussten wir zufrieden sein. Wir hatten freie Hand sowohl bei unseren

Planungen als auch bei unseren Entscheidungen. Beleg dafür waren die zurückliegenden mehr als zehn Jahre. Unseren Beruf als Schauspieler durften wir an namhaften Bühnen in einschlägigen Metropolen dieser Erde ausüben. In dieser Zeit hatten wir uns einen gewissen Grad an Bekanntheit und auch an Popularität erworben, den die Fachpresse und ein informiertes Publikum entsprechend honorierten. Uns war bewusst, dass unser guter Ruf von uns auch zukünftig tadellose Leistungen einforderte. Erfolg verpflichtet, versperrt aber nicht selten den Blick für die Wirklichkeit, was schon manchem Star oder Sternchen auf die Füße gefallen ist. Das darf und soll uns nicht passieren, dachte ich.

Mittlerweile arbeiteten wir vier erfolgreiche Jahre in der Schweiz. Wir waren überaus gut beschäftigt, das Schauspielhaus Zürich nahm uns voll und ganz in Anspruch. Außerdem wurden wir häufig von auswärtigen Bühnen für Gastrollen engagiert, immer wieder erfreuliche Abwechslungen, nicht zuletzt auch im Zusammenwirken mit neuen Kollegen und Kolleginnen. Solche Begegnungen brachten immer wieder wertvolle Bekanntschaften mit sich, von denen oft wechselseitig anregende, interessante Impulse ausgingen.

Meine Tätigkeit verlagerte sich nach und nach auf die Regie. Anfänglich assistierte ich auf seine Bitte hin unserem etatmäßigen Regisseur. Ich übernahm von ihm festgelegte und mit ihm abgestimmte Passagen bei den Texten und Szenerien. Als es ihm gesundheitlich immer schwerer fiel, stundenlang am Pult zu stehen, besprach er mit mir in groben Zügen seine künstlerischen Vorstellungen, seine Ideen, und überließ mir deren Umsetzung. Auf diese Weise habe ich bei ihm viel gelernt. Zur aufrichtigen Freude des gesamten Ensembles erholte sich unser Spielleiter allmählich von seinen Beschwerden und ging wenig später seinen gewohnten Aufgaben am Regiepult nach.

Wenn man so will, war meine mehr zufällig zustande gekommene Zeit als Regieassistent der Auslöser für meine weiteren Tätigkeiten auf diesem Gebiet. Sie nahmen zu. Ich erhielt Anfragen, unter anderen von den Kammerspielen Aachen. Dort durfte ich mein erstes Schauspiel inszenieren, das ‚Palais Mascotte' von Enzo Cormann. Das Engagement lief über sechs Monate. Weil Jane in Zürich ihren Verpflichtungen nachkommen musste, blieben uns aber immerhin die leider zu kurzen Wochenenden.

In der nächstfolgenden Sommerpause flogen wir wie gewohnt zu Janes Eltern, die sie überglücklich in den Arm nahmen, unendlich erleichtert, dass es ihr offensichtlich gut ging. Sie lasen ihr jeden Wunsch von den Lippen ab. Es war für uns alle eine schöne, unbeschwerte Zeit im sonnigen Los Angeles. Diesmal besuchten wir Gegenden, die ich bei früheren Aufenthalten in diesem riesigen Bundesland noch nicht gesehen hatte, zum Beispiel San Francisco, ein Traumziel vieler USA-Reisender. Die kalifornische Metropole ist voll von historischen und kulturellen Stätten und auch wegen ihrer landschaftlichen Schönheiten und ihrer kulinarischen Angebote beliebt. Sehenswürdigkeiten wie die Golden Gate Bridge, das Wahrzeichen der Stadt, Fisherman's Wharf, ferner die in der Bucht von San Francisco gelegene ehemalige Gefängnisinsel Alcatraz oder die gerne benutzten, auch steile Anhöhen überwindenden Cable Cars fesseln den Besucher ebenso wie die belebte Chinatown mit dem Dragon Gate als architektonisch beeindruckenden Eingang zum Viertel.

Natürlich fuhren wir auch zu einigen der großen Nationalparks nordöstlich von Los Angeles. Der Yosemite Nationalpark beeindruckt nicht nur durch seine

Weitläufigkeit, sondern er bezaubert durch Naturwunder, wie riesige, schäumend in die Tiefe stürzende Wasserfälle oder die unglaublich hochstämmigen Mammutbäume. Ein sehr beliebtes Ausflugsziel ist das traumhaft pittoreske Yosemite Valley mit atemberaubenden Aussichtspunkten. Sie gestatten einen fantastischen Blick auf große Bereiche des Parks.

Ein unvergessliches Erlebnis war für uns die Fahrt auf einer der schönsten Küstenstraßen dieser Erde, dem Highway Nr. 1. Er führt den Pazifik entlang über den rund 650 Kilometer langen Abschnitt von San Francisco im Norden bis nach Los Angeles im Süden. Palmengesäumte Strände, wunderschöne Dünenlandschaften, schroffe Felsen und dicht bewachsene Wälder mit gigantischen Mammutbäumen flankieren den Weg, an dem einige der schönsten Kleinstädte der Vereinigten Staaten angesiedelt sind, unter anderen Monterey, die frühere spanische Kolonialhauptstadt. Sie hat ihre Zeit als bedeutende Fischereistadt mit ihren seinerzeit marktbeherrschenden Konservenfabriken längst hinter sich. Übrigens hat John Steinbeck die in diesen Fabriken praktizierten, menschenunwürdigen Produktionsbedingungen bei der Verarbeitung von Ölsardinen und Thunfisch in seinem berühmten Roman ‚Die Straße der Ölsardinen' verewigt.

Weitere unbedingt erwähnens- und besuchenswerte Orte in der küstennahen kalifornischen Bilderbuchlandschaft sind das wildromantische Carmel-by-the-Sea, das Hearst Castle, ein von dem millionenschweren Zeitungsverleger William Randolph Hearst errichtetes Märchenschloss, oder auch das zauberhafte, mediterranes Flair verbreitende Santa Barbara, Standort einer der aus der Kolonialzeit herrührenden vielen großen spanischen Missionen in diesem Teil Amerikas. Zum Ende unserer Besichtigungstour führte uns der Weg an die Südspitze Kaliforniens, in seine zweitgrößte Stadt, das an Mexiko angrenzende San Diego, gut zwei Autostunden entfernt von Los Angeles. Besonders in Erinnerung geblieben sind mir die Altstadt ‚Old Town' mit sehr gut erhaltenen Gebäuden vom Beginn des 18. Jahrhunderts und den typisch pastellbunten, großen viktorianischen Holzhäusern. Sehenswert ist auch der etwas außerhalb gelegene Zoo und der spektakuläre, nicht nur bei Kindern beliebte Vergnügungspark Seaworld mit zahlreichen dressierten Meeressäugern wie Schwertwale, Delphine und Seelöwen. Dort leben ferner Eisbären, Pinguine und andere Meeresanrainer. Die täglich präsentierten Live-Shows mit abgerichteten Meeresbewohnern wird man sicherlich irgendwann dank guter Einsicht und veranlasst durch die inzwischen geltenden Tierschutzgesetze drastisch einschränken.

Nach diesen manchmal auch etwas aufregenden Tagen, beladen mit für uns unvergesslichen Eindrücken, ging es zurück in die Schweiz. Bis zum Beginn der kommenden Theatersaison war zwar noch reichlich Zeit, aber doch einiges vorzubereiten. Jane machte sich mit ihren neuen Rollen vertraut, ich kümmerte mich in Aachen um die Inszenierung der für die nächste Spielzeit geplanten Wiederaufnahmen. Parallel dazu war ich in dieser Zeit in Zürich teilverpflichtet, das heißt mit reduzierter Bühnenarbeit. Die Wochenenden verbrachten wir in der heimeligen Wohnung im ruhigen, beschaulichen Binz.

Pünktlich im September begann der Theaterbetrieb. Jane freute sich auf die neue Saison. Sie spielte ihre Rollen mit großer Hingabe. Es war immer wieder verblüffend, wie authentisch sie die ihr zugewiesenen Charaktere auf der Bühne verkörperte. Das kostete große Anstrengung und unglaubliche Kraft. Diese Belastungen ließ sie sich so gut wie nicht anmerken.

Niemand von uns konnte sich recht erklären, warum bei Jane unbarmherzig plötzlich und ohne Vorwarnung alte gesundheitliche Probleme wieder aufkamen, von denen wir überzeugt waren, dass sie längst überwunden seien", hier unterbrach sich Baumann, „sehen Sie es mir bitte nach, dass ich an dieser Stelle wirklich nicht weitererzählen kann. Mir fehlen einfach die richtigen Worte. Ich habe lange Zeit gebraucht, das Unfassbare zu verstehen und die Gründe für das alles zu begreifen, was in jenen quälend langen und unsäglich traurigen Monaten auf uns abgeladen wurde. Und ich hätte mir diesen gnadenlosen Sturz in den Abgrund in meinen schlimmsten Albträumen nicht vorstellen können. Mein bisher so voller Optimismus und in großer gegenseitiger Zuneigung verbrachtes, auf eine verheißungsvolle, harmonische Zukunft ausgerichtetes Zusammenleben mit Jane sollte so abrupt zu Ende gehen? Unser Leben verlief plötzlich in eine andere Richtung, es hatte eine schmerzliche, unerwartete Wende genommen".

Otfried Bayer hob irritiert die Brauen: „Sie haben uns in diesen Tagen, lieber Herr Baumann, immer mit großer Begeisterung die schönen, die kreativen, phantasieanregenden und einzigartigen, mitunter auch aufregenden Seiten Ihres Berufs geschildert, ein Beruf, dem sich Ihre Frau ebenfalls verschrieben hatte. Was hatte sich denn so Ungeheuerliches ereignet, dass Sie vorhin über eine tragische Wende in Ihrer beider Leben sprachen?"

„Jane erlag kurze Zeit nach Wiederaufnahme der Theatersaison einer heimtückischen Krankheit. Doch lassen Sie mir bitte etwas Zeit, mich zu sammeln. Ich will Ihnen dann, vielleicht morgen, Näheres aus ihren letzten Monaten berichten. Wenn Sie das wirklich hören wollen, würde ich das dann nachholen."

„Das ist doch selbstverständlich", sagte ich. Auch Bayer nickte zustimmend.

🚂 🚂 🚂 🚂 🚂 🚂 🚂

Am nächsten Abend fanden wir uns pünktlich im Restaurant meines Hotels ein. Wir setzten uns an den Tisch vom Vortag, gaben unsere Bestellungen auf und wechselten ein paar belanglose Worte.

Dann sagte Baumann ernst und gefasst: „Über Janes Leidensgeschichte zu reden fällt mir immer noch schwer. Sie hatte ja diesen gesundheitlichen Rückfall, sie litt erneut unter zunehmend heftiger werdendem Kopfweh, gegen das auch bewährte Schmerzmittel nicht halfen. Sie konnte sich nur mit äußerster Anstrengung konzentrieren. Hinzu kamen spontan einsetzende Schwindelanfälle, manchmal begleitet von Lähmungserscheinungen an Armen und Beinen. Weil sie in dieser Situation ihrer Arbeit am Theater nicht nachgehen konnte, war sie erneut zu einer beruflichen Auszeit gezwungen.

Wir konsultierten Urs, einen Züricher Internisten. Er gehörte zum Kreis unserer schweizerischen Bekannten. Wir schätzten ihn als Freund und vertrauten ihm als Arzt. Trotz eingehender, sorgfältiger Untersuchungen mit dem bei Hausärzten vorhandenem medizinischen Instrumentarium fand auch er keine plausible Erklärung für ihre Beschwerden. Allem Anschein nach hatte der Ortswechsel vom Norden Deutschlands in eine andere, vermeintlich vorteilhafte Klimazone, wie sie der Schweizer Bergwelt zugeschrieben wird, bei Jane einen nur zufälligen, vorübergehenden Erfolg. Sollten wir mit unserem Umzug ins Land der Eidgenossen am Ende einem Irrtum erlegen sein? Weil ich zu einem großen Teil meiner Zeit an den Aachener Kammerspielen beruflich ziemlich eingespannt war, hatte ich für Jane eine Haushaltshilfe eingestellt. Die junge Frau ging ihr zur Hand und besorgte das Tägliche. Jane litt sichtlich unter ihrer für sie vollkommen ungewohnten, sie niederdrückenden Hilflosigkeit. Und es gab immer noch keine medizinischen Begründung für die Ursache ihrer Beschwerden. Unser Mediziner Urs gab uns den Rat, die renommierte Universitätsklinik für Neurologie in Bern aufzusuchen. Wegen seiner guten Verbindungen dorthin bekamen wir umgehend Termine für die Sprechstunden in den Fachbereichen Kopfschmerz und Schwindel. Wenig später wurden die ersten Ergebnisse der Voruntersuchungen mit einem Facharzt in der Ambulanz für Allgemeine Neurologie besprochen. Als Fazit aus diesem Gespräch empfahl der Spezialist, Jane für kurze Zeit in der Klinik zu behalten. Man werde für den nächsten Tag umgehend weitere neurologische Untersuchungen durchführen. Mittags lag der Befund vor. Bei ihr wurde ein Hirntumor geortet, ein sogenanntes Glioblastom, der bei Erwachsenen am häufigsten auftretende, schnell wachsende, bösartige und nicht heilbare Tumor. Man kann ihn operativ entfernen und sein aggressives Wachsen hinauszögern, ihn sozusagen eine Weile im Zaum halten, allerdings das nur bei paralleler Behandlung mit radioaktiver Bestrahlung und zusätzlicher Anwendung von Chemotherapie.

Wir wollten das alles nicht wahrhaben, fühlten uns innerlich leer und über die Maßen schockiert. Wenn man der Statistik glauben kann, dachte ich, wird Jane uns nach spätestens fünfzehn Monaten verlassen. Völlig verunsichert und hilflos niedergeschlagen, suchte sie bei ihren Eltern Trost und Rat. Ihr Vater machte sie zu Recht darauf aufmerksam, dass es sinnvoll sei, bei einer solch schweren Erkrankung und einem derart risikoreichen Eingriff wenigstens eine weitere medizinische Meinung einzuholen. Auch noch so erfahrene Spezialisten kämen nicht selten zu unterschiedlichen Empfehlungen in Bezug auf die Behandlung akut lebensbedrohender Krankheiten. Energisch bestand er darauf, dass seine Tochter sich zusätzlichen Rat holen solle bei einer der weltberühmten US-amerikanischen, auf die Behandlung von Krebserkrankungen spezialisierten Kliniken. Infrage kämen etwa die Universitätsklinik in Houston/Texas oder das weltweit älteste und größte Krebszentrum, das Memorial Sloan Kettering im Staate New York. Kompetente, fachlich hervorragende Kliniken seien auch die immerhin vier Cedars-Sinai-Hospitäler in Los Angeles, ihrer Geburtsstadt. Daneben gäbe es in den USA noch viele andere einschlägige Spitzenkliniken.

Urs, unser Züricher Hausarzt, tendierte ebenfalls in die Richtung. Auch er riet uns ab von einer spontanen Entscheidung, von einer vielleicht voreiligen Operation. Es sei zwar Eile geboten, denn der schnellwachsende Tumor nähme keine Rücksicht auf langwieriges Überlegen. Eine alternativ eingeholte sogenannte zweite Meinung zu Janes Krankheitsbild sei auf jeden Fall angebracht. Wenige Tage später trafen wir in Los Angeles ein. Wir begaben uns direkt ins Cedars-Sinai Medical Center, begleitet von Janes Eltern.

Nach sorgfältigen Untersuchungen durch Spitzenmediziner stand das befürchtete Ergebnis fest. Janes Gehirn war wirklich von dem gefährlichen Hirntumor des Typus Glioblastom befallen. Die Ärzte dort empfahlen die gleichen therapeutischen Maßnahmen wie ihre Berner Kollegen.

Damit waren unsere vagen Hoffnungen auf möglicherweise harmlosere Ursachen für ihre Beschwerden dahingeschmolzen. Zu allem Überfluss drängte die Zeit, die wir eigentlich nicht mehr hatten. Wir blieben noch zwei Tage bei Janes Eltern. Am Flughafen von Los Angeles gab es ein bewegendes, emotionales Abschiednehmen. Dann flogen wir zurück in die Schweiz.

Nicht lange darauf wurde Jane in Bern operiert und der Tumor entfernt. Sie erholte sich erstaunlich rasch von dem nach wie vor riskanten Eingriff. Janes erfreuliche, körperliche Erholung war nicht zuletzt dem Verdienst einer Berner Rehaklinik zuzuschreiben. Diese bietet als eine der ersten ihrer Art ein vollständig auf die Belange von Krebspatienten und -patientinnen abgestimmtes Rehabilitationsprogramm an. Die quälenden Kopfschmerzen, ihre Schwindelanfälle, Sprechstörungen und andere sie früher stark belastenden Nebenwirkungen der Krankheit waren so gut wie verschwunden.

Die Spielzeit am Züricher Schauspielhaus näherte sich ihrer zweiten Hälfte. An planmäßig vorgesehene Auftritte Janes war vorläufig nicht zu denken. Deshalb gewährte ihr die Theaterleitung großzügig weiterhin die Freistellung von ihren Verpflichtungen.

Dank liebevoller Unterstützung durch ihre Krankenpflegerin ging es ihr allmählich besser. Sie fand langsam zurück zu ihrer alten Selbständigkeit, etwa durch das Übernehmen von leichteren Tätigkeiten im Haushalt.

Trotz dieser erfreulichen Entwicklung bestand für uns kein Anlass zur Sorglosigkeit. Wir wussten ja um die Bösartigkeit dieses nach wie vor unheilbaren Karzinoms. Die Ärzte hatten durchblicken lassen, dass die mittlere Überlebensdauer der Krankheit ab ihrer Diagnose bei etwa fünfzehn

Monaten liegt. Einige Patienten überleben um zwei bis vier Jahre, und in ganz wenigen Fällen beträgt die Lebenserwartung ab dem gesicherten Befund bis zu fünf Jahre. Voraussetzung für die genannten ‚Gewinne' an Lebenszeit ist die regelmäßige Behandlung mit Strahlen- und Chemotherapie. Jane und ich waren uns einig darin, jeden kommenden Tag als ein wertvolles Geschenk dankbar anzunehmen. Das war nicht so leicht umzusetzen, wie es sich anhört. Das Schicksal gewährte uns dann doch noch ein weiteres, verhältnismäßig erträgliches, weitgehend unbeschwertes Jahr.

Das Engagement in Aachen hatte ich kurz nach Janes Operation aufgegeben und zum Ausgleich meine Tätigkeit am Schauspielhaus Zürich erweitern dürfen, vor allem im Bereich Theatermanagement. Wir lebten diese unbeschreiblich intensive Zeit bewusst und doch in großer Dankbarkeit und versuchten, das uns gnadenlos Bedrohende auszublenden, das unsichtbar und doch allgegenwärtig mit uns war.

Jane hielt tapfer durch. Sie hatte sich mit ihrer unabwendbaren, aussichtslosen Lage zwar nicht abgefunden, doch in bewundernswerter Weise arrangiert. Mit all ihren Kräften ging sie dagegen an. Mir dagegen brach es fast das Herz, wenn ich sah, wie sie, so gut es ging, ihre Schwächen zu überspielen versuchte. Unaufhaltsam rückte die Zeit näher, vor der wir uns so sehr fürchteten. Mit unbarmherziger Konsequenz, und doch nicht unerwartet, stellten sich die schmerzhaften Anzeichen ihrer Grunderkrankung erneut ein. Sie litt an mit der Zeit zunehmend heftigerem Kopfweh, an Übelkeit, anhaltender Müdigkeit und Schwierigkeiten beim Sprechen und Bewegen, und zwar in immer kleineren Abständen. Nur unzureichende Linderung verschaffte ihr die Behandlung mit Schmerzmitteln und Cortison-Präparaten. In diesen Tagen hatte ich eine berufliche Auszeit genommen. Unser ärztlicher Freund Urs besuchte uns täglich und spendete Trost, soweit das in unserer Situation überhaupt möglich war. Sein warmherziges Mitgefühl half uns und tat uns gut. Andererseits schienen alle erdenklichen Möglichkeiten, Jane zu helfen, langsam ausgeschöpft zu sein. Die von uns so sehr gefürchtete Zeit des Abschieds rückte unerbittlich näher. Wenige Tage später starb Jane in meinen Armen. Der Tumor hatte sie besiegt."

Die letzten Sätze brachte Baumann nur sehr leise, fast flüsternd heraus. Und doch konnten Bayer und ich jedes Wort deutlich verstehen. Es schien, als ob er das Leben mit Jane in diesem Augenblick wie in einem schnell laufenden Film noch einmal erlebte, die vielen schönen gemeinsamen Jahre, aber auch die schmerzlichen Momente des Abschiednehmens von einer ungewöhnlichen Frau. Er saß uns gegenüber, die Augen tränenverschleiert, schweigend, trank mit zittriger Hand seinen Kaffee und verharrte in minutenlangem Schweigen.

Von dem soeben Gehörten noch tief berührt, warf ich einen Blick auf meinen Terminkalender. Der Sommer neigte sich seinem Ende zu, die Sonnenstrahlen verloren allmählich ihre Kraft. Es kündigte sich ein milder Herbst an. Meine Mission in Passau war erledigt und die Rückreise nach Wanne-Eickel für morgen vorgesehen. Der heutige Abend war also unser letzter in der Drei-Flüsse-Stadt. Bayer und ich blickten teilnahmsvoll ins Leere, immer noch unter dem Eindruck dessen, was Baumann uns in den letzten Stunden geschildert hatte.

Mein Blick ging zum Fenster. Am Donauufer waren nur noch vereinzelt Spaziergänger zu sehen, deren Konturen im Dämmerlicht der Laternen langsam auftauchten und kurze

Zeit später sich ebenso langsam im abendlichen nebligen Dunst über dem Fluss auflösten.

Bevor wir nachher auseinandergehen, dachte ich, werde ich auf jeden Fall versuchen, meinen beiden, mir ans Herz gewachsenen und freundschaftlich verbundenen Reisebegleitern das Du anzubieten und auf unsere Brüderschaft zu trinken. Auch wollte ich es nicht versäumen, ihnen weitere Treffen in unserem heimatlichen Ruhrgebiet vorzuschlagen. Also bestellte ich für jeden einen Riesling, erhob mein Glas und sagte etwas wie: „Liebe Freunde, ich darf Sie doch so nennen? Es ist mir ein Bedürfnis, Ihnen jetzt und an dieser Stelle das ‚Du' anzubieten. Das ist mir, glauben Sie das, wirklich ein großes Anliegen. Erlauben Sie mir bitte, mit Ihnen auf unsere kleine, aber mir äußerst sympathisch, ja lieb gewordene, außergewöhnliche Runde anzustoßen. Auf Ihr Wohl!"

Hero Baumann lächelte, Otfried Bayer signalisierte mit einem leichten Kopfnicken seine Zustimmung. Ich sah erleichtert, dass beiden mein Vorschlag entgegenkam. Wir tranken uns zu, erhoben uns, nahmen uns kurz in den Arm und nannten der gebotenen Form halber unsere Vornamen.

Es wurde ein langer Abend. Otfried erwies sich als guter, um nicht zu sagen glänzender Unterhalter. Mit feinem Humor gab er Anekdoten aus seinem priesterlichen Leben und dem seiner Pfarrgemeinde zum Besten. Hero ließ durchblicken, dass er über einen gesunden, ausgeprägten Mutterwitz verfügt und brachte uns mit kuriosen Geschichten aus seinem beruflichen Leben zum Lachen. Es herrschte eine gelöste Stimmung an diesem Abend, und es wurde ein harmonischer Abschluss unserer kurzweiligen Tage in Passau.

Als wir aufbrachen, war Mitternacht längst vorbei. Wir wollten uns heute keinesfalls zum letzten Mal voneinander verabschieden. Das Versprechen gaben wir uns.

DREI GLEICHGESINNTE WERDEN ZU GUTEN FREUNDEN

Die nächsten Monate über blieben wir übers Telefon in Verbindung.

Otfried hatte uns wissen lassen, dass er seinen vorgesetzten Bischof über sein eheähnliches Verhältnis mit Ria und über die daraus hervorgegangenen Kinder informiert und um die Entbindung vom Priesteramt gebeten habe. Der Vorgang läge derzeit beim Vatikan. Die sogenannte Laisierung, die Rückversetzung vom Kleriker- in den Laienstand, könne nur mit ausdrücklicher Erlaubnis des Heiligen Vaters vollzogen werden, in Ausnahmefällen durch den örtlichen Bischof, in Form der Entlassung aus dem Klerikerstand. Sein Bischof hatte ihm die zwischenzeitliche Suspendierung vorgeschlagen, die das einfache Verbot priesterlicher Handlungen vorsieht, habe jedoch zur Bedingung gemacht, dass Otfried den Pfarrgemeinderat und die Gemeinde insgesamt offiziell in Kenntnis setzen müsse. Dem war Otfried nachgekommen und hatte seinen Schäfchen öffentlich mitgeteilt, dass er auch weiterhin in Partnerschaft mit Ria und den gemeinsamen Kindern leben wolle. Die große Mehrzahl seiner Pfarrei hatte Verständnis für diese Entscheidung und erklärte sich mit ihrem Pfarrer solidarisch. Einige wenige nur ließen ihn unverhohlen und in demütigender, unversöhnlicher Weise ihre Missbilligung spüren.

🚂 🚂 🚂 🚂 🚂 🚂 🚂

Wenige Monate später wurde Otfried in den Laienstand zurückversetzt. Der Vatikan hatte sein Gesuch geprüft und ihn von seinen Aufgaben als Kleriker entbunden. Aus verständlichen Gründen wechselte er den Wohnsitz und zog mit Ria und den Kindern in eine benachbarte Stadt. Hier blieb er weitgehend vor unliebsamen, peinlichen Begegnungen mit Mitgliedern seiner ehemaligen Pfarrgemeinde verschont. Die Kinder besuchten die Grundschule, Otfried hatte an einem Gymnasium eine Anstellung als Lehrer für Latein und Gesellschaftskunde gefunden.

Ende des Jahres rief Hero Baumann mich an.

„Ich denke, Otfried und die Seinen haben sich mittlerweile in ihrer neuen Heimat eingelebt. Es wäre jetzt wohl an der Zeit, unsere Freundschaft nach diesen unterhaltsamen, harmonischen, anregenden Tagen in Passau aufs Neue zu beleben, diesmal hier bei uns, im heimatlichen Ruhrgebiet. Ich vermisse eure Gesellschaft und unsere nach meiner Meinung nachdenklichen, anregenden Gespräche über Gott und die Welt, über das ungewisse Schicksal unseres Planeten und auch über die zu einem großen Teil von uns Menschen verursachte Klimamisere. Die trotz ernsthafter Diskussionen gemütlichen Stunden bei einem guten Tropfen in der attraktiven Drei-Flüsse-Stadt bleiben mir unvergesslich. Ich denke, es geht euch ebenso."

Heros Initiative konnte ich nur unterstützen. Auch ich sehnte mich nach unserer kleinen Runde, die ein paar Monate zuvor per Zufall zusammengefunden hatte. Somit gab es für mich kein Zögern, dem Wunsch Baumanns nachzukommen und ein möglichst kurzfristiges Treffen vorzubereiten.

Ich rief Otfried an.

Am Telefon wirkte er aufgeräumt und in bester Stimmung. Auch er freue sich sehr auf das Wiedersehen mit uns und betonte, dass er unseren Terminvorschlägen gegenüber völlig offen sei.

Und so kamen wir an einem Samstag im Februar 1974 bei Baumann in dessen Essener Wohnung zusammen. Otfried und ich hatten ja kurze Anreisewege, und so saßen wir bereits am frühen Vormittag bei Kaffee und Gebäck in Heros Wohnzimmer.

Im Mittelpunkt stand zunächst das nun endlich in geordneten Bahnen laufende Leben Otfrieds. Ihm war es gelungen, unter Erduldung höchst peinlicher Befragungen seitens der kirchlichen Behörden, durch die Rückversetzung in den Laienstand endlich sich und seinen drei Lieben eine solide Basis für ein nun auch gesetzlich abgesegnetes Familienleben zu verschaffen.

Otfried lächelte: „Mein Leben verlief leider nicht gradlinig, wie ihr wisst. Manches beginnt man in der besten Absicht, bedenkt aber nicht das Ende. Anderes geschieht scheinbar zufällig. Oder steht nicht doch eine höhere Macht, ein Schöpfer, dahinter, der unser Unterbewusstsein zu unserem Nutzen lenkt? Als gläubiger Christ halte ich das nicht nur für wahrscheinlich, sondern bin aus tiefem Herzen davon überzeugt. Auch ist nicht ganz auszuschließen, dass der Schöpfer weitere Lebewesen außerhalb unseres Planeten geschaffen hat, die er ebenso fürsorglich begleitet, wie er das mit uns hält."

Hero Baumann nippte an seinem Kaffee. Dann ergriff er das Wort: „Der Mensch fragt sich ja immer wieder, ob irgendwo im Weltraum, innerhalb der unendlich vielen Galaxien organisches Leben vorhanden oder möglich ist. Das hat uns schon damals in Passau bewegt. Die Vorstellung, dass sich ihres Daseins bewusste Lebewesen irgendwo im unendlichen Kosmos existieren, ist nicht von der Hand zu weisen.

Sie lässt sich jedoch weder mit dem uns bislang zur Verfügung stehenden Wissen noch mit dem immer mehr verfeinerten optischen Instrumentarium nachweisen. Zum andern sind elementare, gigantische Verschiebungen in unserem ewig brodelnden Weltall nicht auszuschließen, unter deren urgewaltigem Einfluss derzeit noch viele Lichtjahre weit entfernte, unter Umständen sogar bewohnte Himmelskörper in unsere oder in benachbarte Galaxien ‚hineingeschoben' werden. Auf diese Weise könnten sie in eine von uns erreichbare Nachbarschaft geraten. Diese spekulativen Betrachtungen stelle ich einfach mal in den Raum, um aufzuzeigen, dass in den zurückliegenden Jahrmilliarden immer wieder unvorstellbar heftige Massebewegungen im Universum stattgefunden haben, die sich auch künftig jederzeit ereignen können."

Otfried Bayer stimmte zu: „Du hast einige wesentliche Aspekte, mit denen sich die moderne Astronomie derzeit befasst, treffend wiedergegeben, lieber Hero. Doch trotz der auch bei mir gelegentlich aufkommenden unterschwelligen Zweifel werde ich mir den Glauben an unseren Gott, den Schöpfer von Himmel und Erde, nicht nehmen lassen."

„Mit meinen eigenen Ansichten will und kann ich dich nicht in Gewissensnöte bringen", entgegnete Hero, „so tolerant sollten wir sein. Und wenn man schon die Meinung von Menschen mit festgefügten Überzeugungen nicht teilen kann, dann sollte man sie wenigstens respektieren.

In der Türkei errichteten Menschen nach Erkenntnissen der modernen Forschung bereits vor ungefähr 11000 Jahren erstmals riesige Säulenhallen, offenbar zu Ehren und zur Verehrung höherer Wesen. Sie sind die ältesten, bisher bekannten Hinweise darauf, dass der moderne Mensch sich schon sehr früh Gedanken um das Vorhandensein übernatürlicher Mächte machte. Bis heute organisieren nahezu alle Völker dieser Erde die Gründung von Glaubensgemeinschaften in zahlreichen Variationen, viele von ihnen mit humanistisch ehrenwerten Zielen und demzufolge mit für ein akzeptables Miteinanderleben notwendigen, festgefügten Regeln."

„Regeln und Gesetze sorgen oft leider nur in ihren Geltungsbereichen für ein einigermaßen geordnetes Zusammenleben, und auch da nicht immer, wie wir wissen", wandte ich ein, „der Mensch bleibt im Grunde, wie er ist. Er denkt zuerst an sein eigenes Wohl, das zu erreichen ihm fast jedes Mittel recht ist. Insofern fühlt man sich in finsterste Zeiten des Mittelalters zurückversetzt, wenn man heute noch, mitten im zwanzigsten Jahrhundert, die immer wieder aufkommenden unmenschlichen, selbstzerstörerischen, blutigen Auseinandersetzungen um politische, ethnische oder auch religiöse Ideologien betrachtet."

„Genau so ist es", sagte Hero, „der in bester Absicht nach dem ersten Weltkrieg gegründete Völkerbund hat den zweiten nicht verhindern können. Die 1950 als Nachfolgeorganisation ins Leben gerufene UNO hat ebenfalls zum Ziel, freundschaftliche Beziehungen zwischen den Völkern aufzubauen und zu fördern, im Wesentlichen auf den politischen Feldern Menschenrechte sowie der Entwicklung von Wirtschaft und Kultur. Ein weiteres elementares Grundprinzip dieser internationalen Zusammenarbeit ist das System der Friedenserhaltung und der Friedensdurchsetzung durch die Vereinigten Nationen. In den Jahren ab 1945 konnte der eine oder andere Konflikt mit der Autorität der UN unterbunden werden. Andererseits haben in diesem Zeitraum mehr als hundert kriegerische

Auseinandersetzungen die Welt erschüttert. In deren Folge gab es Millionen Todesopfer. Auch stehen sich zwei gewaltige, ideologisch äußerst gegensätzliche Blöcke, die USA und Europa, stellvertretend für die westliche und China und Russland, stellvertretend für die östliche Welt, unversöhnlich gegenüber. Mit ihrem unnachgiebigen Agieren konterkarieren sie jede Aussicht auf einen dauerhaften Weltfrieden."

Otfried Bayer erhob sich aus seinem Sessel, ging zur Garderobe und zog aus seinem Mantel ein in Glanzkarton eingebundenes Buch. Er reichte es uns mit den Worten: „Dieser Band mit dem Titel ‚Die Grenzen des Wachstums' erschien im Juni 1972 auch in deutscher Sprache. Der vom ‚Club of Rome' initiierte und mit dessen Unterstützung erstellte Bericht hat sich zur Aufgabe gemacht, der Menschheit eine möglichst langfristig erträgliche, lebenswürdige Zukunft zu sichern. Allerdings erfordern die dort angemahnten ressourcenschonenden Maßnahmen den Konsens ‚aller' Völker dieser Erde und ihren Willen, die vorgeschlagenen Lösungswege auch umzusetzen. Weltweit anerkannte Wissenschaftler belegen mit ihren Untersuchungen, dass die hochentwickelten Industriestaaten eher heute als morgen kräftige Abstriche machen müssen von ihrem Wachstumsdenken. Wie es allerdings derzeit um die internationale Einigkeit bestellt ist, hat Hero uns vorhin eindrucksvoll vor Augen geführt. Ich denke, wir sind Lichtjahre von einem weltweit friedlichen Zusammenleben entfernt. Das bedeutet, es wird den Völkern auf absehbare Zeit nicht gelingen, sich in den grundsätzlichen Fragen einig zu sein, um gemeinsam die Zukunft unserer Erde zu sichern."

Ich unterbrach ihn: „Wo ist die jetzige Generation entwicklungsmäßig eigentlich angesiedelt? Ich meine, an welchem Punkt auf der Zeitleiste der Evolution ist unser augenblicklicher Entwicklungsstand seit dem Auftreten des ersten Menschen anzusetzen?

Hero schaute mich fragend an.

Ich sprach weiter: „Vor etwa vier Milliarden Jahren begann das Leben auf unserem Planeten, gewissermaßen im Zeitlupentempo. Erst sehr viel später betrat der Mensch die Bühne der Welt. Und wir wissen, dass er irgendwann, wie alles Leben auf der Erde, wieder verschwinden wird. Das liegt an der fortschreitenden Ausdehnung und der zunehmenden Leuchtkraft des für uns lebensnotwendigen Fixsterns Sonne. Die Erderwärmung steigt dann bis ins Unerträgliche. Die Ozeane trocknen aus. Heutigen Erkenntnissen zufolge wird das Leben auf unserem Planeten in ungefähr 600 Millionen bis 1,2 Milliarden Jahren nicht mehr möglich sein. Niemand weiß diese astronomisch lange Zeit auch nur annähernd einzuschätzen. Wenn man bedenkt, dass der Vormensch erst vor zwei bis vier Millionen Jahren in Erscheinung trat. Ihm folgten vor ein bis zwei Millionen Jahren mit dem Homo habilis und dem Homo erectus die mit erweiterten Fähigkeiten ausgestatteten Urmenschen, aus denen später der Homo sapiens und der Neandertaler hervorgingen."

Hier meldete sich Hero zu Wort und ergänzte: „„„Ich habe manchmal das Gefühl, dass der Mensch, biologisch gesehen, am Zenit seiner Entwicklung angekommen ist. Das schließt aber wegen seiner geistigen und kreativen Einzigart weitere großartige, heute vielleicht noch undenkbare Fortschritte nicht aus, etwa in Technik oder Kultur. Über eine Ewigkeit von Jahren hinweg gab es durchschlagende Innovationen im Vergleich zu den letzten beiden Jahrhunderten nur im Zeitlupentempo, bezogen auf unser technisches, geistiges und soziales Potential.

Ursprünglich sorgte sich der Mensch zuallererst notgedrungen um das Lebenserhaltende, also um seine Bedürfnisse nach Nahrung, Unterkunft und auch schon um eine gewisse Mobilität. Selbstverständlich war ihm nicht zuletzt die Erhaltung seiner Spezies ein natürliches Anliegen. Weil sich über lange Zeiten hinweg das 'Recht des Stärkeren' durchgesetzt hatte, gab es gewaltige, unerträgliche, soziale Schieflagen. Die meisten mussten hart um ihr tägliches Brot kämpfen. Sie fühlten sich benachteiligt, mussten sich aber in der Mehrheit den Widrigkeiten ihres individuellen Schicksals fügen. Solche Zustände gibt es leider immer noch, auch im 21. Jahrhundert. Man kann es wirklich kaum verstehen, dass in vielen Ländern der Dritten Welt große Teile der Bevölkerung unter primitiven, menschenunwürdigen Verhältnissen leben. Die Industrialisierung ab etwa Anfang des 19. Jahrhunderts war folgerichtig die Geburtsstunde der Konsumgesellschaft. Die Ökonomie sah ihren Auftrag zuvorderst darin, dafür zu sorgen, dass alles Wirtschaften die Knappheit an Gütern jeglicher Art zu beseitigen habe und damit die Mängel, die dem Durchschnittsbürger das Leben schwer machten. Die Hersteller dieser Güter hatten verständlicherweise im Sinn, mit dem Absatz ihrer Produkte und dem erzielten Erlös ihr eingesetztes Vermögen zu vermehren und gegebenenfalls auch das ihrer Geldgeber."

„Der gestiegene Lebensstandard erweiterte deutlich die persönliche Freiheit," sagte Otfried, „er wurde zum sichtbaren Zeichen für den Fortschritt in vielen Lebensbereichen, angefangen bei den Grundbedürfnissen bis hin zu nahezu uneingeschränkter Mobilität und zu kultureller Vielfalt. Der Absicherung des durch Einfallsreichtum, Fleiß und Beharrlichkeit erreichten Standards wurde der absolute Vorrang eingeräumt, ohne Rücksicht auf die Belange von

Natur und Umwelt. Das gilt für den hemmungslosen Verbrauch der nur begrenzt verfügbaren und fossilen Energieträger Kohle, Erdöl und Erdgas ebenso wie für die bedenkenlose ‚Abräumung' von für die Produktion der Gebrauchsgüter benötigen mineralischen Rohstoffen. Auch kümmerte die Industrie so gut wie gar nicht der Ausstoß schädlicher Emissionen in die Umwelt wie Abgase, Stäube oder Gerüche. Diese unhaltbaren Zustände wurden erst viele Jahre später per gesetzlicher Regelung geändert, als Entstaubung und das Reinigen der bei einschlägigen Fertigungsprozessen nicht vermeidbaren Abgase zur Pflicht wurden. Der durch die Industrialisierung möglich gewordene, allgemeine Wohlstand brachte es nach und nach mit sich, dass unsere Gesellschaft inzwischen weit über ihre Verhältnisse lebt. Sie will immer mehr an Gütern, an Komfort, an Bequemlichkeit. Eine Folge dieser überzogenen Besitzansprüche ist die massive Schädigung der natürlichen Umwelt. Anscheinend bedenkenlos werden ökologisch wertvolle Flächen zugunsten industrieller Projekte in Beschlag genommen, Wälder und Böden zerstört, dem landwirtschaftlichen Anbau von Lebensmitteln entzogen, und das angesichts einer stark wachsenden Weltbevölkerung."

„Welche Schlüsse müssen wir denn ziehen aus all diesem die Zukunft der Erdbewohner massiv gefährdenden, ökonomischen und natürlich auch ökologischen Fehlverhalten?", fragte Baumann, „wir haben in dem vor gut 200 Jahren beginnenden Industriezeitalter mehr an Rohstoffen verbraucht als die Menschheit in all den Jahren zuvor. Angesichts schwerwiegender Umweltschädigungen durch zunehmend schlechtere Luftqualität, sauren Regen, Verschmutzung der Weltmeere, ungewohnt häufige Unwetter sowie mit großer Lärmbelästigung einhergehendes, hohes Verkehrsaufkommen in den großstädtischen Ballungsräumen rückt das Gespenst des unerbittlich fortschreitenden Klimawandels immer näher, bis hin zum eines Tages Unerträglichen.

In den Gebieten außerhalb der Städte leidet nicht zuletzt die Landwirtschaft unter immer längeren Perioden der Trockenheit und exzessiver Dürre mit ernsthaften Folgen für die Erträge. Den gleichen Effekt haben sich immer öfter ereignende, wolkenbruchartige Regengüsse. Die Ackerfrucht verfault vor ihrer Reife."

„Der Club of Rome beruft sich auch auf Untersuchungen amerikanischer Forscher aus den Jahren 1969 und 1971. Schon damals wurde auf Wechselwirkungen zwischen der Freisetzung von Kohlendioxid und anomalen meteorologischen Erscheinungen hingewiesen", gab ich zu bedenken, „und sie machten Kohlendioxid, Abwärme von Atomkraftwerken und auch radioaktive Abfälle als zunehmend die Umwelt belastende Störfaktoren aus. Wir wissen inzwischen, wie auch zukünftig ein erträgliches, moderates Weltklima bewahrt, der Aufwärtstrend der globalen Durchschnittstemperatur verzögert werden und unser schöner Planet bewohnbar bleiben kann," gab ich zu bedenken, „nutzen wir doch die Erkenntnisse und die Empfehlungen der Experten und verzichten weltweit auf den Einsatz fossiler Brennstoffe! Dann haben wir berechtigte Aussichten auf deutlich reduzierte Extremwetterlagen. Das allein wird vermutlich aber nur einigen wenigen der uns nachfolgenden Generationen helfen. Wollen wir unsere Welt retten, indem wir ihren Bewohnern für viele Jahrhunderte, wenn nicht für viele Jahrtausende, ein menschenwürdiges Dasein möglich machen, sind andere, wirksame Technologien dringend geboten, zum Beispiel der effektive Ausbau erneuerbarer Energien. Die begrenzt nutzbare

Fläche unserer Erde, die auf unterschiedlich große Lagerstätten verteilten, teils heute schon knapp gewordenen Ressourcen an wichtigen Mineralien, die nicht vermehrbaren Wasservorräte und nicht zuletzt eine dringend notwendige strikte Limitierung der Weltbevölkerung schreien geradezu nach einer grundlegenden Abkehr von unseren hergebrachten Wirtschaftsmodellen. Setzt man außerdem voraus, dass die weltweite Angleichung des Lebensstandards tatsächlich jemals erreicht würde, dann wäre ein stetiges, dauerhaftes Wachstum der Volkswirtschaften weder sinnvoll noch möglich."

„Genauso ist es", ergänzte Baumann, „wenn unsere Nachfolgenden in unabsehbarer Zukunft nicht zu steinzeitähnlichen Lebensformen gezwungen werden sollen – ich bin mir der Bedeutung eines solchen gewagten Gedankens bewusst –, müsste die Gesellschaft so bald als möglich stufenweise ihre Ansprüche zurückfahren. Das bedeutet ganz einfach, Einschränkungen hinzunehmen und bescheidener zu leben. Doch so locker, wie sich das ausspricht, wird sich das wohl nicht durchsetzen. Noch halten wir unseren meist überzogenen, vermeintlich lebensnotwendigen Verbrauch an Konsumgütern aller Art für selbstverständlich. Befördert wird das in aufdringlicher Weise durch die Hersteller und natürlich durch den Handel mit einem alle Lebensbereiche bedienenden Sortiment an Waren, die uns per Werbung allgegenwärtig und nahezu pausenlos unter die Nase gehalten werden. Die kostengünstige Herstellung von Gebrauchsgütern aller Art setzte bekanntlich mit der Industrialisierung ein, fraglos ein Quantensprung und ein Segen, besonders für die breite Mehrheit. Der Alltag wurde erträglich, angenehmer, bequemer. Das ist lange her. Inzwischen versorgt man sich schon längst nicht mehr nur mit dem Notwendigen, also mit Nahrung, Kleidung und anderem für den täglichen Bedarf, sondern konsumiert so ziemlich alles, was die Märkte anbieten, identifiziert sich mit welchen Produkten auch immer und will sich und anderen damit beweisen, dass man sich dieses oder jenes leisten kann."

„Hierzu fällt mir ein", gab ich zu bedenken, „dass die politische Klasse keinesfalls ein Garant ist für die, sagen wir, Inangriffnahme einer radikalen Abkehr von unseren liebgewordenen Ansprüchen. Kaum jemand – und bestimmt keiner unserer Politiker – möchte das erzwungene Herunterfahren unserer gewohnten Standards verantworten."

Hero stimmte dem zu: „Wie man am Verlauf der Geschichte immer wieder sieht, müssen vor wirksamen gesellschaftlichen Einschnitten erst einmal der Katastrophenfall oder andere gefährliche kritische Situationen eintreten, etwa durch nicht zu kompensierenden Mangel oder schwerwiegende Verknappungen an irgendetwas vermeintlich Unentbehrlichem."

„Wenn wir so weiter wirtschaften wie bisher, dann werden uns in 100 Jahren ohnehin weitaus weniger Waren als heute zur Verfügung stehen. Das habe ich nach meinem Ausscheiden aus dem Priesteramt an der Uni lernen dürfen, als ich in Vorbereitung auf meine Ausbildung zum Lehrer einige Schnellkurse in den Fächern ‚Angewandte Soziologie' und ‚Volkswirtschaftslehre' belegte. Also, die Menschheit muss sich auf ein ‚bedarfsgerechtes' Leben einstellen. Damit meine ich eine gesunde und trotzdem schmackhafte Ernährung, zweckmäßige und doch ästhetisch ansprechende Kleidung, ausreichenden Wohnraum, in dem man sich wohlfühlt, sowie eine technisch effektive, umweltschonende Mobilität. Doch was wäre ein Leben ohne das, was man unter den Sammelbegriff Kultur versteht? Gemeint ist damit die Beschäftigung mit den sogenannten schönen Künsten wie Musik, Malerei, Bildhauen, mit der Literatur, mit den Geisteswissenschaften wie Philosophie und Religion und nicht zuletzt mit dem Theaterwesen. Das Erkunden und Wahrnehmen der Natur, Reisen in andere Länder und besonders die Freude am Sport, an körperlicher Ertüchtigung und vielen anderen geselligen Abwechslungen verschaffen nicht nur willkommenen Zeitvertreib, sondern sind ganz wesentliche Voraussetzungen für ein lebenswertes, erfülltes Menschenleben."

Hero nahm den vom ‚Club of Rome' initiierten Report ‚Die Grenzen des Wachstums' vom Tisch und schlug nacheinander Seiten auf, die seine besondere Aufmerksamkeit auf sich zogen. Er verweilte einen Moment beim Abschnitt ‚Wachstum der Weltbevölkerung', dann beim ‚Pro-Kopf-Verbrauch sich nicht regenerierender Rohstoffe' und sagte: „Diesen fundierten, nachdenklich machenden und anhand von verlässlichen Zahlen zustande gekommenen Bericht werde ich mir umgehend besorgen. Er hält der Menschheit einen kristallklaren Spiegel vor Augen. Und doch halten viele Zeitgenossen ihr von diesem Spiegel reflektiertes Konterfei für ein verzerrtes, imaginäres Abbild. Sie wollen die Wirklichkeit weder erkennen noch wahrhaben. Ich bin dankbar, liebe Freunde, dass wenigstens wir drei auch bei diesem Thema einer Meinung sind."

Wir redeten noch eine Weile über das eine oder andere des heute Besprochenen, aßen von den appetitlichen Schnittchen, die Hero vorbereitet hatte, und verabschiedeten uns mit dem Versprechen, uns recht bald wiederzusehen.

Das geschah dann auch so. Wir treffen uns regelmäßig, etwa zwei- bis dreimal jährlich. An Gesprächsthemen mangelt es uns nicht. Natürlich dreht sich der bevorzugte Diskussionsstoff immer wieder um alles, was die Sicherung der mittel- und langfristigen Zukunft der Menschheit betrifft. Die gemeinsame Bahnreise nach Passau liegt mittlerweile runde vierzig Jahre zurück. Unsere Freundschaft hat sich über diese lange Zeit eher vertieft.

Wir leben nach wie vor im Ruhrgebiet, wenn auch in verschiedenen Städten. Hero Baumann wohnt noch in Essen, seit ein paar Jahren in einem Seniorenstift. Nach Janes Tod ist er allein geblieben und hat sich nicht mehr gebunden. Er verfolgt immer noch das Geschehen und Entwicklungen nicht nur in der deutschen Theaterlandschaft. Dank seines anscheinend unverwüstlichen Naturells verfügt er über eine für sein Alter erstaunlich gute körperliche Robustheit und eine lebhafte geistige Frische. Weil das Reisen mit der Bahn kein Problem für ihn ist, nimmt er nach wie vor Einladungen an zu Wiederaufnahmen diverser Bühnenstücke und zu von der Fachwelt besonders hervorgehobenen Premieren. Seine ehemaligen Kollegen in der Intendanz diverser Schauspielhäuser haben ihn eben in guter Erinnerung.

Wie wir ja wissen, hat Otfried, unser ehemaliger Pfarrer, seinen geistlichen Beruf aufgegeben und bewohnt mit seiner Frau Ria ein schmuckes Häuschen in Wetter an der Ruhr. Beide sind in der glücklichen Lage, sich noch selber versorgen zu können. Sie genießen die Tage im Herbst ihres Lebens. Ihre beiden seinerzeit in Passau zu Welt gekommenen Kinder bekamen noch drei Geschwister hinzu.

Zur großen Freude ihrer Eltern haben sie alle einen guten Weg gemacht, sind selbst längst verheiratet und schenkten den Großeltern eine stattliche Anzahl von Enkeln.

Ich lebe nach dem Tod meiner Frau allein in Dortmund. Abgesehen von einigen altersbedingten gesundheitlichen Wehwehchen darf ich mich nicht beklagen, sondern bin dankbar dafür, dass ich in der Lage bin, meinen Alltag ohne größere Schwierigkeiten eigenständig zu bewältigen. Die oft den Ruheständlern nachgesagte Langeweile kenne ich so gut wie nicht. Mir fällt mir auch nicht die sprichwörtliche Decke auf den Kopf. Eine meiner Lieblingsbeschäftigungen ist die Musik, entweder als Zuhörer oder auch als Mitspieler zusammen mit Freunden. Natürlich verreise ich hin und wieder mit einer lieben Freundin, meist in für uns bis dahin unbekannte schöne deutsche Gegenden.

Vor einigen Wochen kamen wir drei Männer dann mal wieder zusammen. Otfried hatte zu einem Treffen zu sich nach Wetter eingeladen. Hero kam mit der Bundesbahn. Ich holte ihn am Bahnhof ab. Wenige Minuten später waren wir am idyllisch direkt an der Ruhr gelegenen Haus der Familie Bayer. Es war ein sonniger, warmer Junimorgen. Ria brachte Kaffee und selbstgebackenen Kuchen. Von der Terrasse aus hatten wir einen ungestörten Blick auf den Fluss.

Otfried erzählte von seinen Kindern, die zum Leidwesen ihrer Eltern nicht in der Nähe, sondern verstreut teils im Rhein-Main-Gebiet, teils in Niedersachsen leben.

„In Kürze beginnen in Hannover die Sommerferien," sagte Otfried, „dann werden wir unseren Jüngsten besuchen."

Ria lächelte: „Außerdem ist dort vor wenigen Tagen Nachwuchs angekommen, ein Mädchen", mit diesen Worten zog sich die Frau des Hauses zurück.

Wir tranken Kaffee und schwiegen eine Zeitlang.

„Das Wetter hat sich in den letzten Tagen gut gehalten," unterbrach Hero die Stille, „sieht fast so aus, als hätten wir mit einer Klimakrise nichts zu tun."

„Es gibt eigentlich keine Klimakrise", wandte ich ein, „das, was wir so nennen, ist von uns Menschen selbst verursacht. Vieles von dem, was wir unter Wirtschaftswachstum verstehen und so unbekümmert praktizieren, hat schlimme Auswirkungen auf die Natur und damit zwangsläufig verheerende Folgen für das Klima. Ein ungezügeltes Wachstum der Wirtschaft ist auf unserer in jeder Hinsicht begrenzten Erde auf Dauer nicht möglich. Seit dem Beginn der technischen Revolution vor rund 200 Jahren hat sich die Weltbevölkerung nahezu verzehnfacht. Aber wir tun so, als ob dieser enorme Zuwachs an Menschen keine besondere Bedeutung für die Befindlichkeit unseres Planeten hätte. Bis jetzt. Doch reicht die Vorstellungskraft vieler Erdbewohner offensichtlich nicht aus, sich die schon jetzt erkennbaren, unheilvollen Begleiterscheinungen des ungebremsten Wirtschaftswachstums vor Augen zu halten. Gewiss, mittlerweile warnen viele ernstzunehmende Zeitgenossen, in erster Linie aus den Bereichen der zuständigen Fachwissenschaften, vor dem Ungemach, das angesichts des drohenden Klimawandels auf uns zukommen wird."

„Eines der eindringlichsten Beispiele für bevorstehende Umweltkatastrophen, und dazu für jedermann wahrnehmbar, dürften die weltweit zunehmenden, extremen Unwetter sein. Sie gehen immer wieder mit bitteren Verlusten an Menschenleben einher und verursachen oft ungewöhnlich große Schäden an privatem und an öffentlichem Besitz", meinte Hero, „es kann für unsere Welt nur hilfreich sein, wenn möglichst viele Menschen davon überzeugt sind, dass es höchste Zeit zum Handeln ist, damit die Nebenwirkungen unseres technischen Fortschritts nicht zu einem dauerhaften Zusammenbruch lebenswichtiger Ökosysteme führen. Zu diesem Thema gibt es inzwischen unzählige schriftliche und mündliche Beiträge von Meteorologen, Geologen, Physikern, Ökologen, Ökonomen, Astronomen und von zahlreichen Wissenschaftlern anderer Disziplinen. Ich frage mich oft, warum es den für diese Welt Verantwortlichen so schwerfällt, über den (Wahl-)Tag hinaus zu denken und endlich zu beginnen, das Notwendige zur sparsamen Nutzung der kostbaren Bodenschätze zu tun. Das wäre schon ein wichtiger Beitrag zur Rettung unseres Planeten."

Otfried hob die Hand: „Andere Intellektuelle, ich denke dabei auch an erfolgreiche, viel gelesene und um eine gute Zukunft unserer ‚Welt' aufs Höchste besorgte Schriftsteller, haben die Probleme längst erkannt. Sie halten in ihren Büchern den Regierenden, aber auch jedem einzelnen von uns, die von genannten Fachleuten angeratenen, natürlich nicht unbedingt willkommenen, doch notwendigen Selbstbeschränkungen vor Augen und mahnen an, sie auch umzusetzen. Du hast, lieber Hero, vor einiger Zeit auf die kritische weltpolitische Situation hingewiesen. Nach wie vor stehen sich zwei ideologisch unversöhnliche Machtgefüge kompromisslos gegenüber. Die Welt zu retten kann nur gelingen, wenn alle Völker den Ernst der Lage erkennen und bedingungsloses Vertrauen zueinander haben. Davon sind wir entfernter denn je. Meine Meinung ist, dass wir Menschen wegen der anscheinend unüberwindbaren, globalen Uneinigkeit der Welt nicht helfen können. Ich verlasse mich lieber und mit großem Vertrauen auf die Weisheit und Güte unseres Schöpfers, der weiterhin seine Hand über uns halten wird."

„Deine Zuversicht ehrt dich, aber Gott hat dem Menschen den freien Willen gegeben, damit er sich in kritischen Situationen zu seiner Verantwortung bekennt. Wir haben also die Freiheit, uns im Zweifelsfall für das Gute oder für das Schlechte zu entscheiden. Und genau so müssen wir handeln, wenn es um das Wohlergehen künftiger Generationen auf dieser Erde geht. Man mag es nicht für möglich halten, bereits vor mehreren Jahrzehnten hat der ‚Club of Rome' in seinem berühmten Report auf die dramatischen Folgen des ungebremsten Wachstums hingewiesen. Unsere schon damals offensichtlichen, gravierenden Probleme wurden seitdem nicht weniger. Sie heißen nach wie vor Bevölkerungsexplosion, wirtschaftliche Stagnation, unter anderem jetzt schon wegen begrenzter Verfügbarkeit bestimmter Rohstoffe, Umweltverschmutzung, Extremwetterlagen, assoziiert mit steigender Erderwärmung, rücksichtsloses Wettrüsten. Wichtige politische Entscheidungsträger in aller Welt schlagen die von Experten angemahnten Ratschläge in den Wind. Andere einflussreiche Politiker leugnen den Klimawandel nicht nur, sondern behindern diesbezügliche weltweite Aktivitäten. Maßgebende Industrieunternehmen, global agierende Konzerne blockieren aus egoistischen wirtschaftlichen Interessen bitter notwendige Maßnahmen zur Stabilisierung des Weltklimas. Seit den siebziger Jahren des letzten Jahrhunderts ist so gut wie nichts geschehen. Wichtige Ressourcen der Erde schwinden demnächst ersatzlos, der Klimawandel belastet uns zusehends. Ein schrittweiser Übergang zu einem am Ende radikal geänderten Konsumverhalten setzt die ebenfalls schrittweise Abkehr von unseren gewohnten Wirtschaftsmodellen voraus. Gelingt das nicht, führen die späteren Generationen ein ähnliches kärgliches, ärmliches Leben wie die Menschen im Mittelalter oder davor. Das können wir nicht wollen und müssen unverzüglich alles wirtschaftliche Handeln der sogenannten Nachhaltigkeit unterordnen. ‚Nachhaltig wirtschaften' bedeutet ja auch, von den limitierten Bodenschätzen nur so viel zu verbrauchen, dass sie auch den nachfolgenden Generationen ausreichend zur Verfügung stehen. Die irdischen Lagerstätten sind nun mal begrenzt, bergen also eine endliche Menge an natürlichen Wertstoffen. Umso notwendiger sind alternative Fertigungsprozesse, die weniger die Steigerung der Produktivität zum Ziel haben, sondern eine maximal hohe Rate der Zurückgewinnung von den an der Herstellung beteiligten Stoffen gewährleisten. Auf diesem extrem wichtigen Sektor ist noch viel Luft nach oben. Da wird den Ingenieuren noch manches einfallen müssen, denn von den jährlich in der Weltwirtschaft verarbeiteten rund neunzig Milliarden Tonnen Einsatzmaterial wird nur etwa knapp ein Zehntel wiederverwendet. Und auf die optimistische Annahme mancher Utopisten, dass wir in fernen Zeiten extraterrestrische Fundstellen für geeigneten Rohstoffe finden, mit vertretbarem Aufwand erschließen und diese Materialien über unvorstellbar weite Strecken zu uns transportieren, sollte man sich nicht verlassen."

„Gratuliere, du bist ja über den, ich bewerte ihn einmal so, rabiaten Umgang mit unseren wertvollen Bodenschätzen nach wie vor bestens informiert, lieber Hero," sagte Otfried, „doch leider ändert sich nur etwas, wenn unsere heutige Gesellschaft den Strukturwandel, verbunden mit einem stufenweisen Abbau ihres Wohlstandes, akzeptiert. Sie muss zur rigorosen Abkehr von der zur Gewohnheit gewordenen Überflussgesellschaft bereit sein und Abstand nehmen sowohl vom derzeitigen System des ungebremsten Wirtschaftswachstums als auch vom individuellen, überzogenen Konsumverhalten."

„Die Realisierung dieser gewaltigen, uns vieles abverlangenden Aufgaben allerdings erscheint mir auf nicht absehbare Zeit utopisch", ergänzte Hero, *„Die Welt ist nach meiner Meinung nicht zu retten, weil der Mensch ist, wie er ist.* Nachhaltig zu leben, bedeutet auch für jeden einzelnen von uns, dass er etwas abgeben und vieles aufgeben muss. Ihm wird bedingungslose Solidarität mit allen Menschen auf dieser Erde abverlangt und eine selbstlose Vorsorge für die zukünftigen Generationen. Diese lebensnotwendige große Lösung, die radikale Abkehr von der Überflusswirtschaft ist ihm riskant und unbequem zugleich. Er trennt er sich höchst ungern von seinen lieben Gewohnheiten, von seiner nahezu manifestierten Bequemlichkeit und erst recht nicht von Besitz und Privilegien. Die menschliche Opferbereitschaft makabererweise ihre nachhaltigen Grenzen."

„Der Begriff der ‚Nachhaltigkeit' wurde übrigens erstmals Anfang des 18. Jahrhunderts von dem sächsischen Berghauptmann Hans Carl von Carlowitz verwendet," ergänzte ich, „er forderte, dass nur so viel Holz geschlagen werden darf, wie im gleichen Zeitraum an Bäumen nachwachsen kann, und nannte das ‚nachhaltig'. Verallgemeinert ausgedrückt ist ein System dann nachhaltig, wenn man es immer wieder nutzen kann und es auf Dauer erhalten bleibt. Der nachwachsende Wald lässt uns dieses System verstehen. Zu allem im wörtlichen Sinn ‚Wachsenden' gehört unsere gesamte vielfältige Flora. Die Landwirtschaft stützt und erfüllt vorbildlich die Anforderungen an die Nachhaltigkeit mit dem Anbau der für uns lebenswichtigen Kulturpflanzen Getreide, Gemüse, Obst und andere. Zur Gewinnung von elektrischer Energie, Wärme, Wasserstoff und von chemischen Produkten aller Art stehen uns auf unabsehbare Zeit die Sonne, die Ozeane und die Lufthülle sozusagen dauerhaft zur Verfügung. Die

Nutzung der Erdwärme ist eine weitere Option auf eine nachhaltige Energieversorgung."

„Die Energieversorgung werden wir also nachhaltig sicherstellen können," meinte Hero, „für die wertvollen irdischen Bestände an Mineralien gilt das nicht. Da hilft uns nur die äußerst sparsame Anwendung dieser kostbaren Rohstoffe. Zudem brauchen wir eine wirksame Kreislaufwirtschaft, also die größtmögliche Wiederaufbereitung der Einsatzstoffe."

Otfried wandte achselzuckend ein: „Diese auch nach meiner Meinung und in der Summe einzigen effektiven Maßnahmen stehen in krassem Widerspruch zu den Ratschlägen namhafter, vorwiegend an Hochschulen, in Wirtschaftsinstituten und in Banken beschäftigten Ökonomen. Sie reden gebetsmühlenartig einer wachstumsorientierten Volkswirtschaft das Wort, um unseren Wohlstand nicht zu gefährden, wie sie stets betonen, und halten eine Zunahme von etwa drei Prozent pro Jahr für notwendig. Ein Wachstum in dieser Größenordnung bedeutet die Verdoppelung der Wirtschaftsleistung in nur 24 Jahren. Nun ist diese keineswegs direkt mit dem Verbrauch an Ressourcen verknüpft. Das würde unser Planet nicht lange mitmachen. Seine Vorräte wären in absehbarer Zeit erschöpft. Ich habe mir zu meiner Information den Anteil und die Bedeutung einzelner Wirtschaftsbereiche vom Statistischem Bundesamt besorgt. In Deutschland liegt der Anteil des produzierenden Gewerbes und zugunsten nicht nachhaltiger Ressourcen zurzeit gottlob nur bei etwa einem Fünftel, der Anteil der Landwirtschaft bei einem Zwanzigstel, hingegen der Anteil des dienstleistenden Gewerbes bei rund 70 Prozent des Bruttoinlandprodukts (BIP).

Als der ‚Club of Rome' 1972 seinen Bericht vorlegte, lagen in Deutschland die Sektoren Produktion und Dienstleistungen auf etwa gleichem Niveau, bei jeweils rund

45 Prozent des BIP, also zu Lasten des damals verhältnismäßig größeren Verbrauchs an Rohstoffen. Wenn wir es ernst meinen und bereit sind, unsere Erde nachhaltig bewohnbar zu hinterlassen, kommen wir um ein ‚negatives Wachstum' nicht herum. Wir müssen unsere Lebensgewohnheiten und die Wirtschaft auf ein ‚bedarfsorientiertes' Konsumverhalten ausrichten. Nur dann können wir unsere Ressourcen schonen und gleichzeitig das Risiko klein halten, bestehende lebenswichtige Ökosysteme aus dem Gleichgewicht zu bringen, sie zu schädigen oder gar zu zerstören.

Wir haben, international gesehen, hunderte, eher tausende kompetente Ökonomen, also Wirtschaftswissenschaftler", warf Hero ein, „praktisch alle befürworten ein am Wachstum orientiertes Wirtschaftssystem, um unseren Wohlstand zu erhalten oder ihn sogar weiter auszubauen, wie es Otfried vorhin sinngemäß ausdrückte. Die meisten Ökonomen denken in Kategorien und schließlich in Vorgaben der Wirtschaft und der Politik. Die Industrie etwa will ihre Produkte nicht gefährden, die Politik aus verständlichen Gründen den Arbeitsmarkt nicht schwächen. Dabei liegt es auf der Hand, dass diese Verhaltensweise überholt und nicht länger tragbar ist. Um die Welt wirklich zu retten, muss unser Wirtschaftssystem neu definiert und entsprechend geändert werden. Ich sage das, ohne einem linksorientierten oder gar marxistischen Gedankengut das Wort zu reden. Allerdings habe auch ich kein Rezept, wie dieser einschneidende Wandel in der Praxis vor sich gehen sollte. Ich meine aber, dass hier der Sachverstand vieler Ökonomen gefordert ist. Statt eines jährlichen positiven Wachstums wäre ein negatives von beispielsweise drei bis fünf Prozent denkbar. Das bedeutet auf mittlere Sicht unter anderem eine massive Verminderung der immensen

Warenströme auf Containerschiffen, in Flugzeugen sowie im Eisenbahn- und Straßenverkehr. Auch die Natur und besonders das Klima würden profitieren. Hier öffnet sich für die Ökonomie ein weites Arbeitsfeld. Sie hätte durch gezielte Forschung die Gelegenheit, einen großen und vor allem wichtigen Beitrag zur Rettung zu leisten. Solange jedoch die global erforderlichen Ansätze ausbleiben, gibt es langfristig keine lebenswerte Zukunft für den Menschen auf unserem Planeten."

„Für die Schwellenländer, die sogenannte Dritte Welt, ist ein gleichmäßiges, deutliches jährliches Wachstum nicht nur gerechtfertigt, sondern bitter nötig", fügte ich hinzu, „ihr Nachholbedarf ist bei weitem nicht gedeckt. Sollten sie eines Tages den Standard der klassischen Industrieländer erreicht haben, dann sollte gewährleistet sein, dass der weltweite, angeblich unverzichtbare Zuwachs an sogenanntem Wohlstand beendet ist und sich allmählich ein bedarfsgerechter Lebensstil eingependelt hat. Die Aussicht der folgenden Generationen auf ein menschenwürdiges Dasein auch in der Zukunft wäre dann angesichts der heute bereits bedrohlich angewachsenen Weltbevölkerung wesentlich größer."

Otfried nickte zustimmend: „Sie liegt jetzt, im Jahre 2014, mittlerweile bei etwa sieben Milliarden. Bis Ende des 21. Jahrhunderts könnten es elf Milliarden Erdbewohner sein. Ich frage mich manchmal, welche Egoismen, welche Konflikte, welche Verteilungskämpfe sowohl zwischen den globalen Nationen wie auch zwischen einzelnen Menschen oder Menschengruppen hochkommen werden, wenn eine nachhaltige Völkerverständigung bis zum Ende dieses Jahrhunderts ausbleibt. Eine Einigung ist vorerst nicht abzusehen, wie Hero es uns immer wieder mit Hinweis auf die nach wie vor schwelenden Ost-West-Konflikte gezeigt hat. Die bisherigen Weltklimakonferenzen, die neben unverbindlichen Absichtserklärungen konkrete Maßnahmen vermissen lassen, bestätigen diese schlimmen Zustände. Überhaupt scheint es wohl gegen die menschliche Natur zu sein, gezwungenermaßen zugunsten Dritter oder zum Vorteil des Ganzen fühlbare Opfer zu bringen. Dass langfristig ‚alle' Menschen und die strapazierte Natur vom radikalen Verzicht auf eine gedankenlose, ja rücksichtslose Konsumwirtschaft auf die Dauer profitieren, wird dabei geflissentlich übersehen."

„Ich sehe das genauso," sagte ich, „wir müssten unseren Verbrauch möglichst morgen schon zurückfahren, um Nachhaltigkeit bei all unseren Bemühungen zu sichern. Auch wäre es interessant zu wissen, ob die Nachhaltigkeit für einhundert oder tausend Generationen gelten soll oder vielleicht für nicht auszuschließende zehntausend. Das derzeit erreichte Niveau des Wohlstandes in unserer Überflussgesellschaft würde dieser gebeutelte Planet vielleicht noch einige hundert Jahre aufrechterhalten und ertragen können. Sollten spätestens dann die Ressourcen nicht austauschbarer Stoffe endgültig versiegen, müssten die zukünftigen Erdbewohner vergleichsweise große Einschränkungen hinnehmen. Das ist nicht utopisch, weil einschlägige Experten unserem Planeten noch viele Millionen Jahre der Bewohnbarkeit voraussagen. Eine wie auch immer ausfallende Abkürzung dieser Zeitspanne ist andererseits nie auszuschließen, sei es durch menschenverursachte Selbstzerstörung, etwa durch den rücksichtslosen Einsatz von Nuklearwaffen, sei es durch interstellare Katastrophen, die unseren Planeten unbewohnbar machen könnten."

Hier hakte Hero ein: „Eine atomare Verseuchung unserer Lebensräume ist in der Tat nie auszuschließen. Da braucht nur irgendein Verrückter vielleicht versehentlich den falschen oder, um seine Haut zu retten, den richtigen Knopf zu drücken, dann könnte das irdische Leben schlagartig beendet sein. Kosmische Zwischenfälle dagegen hat es immer wieder gegeben. Solche Ereignisse zu verhindern, liegt nicht in unserer Macht. Der gläubige Christ wird die in einem solchen Fall voraussehbar herrschenden chaotischen Zustände für die Vorboten des ‚Jüngsten Tages' halten, nicht wahr, Otfried?"

„Auszuschließen ist das nicht", antwortete der Angesprochene.

Er schaute zur Wohnzimmertür. Ria trat ein und sprach einige leise Worte in seine Richtung. Darauf wandte Otfried sich an uns: „Im Raum nebenan stehen ein paar Kleinigkeiten bereit. Ria hat sie angerichtet, damit wir nicht verhungern. Unterbrechen wir unser Gespräch und stärken uns erst einmal."

Wir gingen hinüber. Ria servierte appetitlich angerichtete Sandwiches und leckere Salate. Zum Dessert gab es einen bunten Obstteller und Kaffee. Wenig später saßen wir wieder im Wohnzimmer.

„Es ist Wochenende, da haben wir doch Zeit," meinte Otfried.

„Und als Rentner ausnahmsweise sowieso," entgegnete Hero.

Wir lachten.

Hero fuhr fort: „Vor dem Essen sprachen wir über den ‚Jüngsten Tag', für einen Christenmenschen ein fester Begriff. Auf diesen Tag sollte er jeden Augenblick vorbereitet sein. Zum andern muss es für uns eine Herzensangelegenheit sein, den nachfolgenden Generationen eine ökologisch gesunde, lebenswerte Erde zu hinterlassen. Insofern kommen wir nicht um die immer wieder angemahnten, ernsthaften, massiven Eingriffe in unsere überladenen Lebensgewohnheiten nicht herum. Wir drei sind uns ja einig, dass der Einzelne und auch kleine Gruppen von Einsichtigen, ich nenne sie einmal die ‚Vernünftigen', die Welt nicht retten können. Das wird nur dann gelingen, wenn wir unser überzüchtetes, in erster Linie auf Wachstum ausgerichtetes Konsumverhalten weltweit und radikal ändern. Trotzdem könnten wir ein Stück weit beruhigter in die Zukunft schauen, wenn der Einzelne seine privaten Verbräuche und seine Ansprüche erst einmal auf den Prüfstand stellte. Setzt er die daraus gewonnenen Einsichten auch um, dann dient er auf Dauer gesehen dem Wohlergehen der Erdbewohner, dem Klima und der Natur insgesamt. Das wäre ein vernünftiges Handeln, auch zum Vorteil unserer nicht nachwachsenden irdischen Ressourcen."

Hier hakte ich ein: „Namhafte Wissenschaftler, sachkundige Autoren tragen diese nicht neuen Gedanken immer wieder und bis heute in die Öffentlichkeit. Sie geben uns in vielen Büchern, Zeitschriften, Seminaren, Vorträgen und über andere Medien wertvolle Hinweise darauf, auf welche Weise jeder Einzelne zur Schonung der Umwelt beitragen kann. Im Wesentlichen geht es dabei um Einsparungen etwa durch Nichtvergeudung von Wasser, Papier, Lebensmitteln, kein gedankenloses Anschaffen von Kleidung, keine Kurzstrecken mit dem Auto, Senkung des Verbrauchs an Wärmeenergie durch Isolierung von Hauswänden und Fenstern, Vermeiden unnötiger Flug- und Schiffsreisen in den Urlaub. Gibt es eigentlich auch nötige? Ich will fragen, gibt es wirklich so viele notwendige, dringend erforderliche Ferienreisen mit dem Flugzeug? Die meisten von uns kennen jedes dieser Beispiele, deren weltweite Umsetzung der Welt eine große Hilfe wäre. Leider gibt es, sagen wir, extrem gegensätzliche Gruppen von Zeitgenossen. Jene, die aus ökologischer und ökonomischer Überzeugung das Vernünftige tun, dann jene, die gedankenlos über die Empfehlungen hinwegsehen, also sich nicht darum scheren, und jene, etwa die meisten Bewohner der Dritten Welt, die nichts einzusparen haben."

„Es gibt jetzt schon sehr gute Modelle und viele intelligente, vernünftige und praktikable Vorschläge, wie der Welt zu helfen wäre," meinte Otfried, „viele kluge Köpfe aus den verschiedensten Bereichen" der Gesellschaft haben sich Gedanken gemacht und beschäftigen sich weiterhin mit den realen Möglichkeiten, wie wir unserem nahezu erschöpften Planeten wieder auf die Beine helfen könnten. Die besten dieser Modelle nützen nicht, wenn es zur Durchführung, an der weltweiten Umsetzung hapert. Und da sind wir wieder bei den politisch und wirtschaftlich Verantwortlichen und bei der gefühlten Mehrheit der Erdbewohner. Die einen wollen und werden sich aus Hegemoniebestrebungen, aus Machtgier oder auch wegen unüberbrückbarer, ideologischer Gegensätze nicht einigen, die anderen verzichten nicht gerne auf Gewohntes, geschweige, sie müssten etwas abgeben."

An dieser Stelle meldete ich mich zu Wort: „Als ökonomische und ökologische Laien diskutieren wir wieder einmal engagiert die auf unserer Umwelt lastenden, das nachhaltige Weiterbestehen unseres Planeten bedrohenden Gefahren. Ich denke, wir haben die in Veröffentlichungen vieler unterschiedlicher Medien aufgeworfenen Fragen zum Konsumverhalten, Ressourcenverbrauch, Klimawandel oder auch zur Bedeutung der Nachhaltigkeit verstanden. Mit etwas ‚angewandtem Menschenverstand' kommt man an den Empfehlungen nicht vorbei, die der Menschheit einen auf lange Sicht bewohnbaren und bewohnenswerten Planeten sichern. Es ist natürlich nicht auszuschließen, dass wir drei uns irren. Die derzeitige Weltlage zeigt deutlich, dass maßgebende globale Entscheidungsträger das ungebremste Wachstum und den notwendigen stufenweisen Abbau unseres Wohlstandes entweder nicht durchsetzen können oder nicht durchsetzen wollen. Deshalb ist meine feste Überzeugung: ‚Wir sind offensichtlich nicht in der Lage, die Welt zu retten'. Die aktuellen, globalen Verhältnisse lassen eine schnelle Umsetzung dringend fälliger Maßnahmen einfach nicht zu. Sollten keine akuten politischen oder wirtschaftlichen Krisen eintreten, werden weder wir noch unsere Kinder noch unsere Enkel einen hinnehmbaren, schrittweisen Abbau unseres auf die Dauer nicht nachhaltigen Lebensstandards erleben. Das heißt, es wird sich auf absehbare Zeit so gut wie nichts ändern, nicht aus besserer Einsicht, und freiwillig schon gar nicht."

„Wir werden das aktuelle Geschehen auf unserem Erdball nach wie vor im Auge behalten. Was bleibt uns anders übrig?," meinte Hero.

Er trat ans Fenster und blickte auf das ruhig vorbeifließende Wasser: „Dieser Fluss hat einer bedeutenden Industrielandschaft ihren Namen gegeben…, sagte er sinnend, unterbrach sich dann, „da fällt mir ein, ich bin für kommenden Freitag zu einem Klavierkonzert ins Ruhrfestspielhaus Recklinghausen eingeladen. Darauf freue ich mich sehr. Hat jemand von euch Interesse, mich zu begleiten?"

Otfried winkte ab. Er wollte ja mit Ria den Sohn und dessen Familie in Hannover besuchen.

„Ich käme gerne mit, lieber Hero," sagte ich, „wenn du willst, hole ich dich in Essen ab und bringe dich nach der Veranstaltung wieder zurück."

„Das ist sehr lieb von dir," meinte Hero, „aber du weißt ja, ich wohne nur einige wenige Schritte vom Bahnhof entfernt. Und jetzt sollten wir den schönen Tag beschließen. Dir unseren herzlichen Dank, doch an erster Stelle danken wir deiner Frau. Sie hat uns einmal mehr mit kulinarischen Köstlichkeiten verwöhnt, nicht wahr, Otfried?"

Otfried schmunzelte.

Wir verabschiedeten uns, nicht ohne einen vorläufigen Termin für das nächste Treffen mit Bleistift in unseren Kalendern einzutragen. Wir wollten uns dann bei mir in Dortmund sehen.

Im September 2014 waren sie dann bei mir zu Gast. Meine beiden Freunde, aus verständlichen Gründen besonders Otfried, waren angetan von den vier im Zentrum gelegenen mittelalterlichen Stadtkirchen. Wir bummelten über den wie stets von Passanten wimmelnden Hellweg, aßen am Alten Markt mettbelegte Salzkuchen, eine Dortmunder Spezialität, und labten uns an schaumgekröntem Bier. Später saßen wir bei mir zu Hause auf der Terrasse. Bei Kaffee und Apfelkuchen hatten wir uns viel zu erzählen. Als wir uns verabschiedeten, stand uns die Vorfreude auf das nächste Wiedersehen ins Gesicht geschrieben.

So vergehen die Jahre. Seit den für uns in mancherlei Hinsicht ungewöhnlichen, vielleicht wegweisenden Tagen in Passau sind einige Dekaden ins Land gegangen. Jeder machte seinen Weg. Nicht vorhersehbare Ereignisse haben uns mit unterschiedlichen Auswirkungen getroffen. Nur wenige sind zeitlebens gefeit vor Augenblicken tiefer Niedergeschlagenheit und Depressionen, wenn überraschende Schicksalsschläge sie heimsuchen oder ihnen enttäuschte Hoffnungen und unerfüllte Erwartungen nicht erspart bleiben.

Solche Gefühle erlebte Hero Baumann in ihrer ganzen Bandbreite. Die erste Lebenshälfte lief in normalen Bahnen. Nach der Ausbildung zum Schauspieler durfte er zusammen mit seiner Frau ihren gemeinsamen, anspruchsvollen Beruf in kulturell ganz unterschiedlichen Ländern ausüben. Sie beide lernten viele exotisch-schöne Orte dieser Welt kennen und lieben, gewannen dort manch wertvolle Freundschaften. Die zweite Hälfte seines Lebens lebte er allein, motiviert von einer überaus erfolgreichen Karriere am Theater. Zu seinem großen Kummer konnte er dies alles nicht mehr mit seiner geliebten Jane teilen.

Geradezu einen umgekehrten Weg ging Otfried, der ehemalige Priester. Sein erster Lebensabschnitt war in großen Teilen geprägt von belastenden Schuldgefühlen aller Welt gegenüber, seiner Kirche, seiner Pfarrgemeinde, seiner Geliebten, seinen Kindern und nicht zuletzt gegen sich selbst. Nachdem er sich endlich von den Fesseln des Priesteramtes und des Zölibats befreit hatte, blühte er auf. Das unwürdige, jahrelange Verstecken war endlich vorbei. Er konnte seinen Mitmenschen wieder direkt in die Augen sehen. Sein Beruf an der Schule füllte ihn aus, machte ihm Freude. Inzwischen genießt er seinen Ruhestand mit Ria in ihrem idyllisch an der Ruhr gelegenen Haus.

Ich hingegen bin dankbar für die Chancen, die mir in meinem ebenfalls abwechslungsreichen Leben gewährt wurden. Familie und Beruf waren für mich jederzeit sichere Ankerpunkte. Sie gaben mir die Gewissheit, bei unruhiger See, also in schwierigen Situationen, den Halt bewahren zu können und Probleme mit der notwendigen Ruhe anzugehen. Heute sehe ich als Hochbetagter, ich denke, dass ich mich nun so nennen darf, mit Freude, aber auch mit großer Gelassenheit auf die mir geschenkte, lange Lebenszeit zurück. Leider Gottes wurden die Jahre nach meiner Pensionierung nicht unerheblich getrübt durch die Erkrankung meiner lieben Frau. Immerhin erreichte sie ein Alter von über achtzig Jahre. Wir konnten trotz ihrer Beschwerden bis kurze Zeit vor ihrem Tod noch Vieles unternehmen und durften wohl auch deswegen auf ein erfülltes Leben zurückschauen.

AUSBLICK

Männerfreundschaften wie die zwischen Hero, Otfried und mir kommen nicht alle Tage zustande. Aber sie sind auch nicht so selten, wie man gemeinhin denkt. Grundlage für solche Beziehungen ist die Empathie, das Einfühlungsvermögen dem anderen gegenüber. Die Gesprächspartner sollten den Willen und die Fähigkeit haben, die Gedanken, Empfindungen und die persönlichen Eigenheiten des Gegenübers nicht nur zu erkennen, sondern auch zu verstehen und nachzuvollziehen. Für unsere kleine Runde trifft das über die langen Jahre unserer Freundschaft glücklicherweise zu. Wir drei haben nach wie vor die feste Absicht, auch weiterhin in Kontakt zu bleiben und uns möglichst oft zu sehen, jedenfalls, soweit unsere gesundheitliche Verfassung das zulässt.

Manches Mal bedauern wir, nein, wir sind oft äußerst betrübt, dass die derzeitigen Voraussetzungen für ein erfolgreiches Umdenken in Richtung Bewahrung der Schöpfung in diesen Zeiten alles andere als optimal sind. Es hat leider den Anschein, dass erst beinharte globale Katastrophen und dadurch ausgelöste schlimme Folgen die Erdbewohner zu dem nötigen Einsehen und lange fälligen Konsequenzen zwingen müssen.

Fazit:

‚Unter den gegenwärtigen, teils fatalen gesellschaftlichen Rahmenbedingungen sind dringend gebotene Maßnahmen zur Rettung der Welt nicht durchsetzbar. Darum wird unsere Zivilisation wegen des nach wie vor ungehemmten Verbrauchs nicht nachwachsender Bodenschätze, wegen des Klimawandels und nicht zuletzt wegen des offenbar unvermeidlichen Bevölkerungswachstums nachhaltig nicht überleben. Dann endet – wann das Ereignis eintreten wird, ist derzeit bei weitem nicht abschätzbar – die Bewohnbarkeit unseres Planeten und damit die Ära Mensch.'

Das ist unsere Meinung und

DESHALB WERDEN WIR DIE WELT NICHT RETTEN.

Es wäre schade, wenn diese unsere Auffassung zur bedrohlichen Situation, der die hoch entwickelte, kreative, menschliche Gesellschaft zukünftig ausgesetzt ist, als Besserwisserei dreier starrsinniger, alter Männer ausgelegt würde. Vielmehr möchten wir möglichst viele Zeitgenossen zum kritischen Nachdenken anregen. Im besten Falle ergäben sich daraus neue Ideen und vielleicht sogar alternative Lösungen. Das käme unserem schönen Planeten zugute und würde seinen Bewohnern auf lange Zeit lebenswerte Verhältnisse hinterlassen. Sollte das der Fall sein, dann wären unsere Befürchtungen und Einlassungen nicht umsonst gewesen, und unsere Genugtuung wäre unbändig groß. Wir könnten feststellen: „dem Ziel nähergekommen!" Wenigstens die Hoffnung darauf halten wir aufrecht.

Hero, Otfried und ich jedenfalls können bei allem guten Willen nur im äußerst begrenzten Umfange zur Rettung der Welt beitragen. Unser bescheidener Anteil besteht darin, immer wieder darauf hinzuweisen und selbst so gut wie möglich vorzuleben, dass ein nachhaltiger Umgang mit allen Ressourcen unseres Planeten die erste Voraussetzung ist. Leider liegt das in diesem Zusammenhang zwingend gebotene globale Einvernehmen derzeit in äußerst weiter Ferne. Außerdem:

,Schließlich sind wir nicht mehr die Jüngsten ...'

Johann W. von Goethe:

„Wir wollen alle Tage sparen und brauchen alle Tage mehr."

Horst J. Kowalke:

„Muss das sein,
und geht das immer so weiter?"

ZEUGEN UNSERER ÜBERFLUSSGESELLSCHAFT

AUTORENPROFIL

Horst J. Kowalke

Jahrgang 1935.
Er studierte in Aachen Eisenhüttenkunde und Gießereiwesen. Er promovierte in Darmstadt. Bestandteil seines Studiums waren unter anderem die Fächer Lagerstättenkunde, Chemie und Physik, die später auch in seinem Beruf eine wichtige Rolle spielten.
Beruflich bekleidete er leitende Positionen in führenden deutschen und Schweizer Gießereien.

Ein Teil der Erfahrungen des ‚Club of Rome' im Umgang mit unseren wertvollen, jedoch endlichen, irdischen Ressourcen jeglicher Art und die Einschätzung des Autors zum diesbezüglichen Verhalten der Politik, der Wirtschaft und des menschlichen Individuums sollen uns mit diesem Sachroman nachdenklich machen.

Natalie Fischer

Motivationsförderung in der Schule

*Konzeption und Evaluation
einer Fortbildungsmaßnahme
für Mathematiklehrkräfte*

Verlag Dr. Kovač

Hamburg
2006

VERLAG DR. KOVAČ

Leverkusenstr. 13 · 22761 Hamburg · Tel. 040 - 39 88 80-0 · Fax 040 - 39 88 80-55

E-Mail info@verlagdrkovac.de · Internet www.verlagdrkovac.de

Bibliografische Information Der Deutschen Bibliothek
Die Deutsche Bibliothek verzeichnet diese Publikation
in der Deutschen Nationalbibliographie;
detaillierte bibliografische Daten sind im Internet
über http://dnb.ddb.de abrufbar.

ISSN: 1610-0743
ISBN-13: 978-3-8300-2298-5
ISBN-10: 3-8300-2298-0

Zugl.: Dissertation, Universität Koblenz-Landau, 2006

© VERLAG DR. KOVAČ in Hamburg 2006

Printed in Germany
Alle Rechte vorbehalten. Nachdruck, fotomechanische Wiedergabe, Aufnahme in Online-Dienste
und Internet sowie Vervielfältigung auf Datenträgern wie CD-ROM etc. nur nach schriftlicher
Zustimmung des Verlages.

Gedruckt auf holz-, chlor- und säurefreiem Papier Alster Digital. Alster Digital ist
alterungsbeständig und erfüllt die Normen für Archivbeständigkeit ANSI 3948 und ISO 9706.

für Tom Cosmo

Danksagung

Die vorliegende Arbeit entstand im Rahmen eines vom rheinland-pfälzischen Ministerium für Wissenschaft, Weiterbildung, Forschung und Kultur geförderten Projektes am Institut für Psychologie der Universität Koblenz - Landau, Campus Koblenz. Für die erhaltene Unterstützung bedanke ich mich bei allen direkt und indirekt beteiligten Personen. Hier ist an erster Stelle Ruth Rustemeyer zu nennen, die das Projekt in die Wege geleitet hat. Danke für die sehr gute Zusammenarbeit und fachliche und persönliche Unterstützung in jeder Hinsicht. In allen Phasen der Studie war Achim Trautmann als studentische Hilfskraft eine echte Bereicherung, ich danke ihm für seine unkomplizierte und zuverlässige Hilfe.

Mein Dank gilt vor allem den beteiligten Lehrkräften, Referendaren und Kindern, die durch ihre Mitarbeit die Studie erst ermöglicht haben und ihren Schulleitungen. Ich danke den Studierenden des „Erprobungsseminars" im Sommersemester 2001 für ihre detaillierten Rückmeldungen zur Konzeption der Maßnahme. Wertvolle Anregungen, für die ich mich bedanken möchte, erhielt ich in einer frühen Phase des Projekts von Andreas Gold und Albert Ziegler. Für Unterstützung bei der Datenerhebung und -eingabe danke ich Marcel Woll, Caroline Albert-Woll, Petra Irmen und Simone Wieker. In allen Phasen der Arbeit fühlte ich mich durch die Kollegialität aller Mitarbeiterinnen am Institut für Psychologie unterstützt. Besonders bedanken möchte ich mich bei Annett Wilde für das kritische Korrekturlesen meiner Arbeit, wertvolle Tipps, EDV-Beratung und freundschaftlichen Beistand in allen Lebenslagen. Dank auch an Andrea Heiß, die Teilen meiner Arbeit zum „letzten Schliff" verholfen hat. Christine Kühner und Stefan Paulus danke ich für Tipps zur Formatierung und die Durchsicht des Literaturverzeichnisses. Danke auch an Elmar Souvignier für die fachlich versierte Ermutigung in Phasen des Zweifels. Für ihre akribische Beschäftigung mit wesentlichen Teilen meiner Arbeit, entscheidende fachliche Hinweise sowie persönliche Unterstützung danke ich Judith Mokhlesgerami.

Meinem Mann Oliver Hein danke ich für emotionale Unterstützung während der Projektdurchführung und in der ersten Zeit des Schreibens, aber auch für tatkräftige Hilfe z. B. bei der Dateneingabe und die ständige Bereitschaft, sich mit der Thematik auseinander zu setzen und sich so lange in die Rolle eines Laien zu versetzen bis er zum Experten wurde. Ich bin zuversichtlich, dass er die Arbeit zum gegebenen Zeitpunkt kritisch würdigen können wird.

Meinen Eltern (den weltbesten) danke ich für alles!

Inhaltsverzeichnis

1	Einleitung	1
A.	Theoretischer Hintergrund	5
2	Motivation im Mathematikunterricht als Produkt von Erwartung und Wert	5
2.1	Fundamentale Konstrukte der Motivationspsychologie	7
2.1.1	Intrinsische versus extrinsische Motivation und die Selbstbestimmungstheorie	8
2.1.2	Interesse	9
2.1.3	Kompetenzeinschätzung/Selbstkonzept und Selbstwirksamkeit	10
2.1.4	Attributionen und erlernte Hilflosigkeit	11
2.1.5	IPT und Zielorientierungen – Das Motivationsprozessmodell	13
2.2	Das erweiterte Erwartungs-Wert-Modell	16
2.2.1	Erläuterung des Modells mit Bezug zu anderen motivationalen Konstrukten	16
2.2.2	Empirische Belege für die im Erwartungs-Wert-Modell angenommenen Zusammenhänge	19
2.2.2.1	Interpretation von Ereignissen und Wert- und Erwartungsvariablen	19
2.2.2.2	Beziehungen zwischen Zielen und Selbstschemata und Erfolgserwartung und Wert	21
2.2.2.3	Einflüsse von Wert und Erwartung auf Kurswahlen und Leistungsverhalten	22
2.2.2.4	Zusammenhänge zwischen Wert und Erwartung	23
2.3	Spezielle Probleme im Fach Mathematik	24
2.3.1	Geschlechtsunterschiede im Fach Mathematik	24
2.3.2	Entwicklung der Motivation im Fach Mathematik	26
2.4	Zusammenfassung und Schlussfolgerungen für die Interventionsmaßnahme	28
3	Beeinflussung von Motivation und selbstbezogenen Kognitionen durch die Lehrkraft	29
3.1	Die Bedeutung der Lehrkraft im erweiterten Erwartungs-Wert-Modell	29
3.2	Erwartungen der Lehrkraft	32
3.3	Unterrichtspraktiken und Verhaltensweisen der Lehrkraft	37
3.3.1	Bewertungspraxis im Unterricht	37
3.3.1.1	Sozialer Vergleich und Bezugsnormorientierung	37
3.3.1.2	Umgang mit Fehlern	40
3.3.1.3	Attributionsauslösendes Feedback	40
3.3.1.4	Bewertungs- und Belohnungsstrukturen in der Klasse	41
3.3.2	Autonomie	42
3.3.3	Aufgabenstruktur	43
3.3.4	Motivationsförderliche Unterrichtsprinzipien im Zusammenspiel – Aufgabenorientierter Unterricht und Mastery-Klima	44

3.4	Zusammenfassung und Schlussfolgerungen für die Interventionsmaßnahme	49
4	**Motivationsförderung im Fach Mathematik durch Interventionsmaßnahmen für Lehrkräfte**	**51**
4.1	Bedeutung des Einbezugs von Lehrkräften zur Förderung von Lernenden	54
4.2	Wichtigkeit von Fortbildungsmaßnahmen für Lehrkräfte	56
4.3	Probleme der Interventionsforschung in der Schule	57
4.3.1	Komplexität des Umfeldes und standardisierte Durchführung	58
4.3.2	Rekrutierung und Kooperation von Lehrkräften	60
4.3.3	Stichprobenauswahl und Morbidität	62
4.4	Hinweise für die Gestaltung einer Intervention mit Fokus auf dem Lehrkraftverhalten	63
4.4.1	Außendarstellung: Training oder Fortbildung?	64
4.4.2	Konzeption: Verhaltensanweisungen oder Selbstbestimmung?	64
4.4.3	Vermittlungsmethoden: Reflexion oder Handeln?	67
4.4.4	Rahmenbedingungen: Unterstützendes Umfeld und Kooperation mit Kollegen	69
4.4.5	Materialien: Theorie und Praxis	70
4.5	Zusammenfassung und Schlussfolgerungen für die Interventionsmaßnahme	71
B. Empirische Studie		**73**
5	**Konzeption der Maßnahme: Das Fortbildungsprogramm**	**73**
5.1	Zielsetzung	73
5.2	Ablauf und Rahmenbedingungen der Fortbildungssitzungen	73
5.3	Fortbildungsinhalte und Durchführung der Interventionsmaßnahme	75
5.3.1	Informationsveranstaltung	77
5.3.2	Lektion 1: Attributionen	78
5.3.3	Lektion 2: Kommunikation und Selbstkonzept	81
5.3.4	Lektion 3: Aufgabenorientierter Unterricht	83
5.3.5	Lektion 4: Motivation/Interesse	86
5.3.6	Lektion 5: Erwartungseffekte im Unterricht/ Mädchen und Mathematik	90
5.3.7	Letzte Sitzung: Synopse	93
6	**Evaluation der Maßnahme: Methode**	**95**
6.1	Fragestellung und Bestimmung von Zielen	95
6.2	Design	97
6.2.1	Vergleichsgruppen	97
6.2.2	Messzeitpunkte	98
6.3	Stichprobe	100

6.4	Vorstudien zur Entwicklung von Messinstrumenten	102
	Exkurs: Domänenspezifität der motivationalen Konstrukte	102
6.4.1	Konstruktion des Wissenstests für Lehrkräfte	103
6.4.2	Konstruktion einer Skala zur unterrichtsbezogenen motivationalen Orientierung	105
6.4.3	Konstruktion der Fragebögen zum Lehrkraftverhalten	105
6.4.3.1	Schüler beurteilen das Lehrkraftverhalten (SBL)	106
6.4.3.2	Selbstbeurteilung durch die Lehrkräfte	107
6.5	Zur Evaluation der Programmwirksamkeit eingesetzte Messinstrumente	108
6.5.1	Erfassung der Akzeptanz und Beurteilung der Maßnahme	109
6.5.2	Erfassung des relevanten Wissens bei den Lehrkräften	110
6.5.3	Erfassung des schülerperzipierten Lehrkraftverhaltens	111
6.5.4	Erfassung des selbstberichteten Lehrkraftverhaltens	113
6.5.5	Erfassung von Überzeugungen und Einstellungen der Lehrkraft	116
6.5.6	Beurteilung von Antezedenzien von Wert und Erwartung bei den Schülerinnen und Schülern	117
6.5.7	Erhebung von Zielen und Selbstschemata bei den Schülerinnen und Schülern	119
6.5.8	Erhebung von Erfolgserwartung und subjektivem Wert bei den Schülerinnen und Schülern	121
6.5.9	Erhebung von Mathematikleistungen bei den Schülerinnen und Schülern	122
6.6	Durchführung der Evaluationsstudie	123
7	**Evaluation der Maßnahme: Ergebnisse zur Akzeptanz**	**125**
7.1	Beurteilung des Programms durch die Lesegruppe	125
7.1.1	Beurteilung der Materialien für die einzelnen Lektionen	125
7.1.2	Gesamtbeurteilung der Materialien zum zweiten Messzeitpunkt	127
7.1.3	Gesamtbeurteilung der Materialien zum dritten Messzeitpunkt	129
7.2	Beurteilung des Programms durch die Fortbildungsgruppe	130
7.2.1	Beurteilung des Programms im Anschluss an die Maßnahme (MZP 2)	130
7.2.2	Beurteilung des Programms zum dritten Messzeitpunkt	134
7.3	Zusammenfassung der Daten zur Akzeptanz	136
8	**Evaluation der Maßnahme: Wirksamkeitsüberprüfung**	**137**
8.1	Hypothesen	137
8.1.1	Proximale Ziele – Veränderungen bei den Lehrkräften	137
8.1.2	Distale Ziele – Veränderungen bei den Schülerinnen und Schülern	140
8.2	Auswertungsverfahren	141

9	**Evaluation der Maßnahme: Ergebnisse zur Wirksamkeit**	**147**
9.1	Deskriptive Daten für die drei Messzeitpunkte	147
9.1.1	Lehrkräfte	147
9.1.2	Schülerinnen und Schüler	149
9.2	Wirksamkeit der Intervention	150
9.2.1	Proximale Ziele: Veränderungen bei den Lehrkräften	151
9.2.1.1	Wissenstest	151
9.2.1.2	Selbstberichtetes Lehrkraftverhalten	153
9.2.1.3	Lehrkraftverhalten im Urteil der Schülerinnen und Schüler	158
9.2.1.4	Überzeugungen und Einstellungen der Lehrkräfte	162
9.2.1.5	Zusammenfassung der Ergebnisse bezüglich der proximalen Ziele	166
9.2.2	Distale Ziele: Veränderungen bei den Schülerinnen und Schülern	167
9.2.2.1	Antezedenzien von Wert und Erwartung	167
9.2.2.2	Ziele und Selbstschemata	169
9.2.2.3	Erfolgserwartung/ Selbstwirksamkeit	172
9.2.2.4	Subjektiver Wert	173
9.2.2.5	Mathematikleistung	174
9.2.2.6	Zusammenfassung der Ergebnisse bezüglich der distalen Ziele	176
10	**Diskussion**	**179**
10.1	Akzeptanz des Programms	179
10.2	Wirksamkeit der Fortbildungsmaßnahme	180
10.2.1	Veränderungen bei den Lehrkräften	180
10.2.2	Veränderungen bei den Schülerinnen und Schülern	182
10.3	Auswirkungen methodischer Probleme auf die Evaluationsergebnisse	185
10.3.1	Komplexität der Maßnahme und Effektstärken	185
10.3.2	Selbstselektion und Kooperation der Lehrkräfte	185
10.4	Mögliche Wirkungen der Intervention	187
10.5	Ausblick	188
10.5.1	Mögliche Modifikationen des Programms	188
10.5.2	Mögliche Erweiterungen der Evaluationsstudie	190
10.5.3	Vernetzung von Wissenschaft und Praxis	191
11	**Zusammenfassung**	**195**
12	**Literaturverzeichnis**	**199**
Anhang		

1 Einleitung

In den ersten beiden Zyklen der internationalen Schulleistungsvergleichsstudie PISA schnitten die deutschen Schülerinnen und Schüler hinsichtlich ihrer Mathematikleistungen allenfalls durchschnittlich ab (vgl. Klieme, Neubrand & Lüdtke, 2001; http://pisa.ipn.uni-kiel.de [01.11.2005]). Ähnliche Ergebnisse hatte bereits die Third International Mathematical Science Study (TIMSS) erbracht. Hier wurde außerdem innerhalb des Untersuchungszeitraums bei beiden Geschlechtern ein Interessensabfall konstatiert (Baumert et al. 1997). Vor diesem Hintergrund rückt die Frage der Förderung von Lernmotivation und Leistungen deutscher Schülerinnen und Schüler verstärkt in den Blickpunkt pädagogisch-psychologischer Forschung (Krapp, 2003a). Dies gilt auch für das Unterrichtsfach Mathematik, ein bei Schülerinnen und Schülern allgemein eher unbeliebtes Fach (Hannover & Kessels, 2001).

Eine Ursache für das schlechte Abschneiden deutscher Schülerinnen und Schüler in den Vergleichsstudien wird in der Unterrichtsqualität vermutet. Im Hinblick auf Unterricht und Schule haben die PISA-Befunde entsprechend eine „zielorientierte Reformbereitschaft" (Krapp, 2003a, S. 91) ausgelöst. Bereits seit Bekanntgabe der TIMSS-Ergebnisse wurde über die Qualität des mathematisch-naturwissenschaftlichen Unterrichts in Deutschland diskutiert und nach Handlungsmöglichkeiten gesucht (Doll & Prenzel, 2002). Beispielhaft sei hier die Schaffung des Schwerpunktprogramms „Die Bildungsqualität von Schule: Fachliches und fächerübergreifendes Lernen im mathematisch-naturwissenschaftlichen Unterricht in Abhängigkeit von schulischen und außerschulischen Kontexten (BIQUA)" durch die DFG genannt, dessen Hauptziel die Entwicklung von Interventionsprogrammen ist (Prenzel & Doll, 2002). Innerhalb dieses Projektverbundes werden unter anderem Kenntnisse, Überzeugungen und Fertigkeiten der Lehrkräfte als Determinanten der Motivation der Schülerinnen und Schüler betrachtet (z. B. Krauss et al., 2004; Lipowsky, Thußbas, Klieme, Reusser & Pauli, 2003)[1]. Der Einfluss von Einstellungen und Verhaltensweisen der Lehrkraft auf Motivation und Lernen der Schülerinnen und Schüler ist unbestritten. Die Lehrpersonen sind verantwortlich für die Gestaltung der Lernumwelt und der Lernbedingungen (Krapp, 2003a). Neben fachlichen und

---

[1] Entsprechende Interventionsmaßnahmen wurden im Rahmen von BIQUA gestaltet und teilweise bereits durchgeführt, Evaluationsergebnisse stehen aber noch aus (http://www.ipn.uni-kiel.de/projekte/biqua[01.11.2005]).

fachdidaktischen Kenntnissen wirken sich hier insbesondere allgemeines pädagogisch-psychologisches Wissen, aber auch Überzeugungen und Werthaltungen, die das Lernen betreffen aus (vgl. Kraus et al., 2004). Die Vermittlung der relevanten Kenntnisse und entsprechender Verhaltensweisen während des Lehramtsstudiums wird allerdings häufig als unzureichend empfunden (Bohnsack, 2000). Oft sehen Lehrkräfte auch den (durchaus vorhandenen) Praxisbezug pädagogisch-psychologischer Inhalte ihres Studiums nicht (Plath, 1998). Entsprechend wird immer wieder die Forderung nach einer Verbesserung der Aus- und Fortbildung von Lehrkräften gestellt (Havers & Toepell, 2002). Dabei wird angenommen, dass sich dadurch Motivation und Leistungen der Schülerinnen und Schüler steigern lassen.

Ziel der vorliegenden Arbeit ist die Bereitstellung pädagogisch-psychologischen Wissens aus dem Bereich der Motivationsforschung für die Unterrichtspraxis. Es wird die Konzeption und Evaluation einer Interventionsmaßnahme für Mathematiklehrkräfte der Orientierungsstufe beschrieben[2]. Ausgangspunkt ist die Annahme, dass über die gezielte Vermittlung relevanter Kenntnisse und Verhaltensweisen an die Lehrkräfte, motivationale Variablen und Leistungen der Schülerinnen und Schüler positiv beeinflusst werden können. Die Arbeit gliedert sich zwei Teile. In Teil A wird zunächst der theoretische Hintergrund dargestellt. Grundlage für die Studie ist das erweiterte Erwartungs-Wert-Modell der Motivation von Eccles (1983), in dem Verhalten und Einstellungen der Lehrkraft als wichtige Antezedenzien für Wertschätzung und Erfolgserwartung der Schülerinnen und Schüler bezüglich der Mathematik angesehen werden. Aus dem Modell lassen sich Rückschlüsse darauf ziehen, welche Variablen auf Schülerseite Motivation und Leistungen im Fach Mathematik determinieren und durch welche Unterrichtsprinzipien und Verhaltensweisen der Lehrkraft sie beeinflusst werden können. Diese Zusammenhänge werden im zweiten und im dritten Kapitel der vorliegenden Arbeit erläutert. Ziel dieses Vorgehens ist es, relevante Inhalte für eine Interventionsmaßnahme zu identifizieren. Für die Konzeption des Fortbildungsprogramms wird auf ähnliche empirische Studien sowie Erfahrungsberichte aus der Lehrerfort- und -weiterbildung zurückgegriffen. Auf dieser Basis erfolgen im vierten Kapitel die Antizipation möglicher Probleme und die Darstellung von Anforderungen an die Maßnahme.

---

[2] Das Programm entstand im Rahmen eines vom rheinland-pfälzischen Ministerium für Wissenschaft, Weiterbildung, Forschung und Kultur geförderten Projektes.

In Teil B wird die Konzeption, Durchführung und Evaluation der Maßnahme detailliert beschrieben. Die Resultate basieren auf Erhebungen von Schüler- und Lehrkraftvariablen zu drei Messzeitpunkten, dabei werden der Interventionsgruppe zwei Vergleichsgruppen gegenübergestellt. In der Ergebnisdiskussion werden praktische und theoretische Implikationen der Resultate dargestellt. Abschließend enthält die Arbeit einen Ausblick auf Möglichkeiten der zukünftigen Nutzung der gewonnenen Erkenntnisse für die Aus- und Weiterbildung von Lehrkräften.

A. Theoretischer Hintergrund

2 Motivation im Mathematikunterricht als Produkt von Erwartung und Wert

Klassische Erwartungs-Wert-Theorien der Motivation erklären die Wahl von Leistungsaktivitäten und die investierte Anstrengung mit einer multiplikativen Verknüpfung der aufgabenbezogenen Erfolgserwartung und des Anreizes bzw. Werts des Erfolgs (Atkinson, 1957; zusammenfassend Weiner, 1994b). Widersprüchliche empirische Ergebnisse führten zu Veränderungen und Ausdifferenzierungen der ursprünglichen Modelle unter Beibehaltung des Erwartungs-Wert-Ansatzes (z. B. Heckhausen, 1989). Eine Variante stellt das erweiterte Erwartungs-Wert-Modell der Motivation von Eccles und Mitarbeitern (Eccles, 1983; Wigfield & Eccles, 2000) dar, das ursprünglich entwickelt wurde, um empirische Befunde zu Geschlechtsunterschieden im Fach Mathematik einordnen und strukturieren zu können. Dieser Ansatz räumt - neben den Eltern - der Lehrkraft einen wesentlichen Einfluss auf Motivation und Leistung ein. Somit bietet das Modell einen Rahmen für die vorliegende Interventionsstudie, die auf eine Motivationsförderung im Mathematikunterricht abzielt und an Überzeugungen und Verhalten der Lehrkräfte ansetzt. Die Berücksichtigung von kognitiven, motivationalen und emotionalen Variablen in der Person des Lernenden selbst gibt Hinweise auf Ansatzpunkte für die Motivationsförderung.

Wie in den klassischen Erwartungs-Wert-Theorien wird auch hier angenommen, dass sowohl die Erfolgserwartung als auch der zugeschriebene subjektive Wert der Aktivität die Wahl einer bestimmten Leistungshandlung, das Leistungsverhalten und darüber auch das Resultat beeinflussen. Je höher die Erwartung des Individuums ist, einen Erfolg zu erzielen, und je höher die Wertschätzung des angestrebten Zieles ist, desto wahrscheinlicher wird das Individuum eine entsprechende leistungsrelevante Aktivität zeigen.

Die Gruppe um Eccles arbeitet seit den 80er Jahren des 20. Jahrhunderts mit diesem Modell, im Laufe der Zeit erfuhr es deshalb immer wieder kleinere Änderungen. Abbildung 2.1 zeigt die grundlegende Struktur des Modells in einer aktuellen Form (übers. nach Wigfield & Eccles, 2000).

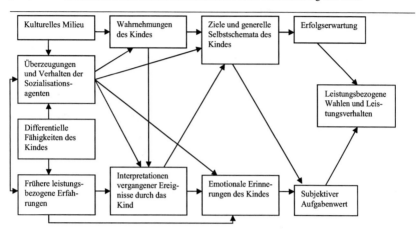

Abbildung 2.1: Erweitertes Erwartungs-Wert-Modell nach Eccles, Wigfield und Mitarbeitern (aus Wigfield & Eccles, 2000, S. 69, übers., vereinfacht)

An dieser Stelle erfolgt zunächst eine kurze Darstellung der im Modell angenommenen Beziehungen, bevor unter 2.1 die in diesem Zusammenhang wichtigen Konstrukte definiert werden, die in Kapitel 2.2 in das Modell integriert werden. Es wird angenommen, dass *Leistungsbezogene Wahlen und Leistungsverhalten* (Kurswahlen, Persistenz, Leistung) eines Kindes direkt von seinen *Erfolgserwartungen* und dem *subjektivem Aufgabenwert* beeinflusst werden. Der subjektive Wert setzt sich zusammen aus Anreiz, Wichtigkeit, Nützlichkeit und Kosten einer Aufgabe. Erwartung und subjektiver Wert wiederum werden von *Zielen und Selbstschemata des Kindes* bestimmt. Diese sind nach dem Modell unter anderem abhängig von *Wahrnehmungen des Kindes*. Darunter fallen Wahrnehmungen von *Überzeugungen und Verhalten der Sozialisationsagenten* (Eltern und Lehrkräfte), aber auch Wahrnehmungen des *kulturellen Milieus*. Hier wirken sich unter anderem gesellschaftlich geteilte (Geschlechts-) Stereotype aus. Zudem beeinflussen *Interpretationen vergangener Ereignisse durch das Kind* seine Ziele und Selbstschemata sowie über *emotionale Erinnerungen des Kindes* den Aufgabenwert. Diese Interpretationen beruhen auf dem *kulturellen Milieu* und den eigenen *differentiellen Fähigkeiten* und *leistungsbezogenen Erfahrungen*. Wichtig sind in diesem Kontext aber vor allem *Überzeugungen und Verhalten der Sozialisationsagenten* (socializers).

Die Vielzahl der Variablen und Verknüpfungen macht deutlich, dass das Modell vor allem heuristischen Wert besitzt. So wurde es auch bisher nicht im Ganzen empirisch überprüft, es liegen aber Bestätigungen für Teilstrukturen vor, auf die unter 2.2 näher eingegangen wird.

2.1 Fundamentale Konstrukte der Motivationspsychologie

Die Bedeutung des erweiterten Erwartungs-Wert-Modells ergibt sich vor allem aus der Verknüpfung aktuell wichtiger Konstrukte der Motivationspsychologie (Murphy & Alexander, 2000). Eccles und Wigfield (2002) greifen bei der Erläuterung ihres Modells auf bewährte Variablen und Theorien zurück. Als Grundlage für die folgenden Erläuterungen sollen hier zunächst die in diesem Zusammenhang verwendeten Termini definiert werden. Die Motivationspsychologie bietet eine Vielfalt an motivationalen Konstrukten, die sich zum Teil nur marginal unterscheiden und oft nicht genau spezifiziert sind. Dabei ist zu beachten, dass für die meisten Variablen diverse Definitionen existieren. Schunk (2000) beschreibt den Zustand der Motivationsforschung folgendermaßen „The field of motivation ist beset with a lack of clear definition of motivational constructs" (S.116). Er sieht die Schaffung von Klarheit darüber, welche motivationalen Konstrukte das Leistungsverhalten am besten vorhersagen können, als Forschungsdesiderat an (siehe auch Pintrich, 2003). Murphy und Alexander (2000) unternehmen den Versuch einer systematischen Identifikation und Definition fundamentaler motivationale Konstrukte, die sich auf akademische Kontexte beziehen. Sie bedienen sich dabei aktueller Literatur und der Unterstützung von Experten. Schwierigkeiten einer eindeutigen Begriffsbestimmung zeigen sich bereits bei dem grundlegenden Terminus „Motivation". Murphy und Alexander (2000) weisen nach, dass dieser Begriff in Publikationen oft nicht oder nur implizit definiert wird. Entsprechend beschreiben Pekrun und Schiefele (1996) Motivation als Begriff, der sich „notorisch einer präzisen Definition zu entziehen" (S. 154) scheint. Unstrittig ist die Wortherkunft: Motivation ist abgeleitet vom lateinischen movere (=bewegen). In der psychologischen Literatur wird Motivation häufig als physiologischer Zustand, der das Verhalten in eine bestimmte Richtung lenkt, definiert (z. B. Bergin, Ford & Hess, 1993). Rudolph (2003) fasst in einer breiten Definition unter Motivation diejenigen Prozesse, die zielgerichtetes Verhalten auslösen und aufrechterhalten. Entsprechend wird der Begriff Motivation auch synonym gebraucht mit Engagement, Anstrengungsbereitschaft und Persistenz bezüglich bestimmter Aufgaben (Heckhausen, 1989; Skinner & Belmont, 1993). In der Pädagogischen Psychologie bezieht sich Motivation vor allem auf das Lernen und auf das Verhalten in Bezug auf kognitive Aufgaben. Lernmotivation kann ganz allgemein als die Absicht, bestimmte Fertigkeiten zu lernen, definiert werden, wobei die Frage nach Ursachen für diese Lernabsicht offen bleibt (Schiefele & Köller, 2001). Häufig wird Motivation als Oberbegriff für verschiedene psychologische Konstrukte benutzt. So definieren Wentzel und Asher (1995) Motivation im Kontext Schule als breites Konzept, das unter anderem das Interesse an Schulaufgaben sowie die Anstrengungsbereitschaft und die Suche nach positiven Bewertungen umfasst. Eccles und Mitarbeiter sehen Motivation als das Produkt von Wert und Erwartung an, die ihrerseits von Variablen inner- und außerhalb der Person des Lerners beeinflusst und konstituiert werden. In dieser Arbeit soll der Begriff Motivation entsprechend als Oberbegriff über die hier betrachteten motivationalen Konstrukte angesehen werden. Motivationsförderung stellt folglich eine Förderung hinsichtlich einer Reihe von Variablen dar. Fundamentale motivationale Konstrukte in pädagogisch-psychologischen Kontexten sind nach Murphy und Alexander (2000) intrinsische versus extrinsische Motivation, Zielorientierungen, Interesse, Attributionen, Kompetenzeinschätzung und Selbstwirksamkeit. Diese Konstrukte werden von Eccles und Wigfield (2002) auch mit dem erweiterten Erwartungs-Wert-Modell in Zusammenhang gebracht und werden deshalb im Folgenden näher erläutert.

2.1.1 Intrinsische versus extrinsische Motivation und die Selbstbestimmungstheorie

Eine in der Motivationspsychologie häufig benutzte Unterscheidung ist die zwischen intrinsischer und extrinsischer Motivation (vgl. Schiefele & Köller, 2001). Dabei beinhaltet die extrinsische Motivation eine Ausrichtung auf soziale Anerkennung und Belohnung (Butler & Neuman, 1995; Meece, Blumenfeld & Hoyle, 1988). Die Handlungsausführung erfolgt zielgerichtet und die angestrebten Folgen liegen außerhalb der Handlung (Schiefele & Köller, 2001). Die Freude an der Handlungsausführung selbst wird als intrinsische Motivation bezeichnet. Dabei schließen sich intrinsische und extrinsische Motivation nicht aus, sondern können sich ergänzen. „Lernen in Schule und Studium ist vermutlich immer bis zu einem bestimmten Grad extrinsisch motiviert, da die meisten Schüler bzw. Studenten das Ziel haben, Prüfungen mit Erfolg zu absolvieren." (Schiefele & Köller, 2001, S. 305). Zusätzlich zu dieser folgenabhängigen Motivationsform können Lernende im Hinblick auf bestimmte Aktivitäten in der Schule durchaus intrinsisch motiviert sein. DeCharms (1968) nimmt an, dass eine Person sich dann als intrinsisch motiviert erlebt, wenn sie sich selbst als Verursacher ihrer Handlungen ansieht.

Dieser Gedanke wird in der Selbstbestimmungstheorie der Motivation von Deci und Ryan (1985; 1993) aufgenommen und weitergeführt. Hier werden extrinsische und intrinsische Motivation als Stufen eines dynamischen Prozesses der zunehmenden Verinnerlichung von Handlungszielen verstanden. Diese wird von den Grundbedürfnissen (basic needs) nach Kompetenz und Selbstbestimmung angetrieben. Hinzu kommt das Bedürfnis nach sozialer bzw. interpersonaler Bezogenheit. Das Individuum strebt danach, sich mit anderen Menschen verbunden zu fühlen und sich dabei als selbst bestimmt und kompetent zu erleben. Gegenstand der Theorie sind zielgerichtete Verhaltensweisen, die sich nach ihrem Selbstbestimmungsgrad unterscheiden lassen. Frei gewählte, als autonom empfundene Handlungen weisen das höchste Ausmaß an Selbstbestimmung auf und sind intrinsisch motiviert. Hier spielen die Bedürfnisse nach Komeptenz und Autonomie die größte Rolle. Unter Umständen können aber auch ursprünglich extrinsisch motivierte Handlungen als selbstbestimmt wahrgenommen werden. Die Prozesse, die dies möglich machen, bezeichnen Deci und Ryan (1993) als Internalisation und Integration. Sie sind zusätzlich angetrieben durch das Bedürfnis nach sozialer Eingebundenheit. Da Personen danach streben, sich anderen zugehörig zu fühlen, nehmen sie sozial vermittelte Verhaltensweisen an und integrieren sie in das eigene Selbstkonzept, um gleichzeitig dem Bedürfnis nach Selbstbestimmung gerecht zu werden. Je nach Internalisierungsgrad erhält so die extrinsische Motivation einen immer höheren Grad an Selbstbestimmung und ähnelt schließlich in Form des „integrierten" extrinsischen Verhaltens der intrinsischen Motivation - mit dem Unterschied, dass extrinsisch motivierte Tätigkeiten eine instrumentelle Funktion besitzen.

Im Zusammenhang mit dem erweiterten Erwartungs-Wert-Modell werden intrinsische und extrinsische Motivation, ebenso wie das Interesse, als Komponenten des subjektiven Werts angesehen (Eccles & Wigfield, 2002).

2.1.2 Interesse

Interesse wird von einigen Autoren als Voraussetzung für intrinsische Motivation betrachtet, oft aber auch damit gleich gesetzt (Hidi & Harackiewicz, 2000). Schiefele und Köller (2001) differenzieren die beiden Konstrukte danach, ob eher die Handlungen selbst oder Eigenschaften des Gegenstandes als motivierend angesehen werden. Demnach ist die intrinsische Motivation tätigkeitszentriert, während das Interesse eher gegenstandszentriert ist. Dabei wird mit dem „Gegenstand" im Kontext Schule der fachliche Inhalt bezeichnet. Interesse bezieht sich also auf das jeweils zu lernende Thema. Bei vorhandenem Interesse ist die Beziehung der Person zu einem Gegenstand von positivem emotionalem Erleben gekennzeichnet (Krapp, 2001). Schiefele (1996) unterscheidet eine emotions- und eine wertbezogene Komponente des Interesses, die eng miteinander verknüpft sind. Die erste Komponente bezieht sich auf die von der Beschäftigung mit dem Gegenstand ausgelösten Gefühle, die zweite auf die persönliche Wichtigkeit des Gegenstandes. Entstehung und Veränderung von Interesse sind nach Krapp (2001) mit dem Selbstkonzept einer Person verbunden.

2.1.3 Kompetenzeinschätzung/Selbstkonzept und Selbstwirksamkeit

Als eine grundlegende motivationale Variable identifizieren Murphy und Alexander (2000) die Kompetenzeinschätzung, also die Beurteilung eigener aufgabenbezogener Fähigkeiten. Diese wird im erweiterten Erwartungs-Wert-Modell unter Selbstschemata subsumiert und beeinflusst die Erfolgserwartung sowie den Wert einer Aufgabe (Eccles & Wigfield, 2002). Synonym wird von Wigfield und Eccles (2000) der Begriff Fähigkeitsselbstkonzept verwendet. Das Selbstkonzept enthält alle Kognitionen einer Person über sich selbst (Rustemeyer, 1993). Nach Shavelson, Hubner und Stanton (1976) besitzt das Selbstkonzept eine hierarchische Struktur nach verschiedenen Inhaltbereichen (vgl. auch Marsh, 1989). Im Rahmen der Unterrichtsforschung interessiert das akademische Selbstkonzept, welches sich in domänenspezifische Komponenten aufteilen lässt (Selbstkonzept für Mathematik, Deutsch, Naturwissenschaften, etc.). Die Notwendigkeit dieser domänenspezifischen Betrachtungsweise ist inzwischen durch zahlreiche empirische Ergebnisse untermauert (Byrne & Gavin, 1996; Marsh, 1989; Wigfield, 1994). Zahlreiche empirische Studien belegen Einflüsse des Fähigkeitsselbstkonzepts auf Motivation und Leistung im Fach Mathematik (Köller, Schnabel & Baumert, 2000; Manger & Eikeland, 1998).

Ein dem Selbstkonzept theoretisch verwandtes Konstrukt ist die Selbstwirksamkeitserwartung (kurz: Selbstwirksamkeit) (Pajares & Miller, 1994; Pintrich & Schunk, 1996). Sie kann als „die subjektive Gewissheit, neue oder schwierige Anforderungssituationen auf Grund eigener Kompetenz bewältigen zu können" definiert werden (Schwarzer & Jerusalem, 2002, S. 35). Bandura (1977) grenzt sie von der Ergebniserwartung ab. Die Ergebniserwartung ist die Erwartung, dass ein Verhalten zu einem bestimmten Ergebnis führt. Mit Selbstwirksamkeit wird die Überzeugung bezeichnet, dass man entsprechende Handlungen selbst ausführen kann. Beim Auftreten von Schwierigkeiten bei der Bearbeitung von Aufgaben bestimmt sie Motivation und Persistenz sogar stärker als frühere Leistungen in ähnlichen Arbeitsgebieten (Bandura, Caprara, Barbaranelli & Pastorelli, 2001; Bandura, Pastorelli, Barbaranelli & Caprara, 1999). Eccles und Wigfield (2002) sehen enge Parallelen zwischen Selbstwirksamkeit und Erfolgserwartung.

2.1.4 Attributionen und erlernte Hilflosigkeit

Attributionen sind Ursachenzuschreibungen. Bereits Heider (1958) ging davon aus, dass Ereignisse entweder der eigenen Person (internale Attribution) oder äußeren Umständen (externale Attribution) zugeschrieben werden. In der pädagogischen Psychologie werden besonders die subjektiven Begründungen von Leistungsergebnissen (Erfolgen oder Misserfolgen) betrachtet. Weiner et al. (1971) führten eine Klassifikation der Attributionen nach den Dimensionen Lokation (internal/external) und Stabilität (stabil/variabel) ein. Die Kombination der Ursachendimensionen führt beispielsweise zu Attributionen auf Fähigkeit, Anstrengung, Aufgabenschwierigkeit und Zufall (siehe Abb. 2.2).

	LOKATION	
STABILITÄT	Internal	External
Stabil	*Fähigkeit*	*Aufgabenschwierigkeit*
Variabel	*Anstrengung*	*Zufall*

Abbildung 2.2: Vier-Felder-Tafel der Attributionen nach Weiner et al. (1971)

Mögliche weitere Ursachenfaktoren im schulischen Kontext sind Arbeitshaltung, Disziplin, Ängstlichkeit und die Person des Lehrers (Möller, 2001). Attributionstheorien postulieren, dass die subjektive Wahrnehmung und Interpretation einer Begebenheit die Reaktion darauf bestimmt (Weiner, 1985; 1994a). Das entspricht den Annahmen des erweiterten Erwartungs-Wert-Modells. Attributionen werden hier als Grundlage der Interpretation von Ereignissen durch den Lernenden gesehen (Eccles & Wigfield, 2002). Dabei ist davon auszugehen, dass die Lokation einer Ursache den Wert einer Aufgabe bestimmt, die Stabilitätsdimension hingegen die Erfolgserwartung beeinflusst (Rheinberg, 2000). So können bei Annahme variabler Ursachen von Misserfolgen hohe Erfolgserwartungen aufrecht gehalten werden, was zu hoher Persistenz bei gleichartigen Aufgaben führt (Rustemeyer, 2004). Ziegler und Schober (2001) unterscheiden zwischen selbstwertdienlichen und motivationsförderlichen Attributionen von Schulleistungen. Sie nehmen an, dass internale, variable Attributionen von Erfolgen und Misserfolgen dazu geeignet sind, das Engagement der Schülerinnen und Schüler zu erhöhen (motivationsförderlich). Stabile internale Erklärungen von Erfolgen und variable Attributionen von Misserfolgen betrachten sie als selbstwertförderlich, also geeignet, das Selbstkonzept der eigenen Fähigkeiten zu steigern (vgl. auch Möller & Köller, 1995).

Als zusätzliche Dimensionen von Attributionen wurden später die Globalität (global/spezifisch) und die Kontrollierbarkeit (kontrollierbar/unkontrollierbar) eingeführt (Abramson, Seligman & Teasdale, 1978; Weiner, 1994b). Diese spielten eine wesentliche Rolle im Rahmen der Forschung zur erlernten Hilflosigkeit. Erlernte Hilflosigkeit ist nach Seligman (1975) die Erwartung, Ereignisse nicht beeinflussen zu können. Diese Erwartung resultiert nach Abramson et al. (1978) aus der Erklärung von Misserfolgen mit stabilen, internalen und globalen Faktoren. Erlernte Hilflosigkeit zeichnet sich durch kognitive, emotionale und motivationale Defizite aus (Seligman, 1975; Ziegler & Schober, 2001). Sie wurde auch im schulischen Bereich untersucht. Für den Bereich Mathematik und Naturwissenschaften finden sich hier insbesondere Geschlechtsunterschiede zu Ungunsten der Mädchen (z. B. Dweck & Reppucci, 1973).

Problematisch ist die Messung von Attributionen. Nach Möller und Köller (1996) ist die Erhebung von spontanen Attributionen anhand von Fragebogen mit vorgegebenen Items eventuell gar nicht möglich (vgl. Fiske & Taylor, 1991). Hier sind die Probanden nämlich gezwungen, zwischen verschiedenen Ursachenzuschreibungen zu wählen. Es ist zweifelhaft, ob sie ohne Instruktion vergleichbare Attributionen vornehmen würden (Buff, 2002; Köller & Möller, 1995). Im Kontext „Schule" ist außerdem zu beachten, dass die Anwendungsmöglichkeiten attributionspsychologischer Konzepte im Kindesalter eingeschränkt sind (vgl. Thorkildsen & Nicholls 1998; Tollefson, 2000). Jüngere Kinder sehen Begabung noch nicht als Eigenschaft einer Person an und trennen nicht so stark zwischen Anstrengung und Fähigkeit wie Jugendliche und Erwachsene (Nicholls, 1984). Schülerinnen und Schüler gehen erst mit ca. 11 Jahren davon aus, dass eine wirklich erfolgreiche Person diejenige ist, die eine Aufgabe mit wenig Aufwand wirklich gut bewältigen kann (Graham & Barker, 1990). Für jüngere Schülerinnen und Schüler hingegen zählt nur das Leistungsergebnis und nicht die aufgewendete Anstrengung. Dies bestätigte sich in einer eigenen Untersuchung (Fischer, 2002). Hier zeigten sich signifikante Unterschiede im Konzept von Anstrengung und Begabung zwischen Fünftklässlern einerseits und Siebt- und Neuntklässlern andererseits (vgl. auch Xiang, Lee & Shen, 2001). Junge Kinder sehen Begabung noch als durch Anstrengung bedingt an und attribuieren Erfolg eher auf Anstrengung als auf Fähigkeit. Dennoch gibt es auch bei ihnen hilflose Verhaltensmuster in Leistungssituationen (Dweck, 1998; Heyman, Dweck & Cain, 1992).

2.1.5 IPT und Zielorientierungen – Das Motivationsprozessmodell

Ein den Attributionen ähnliches Konzept ist das der impliziten Persönlichkeitstheorien (IPT). Bei der Beschreibung von Personen bedienen sich die Menschen impliziter Persönlichkeitstheorien, welche aus Verknüpfungen von Persönlichkeitsmerkmalen bestehen. Implizite Theorien sind im Gegensatz zu den Theorien der Experten laienhaft und nicht durch wissenschaftliche Methoden überprüft (vgl. Bruner & Taiguri, 1954). IPT in Bezug auf schulische Fähigkeiten unterscheiden sich darin, inwieweit eine Fähigkeit als eine unveränderbare Kapazität angesehen wird, die durch Anstrengung kaum zu verändern ist (Stabilitätstheorie) oder als durch Übung und Anstrengung veränderbare Größe (Zuwachs- bzw. Modifizierbarkeitstheorie). Ein Fokus auf die IPT kann die Attributionsforschung ergänzen, da IPT nicht erst mit einem Handlungsergebnis wirksam werden, sondern Aussagen über das „belief system" machen, mit dem eine Person an eine bestimmte Aufgabe herangeht (Hong, Chiu, Dweck, Lin & Wan, 1999). Insofern sind IPT die Basis für die Interpretation von Ereignissen und letztlich für Attributionen (Molden & Dweck, 2000).

In ihrem Motivationsprozessmodell konzipiert Dweck (1986) die IPT als Ausgangspunkt der Entstehung hilflosen Verhaltens im Mathematikunterricht. Als weitere grundlegende Variable bezieht sie die motivationalen (oder Ziel-) Orientierungen ein. Diese geben an, zu welchem Zweck eine Person lernt. Es wird zwischen zwei Zielorientierungen unterschieden, die je nach Forschungsgruppe unterschiedlich benannt werden. Die zugrundeliegenden Konzepte sind sich aber ähnlich. So wird eine motivationale Orientierung, die sich durch das Streben nach Kompetenzzuwachs auszeichnet, als Lernziel-, Aufgaben-, oder auch Bewältigungs- (mastery) Orientierung bezeichnet, eine motivationale Orientierung, die auf sekundäre Folgen bzw. extrinsische Gründe ausgerichtet ist, als Leistungsziel-, Ich- oder Folgenorientierung (Ames, 1992; Dweck, 1986; Nicholls, 1979). Abbildung 2.3 zeigt das Motivationsprozessmodell in seiner ursprünglichen Form.

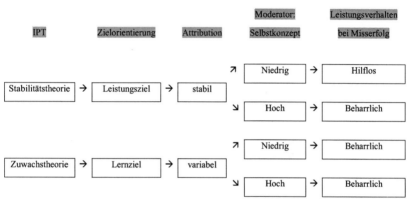

Abbildung 2.3: Veranschaulichung des Modells von Dweck (1986) bzw. Dweck und Leggett (1988)

Nach dem Motivationsprozessmodell verfolgen Personen mit einer Stabilitätstheorie Leistungsziele. Bei Personen, die eine Lernzielorientierung verfolgen, liegt hingegen eine Zuwachstheorie der Intelligenz zugrunde.

Als vermittelnder Mechanismus zwischen IPT, Zielorientierungen und Verhalten werden unterschiedliche Attributionsmuster angesehen. Personen mit einer Stabilitätstheorie der Intelligenz nehmen die Welt eher in Begriffen von Eigenschaften wahr und erklären sich demzufolge Erfolge und Misserfolge eher mit Begabung bzw. mangelnder Begabung (Dweck & Leggett, 1988). Dass diese Eigenschaften als quasi unabänderlich und unkontrollierbar gelten, führt dazu, dass weniger Anstrengung investiert wird. Die Stabilitätstheorie trägt somit entscheidend zur Genese von Hilflosigkeitssymptomen bei. Personen mit einer Zuwachstheorie nehmen die Welt eher in Begriffen von Veränderungen wahr, attribuieren dementsprechend eher auf variable Ursachen (wie Anstrengung) und gehen eher von Kontrollierbarkeit aus (Dweck & Leggett, 1988; Hong et al., 1999). Bei den von Dweck (1986) postulierten Zusammenhängen zwischen IPT, Attributionen und Zielorientierungen hat das Fähigkeitsselbstkonzept eine moderierende Wirkung. Während Misserfolge für Personen mit Lernzielorientierung einfach Informationen über den Lernerfolg beinhalten, wirken sie auf Leistungszielorientierte bedrohlich. Dementsprechend sind Personen mit einer Lernzielorientierung stets beharrlich, während Personen mit einer Leistungszielorientierung bei gleichzeitigem Vorliegen eines niedrigen Fähigkeitsselbstkonzepts mit Hilflosigkeit (also mangelnder Ausdauer und Vermeidung von Herausforderungen) auf Misserfolge reagieren. Empirisch ist das Motivationsprozessmodell bislang nur in Teilstrukturen bestätigt. Zahlreiche Studien zeigten, dass leistungszielorientierte Schülerinnen und Schüler eher auf Fähigkeiten, lernzielorientierte dagegen auf Anstrengung attribuieren (Butler, 1987; Dresel, 2000; Graham & Golan, 1991). Erlernte Hilflosigkeit scheint typischerweise mit einer Stabilitätstheorie, Leistungszielorientierung und einem niedrigem Fähigkeitsselbstkonzept zusammenzuhängen (Ziegler & Schober, 1999a).

Die Auswirkungen der verschiedenen Zielorientierungen auf das Lern- und Leistungsverhalten wurden häufig untersucht. Die Annahme, dass Lernzielorientierte einen höheren Lernerfolg erzielen, ist in der Motivationspsychologie inzwischen vielfach empirisch bestätigt worden (z. B. Covington, 2000; Nicholls, 1984; Stiensmeier-Pelster, Balke & Schlangen, 1996). Aber auch das Verfolgen einer Leistungszielorientierung wirkt sich nicht immer negativ auf das Leistungsverhalten aus (vgl. Hidi & Harackiewicz, 2000). Aufgrund der Ergebnisse zu inkonsistenten Verhaltensmustern leistungszielorientierter Personen wurde die Leistungszielorientierung in Annäherungs- und Vermeidungs-Leistungszielorientierung differenziert (Elliot & Harakiewicz, 1996). Demnach geht es Personen mit Annäherungs-Leistungszielorientierung vor allem darum, ihre Fähigkeiten zu zeigen, während Personen mit Vermeidungs-Leistungszielorientierung eher mangelnde Fähigkeiten verbergen wollen. Dabei scheint sich die Vermeidungs-Leistungszielorientierung wesentlich schädlicher auf Motivation und Leistung auszuwirken (vgl. auch Köller & Schiefele, 2001). In einer neueren Veröffentlichung beziehen Molden und Dweck (2000) die Forschung zur Annäherungs- und Vermeidungskomponente der Zielorientierungen ein. So lockern sie den postulierten Zusammenhang zwischen Zielorientierungen und IPT mit dem Hinweis darauf, dass dieselben Ziele für Zuwachs- und Stabilitätstheoretiker unterschiedliche Bedeutung haben können. Demnach können sowohl Zuwachs- als auch Stabilitätstheoretiker eine Annäherungs-Leistungszielorientierung verfolgen. Eine Lernzielorientierung ist dagegen eher bei Personen mit einer Zuwachstheorie vorhanden. Ein Stabilitätstheoretiker wird eher Vermeidungsleistungsziele verfolgen, insbesondere bei niedrigem Selbstkonzept. Eine Stabilitätstheorie leistet demnach einer Vulnerabilität für Hilflosigkeit Vorschub. Insgesamt wird den IPT im Hinblick auf die Entstehung hilflosen Verhaltens neuerdings ein größerer Einfluss eingeräumt als den Zielorientierungen (Dupeyrat & Mariné, 2001; Dweck, 1999; Molden & Dweck, 2000). Auch die Ergebnisse einer eigenen Untersuchung deuten darauf hin, dass IPT und Selbstkonzept im Hinblick auf die Hilflosigkeit im Fach Mathematik erklärungsmächtiger sind als Zielorientierungen (Fischer, 2002).

2.2 Das erweiterte Erwartungs-Wert-Modell

2.2.1 Erläuterung des Modells mit Bezug zu anderen motivationalen Konstrukten

Eccles und Wigfield (2002) beziehen die unter 2.1 aufgeführten Variablen und Theorien der Motivationspsychologie in ihr erweitertes Erwartungs-Wert-Modell ein. Die Zuordnung der aktuellen motivationspsychologischen Konstrukte zu den Elementen des Modells ist in Abbildung 2.4 veranschaulicht und wird im Folgenden erläutert.

Der *subjektive Aufgabenwert* setzt sich im ursprünglichen Modell zusammen aus Anreiz (intrinsic value), Wichtigkeit (attainment value), Nützlichkeit (utility value) und Kosten (cost). Dabei bezeichnet die Wichtigkeit den persönlichen Stellenwert guten Abschneidens. Die Nützlichkeit ist eine extrinsische Komponente des Werts und weist Beziehungen zu den (kurz- und langfristigen) Zielen der Person auf. Der Anreiz ist nach Eccles und Wigfield (2002) gleichzusetzen mit der emotionalen Komponente des Interesses nach der Interessensdefinition von Schiefele (1996) (vgl. 2.1.2). Kosten beschreiben die negativen Auswirkungen des Leistungsverhaltens, wie beispielsweise durch Wahlverhalten verlorene Möglichkeiten (die Entscheidung, für eine Mathematikarbeit zu üben, könnte z. B. den Verzicht auf das Fußballtraining bedeuten), aber auch negative emotionale Aspekte wie Leistungsangst (Eccles & Wigfield, 2002). Dieser Aspekt wurde jedoch bisher kaum in empirische Studien einbezogen (Wigfield & Eccles, 2000). Bezüglich des subjektiven Werts nimmt die Selbstbestimmungstheorie von Deci und Ryan (1993) einen besonderen Stellenwert ein. In dieser Theorie wird unterschieden zwischen intrinsischer Motivation, die mit der Anreizkomponente des subjektiven Werts gleich zu setzen ist, und der extrinsischen Motivation, die der Nützlichkeitskomponente im erweiterten Erwartungs-Wert-Modell entspricht (vgl. Wigfield, 1994). Eccles und Wigfield (2002) weisen darauf hin, dass der in ihrem Modell angenommene Zusammenhang zwischen Selbstschemata und subjektivem Wert mit den von Deci und Ryan angenommenen Beziehungen zwischen Kompetenzbedürfnis und Motivation übereinstimmt (vgl. 2.1.1).

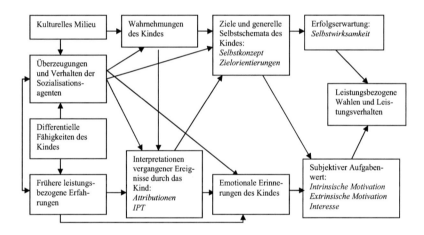

Abbildung 2.4: Die Einordnung fundamentaler motivationaler Variablen in das Erwartungs-Wert-Modell

Die *Erfolgserwartung* wird im erweiterten Erwartungs-Wert-Modell erklärt als Überzeugung darüber, wie gut man bezüglich zukünftiger Aufgaben abschneiden wird, sei es kurz- oder längerfristig. Hier sehen Eccles und Wigfield (2002) Übereinstimmungen mit Banduras (1997) Konzept der Selbstwirksamkeitserwartung (vgl. 2.1.3).

Ziele und generelle Selbstschemata der Schülerinnen und Schüler beeinflussen nach dem erweiterten Erwartungs-Wert-Modell sowohl den subjektiven Wert des Unterrichtsfaches Mathematik als auch die Erwartung, in Mathematik erfolgreich sein zu können. Hier spielt das domänenspezifische Fähigkeitsselbstkonzept als Bestandteil eines hierarchisch aufgebauten Selbstkonzeptes eine wichtige Rolle (Eccles & Wigfield, 2002; Wigfield & Eccles 2000). In neueren Veröffentlichungen beziehen Wigfield und Eccles (2000) bei den Zielen und Selbstschemata die motivationalen Orientierungen ein. Wie das Fähigkeitsselbstkonzept beeinflussen die Zielorientierungen einer Person sowohl die Erfolgserwartung als auch den Wert hinsichtlich einer Domäne. Die Aufnahme der Zielorientierungen in das Modell entspricht aktuellen Bestrebungen, Erwartungs-Wert-Modell und Motivationsprozessmodell zu integrieren (z. B. Greene, DeBacker, Ravindran & Krows, 1999). Die Zuordnung der Zielorientierungen zu den Zielen und Selbstschemata der Schülerinnen und Schüler wurde von Greene et al. (1999) empirisch bestätigt.

Im Rahmen der vorliegenden Arbeit erscheint, als weiterer Schritt, die Integration von IPT in das Erwartungs-Wert-Modell als Ergänzung zu den Attributionen unumgänglich. Eccles und Wigfield (2002) verweisen im Zusammenhang mit der *Interpretation vergangener Ereignisse* auf Weiners (1985) Attributionstheorie (vgl. 2.1.4). Attributionen beeinflussen nach dem erweiterten Erwartungs-Wert-Modell über Ziele und Selbstschemata einer Person den subjektiven Wert einer Domäne und die Erfolgserwartung. IPT weisen Zusammenhänge mit den Attributionen auf und dienen ebenfalls als Rahmen für die subjektive Wahrnehmung von Leistungserfahrungen. Sie können somit ebenfalls unter Interpretationen früherer Erfahrungen subsumiert werden.

Überzeugungen und Verhalten der Sozialisationsagenten (Lehrkräfte und Eltern) beeinflussen die Interpretation von Erfahrungen durch das Kind sowie Ziele und Selbstschemata direkt, aber auch indirekt über die Wahrnehmungen, die die Lernenden bezüglich der Einstellungen und Erwartungen der Sozialisationsagenten haben. Da das Modell ursprünglich zur Erklärung von Geschlechtsunterschieden konstruiert wurde, wurde den Geschlechterstereotypen besonderer Stellenwert eingeräumt. Aber auch unabhängig vom Geschlecht der Person kann ein Einfluss des Verhaltens und der (von Schülerinnen und Schülern wahrgenommenen) Überzeugungen der Lehrkraft auf Wert- und Erwartungsvariablen angenommen werden. Dieser Einfluss ist teilweise über die Selbstschemata des

Kindes vermittelt. Diese Zusammenhänge und die Rolle der Lehrkraft in der Theorie von Eccles und Mitarbeitern werden im dritten Kapitel näher erläutert. Zunächst werden empirische Belege für die im erweiterten Erwartungs-Wert-Modell angenommenen Zusammenhänge dargestellt.

2.2.2 Empirische Belege für die im Erwartungs-Wert-Modell angenommenen Zusammenhänge

Empirisch wurde das erweiterte Erwartungs-Wert-Modell noch nicht im Ganzen überprüft. Es liegen aber Bestätigungen für Teilstrukturen vor, die im Folgenden im Hinblick auf die relevanten Variablen dargestellt werden.

2.2.2.1 Interpretation von Ereignissen und Wert- und Erwartungsvariablen

Nach dem Erwartungs-Wert-Modell sollte die Interpretation von Ereignissen die weiteren betrachteten motivationalen Konstrukte beeinflussen. In diesem Zusammenhang sollen hier Attributionen und IPT mit ihren Auswirkungen auf Ziele und Selbstschemata sowie auf Erfolgserwartung und subjektiven Wert betrachtet werden.

Auswirkungen von Attributionen und IPT auf Ziele und Selbstschemata

Bereits die Forschung von Weiner et al. (1971) zeigte, dass Attributionen das Leistungshandeln beeinflussen. Die Forscher gingen aufgrund empirischer Ergebnisse davon aus, dass sich stabile, internale Misserfolgsattributionen ungünstig auf das Verhalten auswirken. Dass sich solche Ursachenzuschreibungen auch negativ auf das Selbstkonzept auswirken, ergab die Forschung zur erlernten Hilflosigkeit (vgl. 2.1.4). Attributionen von Erfolg auf Begabung und von Misserfolg auf mangelnde Anstrengung sind hingegen positiv mit dem Fähigkeitsselbstkonzept assoziiert (Kurtz-Costes & Schneider, 1994; Middleton & Spanias, 1999; Möller & Köller, 1995; Skaalvik, 1994). In einer Zusammenfassung einiger Laborstudien berichtet Dweck (1998), dass ungünstige Reaktionen auf Misserfolge das Selbstkonzept bereits bei Grundschülern beeinträchtigen (vgl. auch Heyman et al., 1992). Hinweise auf Zusammenhänge zwischen Attributionen und Selbstkonzept ergeben sich auch aus Studien mit Reattributionstrainings, wie sie zum Beispiel die Arbeitsgruppe von Albert Ziegler seit einiger Zeit erfolgreich einsetzt (z. B. Heller & Ziegler, 1996; Ziegler & Schober, 1996). Dabei macht man sich die Tatsache zunutze, dass Feedback von Eltern und Lehrpersonen die Attributionen der Schülerinnen und Schüler beeinflussen kann (Ziegler & Schober, 2001). Zur Veränderung ungünstiger Ursachenzuschreibungen der Schülerinnen und Schüler werden im Reattributionstraining kontrolliert verbale Rückmeldungen bei Erfolg und Misserfolg eingesetzt, die auf förderliche Attributionen abzielen. Durch Reattributionstrainings konnten, bereits nach einem relativ kurzen Zeitraum, Verbesserungen hinsichtlich des Selbstkonzeptes und der Leistung erzielt werden (vgl. auch Schober, 2002).

Der in empirischen Studien zum Motivationsprozessmodell von Dweck (1986) gut bestätigte Zusammenhang zwischen IPT und Zielorientierungen kann als weiterer Beleg für die Annahmen des Erwartungs-Wert-Modells gelten. Eine Stabilitätstheorie der Intelligenz geht meist mit einer niedrigen Lernzielorientierung (Dupeyrat & Mariné, 2001) und einer hohen Leistungszielorientierung (Stipek & Gralinski, 1996) einher. Dies entspricht den angenommen Beziehungen zwischen Interpretationen vergangener Ereignisse und Zielen und Selbstschemata.

Auswirkungen von Attributionen und IPT auf Erfolgserwartung und Wert

Dass Attributionen auch in Bezug auf Erfolgserwartung und Leistung eine hohe Relevanz haben, ist inzwischen in der Motivationspsychologie unbestritten (Pintrich & Schunk, 1996; Reber, 1997; Schober, 2002; Weiner, 1985). Internale, stabile Attributionen von Misserfolgen führen zu niedrigen Erfolgserwartungen und dementsprechend zu geringer Persistenz und Leistung (Covington & Omelich, 1981; Elliott & Dweck, 1988; Faber, 1990). Als günstig wird dagegen inzwischen übereinstimmend die internale, variable Attribution von Misserfolgen gewertet (Craven, Marsh & Debus, 1991; Dresel, 2000; Möller & Köller, 1996; Ziegler & Schober, 2001). Middleton und Spanias (1999) fassen eine Reihe von Ergebnissen zum Zusammenhang von Attributionen und Mathematikleistungen zusammen und kommen zu dem Schluss, dass Erfolgsattributionen auf Begabung am leistungsförderlichsten sind, während Attributionen von Misserfolgen auf mangelnde Begabung am schädlichsten sind. Auch die Selbstwirksamkeit wird positiv von internalen Attributionen von Erfolgen beeinflusst (Schunk, 1982; Schunk & Gunn, 1986).

Attributionen beeinflussen auch den subjektiven Wert eines Unterrichtsfaches. Für Mathematik konnte gezeigt werden, dass Attributionen von Erfolgen auf externale und von Misserfolgen auf internale Ursachen mit einer Abneigung gegenüber dem Schulfach zusammenhängen und letztlich die Kurswahlen beeinflussen (Amit, 1988; Lehmann, 1986).

Auch IPT haben sich als bedeutsame Prädiktoren der Schulleistung im Fach Mathematik erwiesen, wobei eine Zuwachstheorie leistungsförderlich zu sein scheint und mit größerer Anstrengung im Fach Mathematik einhergeht (Henderson & Dweck, 1990; Middleton & Spanias, 1999; Stipek & Gralinski, 1996).

2.2.2.2 Beziehungen zwischen Zielen und Selbstschemata und Erfolgserwartung und Wert

Die Erfolgserwartung wird im erweiterten Erwartungs-Wert-Modell vor allem beeinflusst von Zielen und Selbstschemata des Kindes, wozu Wigfield und Eccles (2000) das Fähigkeitsselbstkonzept und die Zielorientierungen zählen. Die dem Selbstkonzept theoretisch ähnliche Selbstwirksamkeit wird hingegen eher mit der Erfolgserwartung gleichgesetzt. Im Folgenden werden empirische Ergebnisse zusammengefasst, die die angenommenen Auswirkungen von Selbstkonzept und Zielorientierungen auf Erwartung und Wert untermauern.

Domänenspezifische Selbstkonzepte bestimmen nachfolgendes Handeln in Leistungssituationen mit. Für das Fach Mathematik wurden empirisch starke Zusammenhänge zwischen dem Selbstkonzept und Leistung nachgewiesen (Eccles & Wigfield, 2002; Rustemeyer & Jubel, 1996; Seegers & Boekarts, 1996). Das Selbstkonzept wirkt sich auf die Erfolgserwartung (zusammenfassend Meyer, 1984; Moschner, 1998), aber auch auf den subjektiven Wert eines Unterrichtsfaches aus (Anderman et al., 2001; Wigfield & Eccles, 1992). MacIver, Stipek und Daniels (1991) konnten mittels Strukturgleichungsmodellen zeigen, dass ein positives Fähigkeitsselbstkonzept eine Erhöhung der investierten Anstrengung und einen höheren wahrgenommenen Wert des jeweiligen Schulfaches bewirkt.

Die Zielorientierungen einer Person werden, wie das Fähigkeitsselbstkonzept, unter die Ziele und Selbstschemata subsumiert. Eccles und Wigfield (2002) gehen davon aus, dass der subjektive Wert eng mit der Lernzielorientierung zusammenhängt. Dies wird – zumindest bezogen auf das Interesse – von zahlreichen Studien untermauert (z. B. Hidi & Harackiewicz, 2000). Es ist unmittelbar einsichtig, dass ein interessanter Gegenstand eher das Bedürfnis hervorruft, mehr darüber zu wissen, Verständnis zu erlangen und sich um seiner selbst Willen damit zu beschäftigen als ein uninteressanter. Interesse ist also geeignet, eine Lernzielorientierung herbeizuführen. Umgekehrt werden Schülerinnen und Schüler, die mit einer Lernzielorientierung an einen Gegenstand herangehen, eher Interesse dafür entwickeln (vgl. auch Dweck, 1986). In diesem Sinne sprechen Hidi und Harackiewicz (2000) von einer wechselseitigen Beziehung von Interesse und Lernzielorientierung. Zusätzlich sind auch Beziehungen der Zielorientierung zu intrinsischer und extrinsischer Motivation Gegenstand der Forschung (Heyman & Dweck, 1992). Einige Autoren setzen die Begriffe intrinsische und extrinsische Motivation mit Lern- und Leistungszielorientierung gleich (z. B. Stiensmeier-Pelster et al., 1996). Einleuchtender erscheint aber die Argumentation von Köller und Schiefele (2001), nach der die Zielorientierungen zwar angeben, zu welchem Zweck gelernt wird, aber keine Rückschlüsse auf die eigentliche Ursache zulassen. Man kann also genauso gut intrinsisch motiviert sein, seine Fähigkeiten zu erweitern (Lernziel), wie sie zu zeigen (Leistungsziel). Die aktuelle Zielorientierung einer Person bestimmt das Leistungsverhalten in jedem Fall entscheidend mit (siehe 2.1.5). Farrell und Dweck (1985 zit. nach Dweck, 1986) fanden heraus, dass Schülerinnen und Schüler, die Lernziele verfolgten, bessere Leistungen erzielten und sich mehr anstrengten (vgl. auch Fisher & Ford, 1998; Miller, Greene, Montalvo, Ravindran & Nichols, 1996). Zudem scheint die Lernzielorientierung mit der Anwendung effektiverer und tieferer Lernstrategien zusammenzuhängen (Ames & Archer, 1988; Elliot & McGregor, 2001; zusammenfassend Covington, 2000).

2.2.2.3 Einflüsse von Wert und Erwartung auf Kurswahlen und Leistungsverhalten

Die angenommenen Zusammenhänge von subjektivem Wert und Erfolgserwartung einerseits und Leistungsverhalten andererseits wurden häufig empirisch belegt (zusammenfassend Eccles & Wigfield, 2002). Meece, Wigfield und Eccles (1990) konnten in einer Längsschnittstudie über zwei Jahre zusätzlich den Einfluss früherer Erfahrungen mit Mathematik auf die Erfolgserwartung und Wichtigkeitseinschätzung zu einem späteren Zeitpunkt nachweisen. Die Erwartungsvariable war ein starker Prädiktor für die Leistungen in Mathematik, während die Nützlichkeitskomponente des subjektiven Werts stärker mit Kurswahlentscheidungen zusammenhing. Auch in späteren Studien zeigte sich ein starker Zusammenhang der Erfolgserwartung mit Leistungen in verschiedenen Domänen (z. B. Wigfield, 1994). Dabei wurde meist das Fähigkeitsselbstkonzept als Erwartungsvariable erfasst. In einer Studie auf Basis des Erwartungs-Wert-Modells konnten Köller, Daniels, Schnabel und Baumert (2000) zeigen, dass die Leistungskurswahlen im Fach Mathematik zu einem erheblichen Teil auf Interesse und Selbstkonzept beruhen. Dabei erwies sich das Selbstkonzept als stärkerer Prädiktor. Auch die Effekte von Noten und Geschlecht auf die Wahl eines Leistungskurses beruhten zu einem großen Teil auf dem Selbstkonzept der Begabung.

Ähnliche empirische Ergebnisse existieren bezüglich der Selbstwirksamkeit, die starke Parallelen mit der Erfolgserwartung im Erwartungs-Wert-Modell aufweist. Insgesamt haben sich Selbstwirksamkeitserwartungen als bedeutsame Vorhersagevariable für Lern- und Leistungsverhalten in Mathematik erwiesen (Mittag, Kleine & Jerusalem, 2002; Schunk & Pajares, 2002). Unterschiede in der Selbstwirksamkeitserwartung schlagen sich in den Mathematikleistungen wie auch in der Lernfreude und im Lernverhalten nieder (Jerusalem & Mittag, 1999; Norwich, 1994).

Interesse, Wichtigkeit und Nützlichkeit haben sich empirisch immer wieder als starke Prädiktoren der Kurswahlen erwiesen (Köller et al., 2000; Wigfield, 1997). Überprüfungen des erweiterten Erwartungs-Wert-Modells von Eccles erbrachten demgegenüber einen eher geringen Einfluss des Interesses auf Schulleistungen (Eccles, Adler & Meece, 1984; Eccles & Wigfield, 2002). Für einen Zusammenhang zwischen Interesse und Leistung, wie ihn Schiefele (1998) annimmt, spricht aber, dass sich in experimentellen Studien z. B. bessere Behaltens- und Verstehensleistungen bei interessantem Material fanden (Renninger, 1992). Interesse als emotionale Komponente des subjektiven Werts scheint auch der wichtigste Faktor zu sein. So wird im Grundschulalter fast die gesamte Varianz des Werts durch das Interesse aufgeklärt (Wigfield & Eccles, 1992) und auch später scheint das Interesse gegenüber Nutzen und Wichtigkeit eine bedeutendere Rolle im Hinblick auf Kurswahlen und Lernverhalten zu spielen (Jacobs, Finken, Griffin & Wright, 1998; Sansone & Harackiewicz, 1996).

2.2.2.4 Zusammenhänge zwischen Wert und Erwartung

Entwicklungspsychologisch orientierte Studien zeigen, dass Kinder bereits ab dem Grundschulalter zwischen Wert- und Erwartungskomponenten in Bezug auf eine bestimmte Domäne differenzieren (Eccles, Wigfield, Harold & Blumenfeld, 1993; Wigfield, 1994). Trotzdem sind Wert und Erwartung nicht unabhängig voneinander. Atkinson (1957) postulierte, dass gerade die Aufgaben am meisten Wertschätzung erfahren, die für das Individuum am schwierigsten sind, also eine geringe Erfolgswahrscheinlichkeit haben. Wigfield und Eccles (1992; Wigfield, 1994) gehen dagegen aufgrund empirischer Ergebnisse davon aus, dass es eine positive Beziehung zwischen Erfolgserwartung und subjektivem Wert einer Aufgabe gibt, die über die Schulzeit hinweg noch ansteigt. „Children may become more likely to value activities on which they do well" (Wigfield, 1994, p. 65).

Diese Annahme wird durch empirische Resultate gestützt, denen zufolge das Selbstkonzept und die Selbstwirksamkeit im Fach Mathematik einerseits Zusammenhänge mit der Erfolgserwartung aufweisen, andererseits aber auch Wertvariablen, wie das Interesse, vorhersagen können (Köller, Daniels et al., 2000; Pajares, 1996). Für Selbstwirksamkeit und Selbstkonzept lassen sich Zusammenhänge mit nahezu allen anderen Schülervariablen im erweiterten Erwartungs-Wert-Modell nachweisen. Wenn man mit Eccles und Wigfield (2002) eine starke Übereinstimmung zwischen Selbstwirksamkeit und Erfolgserwartung annimmt, müsste dementsprechend im Modell noch ein direkter Zusammenhang zwischen Wertschätzung und Erfolgserwartung eingefügt werden. Dies wird auch gestützt durch die Annahme einer engen Kopplung von Interesse und Selbstkonzept, die empirisch häufig bestätigt werden konnte (Hannover, 1998; 1999; Hoffmann & Häußler, 1998; Köller et al., 2000; Krapp, 2001).

2.3 Spezielle Probleme im Fach Mathematik

Die empirischen Überprüfungen des erweiterten Erwartungs-Wert-Modells unterstreichen die Bedeutung der beinhalteten Variablen für die Motivationsförderung. Als spezielle Problematik mathematisch-naturwissenschaftlicher Fächer werden im Folgenden zusätzlich Geschlechtsunterschiede betrachtet. Zudem ist hinsichtlich der meisten motivationalen Variablen eine negative Entwicklung über die Schulzeit hinweg zu verzeichnen. Dies soll unter 2.3.2 thematisiert werden.

2.3.1 Geschlechtsunterschiede im Fach Mathematik

Die Entwicklung des erweiterten Erwartungs-Wert-Modells erfolgte vor dem Hintergrund der im Fach Mathematik vorgefundenen Geschlechtsunterschiede. Es wird davon ausgegangen, dass Frauen und Mädchen im mathematisch-naturwissenschaftlichen Bereich, in dem stereotyp Männern höhere Fähigkeiten zugeschrieben werden, geringere Erfolgserwartungen haben als männliche Personen und diesen Bereich weniger wertschätzen (z. B. Eccles et al., 1984; Eccles, Wigfield et al., 1993). Aktuelle Untersuchungen im Rahmen des Schwerpunktprogramms „BIQUA" ergaben, dass aktuell auch bei deutschen Schülerinnen und Schülern Mathematik und Naturwissenschaften männlich konnotiert sind (Kessels & Hannover, 2002). Außerdem fand sich nur für Mädchen ein Zusammenhang zwischen schlechten Mathematikleistungen und der Angst, wegen guter Leistungen von den Gleichaltrigen ausgegrenzt zu werden (Pelkner, Günther & Boehnke, 2002). Im Folgenden sollen empirisch nachgewiesene Geschlechtsunterschiede hinsichtlich der im Rahmen des erweiterten Erwartungs-Wert-Modells betrachteten Variablen dargestellt werden.

Interpretation von Ereignissen: Attributionen und IPT

Die Arbeitsgruppe um Carol S. Dweck (vgl. Dweck, 1999; Dweck & Leggett, 1988) zeigte, dass vor allem Mädchen für hilflose Verhaltensmuster anfällig sind. Zahlreiche Studien fanden ungünstigere Attributionsmuster bezogen auf Mathematik und die Naturwissenschaften bei Mädchen und Frauen als bei Männern (z. B. Dweck & Repucci, 1973; Eccles et al, 1983; Henderson & Dweck, 1990). Diese werden inzwischen häufig als Ursache von Leistungsunterschieden angenommen (Rustemeyer & Jubel, 1996; Tiedemann & Faber, 1995). Während männliche Personen ihre Erfolge stärker internalen Ursachen (z. B. eigenen Fähigkeiten), ihre Misserfolge dagegen eher externalen Ursachen (z. B. Pech) oder variablen Ursachen (z. B. mangelnder Anstrengung) zuschreiben, vermuten weibliche Personen häufiger internale Ursachen (z. B. mangelnde Begabung) für Misserfolge und externale variable Ursachen für Erfolge (z. B. Glück, Anstrengung) (Eccles, 1983; Eccles et al., 1984; Stipek & Gralinski, 1991). Sie attribuieren also weniger selbstwertdienlich (Elliot & Dweck, 1988; Möller & Köller, 1996). Dies könnte mit den Fremdattributionen ihrer Eltern und Lehrkräfte zusammenhängen (Rustemeyer, 2000; siehe auch Kap. 3). Entsprechend nimmt Dweck (2002) an, dass Mädchen eher eine Stabilitätstheorie der Intelligenz aufweisen, was bei niedrigem Selbstkonzept mit einer geringeren Erfolgserwartung einhergeht.

Selbstschemata und Erfolgserwartung: Selbstkonzept und Selbstwirksamkeit

Aufgrund der Ergebnisse der PISA-Studie wird angenommen, dass das Geschlecht die Mathematikleistung sowohl direkt als auch über das Selbstkonzept vermittelt beeinflusst. Es wird also von einem moderierenden Effekt des Selbstkonzepts ausgegangen (Klieme, Neubrand & Lüdtke, 2001). Schülerinnen schätzen ihre Fähigkeiten für Mathematik geringer ein als Schüler, auch wenn sich zunächst, wie in der Grundschule, noch keine Leistungsunterschiede zeigen (Stipek & Gralinski, 1991; Tiedemann & Faber, 1995). Dies gibt Hinweise auf den starken Einfluss des Selbstkonzeptes auf das Lernverhalten (vgl. auch Eccles et al., 1985; Rustemeyer & Jubel, 1996) Die in weiterführenden Schulen beobachtbaren besseren Leistungen und häufigeren Leistungskurswahlen von Jungen in Mathematik sind zu einem erheblichen Teil auf das höhere domänenspezifische Selbstkonzept zurückzuführen (Manger & Eikeland, 1998).

Auch die Selbstwirksamkeit ist im Fach Mathematik typischerweise bei Mädchen geringer ausgeprägt als bei Jungen (Pajares, 1996; Randhawa, Beamer & Lundberg, 1993). Pajares und Miller (1994) gehen davon aus, dass Einflüsse des Geschlechts auf Leistungen und wahrgenommene Nützlichkeit im Fach Mathematik durch die Selbstwirksamkeit vermittelt sind.

Subjektiver Wert

Der Nutzen, den Mädchen und Jungen der Mathematik beimessen, ist im hohen Maße gesellschaftlich beeinflusst (Eccles & Wigfield, 2002). So schrieben in einer Untersuchung von Rustemeyer (1999) angehende Lehrkräfte der Mathematik eine höhere Bedeutung und Nützlichkeit (auch im Hinblick auf die spätere Berufswahl) für Jungen zu als für Mädchen. Ebenso urteilten die befragten Schülerinnen und Schüler. Hier kann eine Auswirkung der Einstellungen der Lehrkräfte als Sozialisationsagenten auf die Wertschätzung der Schülerinnen und Schüler im Sinne des Eccles-Modells vorliegen. Sofern die Lehrkräfte den Wert der Mathematik für Mädchen geringer einschätzen als für Jungen und dies von den Schülerinnen und Schüler wahrgenommen wird, müsste es nach dem Modell die eigenen Einstellungen der Kinder zur Mathematik beeinflussen. In neueren Studien wurde bei älteren Jungen und Mädchen aber auch häufig ein vergleichbarer subjektiver Wert der Mathematik gefunden, wobei lediglich das Interesse bei Jungen konstant höher ist (zusammenfassend Eccles & Wigfield, 2002). Die Beziehung zwischen Interesse und Leistung scheint für Jungen stärker zu sein als für Mädchen (Baumert, Schnabel & Lehrke, 1998; Pintrich & Schunk, 1996).

2.3.2 Entwicklung der Motivation im Fach Mathematik

Die Ergebnisse verschiedener Untersuchungen legen nahe, dass sich im Laufe der Schulzeit bei Schülerinnen und Schülern sowohl die positiven Erwartungshaltungen als auch das Interesse am Fach Mathematik deutlich reduzieren (zusammenfassend Wigfield & Eccles, 2000). Typisch für das Fach Mathematik sind die Ergebnisse einer Längsschnittstudie von Jacobs, Lanza, Osgood, Eccles und Wigfield (2002). Von der ersten bis zur zwölften Klasse verringerten sich Kompetenzeinschätzungen und subjektiver Wert im Fach Mathematik bei Schülerinnen und Schülern kontinuierlich. Zusätzlich ergaben sich signifikante Geschlechtsunterschiede zugunsten der Jungen. Ähnliche Ergebnisse erbrachte die Erhebung motivationaler Variablen im Rahmen von TIMSS Deutschland (Baumert et al., 1997). Für die in der vorliegenden Arbeit betrachteten Variablen lässt sich ausnahmslos eine negative motivationale Entwicklung über die Schulzeit hinweg konstatieren. Hinsichtlich der IPT zeigen empirische Studien, dass eine Stabilitätstheorie der Intelligenz mit zunehmendem Alter öfter vertreten wird als eine Zuwachstheorie (z. B. Schlangen & Stiensmeier-Pelster, 1997; Ziegler & Schober, 1999a). Das hängt vermutlich mit der unter 2.1.4 bereits thematisierten Entwicklung der Konzepte von Anstrengung und Begabung zusammen. Zudem ist bei beiden Geschlechtern ein früh einsetzender Abwärtstrend im mathematischen Fähigkeitskonzept zu beobachten (Eccles et a., 1993; Stipek & MacIver, 1989; Wigfield et al. 1997). Dies konnte z. B. in der Münchner Längsschnittstudie (LOGIK) vom Kindergarten bis zur 6. Klassenstufe nachgewiesen werden (Helmke, 1998). Jacobs et al. (2002) fanden längsschnittlich einen Rückgang des Selbstkonzepts in verschiedenen Schulfächern von der 1. bis zur 12. Klasse. In dieser Studie ging das Selbstkonzept der Jungen noch stärker zurück, als das der Mädchen und glich sich in der neunten Jahrgangsstufe schließlich dem der Schülerinnen an (vgl. auch Byrne & Gavin, 1996; Fischer, 2002). Die Selbstwirksamkeitsüberzeugung sinkt häufig mit dem Übertritt in weiterführende Schulen, was bei Mädchen noch stärker ausgeprägt ist als bei Jungen (Schunk & Pajares, 2002). Zudem findet sich hinsichtlich der Lernzielorientierung in verschiedenen Schulfächern nach der Grundschulzeit eine Abnahme, deren Ursache unter anderem in den sich in der Sekundarstufe ändernden Unterrichtspraktiken vermutet wird (Anderman & Midgley, 1997). Über die Schulzeit hinweg zeigt sich auch eine kontinuierliche Verringerung des subjektiven Werts der Mathematik (Eccles, Wigfield & Schiefele 1998; Graham & Taylor, 2002; Köller et al., 2000; Wigfield & Eccles, 1992). Pintrich und Schunk (1996) sprechen von einer generellen Abnahme des Interesses an Schule mit dem stärksten Abfall in Mathematik. Gottfried, Fleming und Gottfried (2001) konnten eine signifikante Reduktion der intrinsischen Motivation in Mathematik nachweisen, wobei ihre Definition intrinsischer Motivation dem Interesse im Eccles-Modell gleicht. Wigfield et al. (1997) berichten von einer Abnahme von Interesse und Wichtigkeit der Mathematik zur Zeit des Übergangs in die „junior high school".

2.4 Zusammenfassung und Schlussfolgerungen für die Interventionsmaßnahme

Zusammenfassend lässt sich konstatieren, dass die im erweiterten Erwartungs-Wert-Modell betrachteten Schülervariablen und die Variablen des Motivationsprozessmodells alle einen empirisch gut belegten Einfluss auf Erfolgserwartung, subjektiven Wert und letztlich das Leistungsverhalten im Fach Mathematik haben. Beide Modelle geben Hinweise darauf, welche Variablen einer gezielten Förderung bedürfen. Darunter fallen Attributionen und IPT, auf deren Basis Erfahrungen interpretiert werden. Als wichtige Antezedenzien von Wert und Erwartung sind auch Zielorientierungen sowie das Selbstkonzept zu nennen, wobei Letzteres insbesondere enge Zusammenhänge mit der Erfolgserwartung aufweist. Als Indikator der Erfolgserwartung kann die Selbstwirksamkeit gelten. Hinsichtlich des subjektiven Werts sollten fachbezogenes Interesse sowie wahrgenommene Nützlichkeit und Wichtigkeit gefördert werden. Die meisten motivationalen Variablen sind bei Mädchen ungünstiger ausgeprägt als bei Jungen. Ferner zeigen Entwicklungsdaten bei allen betrachteten Variablen eine negative Entwicklung über die Schulzeit hinweg.

Es stellt sich die Frage, welche Maßnahmen geeignet sind, um diesen Motivationsrückgang zu vermeiden und Schülerinnen und Schüler gleichermaßen zu fördern. Im Rahmen des erweiterten Erwartungs-Wert-Modells wird angenommen, dass das Leistungsverhalten der Schülerinnen und Schüler von den Lehrkräften als Sozialisationsagenten beeinflusst werden kann. Im Folgenden sollen Merkmale der Lehrkraft und des Unterrichts betrachtet werden, die im Zusammenhang mit der Motivation der Schülerinnen und Schüler relevant sind.

3 Beeinflussung von Motivation und selbstbezogenen Kognitionen durch die Lehrkraft

Durch die Gestaltung der Lernbedingungen in der Schule sind Lehrpersonen in der Lage, grundlegenden Einfluss auf die Motivation der Schülerinnen und Schüler zu nehmen (Krapp, 2003a). Dabei ist nach dem aktuellen Forschungsstand weniger die Lehrerpersönlichkeit entscheidend als vielmehr die gezielte Anwendung von Unterrichtsprinzipien und –methoden. Die empirische Unterrichtsforschung der 1950er und 60er Jahre rückte die Persönlichkeit der Lehrkraft in den Mittelpunkt. Die Suche nach der „idealen Lehrerpersönlichkeit" kann jedoch als gescheitert angesehen werden (vgl. Rustemeyer, 2004; Terhart, 1995). Aufgrund aktueller Ergebnisse kann man davon ausgehen, dass Schülerinnen und Schüler die Lehrkräfte eher nach deren Unterrichtsverhalten als nach ihrer Persönlichkeit beurteilen (Ditton, 2002a). Für die vorliegende Untersuchung interessiert, welche Unterrichtsprinzipien und Verhaltensweisen der Lehrkraft sich in welcher Weise auf Motivation und Leistung der Schülerinnen und Schüler auswirken. Das Lehrkraftverhalten und seine Auswirkungen auf das Verhalten der Schülerinnen und Schüler geriet spätestens ab Beginn der 1970er Jahre in den Blickpunkt der Unterrichtsforschung als das Persönlichkeitsparadigma der Unterrichtsforschung vom Prozess-Produkt-Paradigma abgelöst wurde (Bromme, 1997; Rustemeyer, 2004). Inzwischen werden in der Unterrichtsforschung zahlreiche Variablen auf Lehrer- und Lernerseite, ihre Zusammenhänge und Wechselwirkungen betrachtet. Die wechselseitigen Beziehungen zwischen den verschiedenen Faktoren, die im Unterricht wirksam werden sind sehr komplex (Helmke & Weinert, 1997). Daher ist es schwierig, einzelne Verhaltensweisen isoliert hinsichtlich ihres Einflusses auf bestimmte Schülervariablen zu untersuchen. Unter Beibehaltung des Ausgangsmodells von Eccles et al. wird im Folgenden auf die von dieser Forschungsgruppe herausgestellten Unterrichtsmerkmale eingegangen, die geeignet sind, die Motivation der Lernenden zu steigern.

3.1 Die Bedeutung der Lehrkraft im erweiterten Erwartungs-Wert-Modell

Im erweiterten Erwartungs-Wert-Modell spielen die Einstellungen der Sozialisationsagenten eine wichtige Rolle. Nach dem Modell sollten vom Kind wahrgenommene Überzeugungen der Eltern und Lehrkräfte letztlich auf Wert und Erfolgserwartung wirken. Empirische Studien zeigen, dass soziale Einflüsse insbesondere die Wahl von Aktivitäten beeinflussen (Eccles et al. 1984; Eccles & Wigfield, 1995; Meece et al., 1990). Der subjektive Wert, den ein Kind einer Aktivität beimisst, sowie seine Selbstschemata hängen stark mit Werten der Eltern und deren Fähigkeitseinschätzung hinsichtlich ihres Kindes zusammen (Eccles, et al., 1983; Jacobs & Eccles, 1992 zit. nach Jacobs & Eccles, 2000). Der Lehrkraft wird von Jacobs und Eccles (2000) ein ebenso hoher Stellenwert eingeräumt.

Zur Erklärung des Motivationsabfalls beim Übergang in weiterführende Schulen bedienen sich Jaquelynne Eccles und Kollegen (Eccles & Midgley, 1989; Eccles et al., 1993; Jacobs & Eccles, 2000) der „person-environment-fit-theory" nach Hunt (1975). Sie gehen davon aus, dass die soziale Umgebung in den weiterführenden Schulen nicht ausreichend mit den Charakteristika und Bedürfnissen der Jugendlichen korrespondiert. Als grundlegend bezeichnen sie das Bedürfnis nach der Ausbildung einer sozialen Identität und die Bedürfnisse nach Kompetenz, Autonomie und sozialer Eingebundenheit (Eccles et al. 1993; Jacobs & Eccles, 2000; vgl. 2.1.1). Die Autoren argumentieren, dass deren Erfüllung zu einem gesteigerten subjektiven Wert und darüber zu positivem Leistungsverhalten führt. Diese Annahmen entsprechen den Aussagen der Selbstbestimmungstheorie der Motivation nach Deci und Ryan (1985). Verschiedene Studien der Arbeitsgruppe um Eccles belegen den Zusammenhang zwischen Autonomie- und Kompetenzgefühlen einerseits und gesteigertem Interesse andererseits (Midgley & Feldlaufer, 1987; Midgley, Feldlaufer & Eccles, 1989).

Bezüglich des Bedürfnisses nach Ausbildung einer sozialen Identität sind in Mathematik insbesondere geschlechtsspezifische Verhaltensmuster von Interesse. Nach Jacobs und Eccles (2000) partizipieren Kinder auf der Suche nach sozialer Identität insbesondere an Aktivitäten, die ihnen als angemessen für das eigene Geschlecht scheinen (z. B. aufgrund wahrgenommener Geschlechtsstereotype der Umgebung und der Sozialisationsagenten). Dieses Verhalten wirkt sich dann wiederum auf die Wertschätzung der Aktivitäten aus. Mit Einsetzen der Pubertät werden geschlechts-kongruente Verhaltensweisen besonders relevant, da sich die Jugendlichen in dieser Zeit stark mit ihrer Erwachsenenrolle als Frau oder Mann auseinandersetzen und identifizieren (Hannover, 2000). Nosek, Banaji und Greenwald (2002) konnten zeigen, dass Frauen umso negativere Einstellungen gegenüber Mathematik aufwiesen, je stärker sie sich mit der eigenen Geschlechterrolle identifizierten. Somit beruhen die bei Jugendlichen besonders stark ausgeprägten Geschlechtsunterschiede hinsichtlich Motivation und Leistung in mathematisch-naturwissenschaftlichen Fächern (Beller & Gafni, 1996) vermutlich teilweise auf Prozessen der Identitätsbildung in der Pubertät. Gleichzeitig sind insbesondere Mädchen vom Urteil ihrer Sozialisationsagenten abhängig (Carli & Bukatko, 2000), so dass sich bei ihnen die Einstellungen der Lehrkräfte stark auswirken dürften. Hier werden laut dem erweiterten Erwartungs-Wert-Modell auch Geschlechtsstereotypen wirksam.

Als Grund für den empirisch nachweisbaren Abfall der Motivation wird angenommen, dass sich die schulische Umwelt asynchron mit den Bedürfnissen der Schülerinnen und Schüler verändert. Als Unterrichtsvariablen, die der Veränderung unterliegen, nennen Jacobs und Eccles (2000) unter anderem Aufgabenstruktur, Bewertungstechniken, Motivierungsstrategien und Verantwortungsverteilung. Die Aufgabe der Lehrpersonen ist es nach Eccles et al. (1993), den Schülerinnen und Schüler genau so viel Strukturierung zu bieten, wie sie in der jeweiligen Entwicklungsphase benötigen, so dass die Umgebung genau zu den Bedürfnissen der Jugendlichen passt („Stage-environment-fit", vgl. auch Jacobs & Eccles, 2000). Empirische Ergebnisse sprechen jedoch dafür, dass dies weitgehend nicht erreicht wird. Den wachsenden Bedürfnissen der Jugendlichen nach Autonomie und Partizipation steht eine erhöhte Kontrolle durch die Lehrkraft in weiterführenden Schulen gepaart mit weniger Verantwortung für eigene Aufgaben gegenüber (Midgley & Feldlaufer, 1987; Feldlaufer, Midgley & Eccles, 1988). Midgley und Feldlaufer (1987) fanden, dass die Passung zwischen dem Autonomiebedürfnis der Schülerinnen und Schüler und der wahrgenommenen Autonomie im Unterricht in weiterführenden Schulen schlechter war als in der Grundschule (vgl. auch Eccles et al., 1993). Hinsichtlich des Bedürfnisses nach sozialer Eingebundenheit verweisen Eccles et al. (1993) auf die Abnahme von persönlichen positiven Lehrer-Schüler-Beziehungen. In einer zweijährigen Längsschnittstudie bezüglich des Schulfachs Mathematik fanden sie heraus, dass Lehrkräfte in der weiterführenden Schule im Vergleich zu Grundschullehrern weniger freundlich und unterstützend erlebt werden. Hier konnten sie Zusammenhänge mit dem subjektiven Wert nachweisen (vgl. auch Eccles & Midgley, 1989; Feldlaufer et al., 1988). Zudem gibt es in weiterführenden Schulen ein kompetitiveres Klima und weniger Kleingruppenarbeit (Eccles & Midgley, 1989; Eccles et al., 1993; Feldlaufer et al., 1988), was ebenfalls dem steigenden Bedürfnis nach sozialem Kontakt zuwider läuft.

Dabei ist das kognitive Niveau der Aufgaben eher zu gering, um dem Bedürfnis der Jugendlichen nach Kompetenz entgegenzukommen (DiCintio & Stevens, 1997; Mitman, Mergendoller, Packer & Marchman, 1984 zit. nach Eccles et al., 1993). Dies ist allerdings gepaart mit einer strengeren Benotung (zusammenfassend, Eccles et al. 1993), welche sich wiederum negativ auf die Einschätzung der eigenen Kompetenz auswirken kann.

Auch die Überzeugungen der Lehrpersonen über ihre eigenen Kompetenzen wirken auf die Schülerinnen und Schüler. In ihrer Mathematiklängsschnittstudie zum Schulübergang stellten Eccles et al. (1993) fest, dass die meisten Jugendlichen nach dem Übergang von Lehrkräften unterrichtet wurden, die sich bezüglich ihrer Fähigkeiten effektiv zu unterrichten und allen Schülerinnen und Schülern im Unterricht gerecht zu werden („teacher efficacy") geringer einschätzten als die früheren Lehrkräfte. Dies wirkte sich negativ auf die Erfolgserwartungen und Selbstkonzepte der Schülerinnen und Schüler aus. In der pädagogisch-psychologischen Forschung sind außerdem Lehrkrafterwartungen an die Schülerinnen und Schüler und deren Konsequenzen von Interesse. So haben sich auch Eccles und Kollegen immer wieder mit dem Thema der Self-Fulfilling-Prophecy auseinandergesetzt (z. B. Jussim & Eccles, 1992; Madon, Jussim & Eccles, 1997; Madon et al., 2001). Der Begriff Self-Fulfilling-Prophecy (SFP) umschreibt falsche Überzeugungen, die ihre eigene Erfüllung verursachen (Ludwig, 2001; Merton, 1948). Auf entsprechende Einflüsse von Lehrererwartungen auf Motivation und Selbstkonzept der Schülerinnen und Schüler soll im Folgenden näher eingegangen werden. Danach werden Auswirkungen von Unterrichtspraktiken und Verhaltensweisen der Lehrkraft vor dem eben dargestellten Hintergrund ausführlicher thematisiert. Ziel ist es festzustellen, welche Verhaltensweisen der Lehrkraft und welche Unterrichtsprinzipien dazu geeignet sind, Wert und Erwartung im Fach Mathematik zu steigern.

3.2 Erwartungen der Lehrkraft

Die Annahme, dass die Erwartungen von Lehrerinnen und Lehrern Auswirkungen auf Kognitionen, Emotionen und Verhalten von Schülerinnen und Schülern haben, hat in der Pädagogischen Psychologie eine lange Tradition. Bereits Ende der 60er Jahre des 20. Jahrhunderts beschrieben Rosenthal und Jacobson (1968) den sogenannten Pygmalioneffekt im Unterricht als positive Auswirkungen hoher Leistungserwartungen der Lehrkräfte auf die Schülerinnen und Schüler (Rosenthal, 1971; vgl. auch Hofer, 1996; Ludwig 1998). Außerdem wird zunehmend über den so genannten Golemeffekt, d. h. den negativen Einfluss geringer Erwartungen von Lehrkräften an die Lernenden berichtet (Babad, 1993; Dresel, Schober & Ziegler, in Vorbereitung; Ziegler, Broome & Heller, 1999). Einschätzungen von Lehrpersonen hinsichtlich der Begabung ihrer Schülerinnen und Schüler können signifikante Auswirkungen auf die Selbsteinschätzungen und auf das Leistungsverhalten der Mädchen und Jungen haben (Babad, 1993; Dweck, 1999; Jussim, 1989; Meyer 1984). Eccles und Mitarbeiter konnten Zusammenhänge zwischen Lehrererwartungen und den Selbstkonzepten ihrer Schülerinnen und Schüler nachweisen (Eccles & Wigfield, 1985; Wigfield et al., 1997 vgl. auch Brattesani, Weinstein & Marshall, 1984). Babad (1993) vergleicht Lehrererwartungen mit Stereotypen und geht davon aus, dass Erwartungen die eventuell real existierenden Unterschiede zwischen Schülerinnen und Schülern innerhalb einer Klasse akzentuieren und übertreiben, was zu einer Stabilisierung dieser Unterschiede führen kann (vgl. Ludwig, 2001).

Die Quellen, aus denen sich die Erwartungen der Lehrkräfte speisen, sind vielfältig (Brophy & Good, 1970; Meyer, 1984). Insbesondere im Zusammenhang mit Mathematik sind die Geschlechtsstereotypen der Lehrkraft eine Fehlerquelle (vgl. Eccles et al., 1983). Rustemeyer (1999) konnte zeigen, dass geschlechtsbezogene Erwartungsmuster bei angehenden Mathematiklehrkräften existieren. So wurden stereotypkonform von Mädchen deutlich geringere mathematische Leistungen erwartet als von Jungen (vgl. auch Li, 1999; Tiedemann, 2000). Attributionen und Rückmeldungen der Lehrenden an Jungen und Mädchen unterscheiden sich aufgrund dieser Erwartungen (Dweck, Davidson, Nelson & Enna, 1978). Lehrpersonen attribuieren gute Leistungen von Mädchen eher auf Anstrengung, die von Jungen auf Begabung (Fennema, Peterson, Carpenter & Lubinski, 1990; Jussim & Eccles, 1992). Dementsprechend wird bei Jungen eher die inhaltliche Qualität gelobt und bei den Mädchen eher auf begabungsirrelevante Aspekte wie z.B. ordentliche und saubere Heftführung zurückgegriffen. Hingegen werden schwache Leistungen von Mädchen eher als bei Jungen auf mangelnde Begabung zurückgeführt (Tiedemann, 1995). Dweck et al. (1978) nehmen an, dass diese Rückmeldemuster ein Grund dafür sein könnten, dass hilfloses Verhalten empirisch bei Mädchen häufiger nachgewiesen wird als bei Jungen.

Ziegler (1999) geht davon aus, dass die IPT von Lehrkräften mit ihren Einstellungen zu Mädchen und Jungen zusammenhängt. Er konnte zeigen, dass Lehrkräfte mit hoch ausgeprägter Stabilitätstheorie eher dazu neigen, sich des Geschlechtsstereotyps zu bedienen. Sie nehmen an, dass Geschlechtsunterschiede unveränderbar sind und eher Jungen als Mädchen eine Begabung für Mathematik aufweisen. Dies kann sich schließlich im Verhalten der Lehrkräfte gegenüber Mädchen und Jungen niederschlagen.

Unabhängig vom Geschlecht der Lernenden wirken sich leistungsbezogene Erwartungen der Lehrkräfte auf Selbstkonzept und Leistung der Schülerinnen und Schüler aus. Dass sich negative wie auch positive Erwartungen von Lehrpersonen im Fach Mathematik auf die Leistungen von Schülerinnen und Schülern auswirken, haben z. B. Madon et al. (1997) in einer Studie mit nahezu 100 Lehrkräften und mehr als 1500 Schülern nachgewiesen. Wie in zahlreichen Studien, die in der Folge der klassischen Untersuchung von Rosenthal und Jacobson (1968) durchgeführt wurden[3], konnte auch hier gezeigt werden, dass Lehrererwartungen die Leistungen der Schülerinnen und Schüler im Sinne einer Self-Fulfilling-Prophecy beeinflussen. Lehrererwartungen wirkten insbesondere bei schwächeren Schülern im Sinne einer SFP. Interessanterweise waren dabei die günstigen Auswirkungen einer Überschätzung durch die Lehrkraft größer als der Golemeffekt. D.h. insbesondere schwächere Schülerinnen und Schüler profitieren von hohen Erwartungen einer Lehrperson. Wie Madon et al. (2001) hervorheben, kann von wechselseitiger Beeinflussung ausgegangen werden: Außer den Erwartungen des Gegenübers greift hier das Motiv nach Selbstkonsistenz. So kann die Erwartung einer Lehrkraft das Selbstkonzept des Schülers verändern. Dieser passt sich der Erwartung an, um Selbstkonsistenz zu erlangen.

Im Gegensatz zur Hypothese der SFP steht die Annahme, dass Lehrkräfte sich von Beginn an ein korrektes Urteil bilden und ihre Erwartungen teilweise deshalb bestätigt werden, weil sie realistisch sind (Babad, 1993). Jussim (1989) kam aufgrund seiner Ergebnisse zu dem Schluss, dass nicht SFP, sondern realistische Einschätzungen der Lehrkraft zu Übereinstimmungen zwischen Lehrkrafterwartungen und Leistungen der Schülerinnen und Schüler führen. Allerdings finden sich auch bei realistischen Einschätzungen des niedrigen Leistungsstandes eines Schülers negative Konsequenzen. In diesem Zusammenhang wird von einer Self-Maintaining-Prophecy gesprochen, die zur Beibehaltung

---

[3] siehe die Metaanalysen von Harris und Rosenthal, 1985

schwacher Leistungen und somit schließlich zur Vergrößerung vorhandener Leistungsunterschiede in einer Schulklasse führt (Babad, 1993; Ludwig, 2001). Leistungserwartungen erfüllen sich also nicht immer aufgrund einer SFP. Bezüglich der Selbstkonzepte der Schülerinnen und Schüler werden jedoch meist die angenommenen sich selbst erfüllenden Effekte der Lehrererwartungen gefunden (Jussim, 1989).

Wie aber erschließen die Schülerinnen und Schüler die Einstellungen, die Lehrpersonen ihnen gegenüber haben? Erwartungen und Überzeugungen der Lehrkräfte spiegeln sich offensichtlich in deren Verhalten wieder: Bereits 1974 konstatierten Brophy und Good aufgrund empirischer Ergebnisse, dass sich Lehrkräfte gegenüber Lernenden, an die sie geringe Erwartungen haben, anders verhalten als gegenüber Lernenden, an die sie höhere Erwartungen haben. Meta-Analysen zeigen, dass Erwartungen der Lehrkräfte insbesondere ihr affektives und unterstützendes Verhalten beeinflussen (Babad, 1993). Sie räumen schwächeren Schülern z. B. kürzere Wartezeit nach Fragen ein, rufen rascher andere Kinder auf (Brophy & Good, 1974; Gore & Roumagoux, 1983) und schenken ihren Unterrichtsbeiträgen weniger Beachtung (Dubs, 1995). Schülerinnen oder Schüler, an die sie hohe Erwartungen haben, bekommen dagegen von den Lehrkräften mehr Gelegenheit, ihr Können zu zeigen, ihnen wird mehr Autonomie eingeräumt und sie erhalten mehr Zeit für Unterrichtsbeiträge (Rosenholtz & Simpson, 1984; Weinstein, Marshall, Bratesani & Middlestadt, 1982). Die Tatsache, dass Lehrkräfte Schülerinnen und Schüler je nach den Erwartungen, die sie an sie haben, unterschiedlich behandeln wird auch als „differenzierendes Verhalten" bezeichnet (Babad, 1995).

Es kann davon ausgegangen werden, dass die Schülerinnen und Schüler ein solches Lehrkraftverhalten auch wahrnehmen (Babad, 1995; Babad et al. 2003; Weinstein, 1989). Schon sehr junge Schülerinnen und Schüler scheinen sensibel für differenzierendes Verhalten ihrer Lehrkraft zu sein. Dabei ist es interessant, dass die Selbstwahrnehmung der Lehrkräfte keineswegs mit dem Urteil der Schülerinnen und Schüler übereinstimmen muss. In einer Untersuchung von Babad (1990) berichteten die Kinder, dass gute Schülerinnen und Schüler mehr emotionale Unterstützung der Lehrperson erhielten, die Lehrkräfte selber hingegen gaben an, schwächere Schülerinnen und Schüler emotional stärker zu unterstützen. Die allgemeine Beurteilung einer Lehrkraft durch ihre Schülerinnen und Schüler hängt eng mit dem schülerperzipierten differenzierenden Verhalten zusammen (Babad, Avni-Babad & Rosenthal, 2003). Babad (1995) untersuchte die emotionalen Auswirkungen erwartungsgeprägten Lehrverhaltens auf Schülerinnen und Schüler der Jahrgangsstufen 5 und 6 und fand heraus, dass Schülerinnen und Schüler mit Ärger und Empörung auf wahrgenommene Bevorzugung besserer Schülerinnen und Schüler reagieren. In der Videostudie von Babad et al. (2003) stellte sich das differenzierende Verhalten der Lehrkraft als stärkster Prädiktor des Schülerurteils heraus. Schülerinnen und Schüler, die Unterschiede im Verhalten ihrer Lehrkraft gegenüber besseren und schwächeren Schülern wahrnahmen, beurteilten die Lehrpersonen insgesamt negativer.

Hier wird deutlich, dass das Lehrkraftverhalten nicht isoliert betrachtet werden kann – wichtig für Motivation und Leistung der Schülerinnen und Schüler ist letztlich ihre eigene Wahrnehmung und Interpretation des Unterrichtsgeschehens (vgl. auch Dickhäuser & Stiensmeier-Pelster, 2003). In der Unterrichtsforschung wird zunehmend der Blick auf Wahrnehmungen und Kognitionen auf der Lernerseite gerichtet (Rustemeyer, 2004). Ein Beispiel für die Komplexität des Unterrichtsgeschehens findet sich bei der Betrachtung der sogenannten paradoxen Effekte von Lob und Tadel (Meyer, 1984). Wenn Lehrkräfte ihre Schülerinnen und Schüler loben, so geschieht das meist mit der Intention, ihren Selbstwert zu stärken (Dweck, 1999). Lob bei einer leichten Aufgabe kann aber den entgegengesetzten Effekt hervorrufen, nämlich die Schlussfolgerung der gelobten Person, dass die lobende ihr wenig zutraut (Meyer, 1982; 1984). Lob, das sich ausdrücklich auf Intelligenz und Begabung bezieht, ist zwar förderlich für den Selbstwert (Schober, 2002), allerdings kann es die Motivation bezüglich neuer herausfordernder Aufgaben verringern. So fanden Mueller und Dweck (1998) heraus, dass Kinder, die für ihre Intelligenz gelobt wurden, nachfolgend eher einfache Aufgaben wählten, um den Eindruck, dass sie klug seien, aufrecht zu erhalten. Kinder, die für Anstrengung gelobt worden waren, suchten hingegen herausfordernde Aufgaben aus. Zudem förderte Lob für Intelligenz die Ausprägung einer impliziten Stabilitätstheorie der Intelligenz bei den Kindern (vgl. auch Dweck, 1999).

Die Effektstärken in den Studien zu Erwartungseffekten sind meist nicht sehr hoch (vgl. Madon et al., 1997; Jussim, 1989). Dies stellt aber ein für die Unterrichtsforschung typisches Phänomen dar, das mit der Komplexität des Schulalltags zusammenhängt (vgl. Patry & Hager, 2000). Insgesamt kann man davon ausgehen, dass sich Lehrkrafterwartungen über das (von den Lernenden wahrgenommene) Verhalten der Lehrpersonen auf Motivation, Schülerselbstkonzepte und auch Leistungen auswirken können. Die Frage, die sich im Rahmen eines Interventionsprojektes stellt ist nun die, ob und wie dieser Sachverhalt positiv genutzt werden kann. Es hat sich gezeigt, dass insbesondere schwächere Schülerinnen und Schüler von positiven Erwartungen der Lehrkraft profitieren können (Madon et al., 1997). Harris und Rosenthal (1985) definierten Unterrichtsmerkmale, die solchen positiven Effekten von Lehrkrafterwartungen unterstützen: Am wichtigsten waren ein förderliches soziales Klima und das Anbieten von herausforderndem Lernstoff, weiterhin wirkte sich Autonomie positiv aus. Hier liegen klare Parallelen mit den von der Forschungsgruppe um Eccles angenommenen Bedürfnissen Jugendlicher und der Selbstbestimmungstheorie von Deci und Ryan (1993; Ryan & Deci, 2000) vor.

3.3 Unterrichtspraktiken und Verhaltensweisen der Lehrkraft

Schon 1979 identifizierte Bossert die Faktoren Bewertungspraktiken, Schülerautonomie und Aufgabenstruktur als wichtig für die Selbsteinschätzung der Schülerinnen und Schüler (vgl. Marshall & Weinstein, 1984). Diese Faktoren werden immer wieder in ähnlicher Form aufgegriffen und haben Platz in den wichtigsten heute noch gebräuchlichen Theorien der Motivation im Unterricht. Wie unter 3.1 dargestellt bestimmen diese Unterrichtsstrukturen nach der Stage-environment-fit-Theorie, je nach Passung mit den Bedürfnissen der Schülerinnen und Schüler, die Motivation. Wie sie sich auswirken soll im Folgenden dargestellt werden, wobei für die Autonomie und Aufgabenstruktur insbesondere auf die Selbstbestimmungstheorie der Motivation von Deci und Ryan (1985) zurückgegriffen wird, da diese auch im Zusammenhang mit dem erweiterten Erwartungs-Wert-Modell eine große Rolle spielt (vgl. 2.2.1).

3.3.1 Bewertungspraxis im Unterricht

3.3.1.1 Sozialer Vergleich und Bezugsnormorientierung

Als grundlegende Variable bezüglich der Erfolgserwartung und Wertschätzung hat sich die Bezugsnormorientierung der Lehrkraft erwiesen. Im deutschsprachigen Raum befasst sich insbesondere die Forschungsgruppe um Falko Rheinberg mit dieser Variable (z. B. Rheinberg & Krug, 1999). Bezugsnormen sind Vergleichsmaßstäbe bei der Leistungsbewertung. Rheinberg und Mitarbeiter unterscheiden zwischen sachlichen, individuellen und sozialen Bezugsnormen. Eine sachliche Bezugsnorm beinhaltet den Vergleich mit einem zu erreichenden Kriterium. Bei der sozialen Bezugsnorm werden Schülerinnen und Schüler zu einem bestimmten Zeitpunkt untereinander verglichen (sozialer Vergleich), während bei der individuellen Bezugsnorm ein temporaler Vergleich innerhalb eines Lernenden erfolgt, d.h. die Leistungen eines Schülers werden mit seinen eigenen früheren Leistungen verglichen (Rheinberg, 1995). Der Einbezug individueller Bezugsnormen bei der Bewertung hat sich als besonders günstig für die Motivation schwächerer Schülerinnen und Schüler erwiesen (Rheinberg, 2001).

Spätestens seit den sozialpsychologischen Arbeiten von Festinger (1954) ist bekannt, dass Personen von sich aus soziale Vergleiche anstellen, um sich in einer Bezugsgruppe einordnen und eigene Fähigkeiten einschätzen zu können. Somit werden unter einer sozialen Bezugsnormorientierung Fähigkeitsinformationen betont, was insbesondere für schwächere Schülerinnen und Schüler motivational ungünstige Folgen haben kann und zu Leistungsdruck führt (Rheinberg & Reinhard, 1982). Misserfolge werden bei sozialer Bezugsnormorientierung leicht auf mangelnde Fähigkeiten attribuiert (Rheinberg, 1995). Im Gegensatz dazu hängen die bei der individuellen Bezugsnorm betrachteten eigenen Leistungssteigerungen und -verringerungen vornehmlich vom Anstrengungsaufwand ab, was wiederum einen motivational günstigen Attributionsstil fördert (vgl. Rheinberg, 1995). Zahlreiche Studien haben gezeigt, dass soziale Vergleiche bei den Schülerinnen und Schülern besonders salient sind. Kindern ist es wichtiger, andere zu übertrumpfen als eine Aufgabe zu beherrschen (Ames, 1984; Butler, 1988). In der Umwelt eines Kindes gibt es unzählige Beispiele für die Anwendung sozialer Bezugsnormen, so bei der Herausstellung der besten Ergebnisse von Klassenarbeiten oder Sportwettkämpfen, dem Aushang von Listen mit Ergebnissen von Klausuren, der Gruppenbildung nach Fähigkeit oder der Ausstellung ausgewählter Arbeiten (vgl. Ames, 1992). Schülerinnen und Schüler wenden ganz automatisch eine soziale Bezugsnorm an, weshalb im Unterricht zusätzlich die individuelle Bezugsnormorientierung gefördert werden sollte.

Lehrkräfte, die außer sozialen auch individuelle Bezugsnormen verwenden, erzielen bei den Schülerinnen und Schüler folgende Veränderungen: Motivational günstigere Attributionen auf Anstrengung, Sinken von Misserfolgsfurcht und Prüfungsangst, Anstieg von internalen Kontrollüberzeugungen und Verbesserungsmotivationen (Rheinberg, 1995). Zudem scheint die Bezugsnormorientierung der Lehrkraft den Zusammenhang zwischen Selbstkonzept und Leistung zu moderieren, dieser ist bei sozialer Bezugsnormorientierung der Lehrkraft stärker (Helmke, 1992). Demnach ist das Selbstkonzept von Schülerinnen und Schüler weniger von ihren Leistungen abhängig, wenn die Lehrkraft individuelle Bezugsnormen anlegt.

Schülerinnen und Schüler orientieren sich auch für ihre eigene Bezugsnorm an den Lehrkräften, d.h. wenn die Lehrperson individuelle Bezugsnormen verwendet, tun dies wahrscheinlich auch die Schülerinnen und Schüler in hohem Ausmaß (Rheinberg, Krug, Lübbermann & Landscheid, 1980).

Dass ein Fokus auf den sozialen Vergleich ungünstig für Motivation, Selbstkonzept und Leistung der Schülerinnen und Schüler ist, zeigen auch die Studien von Rosenholtz und Simpson (1984). Klassen, in denen Aufgabenstrukturen, Bewertungs- und Gruppierungspraktiken einen sozialen Vergleich unterstützen, weisen größere interindividuelle Differenzen in der Fähigkeitswahrnehmung und eine starre Rangordnung auf. Die in solchen Klassen vorgefundene breitere Verteilung der Fähigkeitsselbstkonzepte kann ein Abbild der Verteilung der Noten sein. Diese ist allgemein breiter bei Lehrkräften, die sich an sozialen Bezugsnormen orientieren, als bei Lehrkräften, die intraindividuelle Vergleiche bei der Bewertung berücksichtigen (Rosenholtz & Simpson 1984).

Eine wichtige Rolle im Motivationsgeschehen spielt auch die Öffentlichkeit der Beurteilung. Der soziale Vergleich wird insbesondere dann salient, wenn Leistungsergebnisse vor der Klasse kundgetan werden. Bei Verwendung individueller Bezugsnormen erfolgen Beurteilungen eher privat (vgl. Marshall & Weinstein, 1984), was besonders für schwächere Schülerinnen und Schüler relevant ist. Wenn die Lehrkraft dagegen Wert auf häufige öffentliche Beurteilungen legt, besteht die Gefahr, dass Schülerinnen und Schüler eine Leistungszielorientierung und eine soziale Bezugsnormorientierung ausbilden, was unter anderem mit mangelndem Interesse (Deci & Ryan, 1985) und mangelnder Ausdauer (Elliott & Dweck, 1988) einher gehen kann. Ein Fokus auf den sozialen Vergleich kann sogar zu einer weniger guten Gedächtnisleistung bei den Lernenden führen. Dies hängt mit der Anwendung unterschiedlicher Lernstrategien zusammen (Graham & Golan, 1991; Ames & Archer, 1988). Wichtig ist dagegen das Einräumen von Verbesserungsmöglichkeiten. Covington und Omelich (1984) berichten, dass die Möglichkeit, seine Note zu verbessern den Fokus der Schülerinnen und Schüler mehr auf die Anstrengung als auf die Begabung lenkt.

3.3.1.2   Umgang mit Fehlern

Der Umgang mit Fehlern durch die Lehrkraft scheint im Hinblick auf Motivation und Leistung ein entscheidender Faktor zu sein (Chott, 1999; Oser & Hascher, 1997). Motivationsförderlich wirkt sich eine klare Trennung von Lernprozess und Leistungsbeurteilung aus (Chott 1999; Oser & Hascher, 1997). Chott (1999) spricht in diesem Zusammenhang von der Relevanz eines „positiven Fehlerklimas" im Unterricht. Da Fehler an sich Angst und Frustration auslösen können, sollte die Lehrkraft ein fehlerakzeptierendes Verhalten im Unterricht zeigen und deutlich machen, dass Fehler Lernchancen sind (Ames, 1992). Die leistungssteigernde Wirkung eines fehlerakzeptierenden Lehrkraftverhaltens konnte z. B. von Frese et al. (1991; siehe auch Frese, 1995) nachgewiesen werden.

3.3.1.3   Attributionsauslösendes Feedback

Im Hinblick auf Bewertungspraktiken sind schriftliche und mündliche Kommentare der Lehrkraft, die bestimmte Attributionen und Selbstbewertungen nahe legen, von Interesse. Im Feedback spiegeln sich, für die Lehrkraft häufig unbewusst, Einschätzungen und Erwartungen wieder. Durch ihre Rückmeldungen legen Lehrpersonen den Schülerinnen und Schüler bestimmte Ursachenerklärungen für ihre Erfolge und Misserfolge nahe (Schober, 2000). Resultate von Dweck et al. (1978) zeigen, dass Geschlechtsunterschiede hinsichtlich der Attributionen vor allem auf differenzierendem Bekräftigungsverhalten der Lehrkräfte beruhen. Mädchen wurden eher für mangelnde Begabung, Jungen für unzureichende Anstrengung getadelt. Die Attributionen der Lehrkräfte wurden von den Schülerinnen und Schülern übernommen (vgl. 3.2). Zahlreiche Untersuchungen bestätigen, dass Attributionen aufgrund von Erklärungsmuster signifikanter Bezugspersonen erlernt werden (z. B. Carpenter & Lubinski, 1990; Middleton & Spanias, 1999; Ziegler & Schober, 1999b). Das macht man sich in Reattributionstrainings zunutze, in denen Leistungsrückmeldungen gezielt zur Beeinflussung des Attributionsstils der Schülerinnen und Schüler eingesetzt werden. Bei der Verwendung von Kommentierungstechniken wird mit Feedback gearbeitet, das eine direkte Attributionsinformation auf Basis des Vierfelderschemas von Weiner et al. (1971) beinhaltet (z. B. Supersaxo, Perrez & Kramis, 1986; Ziegler

& Schober, 1996). So legt zum Beispiel die Misserfolgsrückmeldung „du hast zu wenig geübt" eine Anstrengungsattribution nahe, während der Kommentar „deine Fähigkeiten sind sehr gut" im Erfolgsfall eine Attribution auf Begabung auslösen sollte (Supersaxo et al., 1986). In diesem Zusammenhang ist die Unterscheidung zwischen selbstwertdienlichen und motivationsförderlichen Attributionen von Schulleistungen relevant (Ziegler & Schober, 2001; vgl. 2.1.4). Mit Kombinationen aus motivations- und selbstwertförderlichem Feedback externer Trainer können Motivationssteigerungen bei Schülerinnen und Schülern erzielt werden (Dresel, 2004; Schober, 2002). Ein großer Stellenwert wird dabei der Veridikalität der Ursachenzuschreibungen, also ihrer Realitätsangemessenheit, eingeräumt (Schober, 2002). Vielversprechend wäre eine gleichzeitige Veränderung von Rückmeldemustern der Lehrkräfte (Schober & Ziegler, 2001; vgl. auch Ziegler & Heller, 1998). Im Unterricht ist der Einsatz von (schriftlichen und mündlichen) Kommentierungen relativ problemlos, gleichzeitig kann die Lehrkraft durch Demonstration von angemessenen Attributionsstilen auf die Schülerinnen und Schüler einwirken („Modellierungstechniken", Ziegler & Schober, 2001).

3.3.1.4 *Bewertungs- und Belohnungsstrukturen in der Klasse*

Wichtig sind in diesem Zusammenhang auch die Funktionen von Belohnungen in der Klasse. Sofern Belohnungen als Kontrolle oder Mittel zur Erpressung angesehen werden, haben sie wenig Effekt auf das Verhalten (Ames, 1992; Deci & Ryan, 1985). Newby (1991) konnte zeigen, dass extrinsische Motivierungsstrategien, wie Belohnung und Bestrafung, in Bezug auf die Persistenz weniger wirkungsvoll waren als der Hinweis auf die Relevanz des Themengebiets. Belohnungen für das Erreichen (selbstgesetzter) kurzfristiger Ziele oder Belohnungen, die kontingent mit der Anstrengung gegeben werden können aber motivationsförderlich sein (Ames, 1992; Miller & Hom, 1990).

In Unterrichtsstudien konnte gezeigt werden, dass bewertende Rückmeldungen der Lehrkraft insbesondere dann motivationsförderlich sind, wenn sie als autonomieunterstützend erlebt werden, während eher kontrollierendes Feedback die intrinsische Motivation untergräbt (Koestner, Ryan, Bernieri & Holt, 1984; Ryan, Mims & Koestner, 1983). Dabei ist es von Belang, welche Bedeutung der Leistungsevaluierung seitens der Kinder beigemessen wird. Wenn Schülerinnen und Schüler annehmen, dass eine Bewertung lediglich der Information über den eigenen Lernprozess dient und nicht der Kontrolle durch die Lehrperson, kann evaluative Information motivieren (Butler, 1999; Harackiewicz, Abrahams & Wageman, 1987). Zur Steigerung des Autonomieempfindens kann die Lehrperson einen Teil der Verantwortung für die Bewertung an die Schülerinnen und Schüler selbst abtreten. Wenn Schülerinnen und Schüler selbst ihre Arbeit kontrollieren dürfen, mindert das den Druck, mit den anderen vergleichbare Ergebnisse zu erzielen. Möglichkeiten der eigenständigen Planung von Projekten und der selbständigen Zielsetzung, lassen den sozialen Vergleich in der Wichtigkeit zurücktreten. Dann ist das Erreichen des selbstgesetzten Ziels wichtiger, als andere leistungsmäßig zu übertreffen (Marshall & Weinstein, 1984). Im Folgenden soll noch stärker auf motivationsförderliche Auswirkungen des Einräumens von Autonomie im Unterricht eingegangen werden.

3.3.2 Autonomie

Dass Autonomie und Selbstbestimmung wichtig für die Motivation im Unterricht sind, betonte schon DeCharms (1968, vgl. auch Ryan und Grolnick, 1986). Deci und Ryan (1993; Ryan & Deci, 2000; vgl. auch Reeve, Bolt & Cai, 1999) erforschen die negativen Auswirkungen von erhöhter Kontrolle seitens der Lehrkraft und räumen als Ergebnis empirischer Studien der Autonomie in ihrer Selbstbestimmungstheorie der Motivation einen hohen Stellenwert ein (vgl. 2.1.1). Es konnte gezeigt werden, dass starke Kontrolle (Belohnungen, Bewertungen, Termindruck, aufgezwungene Ziele) die intrinsische Motivation untergräbt. Untersuchungen belegen auch, dass intrinsische und integrierte extrinsische Motivation wichtig für den Schulerfolg sind (Ryan & Connell, 1989) und kontrollierte Formen der Motivation mit frühem Schulabbruch verbunden sind (Vallerand & Bissonette, 1992). Neuere Untersuchungen stützen die Ansicht, dass sich Kontrollstrategien seitens der Lehrkraft negativ auf die Qualität des Lernens auswirken können (Flink, Boggiano & Barrett, 1990; Reeve et al., 1999). Das Beschränken von Wahlmöglichkeiten, ein direktiver Unterrichtsstil mit viel Druck und Bewertungen wirken sich außer auf die Kompetenzerfahrung auch negativ auf das konzeptuelle Lernen (Grolnick & Ryan, 1987) und die Kreativität (Amabile, 1996) aus. Zudem werden das Angehen von Herausforderungen und der Selbstwert von Schülerinnen und Schüler durch einen kontrollierenden, wenig Autonomie einräumenden Unterrichtsstil beeinträchtigt (Deci, Schwartz, Scheinmann & Ryan, 1981; Harter 1981). Insgesamt gibt es viele Belege für die Zusammenhänge der wahrgenommenen Kompetenz und Autonomie mit Motivation, Wohlbefinden und Selbstwertgefühl (z. B. Levesque, Zuehlke, Stanek & Ryan, 2004).

Der Wert der Selbstbestimmungstheorie der Motivation für die Unterrichtsgestaltung ergibt sich aus der Annahme, dass eine Umgebung, die die grundlegenden Bedürfnisse von Jugendlichen befriedigt, die Integration extrinsischer und das Auftreten intrinsischer Motivation fördert. Hier sind Parallelen zum Stage-environment-fit-Ansatz von Eccles et al. (1993) zu erkennen. Wie Jacobs und Eccles (2000) ziehen auch Deci und Ryan Schlüsse für die Gestaltung der schulischen Umwelt (vgl. auch Bikner-Ahsbahs, 1999). Die Autonomieerfahrung kann gefördert werden durch das Eingehen auf Interessen und Lebensbezüge der Kinder und Einräumen von Handlungsspielräumen. Persönliche Anteilnahme und Unterstützung von Autonomiebestrebungen der Schülerinnen und Schüler durch die Lehrkraft sollten die Erfahrung sozialer Eingebundenheit möglich machen.

3.3.3 Aufgabenstruktur

Interessant sind auch die Folgerungen aus der Selbstbestimmungstheorie, die sich auf das Anforderungsniveau beziehen. Aufgaben, die eine angemessene Herausforderung darstellen, also weder zu schwierig noch zu einfach sind, gelten als motivationsförderlich (Brophy, 1999; Deci & Ryan, 1985). Deci und Ryan (1993) sehen ein optimales Anforderungsniveau und positives Feedback an die Schülerinnen und Schüler als Mittel zur Erhöhung der wahrgenommenen Kompetenz (vgl. auch Deci, Koestner & Ryan, 1999; Pintrich, 2003). Krapp (2003b) geht von engen Zusammenhängen zwischen Kompetenzerfahrung und Selbstwirksamkeit aus. Wahrgenommene Kompetenz führt dabei nur in autonom empfunden Kontexten zu höherer Motivation und Zufriedenheit (Levesque et al., 2004; Ryan, 1982). Tatsächlich sind Schülerinnen und Schüler persistenter, strengen sich mehr an und erbringen bessere Leistungen, wenn sie erwarten, gut abschneiden zu können (Bandura, 1997; Pintrich, 2003; Pintrich & Schunk, 2002). Die Lehrkraft hat eine wichtige Rolle bezogen auf die optimale Anpassung der Aufgabenschwierigkeit an Wissen und Können der Schülerinnen und Schüler – indem sie die Aufgaben stellt, aber auch, indem sie den Bearbeitungsmodus entsprechend anpasst und wenn nötig Hilfsmittel zur Verfügung stellt. Auf diese Weise können Lehrende auch schwierige Aufgaben in optimale Herausforderungen „umwandeln" (Brophy, 1999).

Zentrale Aufgabenmerkmale sind auch wahrgenommene Wichtigkeit und Nützlichkeit. Schülerinnen und Schüler sollten den Sinn und Zweck einer Aufgabe kennen (Ames 1992; Nicholls, Patashnick & Nolen, 1985; Oerter, 2000). Krapp (1998) unterscheidet in diesem Zusammenhang zwischen der „catch" und der „hold" Komponente des Interesses. Das Erleben der Sinnhaftigkeit des Lernstoffs ist geeignet, Interesse aufrechtzuerhalten (hold). Überraschende Lösungen und kognitive Konflikte bei der Aufgabenbearbeitung lösen situationales Interesse aus (catch). Das gleiche gilt für vielfältige und unterschiedliche Aufgabenstellungen (Ames, 1992; Nicholls, 1979). Marshall und Weinstein (1986) konnten zudem zeigen, dass Schülerinnen und Schüler bei großen Variationen der Aufgaben weniger soziale Vergleiche vornehmen.

Da Aufgaben in einem sozialen Umfeld gestellt werden, ist ihre Präsentation und Einbettung in die Unterrichtsstrukturen nicht zu vernachlässigen: So sollte zum Beispiel außer der Einzelarbeit auch das kooperative Lernen hinreichend gefördert werden (Ames 1992; Bikner-Ahsbahs, 1999; Pintrich, 2003). Kooperative Lernstrukturen im Mathematikunterricht kommen insbesondere Mädchen zugute (Jungwirth, 1991).

Insgesamt sind Aufgabenstruktur, Autonomie und Bewertungspraktiken in ihrem Zusammenspiel zu betrachten. So ist es z. B. motivational günstig, die Schülerinnen und Schüler aus unterschiedlichen Aufgaben verschiedener Schwierigkeitsgrade (Aufgabenstruktur) auswählen und die Zielsetzung (Autonomie) sowie die Bewertung der Zielerreichung selbst vornehmen zu lassen. Letzteres dient vor allem dazu, den Schülerinnen und Schüler eigene Lernzuwächse deutlich zu machen, was die Lernmotivation entscheidend steigern kann (Rheinberg & Fries, 1998).

3.3.4 Motivationsförderliche Unterrichtsprinzipien im Zusammenspiel – Aufgabenorientierter Unterricht und Mastery-Klima

Hinweise für eine motivationsförderliche Gestaltung des Unterrichts geben neuere Untersuchungen aus dem amerikanischen Raum, die die Forschungen zu Zielorientierungen auf den Unterricht übertragen. Bereits Ames (1992) nahm an, dass unterschiedliche Zielstrukturen im Unterricht (classroom goals) bestimmen, wie Lehrkräfte Aufgaben auswählen und Rückmeldungen geben und wie Schülerinnen und Schüler Informationen interpretieren. Sie vergleicht das häufig vorherrschende kompetitive System mit einem an Lernzielen orientierten Unterricht. Ihre Empfehlungen für den Unterricht weisen Parallelen mit den aus der Selbstbestimmungstheorie abgeleiteten Maßnahmen und den Prinzipien zur Förderung einer individuellen Bezugsnormorientierung auf (vgl. Mokhlesgerami, 2004).

In einem kompetitiven System vertritt die Lehrkraft eine soziale Bezugsnormorientierung. Solche Strukturen lösen nach Ames (1984) einen erzwungenen sozialen Vergleich aus. Wenn man ständig Informationen über die Performanz der Mitschüler bekommt, wird sie auch salient und wichtig für die Bewertung der eigenen Person. Entsprechend werden von den Schülerinnen und Schülern verstärkt Informationen aus dem sozialen Vergleich gezogen, der Fokus liegt auf den eigenen Fähigkeiten. Insofern entsteht bei den Schülerinnen und Schülern in einem solchen System eher eine Leistungszielorientierung (Anderman & Young, 1994). Bereits Nicholls (1979) wies darauf hin, dass man in einer kompetitiven Struktur nur mit hohem Selbstkonzept erfolgreich sein kann. Neuere Untersuchungen zeigen, dass solche Unterrichtsstrukturen nicht nur beeinträchtigend auf die Motivation wirken, sondern auch negativ mit Schulleistungen zusammenhängen (Anderman & Midgley, 1997; Midgley & Urdan, 2001) und eher zu dysfunktionalen Lernstrategien führen (Urdan, 2004).

Für eine Unterrichtsstruktur, die sich hingegen an Lernzielen orientiert, existieren inzwischen zahlreiche Bezeichnungen, darunter „mastery goal orientation" (Ames, 1992), „mastery dimension" (Goudas & Biddle, 1994), „mastery goal structure" (Urdan, 2004). In einem lernzielorientierten System, das hier als „aufgabenorientierter Unterricht" bezeichnet werden soll[4], fokussiert die Lehrperson auf Anstrengung und verwendet individuelle Bezugsnormen - ihr Ziel ist alleine die Maximierung der Kompetenz ihrer Schülerinnen und Schüler. Entsprechend werden von diesen vornehmlich individuelle, temporale Vergleiche vorgenommen, die Beherrschung der Aufgabe steht im Vordergrund. Dieser Zustand entspricht der Lernzielorientierung nach Dweck (1986). Aufgabenorientierte Lehrkräfte geben Rückmeldungen, die Attributionen auf Anstrengung nahe legen und zeigen selbst eine Lernzielorientierung. Aufgaben sollten eine Herausforderung darstellen, aber es ist wichtig, dass sie den Schülerinnen und Schülern lösbar erscheinen. Ein Mittel dazu ist das eigenständige Setzen kurzfristiger Ziele (Ames, 1992; Schunk, 1989). Bezüglich der Verantwortungs- bzw. Autori-

---

[4] Da das Konzept in der Interventionsmaßnahme den Lehrkräften vermittelt werden soll und englische Ausdrücke hier abschreckend wirken können, wurde versucht, eine adäquate deutsche Formulierung für eine task-mastery classroom structure zu finden.

tätsverteilung im Unterricht ist man sich weitgehend einig, dass Schülerinnen und Schüler in Entscheidungsprozesse einbezogen werden sollten. Insgesamt scheint es der Lernzielorientierung förderlich zu sein, wenn möglichst wenig Kontrolle von außen wahrgenommen wird (Ames, 1992; Meece, 1991; Roeser, Midgley & Urdan, 1996).

Auch Bezüge zu den unter 3.2 dargestellten Ergebnissen zu Lehrererwartungen lassen sich herstellen. So scheinen als aufgabenorientiert wahrgenommene Lehrkräfte mehr positive Erwartungen an ihre Schülerinnen und Schüler zu äußern (Patrick, Anderman, Ryan, Edelin & Midgley, 2001). Zudem hat sich die Fehlerakzeptanz der Lehrkraft in Form von Hinweisen darauf, dass Fehler Lernchancen darstellen, als wichtiger Indikator eines aufgabenorientierten Unterrichtsverhaltens ergeben (Turner et al., 2002). Zur Förderung des Interesses und der Motivation müssen nach Ames (1992) in allen Bereichen der Unterrichtsstruktur förderliche Gegebenheiten vorhanden sein. Eine Lehrkraft, die sehr unterschiedliche Aufgaben stellt, aber sich bei der Leistungsbewertung an sozialen Bezugsnormen orientiert wird wahrscheinlich keine Lernzielorientierung hervorrufen (vgl. auch Roeser et al., 1996). Ihre Empfehlungen zur Umsetzung gibt Ames (1992) unter dem Acronym TARGET[5]. Hier enthalten sind sechs Dimensionen des Unterrichts: Task, Authority, Recognition, Grouping, Evaluation, Time. Tabelle 3.1 zeigt die entsprechenden Unterrichtsprinzipien, die im Wesentlichen bereits erläutert wurden.

Hinsichtlich der *Aufgabenmerkmale* (Task) wird der Vielfältigkeit und Bedeutsamkeit ein hoher Stellenwert eingeräumt, Aufgaben sollten eine angemessene Herausforderung darstellen und die Möglichkeit der Einübung von Lern- und Selbstmanagementstrategien bieten. Bei der *Verantwortungsverteilung* (Authority) geht es vor allem um die selbständige Übernahme von Verantwortung durch die Schülerinnen und Schüler bei Entscheidungen, Themenauswahl und Zielsetzung. Basis der *Belohnungsstrukturen* (Recognition) ist eine individuelle Bezugsnormorientierung und der Fokus auf Anstrengung. Die *Gruppierungspraktiken* (Grouping) sollten flexibel sein, sowohl was die Zusammensetzung der Gruppen betrifft als auch bezüglich der Sozialformen der Arbeit. Bei den *Bewertungen* (Evaluation) sind ebenfalls Flexibilität und die Anerkennung von Bemühen wichtig, gleichzeitig wird hier der Fehlerakzeptanz hoher Stellenwert einge-

---

[5] vgl. Epstein (1989)

räumt. Bei der *Zeitplanung* (Time) sollten die Lernenden mitwirken. Ziel ist es eine angemessene Zeitspanne für Lernprozess und Übung einzuräumen.

Tabelle 3.1: Empfehlungen für einen „aufgabenorientierten" Unterricht nach Ames, 1992 (vgl. auch Pintrich & Schunk, 1996)

TARGET - DIMENSIONEN	EMPFEHLUNGEN FÜR EINEN „AUFGABENORIEN-TIERTEN" UNTERRICHT
TASK Aufgabenmerkmale	- Fokus auf bedeutsame Aspekte von Lernaktivitäten - Vielfältige, unterschiedliche Inhalte und Formen - Angemessene Herausforderung - Unterstützung der Entwicklung und Anwendung von effektiven Lern- und Selbstmanagementstrategien
AUTHORITY Verantwortungsverteilung	- Schülerinnen und Schüler an Entscheidungen beteiligen - Wahlmöglichkeiten bieten - Schülerinnen und Schüler eigene Ziele setzen lassen - Lernende sollen selbst Verantwortung für Lernprozess übernehmen
RECOGNITION Belohnungsstrukturen	- Individuelle Bezugsnormorientierung - Belohnungen für Anstrengung, individuellen Fortschritt - Alle Lernenden sollten die Möglichkeit haben, Belohnungen zu erhalten
GROUPING Gruppierungspraktiken	- Flexible Gruppierung - Bildung von heterogenen Gruppen - Wechsel von Kleingruppen- und Einzelarbeit
EVALUATION Rückmeldungen/Bewertungen durch die Lehrkraft	- Belohnungen variieren - Bewertungen "privat" geben, nicht vor der ganzen Klasse - Anstrengung anerkennen - Möglichkeiten zur Verbesserung für alle Schülerinnnen und Schüler schaffen - Fehler als Teil des Lernprozesses akzeptieren
TIME Zeitplanung	- Zeit für Übung einplanen - Genug Zeit für den Lernprozess einplanen - Lernende selbst Zeitplan erstellen lassen (Bsp.: Wochenplan)

Dass ein solcher Unterrichtsstil eine Lernzielorientierung fördert, hat sich in zahlreichen Untersuchungen bestätigt (Anderman & Midgley, 1997; Kaplan & Maehr, 1999; Wolters, 2004). Empirische Studien ergaben aber auch positive Konsequenzen eines aufgabenorientierten Unterrichts auf Schulleistungen (Kaplan & Maehr, 1999). Jugendliche, die ihre Lehrkraft als aufgabenorientiert wahrnahmen, bevorzugten herausfordernde Ziele, strengten sich mehr an, berichteten funktionalere Attributionen und mehr Lernfreude (Ames & Archer, 1988; Kavussanu & Roberts, 1996; Ntoumanis & Biddle, 1999). Zudem trauen sich Kinder in einem aufgabenorientierten Klima eher Hilfe zu suchen (Butler & Neuman, 1995; Urdan, 2004), kooperieren eher mit anderen Schülerinnen und Schülern (Butler, 1999) und wenden weniger Vermeidungsstrategien an (Turner et al., 2002). Eine mathematikbezogene Studie zu diesem Thema stammt von Wolters (2004). Hier war die von den Lernenden wahrgenommene Aufgabenorientierung im Unterricht signifikanter Prädiktor einer Lernzielorientierung, höherer Selbstwirksamkeit sowie erhöhter aufgewendeter Anstrengung und hing positiv mit Persistenz, Kurswahlen und Leistungen der Schülerinnen und Schüler zusammen.

Anderman et al. (2001) integrieren diesen Ansatz mit dem Erwartungs-Wert-Modell, indem sie die Zusammenhänge des aufgabenorientierten Unterrichts mit dem subjektiven Wert eines Unterrichtsfaches herausstellen. Bei Lernenden, deren Lehrkräfte eher kompetitive Unterrichtsstrukturen berichten, fällt der subjektive Wert der Mathematik mit zunehmendem Alter stärker ab als bei Schülerinnen und Schülern aufgabenorientierter Lehrkräfte. Die Resultate zeigen auch, dass aufgabenorientierte Unterrichtspraktiken von Lehrkräften bei jüngeren Schülerinnen und Schüler häufiger angewendet werden, während in höheren Klassen eher kompetitive Strukturen vorherrschen (vgl. auch Anderman & Midgley, 1997). Dem stehen wachsende Bedürfnisse nach Kompetenz, Autonomie und sozialer Eingebundenheit entgegen. Hier findet die Annahme eines Zusammenhangs zwischen Motivationsabfall und Abnahme des Stage-environment-fits mit zunehmendem Alter Bestätigung (Eccles et al., 1993; vgl. 3.1).

Im deutschen Sprachraum liegen zu den Zielstrukturen im Unterricht bisher keine Studien vor. Im Rahmen des Modellversuchs „Selbstwirksame Schulen" wurde mit dem Mastery-Klima ein verwandtes, aber nicht identisches Konzept untersucht (Satow, 2000). Unter „Mastery-Klima" sind folgende Unterrichtsstrukturen subsumiert: „Personalisierte Lehrer-Schüler Beziehung"[6], „unterstützende Beziehungen der Schülerinnen und Schüler untereinander" sowie „Autonomie und Mitbestimmung" bezogen auf Unterrichtsthemen, aber auch auf die Akzeptanz unterschiedlicher Lösungswege (Satow, 2000). Es wurde ein eindeutig positiver Zusammenhang eines solchen Mastery-Klimas mit der schulischen Selbstwirksamkeit und darüber mit der Leistung gefunden (Kavussanu & Ro-

---

[6] Hierzu zählen Offenheit und Fürsorglichkeit gegenüber Schülerinnen und Schülern, aber auch die individuelle Bezugsnormorientierung.

berts, 1996; Satow, 2001). Außerdem wird die allgemeine Selbstwirksamkeit bei Schülerinnen und Schülern in Klassen mit Mastery-Klima nicht von der schulischen Selbstwirksamkeit beeinflusst (Satow, 2002). In Klassen, die in erster Linie vom Leistungsgedanken erfüllt sind und in denen schulische Erfolge in den Vordergrund gerückt werden, hängt hingegen die allgemeine Selbstwirksamkeit weitgehend von der schulischen ab.

3.4 Zusammenfassung und Schlussfolgerungen für die Interventionsmaßnahme

Als Grundlage für die zusammenfassende Betrachtung der motivationsförderlichen Unterrichtsprinzipien eignet sich eine Integration neuerer Forschungsergebnisse zum Thema Motivation in der Schule von Pintrich (2003). Eine hohe Motivation äußert sich demnach vor allem in angemessenen Selbstwirksamkeitserwartungen und Kompetenzeinschätzungen der Schülerinnen und Schüler, günstigen Attributionen sowie großem Interesse und hohem subjektiven Wert des Unterrichtsgegenstandes. Dementsprechend sind es diese Variablen, die günstig beeinflusst werden sollten (vgl. Kap. 2). Nach Sichtung zahlreicher aktueller Studien kommt Pintrich (2003) zu Schlussfolgerungen für den Unterricht, die sich den Punkten Bewertungspraxis, Autonomie und Aufgabenstruktur zuordnen lassen und in diesem Kapitel bereits ausführlich behandelt wurden. Adaptive Attributionen werden nach Pintrich (2003) gefördert durch positives, auf den Lernprozess bezogenes Feedback mit der Hervorhebung von Anstrengung und durch die Unterstützung von Autonomie (Selbstkontrolle und Wahlmöglichkeiten). Wichtig sind in diesem Zusammenhang auch unterstützende Beziehungen unter den Schülerinnen und Schülern. Die Gestaltung einer sicheren, vorhersagbaren Umwelt, die Förderung von kooperativem Lernen, ein Fokus auf Lernen und Verstehen (im Gegensatz zu einer Produktorientierung) sowie eine starke Orientierung an individuellen Bezugsnormen fördern eine angemessene Zielorientierung und Zielsetzung.

Pintrich (2003) erwähnt auch, dass Hinweise auf den Nutzen der Lerngegenstände die Wertschätzung fördern. Wählt die Lehrkraft interessante und variationsreiche Aufgaben und Materialien sowie Themen, die für Schülerinnen und Schüler persönlich bedeutsam und/oder nützlich sind, so wirkt sich das positiv auf das Interesse aus. Aufgaben, die eine angemessene Herausforderung darstellen und ein klares, realitätsangemessenes Feedback mit Fokus auf Entwicklung von Kompetenz erhöhen die Selbstwirksamkeit und die Kompetenzeinschätzung. Als weiteres Resultat seiner Zusammenschau empirischer Ergebnisse weist Pintrich (2003) darauf hin, dass Lehrkräfte, die selbst Enthusiasmus zeigen, das Interesse der Schülerinnen und Schüler steigern können.

In Verbindung mit den unter 3.2 dargestellten Ergebnissen zu Lehrkrafterwartungen ergeben sich damit konkrete Hinweise für die Inhalte einer lehrkräftebezogenen Intervention, die die Erhöhung pädagogisch-psychologischen Wissens und die Verbesserung des Unterrichtsverhaltens bezweckt. Einerseits sollten die wichtigen motivationalen Konstrukte auf Schülerseite, wie sie in Kapitel 2 erläutert wurden, den Lehrkräften nahe gebracht werden, andererseits sollte die Intervention konkrete Hinweise zur Gestaltung einer motivationsförderlichen Lernumgebung, wie in diesem Kapitel dargestellt, beinhalten. Dabei sollten auch mögliche Auswirkungen eigener Erwartungshaltungen der Lehrkräfte reflektiert werden. Bei der Konzeption der Interventionsmaßnahme und der begleitenden Evaluationsstudie sind die Gegebenheiten des Schulkontexts und Charakteristika der Adressaten zu berücksichtigen, welche im folgenden Kapitel erörtert werden.

4 Motivationsförderung im Fach Mathematik durch Interventionsmaßnahmen für Lehrkräfte

Bei der Konzeption und Durchführung einer Lehrkräfteintervention muss berücksichtigt werden, dass die Umsetzung von Unterrichtszielen von den eigenen Zielen der Lehrkraft beeinflusst und unter Umständen beeinträchtigt wird (Ames, Maehr, Fisher, Archer & Hall, 1989 zit. nach Ames, 1992; Good, Grouws, Mason, Slavings & Cramer, 1990). Genauso, wie sich Schülerinnen und Schüler Schulerfolg erklären, deuten auch Lehrkräfte ihre Erfolge, die sich unter anderem darin zeigen, dass die von ihnen unterrichteten Klassen gute Leistungen zeigen. Ihr Verhalten dient ihnen dazu, das Selbstbild einer kompetenten Lehrperson aufrechterhalten können (Tollefson, 2000). Erwartungs-Wert-Theorien prognostizieren, dass Lehrkräfte ihren Unterrichtsstil dann ändern, wenn sie erwarten, dass sie neue Praktiken effektiv einsetzen können und wenn die Konsequenzen für sie von Wert sind. Die Bereitschaft von Lehrkräften, interaktive, individualisierte Lehrmethoden (kooperatives Lernen, problembasiertes Lernen u. ä.) einzusetzen, hängt davon ab, ob sie glauben, dass diese Praktiken das Lernen der Schülerinnen und Schüler verbessern. Darüber hinaus sollten sie annehmen, dass sie selbst die Fähigkeit haben, diese Methoden effektiv einzusetzen und dass sie für die Arbeit, die sie investieren, belohnt werden (Tollefson, 2000). Der Einsatz neuer Prinzipien im Unterricht ist deshalb nur dann erfolgversprechend, wenn die Lehrkräfte den Sinn und Nutzen dieser Praktiken verstehen und verinnerlichen. Im Folgenden soll deshalb zunächst die Frage beantwortet werden, welche inhaltlichen, konzeptionellen und methodischen Desiderata und Probleme bei der Gestaltung und Evaluation einer lehrkräftebezogenen Interventionsmaßnahme zu beachten sind. Zu diesem Zweck sollen die Erfahrungen aus anderen Interventionsstudien mit Lehrkräften genutzt werden, die die Steigerung von Motivation bei den Schülerinnen und Schüler zum Ziel hatten. Leider gibt es bis heute nur wenige Programme, die sich direkt an die Lehrkräfte wenden und ähnliche Veränderungen erzielen wollen wie die intendierte Maßnahme. Dabei reduziert sich die Anzahl noch, wenn man nur die Projekte berücksichtigen möchte, die zumindest basalen Kriterien psychologischer Forschung genügen. In der Interventionsforschung im Kontext Schule wird leider nur selten theoriegeleitet gearbeitet und Evaluationsstudien fehlen häufig ganz, was mit Schwierigkeiten bei der Forschung im Umfeld Schule zusammenhängt. „Research in teacher education does not occur in a vacuum and often cannot take place under ideal circumstances" (Lee & Yarger, 1996, S. 18). So kann man bei der Komplexität des sozialen Kontexts den Anforderungen experimenteller Forschung, wie zufälliger Gruppenzuweisung und direkter Kontrolle der Untersuchungsbedingungen so gut wie nie gerecht werden.

Vielfach werden Programme für Lehrkräfte in Schulen eingesetzt, bevor ihre Wirksamkeit überprüft wurde (Babad, 1993). Wenn ein Programm dann erst etabliert ist, werden widersprüchliche Evaluationsergebnisse nicht berücksichtigt. Ein Beispiel für ein solches Programm ist TESA (Teacher Expectations and Student Achievement; Kerman, 1979). Das Programm wurde in den USA mit dem Ziel entwickelt, Leistungsunterschiede zwischen Mädchen und Jungen sowie Minderheiten und weißen Amerikanern in der Schule zu vermindern. Lehrende sollen sich ihrer Wahrnehmungen von Schülerinnen und Schülern und ihrer Interaktionen mit ihnen bewusst werden. Sie sollen erkennen, wie sie die Erwartungen der Lernenden beeinflussen und werden hinsichtlich verschiedener Unterrichtsstrategien geschult. Diese Strategien können den drei Bereichen „Management von Antwortmöglichkeiten", „Rückmeldestrategien" und „persönliche Zuwendung" zugeordnet werden. Vermittelt werden die Inhalte in fünf dreistündigen Treffen, zwischen denen jeweils ein Monat liegt. Bei den Zusammenkünften werden Forschungsergebnisse zur jeweiligen Unterrichtsstrategie präsentiert und diskutiert, in der Zeit zwischen den Lektionen beobachten sich die Lehrkräfte gegenseitig hinsichtlich der besprochenen Verhaltensweisen. Dieses Programm wird seit den 80er Jahren des 20. Jahrhunderts praktiziert und in North Carolina und Los Angeles immer noch angewendet. Das Programm ist bis heute nahezu unverändert. Dazu werden eine Reihe von Produkten und Workshops angeboten[7]. Bereits 1980 berichteten Kerman und Martin, dass mindestens 600 Gruppen von Lehrkräften ihr Programm angewendet haben. Allerdings existiert nur eine einzige Evaluationsstudie, die einige Fragen aufwirft (Gottfredson, Marciniak, Birdseye & Gottfredson, 1995). In dieser Studie wurden zwanzig Lehrkräfte einer Grundschule mit dem Programm unterrichtet. Ihre Schülerinnen und Schüler (n=465) wurden mit Schülerinnen und Schülern derselben Schule, die nicht von TESA-Teilnehmern unterrichtet wurden, verglichen. Als weitere Vergleichgruppe wurden Lernende herangezogen, die einer hinsichtlich relevanter Hintergrundvariablen[8] ähnlichen Grundschule entstamm-

---

[7] http://streamer.lacoe.edu/tesa[19.10.2005]
[8] wie Größe von Schule und Klassen, ethnischer Hintergrund und Leistungen der Schülerinnen und Schüler

ten. Hinsichtlich des Lehrkraftverhaltens zeigten sich uneinheitliche Ergebnisse. Das Training ergab bei Lehrenden der ersten Klassenstufe andere Veränderungen als bei Lehrkräften höherer Klassen. Das Ziel der Gleichbehandlung stärkerer und schwächerer Lernender ist nicht erreicht worden. Die Schülerinnen und Schüler der trainierten Lehrkräfte unterschieden sich in keiner der untersuchten abhängigen Variablen von den anderen Kindern aus ihrer Schule. Die Kinder aus der Kontrollschule verbesserten sich eher als die Schülerinnen und Schüler der TESA-Teilnehmer. Da sich die beiden Schulen hinsichtlich der erhobenen Eingangsvariablen nicht unterscheiden, bleibt die Frage nach Gründen für diese Unterschiede offen. Alle Beteiligten berichteten, dass das Programm gut implementiert wurde. Deshalb plädieren die Forscher für einen vorsichtigen Umgang mit dem Programm und weitere Evaluationsstudien, die aber bis heute leider ausstehen[9].

Auch für Interventionen, die aufgabenorientiertes Unterrichten bei Lehrkräften fördern sollen, werden häufig keine Evaluationsergebnisse berichtet. Untersuchungen, die ergaben, dass aufgabenorientierte Unterrichtsstrukturen motivations- und leistungsförderlich wirken, sind bereits unter 3.3.4 erwähnt worden. (z.B. Anderman & Midgley, 1997; Church, Elliot, & Gable, 2001; Greene, Miller, Crowson, Duke & Akey, 2004; Roeser et al. 1996; vgl. auch Brophy, 2000). Es gibt allerdings wenige Projekte, in denen das Unterrichtsklima direkt manipuliert wurde. Die Gruppe um Carole Ames hat mit Lehrkräften ein Manual erarbeitet, um die TARGET-Strukturen im Unterricht umzusetzen und Bemühungen unternommen, dies zu evaluieren (Maehr & Midgley, 1991). Das Manual enthielt zu jedem TARGET - Bereich eine Reihe von Umsetzungsstrategien, aus denen die Lehrkräfte auswählen konnten. Maehr und Midgley (1991) berichteten erste Erfolge des Programms im Hinblick auf die Zielorientierungen der Schülerinnen und Schüler. Leider gibt es bis heute keine Publikation zur gesamten Evaluationsstudie. Ebenso verhält es sich mit Empfehlungen zu einer schulweiten Umsetzung der TARGET-Strukturen. Hier liegt ebenfalls ein detaillierter Bericht über ein Vorhaben vor, das unter anderem die Kooperation mit Schulleitungen einschloss. Es basierte auf der Annahme, dass die Veränderung einzelner Lehrkräfte sich nur dann positiv auswirken kann, wenn das gesamte Umfeld in der jeweiligen Schule entsprechend gestaltet ist (Maehr & Midgley, 1991). Auch

---

[9] Die Vertreiber der Materialien und Workshops zu TESA reagierten auf mehrere Anfragen bezüglich weiterer Evaluationsergebnisse nicht.

hier lassen sich keine weiteren Veröffentlichungen zu diesem Vorhaben oder seiner Umsetzung finden.

Es gibt also kaum kontrollierte Interventionsstudien zum aufgabenorientierten Mathematikunterricht. Allerdings wird in den USA und Australien bereits seit einigen Jahrzehnten an einer Reform des Mathematikunterrichts gearbeitet, die insbesondere Instruktionstechniken fördert, die zu sinnvollem problemlösenden Lernen führen. Das Unterrichten nach den innerhalb der Reform eingeführten neuen Standards führt beispielsweise zu häufigerem Einsatz von Gruppenarbeiten, Diskussionen und Projekten im Unterricht und zu einem fehlerakzeptierenden Unterricht (Goos, 2004; McCaffrey et al., 2001). Es existieren einige Studien, die bestätigen, dass das Unterrichten nach solchen Standards zu verbesserten Lernleistungen führt (vgl. Stipek, 2001).

Für die folgende Darstellung wird nach Möglichkeit auf Interventionsprojekte zurückgegriffen, in denen mit Lehrkräften gearbeitet wurde und die zumindest ansatzweise evaluiert wurden. Für den deutschen Sprachraum sind meist Schülerinnen und Schüler Adressaten von Motivationsförderungsprogrammen (vgl. Moschner & Schiefele, 2001; Rheinberg & Fries, 1998). Die gezielte Veränderung von Lehrkraftverhalten erfolgt hier vor allem in Interventionsstudien zur Bezugsnormorientierung der Lehrkräfte und zur Förderung eines adaptiven Attributionsstils. Im Folgenden sollen die Bedeutung des Einbezugs von Lehrkräften bei Motivationsförderprogrammen und die Wichtigkeit von Fortbildungsmaßnahmen hervorgehoben werden, bevor auf methodische Probleme der Trainingsforschung im Kontext Schule und schließlich auf konkrete Anforderungen an ein Interventionsprogramm für Lehrkräfte eingegangen wird.

4.1 Bedeutung des Einbezugs von Lehrkräften zur Förderung von Lernenden

Vor dem erweiterten Erwartungs-Wert-Modell der Motivation wird die Bedeutung des Einbezugs der Lehrpersonen in Programme zur Motivationsförderung unmittelbar einsichtig. Lehrkräfte beeinflussen das Erleben ihrer Schülerinnen und Schüler durch ihre Einstellungen und ihr Verhalten. Somit liegt hier ein Ansatzpunkt für die Motivationsförderung. Gleichzeitig kann eine Veränderung der Schülervariablen bei unverändertem Lehrkraftverhalten nur schwer aufrechterhalten werden. Trainingsmaßnahmen zur Verbesserung der Motivation, in denen

Schülerinnen und Schüler von externen Trainern geschult werden, zeigen häufig zunächst Erfolge, die aber langfristig keinen Bestand haben. Es findet selten ein Transfer auf den Schulunterricht statt und die Effekte verschwinden bei Konfrontation mit dem regulären Unterricht. So berichteten Krug und Hanel bereits 1976 von einem Training, das speziell für hoch misserfolgsorientierte Kinder konzipiert war und die Entwicklung von realistischen Zielsetzungen, angemessenen Attributionen und daraus folgend positiven Selbstbewertungen zum Ziel hatte. Diese Erlebensweisen wurden mittels Üben, Modelllernen und Selbstkontrolle zunächst an unterrichtsfernem und dann immer unterrichtsnäherem Material erarbeitet. Das Training fand bei Kindern der vierten Klassenstufe außerhalb des Unterrichts mit externen Trainern statt und beinhaltete 16 Sitzungen. Es ergaben sich die gewünschten Lernerfolge. Die Hoffnung auf Erfolg konnte gesteigert und die Furcht vor Misserfolg reduziert werden. Allerdings resultierte dies nicht in Leistungssteigerungen im Unterricht. Rheinberg und Krug (1999) führen als Grund vor allem Diskrepanzen zwischen der schulischen und der im Training hergestellten Lernumwelt an.

Die Wichtigkeit der Mitarbeit der Lehrkräfte zeigt auch eine Studie von Rheinberg und Günther (1999). Sie entwickelten eine unterrichtsnahe Interventionsmaßnahme für Schülerinnen und Schüler, die ursprünglich von externen Trainern durchgeführt werden sollte. Sie erstellten unter anderem für das Fach Mathematik Aufgabenmaterial, das strukturierte Anforderungssituationen schaffte, in denen Zusammenhänge zwischen Zielsetzung, Ursachenerklärung und Selbstbewertung erlebbar werden sollten. Die Aufgaben wurden gestaffelt nach Schwierigkeit und Unterrichtsnähe. Zu Beginn erfolgten unterrichtsferne „Spiele", wie zum Beispiel ein Ringwurfspiel, später dann unter anderem Rechenspiele. Die Situationen sollten eine individuelle Zielsetzung ermöglichen, Attributionen thematisieren und zur Selbstbewertungen anregen. Das Training wurde mit zwei kleinen Gruppen von Schülerinnen und Schülern durchgeführt. Elf Kinder wurden von einem externen Trainer unterrichtet, bei vierundzwanzig weiteren Kindern nahmen die Lehrkräfte an der Maßnahme teil und führten das Training schließlich gemeinsam mit den Forschern durch, was so nicht intendiert gewesen war. Der Vergleich mit einer nicht trainierten Kontrollgruppe (n = 22) ergab mittlere bis hohe Effekte auf Seiten der trainierten Schülerinnen und Schüler. Bei getrennter Betrachtung der Trainingsgruppen wurde deutlich, dass sich positive Effekte auf die Variable „Hoffnung auf Erfolg" nur dann ergaben, wenn die Lehrkräfte selber die Maßnahme umsetzten. Bei der Gruppe unter Mitarbeit der

Lehrpersonen waren auch die bei beiden Trainingsgruppen vorhandenen Effekte auf Prüfungsangst und realistische Zielsetzung stärker.

Basierend auf der Erkenntnis, dass Motivationsförderung im Kontext Schule nicht außerhalb des Unterrichts zu leisten ist, wird in letzter Zeit verstärkt versucht, Schülertrainings in den regulären Unterricht zu implementieren oder zumindest mit Lehrkräften zusammenzuarbeiten (z. B. Kronenberger, 2004; Mokhlesgerami, 2004; Supersaxo et al., 1986). Vielversprechend ist es dementsprechend auch direkt an den Verhaltensweisen der Lehrkräfte bzw. den Unterrichtsprinzipien anzusetzen.

4.2 Wichtigkeit von Fortbildungsmaßnahmen für Lehrkräfte

Trainings- und Fortbildungsmaßnahmen für Lehrkräfte dienen als Mittel, um Unterrichtsstrukturen zu verändern. Ohne Intervention können neue Verhaltensweisen kaum implementiert werden. So stellten Schoen, Cebulla, Finn und Fi (2003) im Zusammenhang mit der Reform des Mathematikunterrichts in den USA fest, dass nur diejenigen Lehrkräfte die neuen Standards erfolgreich umsetzen konnten, die Workshops zum Thema absolviert hatten. Stipek, Givvin, Salmon und MacGyvers (1998) untersuchten ein mathematikbezogenes Fortbildungsprogramm und verglichen die Interventionsgruppe mit traditionell unterrichtenden Lehrpersonen (Kontrollgruppe) und einer Gruppe, die nur die in Kalifornien übliche Instruktion bezüglich des reformierten Mathematikunterrichts erhalten hatte und im Untersuchungszeitraum Gelegenheit zu stärkerer Kooperation mit Kollegen bekam (Unterstützungsgruppe). Aufgrund der Ergebnisse gehen die Forscher davon aus, dass zur erfolgreichen Umsetzung von Reformen im Unterricht langfristige und intensive Interventionen nötig sind. Da ihre Maßnahme ähnliche Ziele, wie das hier zu konzipierende Programm verfolgte wird sie im Folgenden kurz beschrieben.

Ziele der Intervention waren Steigerungen von Selbstkonzept und Motivation der Schülerinnen und Schüler. Gefördert werden sollten Zuwachstheorie, Lernzielorientierung, Autonomie und Wertschätzung bezogen auf Mathematik. In einem einwöchigen Workshop, dem weitere Treffen innerhalb eines Jahres folgten, wurde neun Lehrkräften Wissen über Instruktions- und Bewertungsstrategien sowie die relevanten motivationalen Konstrukte vermittelt. Es gab dabei Lektionen zu folgenden Themen: „implizite Theorien über Fähigkeiten", „Fähigkeitsselbstkonzept und Selbstwirksamkeit in Mathematik", „Zielorientierungen", „Wahrnehmung der Nützlichkeit von Mathematik außerhalb der Schule", „Interesse und Lernfreude bzgl. Mathematik" und „Emotionen in Verbindung mit Mathematik". Der Unterricht wurde per Video aufgezeichnet und anhand eines Kodierungssystems hinsichtlich der relevanten Verhaltensweisen der Lehrkräfte ausgewertet. Dazu zählten beispielsweise der Grad der Hervorhebung von Anstrengung/Bemühen und das Fokussieren auf Lernen, Verstehen und Können der Schüler sowie die Ermutigung zum autonomen Arbeiten. Mittels Fragebogen wurden die Lehrkräfte zusätzlich hinsichtlich ihrer Bewertungspraktiken befragt. Außerdem sollten sie jeweils sechs Zielkinder viermal innerhalb eines Jahres hinsichtlich motivationaler Variablen beurteilen. Zusätzlich wurde das eigene Urteil der Schülerinnen und Schüler erhoben. Die Intervention resultierte, im Vergleich zur Kontrollgruppe, in höherer Lernzielorientierung der Lehrpersonen und stärkerer Autonomieunterstützung im Unterricht. Diese Erhöhung der Lehrkraftvariablen zeigte sich aber auch in der Unterstützungsgruppe. Die Schülerinnen und Schüler der Interventionsgruppe wiesen allerdings, verglichen mit der Unterstützungsgruppe, eine stärkere Lernzielorientierung auf, berichteten mehr positive Emotionen und ein höheres Selbstkonzept bezogen auf die in dieser Zeit behandelten Bruchrechenaufgaben. Die Motivation der Schülerinnen und Schüler war in der Kontrollgruppe sogar höher als in der Unterstützungsgruppe. Videoaufnahmen zeigten bei den Schülerinnen und Schülern der trainierten Lehrkräfte ein stärkeres Engagement als in den beiden Vergleichsgruppen. Allerdings unterschieden sich die Lehrkräfte in ihrem beobachteten Verhalten nur marginal von der Unterstützungsgruppe, so dass nicht wirklich klar ist, wodurch die verbesserte motivationale Lage der Schülerinnen und Schüler zustande kam. Solche Probleme finden sich bei der Interpretation von Ergebnissen pädagogisch-psychologischer Studien häufig, weshalb im Folgenden näher darauf eingegangen wird.

4.3 Probleme der Interventionsforschung in der Schule

Aufgrund des komplexen Umfeldes sind bei der Konzeption und Evaluation einer Interventionsmaßnahme in der Schule besondere methodische Anforderungen zu berücksichtigen. Probleme bei der Versuchsplanung und der standardisierten Durchführung des Projektes ergeben sich darüber hinaus aufgrund spezieller Charakteristika der Klientel. Diese Zusammenhänge werden im Folgenden dargelegt.

4.3.1 Komplexität des Umfeldes und standardisierte Durchführung

Allgemein können in der Trainingsforschung meist nicht alle intendierten Veränderungen auch nachgewiesen werden (Klauer, 2001). Dies gilt für Studien im schulischen Kontext noch stärker. Da häufig mit anfallenden Stichproben gearbeitet wird, können nicht alle Einflüsse auf die unabhängigen Variablen kontrolliert werden; zumal im Umfeld Schule viele zusammenhängende Variablen wirksam werden (Lee & Yarger, 1996). Unterricht unterliegt zahlreichen Einflüssen von außen. Beispiele sind gesetzliche Rahmenbedingungen, informelle Normen, Einflussnahmen von Kollegen, Schulleitern, Eltern und der Schulaufsicht. Insofern kann aufgrund der Komplexität der Rahmenbedingungen bei der Unterrichtsforschung nicht das Ausmaß an Kontrolle ausgeübt werden, wie es in wissenschaftlichen Untersuchungen wünschenswert wäre (Patry & Hager, 2000; Rost, 2000).

Die Komplexität des Kontexts „Schule" wirkt sich schon bei der Konzeption einer Interventionsmaßnahme aus. Patry und Hager (2000) gehen davon aus, dass „Unterricht nicht manualisierbar" (S. 259) ist. Lehrkräfte müssen im Unterricht situationsabhängig handeln, weshalb keine genauen Verhaltensregeln vorgegeben werden können. Das resultiert in einem großen Interpretationsspielraum für die Lehrpersonen und läuft der streng kontrollierten Durchführung einer Interventionsstudie unter Umständen zuwider. So werden beispielsweise die Prinzipien konstruktivistischen Unterrichts von unterschiedlichen Lehrkräften ganz verschieden umgesetzt, und es ergeben sich auch innerhalb der Personen starke Schwankungen (Patry & Hager, 2000). In diesem Zusammenhang verweist Keeves (1988) auf Verhaltensaspekte bei Lehrpersonen und Schülerinnen und Schülern, die abhängig von der Tageszeit oder der Fortgeschrittenheit des Schuljahres auftreten und unter Umständen mit Trainingseffekten verwechselt werden könnten.

Wenn Veränderungen der Unterrichtsmethoden intendiert sind, ist zudem mit einer nicht leicht definierbaren Kontrollgruppe zu rechnen: Als Vergleichsgruppe dienen Schulklassen, in denen „normaler Unterricht" stattfindet. Dieser umfasst jedoch eine große Bandbreite an Methoden und je nach Lehrkraft wird unterschiedlich unterrichtet (Rost, 2000).

Bei der Einführung neuer Unterrichtsmethoden ist außerdem zu bedenken, dass sie erst nach einiger Zeit wirksam werden (Ball, 1988; Patry & Hager, 2000). Da sich die Unterrichtsforschung deshalb meist über einen längeren Zeitraum erstreckt, muss damit gerechnet werden, dass Probanden differentiellen Einflüssen ausgesetzt sind, die sich über die intendierten Veränderungen hinaus auswirken. So können die Forscher häufig nicht kontrollieren, ob innerhalb einer Schule im gleichen Zeitraum weitere Maßnahmen oder Entwicklungen stattfanden, deren Wirkungen mit denen der unabhängigen Variablen konfundiert sind (Keeves, 1988).

In diesem Zusammenhang ist eine Studie von Krug und Lecybyl (1999a) interessant, in der ein und derselbe Lehrer in zwei Parallelklassen einmal an individuellen und einmal an sozialen Bezugsnormen orientiert unterrichtete. Die Resultate der begleitenden Befragungen der Schülerinnen und Schüler zeigen, dass sich die positiven Effekte erst nach einiger Zeit einstellen und anfänglich mit Ablehnung eines individuell orientierten Unterrichtsstils zu rechnen ist. Trotz verbesserter Leistungen der individuell orientierten Klasse ergeben sich hinsichtlich der Bewertung des Unterrichts nur wenige Unterschiede zwischen den Gruppen. Als Ursache dafür, dass auch der an sozialen Bezugsnormen orientierte Unterricht eher positiv bewertet wird, wird eine Konfundierung mit dem Interesse aufgrund eines inhaltlich sehr attraktiven Lerngegenstandes vermutet. Eine ähnliche Studie mit einem weniger interessanten Lehrstoff (Krug & Lecybyl, 1999b) ergab für die Klasse des individuell orientierten Lehrers gegenüber der Parallelklasse, die mit sozialer Bezugsnorm unterrichtet wurde, deutliche Anstiege in der Beurteilung der Interessantheit des Lernstoffs, der Atmosphäre im Unterricht und der Ermutigung zur Mitarbeit.

Die Effekte einer Interventionsmaßnahme können nicht nur mit Eigenschaften des Lernstoffes sondern auch mit Variablen innerhalb der Lehrperson konfundiert sein. Ergebnisse aus Studien zur Personalentwicklung bei Lehrkräften deuten beispielsweise darauf hin, dass die Selbstwirksamkeit der Lehrkräfte eine wichtige Rolle für die Implementation neuer Unterrichtsmethoden spielt (Guskey, 1986; Richardson, 1990; Schoen et al., 2003). Andererseits kann beispielsweise der Enthusiasmus einer Lehrkraft beim Einführen einer neuen Unterrichtsmethode bzw. der Wunsch nach Verbesserung mit den unabhängigen Variablen konfundiert sein (Ball, 1988; Lee & Yarger, 1996). Mitunter zeigen sich sogar negative Effekte einer Interventionsmaßnahme, die darauf beruhen, dass Lehrkräfte neu erworbene Unterrichtsprinzipien in ihren eigenen Unterricht integrieren wollen, ohne den restlichen Unterricht entsprechend umzustellen (Schwartz, 1996). So wird es Schülerinnen und Schüler zum Beispiel eher verwirren, wenn Lehrkräfte, die sich ansonsten stark an sozialen Bezugsnormen orientieren, einzelne Maßnahmen zur Förderung einer individuellen Bezugsnormorientierung bei den Kindern einsetzen (Rheinberg & Günther, 1999).

Zudem können Effekte einer Maßnahme mit Schul- oder Klasseneffekten konfundiert sein. Da in der Unterrichtsforschung meist mit ganzen Schulklassen gearbeitet wird, ist keine randomisierte Auswahl der Probanden möglich, und häufig ist selbst eine Zuweisung zu den Untersuchungsbedingungen per Zufall nicht realisierbar. Interventionsstudien in der Schule sind daher immer quasi-experimentelle Studien. Insofern ist in unterschiedlichen Klassen mit verschiedenen Ausgangsbedingungen und Reaktionen auf das jeweilige Treatment zu rechnen (Keeves, 1988; Lee & Yarger, 1996; Patry & Hager, 2000).

4.3.2 Rekrutierung und Kooperation von Lehrkräften

Bei Interventionsstudien allgemein und bei der Klientel der Lehrenden an Schulen und Hochschulen im Speziellen ist oft mit einer Verweigerungshaltung zu rechnen (Holt, 1988). Rheinberg und Krug (1999) erwähnen in diesem Zusammenhang das Projekt von DeCharms lobend: „Besonders bemerkenswert erscheint die Tatsache, dass es DeCharms offenbar gelang, das Engagement der Lehrer über längere Zeit aufrecht zu erhalten." (S. 34). Dies ist in ihren eigenen Programmen zur Bezugsnormorientierung häufig nicht der Fall gewesen. Hier stellte sich die Motiviertheit der Lehrkraft als entscheidende Bedingung für den Erfolg einer Intervention heraus (z. B. Krug & Bowi, 1999). Es ist wichtig, dass neu zu erlernende Konzepte mit den pädagogischen Einstellungen und Werten der Lehrkräfte übereinstimmen (vgl. Rheinberg, 2001). In einer Interventionsstudie wurde den Lehrkräften anstelle einer Schulung lediglich nach der Erhebung von Beobachtungsdaten mitgeteilt, dass sie häufiger intraindividuelle Vergleiche bei Bewertung der einzelnen Lernenden einsetzen sollten (Rheinberg et al., 1980). Danach erfolgte eine systematische Beobachtung des Unterrichtsverhaltens der Lehrpersonen. Die Intervention bei sechs Hauptschullehrern führte zwar kurzfristig zu positiven Effekten bei den Schülerinnen und Schülern. Die Lehrkräfte verwendeten die individuelle Bezugsnormorientierung jedoch teilweise nur widerwillig, so dass davon auszugehen ist, dass sie nach Projektabschluss zu ihrem alten Unterrichtsstil zurückkehrten (Rheinberg & Krug, 1999). Rheinberg et al. (1980) ziehen aus ihren Ergebnissen den Schluss, dass Verhaltensänderungen insbesondere dann keine Einstellungsänderung nach sich ziehen, wenn die Änderungen im Verhalten dem Individuum von außen vorgegeben werden (vgl. Rheinberg, 2001).

In den 80er Jahren des zwanzigsten Jahrhunderts scheiterten Bemühungen, Erwartungseffekte durch Lehrertrainingsprogramme zu vermindern häufig aufgrund der mangelnden Akzeptanz der Adressaten (Brophy, 1983; Cooper & Tom, 1984). In einer vielzitierten Studie erbrachte allerdings alleine die Warnung der Lehrkräfte vor möglichen Auswirkungen ihrer Erwartungen eine Verringerung der Erwartungseffekte (Smith & Luginbuhl, 1976). Darauf aufbauend erhob Babad (1990) in einer Interventionsstudie das schülerperzipierte Lehrkraftverhalten gegenüber starken und schwachen Schülerinnen und Schüler und die Wahrnehmungen der Lehrkräfte über ihr eigenes differenzierendes Verhalten. Er arbeitete mit einer einzigen Rückmeldung an die Lehrkräfte über Differenzen zwischen der eigenen Wahrnehmung und der der Kinder. Bei Lehrkräften, die das Feedback der Forscher akzeptierten stellten sich die intendierten Änderungen bezüglich der emotionalen Zuwendung ein. Allerdings ergaben sich Probleme mit der Kooperation der Lehrkräfte. Die Daten von vier Lehrkräften der Experimentalgruppe wurden nicht ausgewertet, weil sie sich weigerten, die Rückmeldungen der Forscher über Differenzen ihrer eigenen Wahrnehmung und der der Schülerinnen und Schüler zu akzeptieren (vgl. auch Kramer, 2002).

Ähnliches berichten Ziegler und Heller (1998), die versuchten, ein Reattributionstraining für den Physikunterricht mit Hilfe der Lehrkräfte durchzuführen. Diese sollten gezielt motivationsförderliche mündliche und schriftliche Kommentare abgeben. Zur Anleitung erhielten sie eine vierstündige Einweisung und schriftliche Materialien. Dabei brach eine Lehrkraft das Projekt vorzeitig ab, da sie sich „prinzipiell außerstande sah, Schülerhandlungen mit Attributionsfeedback zu kommentieren" (Ziegler & Heller, 1998, S. 223). Ein weiteres Problem dieser Untersuchung besteht darin, dass keine Unterrichtsbeobachtungen vorgenommen wurden. Die Analyse der schriftlichen Kommentierungen durch die Lehrkräfte ergab aber bereits einen fehlerhaften Umgang mit den Rückmeldungen. Das mündliche Reattributionstraining konnte in dieser Hinsicht nicht kontrolliert werden. Ziegler und Heller (1998) machen keine Angabe, warum „keine Möglichkeit bestand, dem Unterricht beizuwohnen" (S. 222). Dies könnte allerdings mit der besonders bei Lehrkräften verbreiteten Angst davor, kontrolliert zu werden, zusammenhängen. Die gängige Praxis von Unterrichtsbeobachtung und –beurteilung im Referendariat wird häufig als belastend erlebt, was bei den Lehrkräften teilweise zu einer Abwehr gegenüber Fremdbeobachtung und zu einer Distanzierung von Beratungsangeboten führt (Denner, 2000). Terhart (1996) beschreibt in diesem Zusammenhang Individualität, Nebeneinanderherarbeiten und Nichteinmischen in die Arbeit der Kolleginnen und Kollegen als implizite Normen des Lehrerberufs.

Insofern ist es auch nicht einfach, versuchsplanerische Kontrolle über Störvariablen auszuüben. Wie in allen Interventionsstudien hat man auch im Kontext Schule mit reaktiven Effekten zu rechnen. Gut dokumentiert ist der Hawthorne-Effekt als Resultat der bloßen Teilnahme an einer Studie. So kann die Anwesenheit eines Beobachters bzw. die Zuwendung durch die Forscher alleine verändertes Verhalten auslösen. Dass man die Teilnehmer über ihre Beteiligung an der Studie uninformiert lässt, ist in einer Interventionsstudie in der Schule unrealistisch (Lee & Yarger, 1996). Diesen Problemen kann durch den Vergleich mit einer Kontrollgruppe, die nicht an der Maßnahme teilnimmt, aber ebenso häufig von den Forschern beobachtet bzw. besucht wird wie die Experimentalgruppe, begegnet werden (Klauer, 2001). Daraus ergibt sich aber das Problem, dass man nicht nur für die Experimental- sondern auch für die Kontrollgruppe Lehrkräfte rekrutieren muss, die bereit sind, ihren Unterricht beobachten bzw. beurteilen zu lassen. Die sich daraus ergebende Problematik der selektierten Stichproben wird im Folgenden dargestellt.

4.3.3 Stichprobenauswahl und Morbidität

Gerade wenn die Mitarbeit von Lehrpersonen intendiert ist, ist von selektierten Stichproben auszugehen, da die Teilnahme im Allgemeinen freiwillig erfolgt. Insofern ist die Generalisierbarkeit der Ergebnisse solcher Studien eingeschränkt (Lee & Yarger, 1996). Lehrkräfte, die zu solchem Engagement bereit sind, setzen sich vermutlich auch ansonsten besonders stark für ihren Unterricht ein, was zu einer ohnehin schon erhöhten Motivation ihrer Schülerinnen und Schüler führen kann. So ergaben sich zum Beispiel in einer Studie von Krug, Herberts und Strauch (1999) bei den Schülerinnen und Schülern der Projektklassen besonders hohe Anfangswerte, die kaum noch zu verbessern waren. In diesem Sinne argumentiert Rheinberg (1999, S. 181): „Lehrern, denen die Verbesserung eigenen

Unterrichts soviel wert ist, dass sie eigene Freizeit opfern .... können wir anscheinend nur von begrenztem Nutzen sein. Lehrer, denen die Verbesserung eigenen Unterrichts hingegen weniger bedeutet, werden sich ein Training ... nicht zumuten, obwohl gerade sie wohl am ehesten profitieren könnten".

Zudem hat die Unterrichtsforschung im Allgemeinen mit einer hohen Morbidität der Stichproben zu kämpfen. In den Stichproben der Schülerinnen und Schüler werden hier außer dem Absentismus am Untersuchungstag vor allem Klassen- oder Schulwechsel wirksam (Holt, 1988; White, 2001). Als typisch für Beschreibungen von Längsschnittstichproben im Schulkontext können folgenden Sätze angesehen werden: „von den 54 Klassen der SCHOLASTIK-Studie werden nur die 47 Klassen mit kompletten Datensätzen berücksichtigt" (Weinert & Helmke, 1996, S. 226) oder „due to various uncontrollable difficulties, students of only 16 classrooms and only 12 teachers completed the posttest questionnaires" (Babad, 1990, S. 687). Typischerweise entfallen häufig die Probanden, die die Extreme (z. B. hinsichtlich Leistungen, sozialem Status, Teilnahmemotivation) repräsentieren. Auf diese Weise kann die hohe Morbidität mit einer substantiellen Verzerrung einhergehen (Keeves, 1988).

4.4 Hinweise für die Gestaltung einer Intervention mit Fokus auf dem Lehrkraftverhalten

Angesichts der dargestellten Probleme ist im Zusammenhang mit der Gestaltung einer lehrkräftebezogenen Intervention das Eingehen auf die Bedürfnisse der potentiellen Klientel besonders wichtig. Ganz allgemein kann davon ausgegangen werden, dass die Prinzipien, die für Kinder und Jugendliche motivationsförderlich sind, auch für Lehrkräfte anwendbar sein sollten. Die Forschung zu Lehrertrainingsprogrammen hat dabei gezeigt, dass ein Rückgriff auf mehrere bewährte psychologische und therapeutische Traditionen am wirkungsvollsten ist (Havers, 1998; Havers & Toepell, 2002; Kramis, 1991). Auch im Erwachsenenalter sind die Grundbedürfnisse der Selbstbestimmungstheorie relevant und so ist es sinnvoll den Lehrkräften in einer Fortbildungsmaßnahme ein gewisses Ausmaß an Autonomie einzuräumen, das Erleben und Einbringen eigener Kompetenzen zu ermöglichen und dieses in einem Rahmen des sozialen Miteinanders zu tun.

Vor diesem Hintergrund sollen im Folgenden spezielle Anforderungen an die zu konzipierende Interventionsmaßnahme definiert werden.

4.4.1 Außendarstellung: Training oder Fortbildung?

Bei der Bezeichnung einer Maßnahme ist darauf zu achten, dass der Begriff „Lehrertraining" unter Lehrkräften eine negative Konnotation aufweist. Havers und Helmke (2002) weisen darauf hin, dass die Blütezeit der Lehrertrainings die 70er Jahre des 20. Jahrhunderts waren. Die hier entwickelten Trainings entstanden häufig unter einem behavioristischen Grundverständnis und erbrachten in der Evaluation meist nur geringe Effekte, was in einem Abflauen der Trainingsforschung resultierte (Havers & Toepell, 2002). Oftmals wurde auf die praktische Einübung einzelner Verhaltensweisen fokussiert (Wahl, 2002). Dementsprechend wird der Begriff des „Trainings" auch heute noch mit Gängelung und Fremdbestimmung in Zusammenhang gebracht (Havers & Toepell, 2002). Und die Aussicht „modifiziert" zu werden, wie es Tausch (1983, S. 277) ausdrückt, behagt den meisten Personen nicht. Aus diesem Grund schlägt Wahl (2002) vor, den Begriff des Trainings nicht zu verwenden, wenn es darum geht, in einer Intervention Bewusstheit und Reflexivität hervorzurufen. Klauer (2001, S. 4) definiert Training als „wiederholt ausgeführte Tätigkeit, die die Ausführung der Tätigkeit faktisch verbessert, oder ... eine Handlung, die darauf gerichtet ist, die Fertigkeit oder Fähigkeit zur Ausübung der Tätigkeit zu verbessern" und schließt mit dieser Definition die Berufsausbildung ausdrücklich aus. Da sich das hier vorgestellte Projekt jedoch durchaus als berufliche Weiterbildung verstehen kann, ist der Begriff des Trainings nicht angebracht. Auch eigene Erfahrungen mit Lehrkräften und Studierenden sprechen dafür, hier eher den Begriff „Fortbildungsmaßnahme" zu verwenden.

4.4.2 Konzeption: Verhaltensanweisungen oder Selbstbestimmung?

Handeln in der pädagogischen Praxis ist stets kontextspezifisch. Das führt zu Problemen hinsichtlich der Konkretisierung von Verhaltensregeln in Interventionsprogrammen: Gibt man spezielle Handlungsanweisungen, die stark konkretisiert sind, besteht die Gefahr eines wenig produktiven bzw. situationsadäquaten Umgangs mit aktuellen Problemen. Hält man die vorgegebenen Regeln sehr allgemein und überlässt die Ausgestaltung den Teilnehmern, so ergeben sich Schwierigkeiten mit der Operationalisierung bei der Überprüfung des Erfolgs der Maßnahme (Patry & Perrez, 2000). Patry und Hager (2000) sprechen von einem „Implementierungsdilemma" (S. 271). Die Strategien und Methoden, mit denen Lehrkräfte unterrichten, sind routinisiert und dementsprechend schwierig zu verändern. Um der Situationsabhängigkeit von Unterricht gerecht zu werden, sind die neu einzusetzenden Methoden in der Vermittlung eher allgemein zu halten. Es wird also gefordert, Routine durch neue Methoden zu ersetzen, die in der Umsetzung nicht konkret definiert sind. In diesem Zusammenhang stellt sich die Frage nach dem Ausmaß an Partizipation der Adressaten einer Interventionsmaßnahme.

Im Zusammenhang mit Studien zur Bezugsnormorientierung weist Rheinberg (2001) auf die Wichtigkeit der erlebten Autonomie hin. So sollen sich Lehrkräfte „nicht als Erfüllungsgehilfen der Trainer fühlen, sondern sich ... als Urheber der jeweils realisierten Unterrichtsvariante erleben können" (Rheinberg, 2001, S. 480; vgl. auch Rheinberg & Krug, 1999). Dies wurde bereits in der vielzitierten Trainingsstudie von DeCharms (1979) deutlich. Er führte eine breit angelegte, vierjährige Interventionsstudie im Kontext Schule basierend auf seinem Ansatz der kausalen Autonomie durch. Danach müsste das Ausmaß an Motivation davon abhängig sein, wie sehr man sich selbst als Ursprung der eigenen Handlungen (Origin) erlebt. Das Schülertraining beinhaltete das Einüben von realistischen Zielsetzungen und Strategien des Einholens präziser Rückmeldungen über die Zielerreichung sowie das Kennenlernen eigener Stärken und Schwächen. Es sollte das Vertrauen in die Wirksamkeit eigenen Handelns gestärkt werden. Nachdem Lehrpersonen das Konzept der kausalen Autonomie vermittelt worden war, wurden gemeinsam mit ihnen Umsetzungen für den Unterricht (Spiele, Lerntagebücher etc.) erarbeitet. Wichtig war DeCharms, dass die Lehrkräfte selbst als Origins behandelt wurden, also Autonomie erlebten. Die Resultate waren positiv, sowohl in Bezug auf die Schülerinnen und Schüler, die mehr Autonomie erlebten und teilweise Leistungszuwächse zeigten, als auch bezogen auf die Lehrkräfte, die gegenüber der Kontrollgruppe einen Vorteil hinsichtlich des beruflichen Aufstiegs aufwiesen. Die Frage, wodurch die positiven Ergebnisse genau bewirkt wurden, bleibt aber ungeklärt, da die veröffentlichten Daten keine genauen Rückschlüsse auf Wirkmechanismen zulassen.

Angelehnt an diese Studie führten Krug et al. (1999) zur Förderung der individuellen Bezugsnormorientierung ein Training nach dem Origin-Prinzip mit sechs Lehrerinnen in der „Origins-Gruppe" durch. Diese Gruppe durfte den Ablauf weitgehend selbst planen, die Trainingsleiter fungierten lediglich als Experten bei unklaren theoretischen Fragen. Drei weitere Lehrerinnen erhielten lediglich einen theoretischen Input zum Thema, drei Lehrerinnen erhielten zusätzlich dazu Hinweise zur Umsetzung im Unterricht. Als weitere Vergleichsgruppe diente eine untrainierte Kontrollgruppe. Die deutlichsten positiven Veränderungen ergaben sich bei den Lehrkräften der Origins-Gruppe.

Entsprechend empfiehlt Rheinberg (1999), Vorschläge zur Umsetzung des theoretischen Wissens in die Praxis von Lehrkräften selbst erarbeiten zu lassen. Dabei ist es wichtig, darauf zu achten, dass die Umsetzungen der Lehrkräfte im Rahmen dessen bleiben, was mit der Intervention intendiert ist. Guskey (1986; 1997) weist darauf hin, dass ein zu viel an Partizipation der Zielpersonen zu Beginn einer Intervention kontraproduktiv wirken kann, etwa dann, wenn die Lehrkräfte erwünschte neue Unterrichtspraktiken stark verändern.

Andererseits erwarten Lehrkräfte von einer Fortbildungsmaßnahme spezifische Hinweise für den täglichen Unterricht, ihre Interessen an einer Intervention sind eher pragmatischer Natur (Guskey, 1986). Richardson (1990) berichtet von einem Weiterbildungsprogramm für Lehrkräfte, das zum Ziel hatte, die Kognitionen der Teilnehmer über Leseverständnis und –instruktion zu verändern. Durch die veränderten Einstellungen sollten die Lehrkräfte dazu angeregt werden, selbst neue Unterrichtsmethoden zu entwickeln. Dabei fühlten sich die Lehrkräfte zunächst überfordert damit, selbstgesteuert Veränderungen zu entwickeln und einzuführen.

Die Partizipation der Fortbildungsteilnehmer kann aber auch durch Maßnahmen der Selbstkontrolle im Sinne des Selbstmanagements[10] erfolgen. Ausgangspunkt ist hier die Annahme, dass funktionales und dysfunktionales Verhalten erlernt und damit Funktion der Bedingungen der Umwelt ist. Insofern sollte Verhalten zu verändern sein durch Veränderung der auslösenden Bedingungen bzw. aufrechterhaltenden Konsequenzen (Kanfer & Phillips, 1970). Die Selbstkontrolle beinhaltet die Selbstbeobachtung des Unterrichtsverhaltens sowie darauf aufbauend die gezielte systematische Selbstverstärkung erwünschter Handlungsweisen. Hier liegt ein Konzept zur Verhaltensmodifikation vor, das den Zielpersonen einen hohen Grad an Autonomie einräumt. Eine differenzierte Selbstbeo-

---

[10] Selbstmanagement bezeichnet die Fähigkeit, eigenes Verhalten durch den Einsatz konkreter Strategien zu steuern (Reinecker, 1999).

bachtung und -reflexion ist ohnehin notwendig, um das Interaktionshandeln im Unterricht zu verändern (Sieland, 1999; Wahl, 2002).

4.4.3 Vermittlungsmethoden: Reflexion oder Handeln?

Wahl (2002) sieht eine Einübung relevanter Handlungsweisen ohne vorherige Veränderung zugrundeliegender kognitiver und emotionaler Strukturen als unmöglich an. Wissen wird nur dann handlungsrelevant, wenn es bewusst und reflexiv erworben wurde und neben kognitiven und aktionalen auch emotionale Komponenten angesprochen werden. In diesem Sinne argumentieren auch Havers und Helmke (2002), die davon ausgehen, dass Konzepte der Lehrerbildung nur dann erfolgreich sein können, wenn sie die impliziten Theorien des Lehrens und Lernens verändern. Wahl (2002) empfiehlt zur Veränderung unterrichtlichen Handelns eine Vorgehensweise in drei Schritten: „1. Bewusstmachen eigener handlungsleitender Prototypenstrukturen 2. Handlungsreflexion unter Einbeziehen von Expertenwissen 3. Unterstützung des erneuten Ingangsetzens handlungssteuernder Prototypenstrukturen" (S. 232). Einen entsprechenden Ansatz verfolgt das seit Jahren erfolgreich eingesetzte Konstanzer Trainingsmodell (KTM; Tennstädt, 1991), ein Programm zum Umgang mit Aggressivität. Hier sollen zunächst handlungsleitende subjektive Theorien der Lehrkräfte bewusst gemacht und ggf. in Frage gestellt werden, bevor neue Verhaltensweisen eingeübt werden. Die Veränderung subjektiver Theorien wird in zahlreichen Programmen als Voraussetzung für die Implementation von Interventionsmaßnahmen in den Unterricht angesehen (Putnam & Borko, 2000). Haag und Mischo (2003) konnten zeigen, dass die Auseinandersetzung mit fremden subjektiven Theorien durch Lehrkräfte eher zur Implementation von Gruppenarbeitsformen in den Unterricht führte, als rezeptartige Hinweise zum Thema Gruppenunterricht.

Lehrkräfte haben oft Bedenken, ihren Unterrichtsstil zu verändern. Dies liegt teilweise in der Sorge begründet, dass die Schülerinnen und Schüler eventuell nicht von der Maßnahme profitieren könnten. Andererseits bedeutet eine Veränderung des eigenen Unterrichts unter Umständen Mehrarbeit für die Lehrkräfte, die sich ohnehin häufig überlastet fühlen (Denner, 2000; Guskey, 1997). Aufgrund dessen wird empfohlen, kleine Veränderungen anzustreben und die zusätzliche Arbeitsbelastung möglichst gering zu halten (Guskey, 1997). Wie bereits mehrfach erwähnt, ist es aber wenig erfolgversprechend, wenn Lehrkräfte ihr Verhalten nur in einzelnen speziellen Bereichen verändern, ohne die zugrundeliegenden Einstellungen reflektiert und modifiziert zu haben (Ames, 1992; Gräsel & Parchmann, 2004; Rheinberg & Günther, 1999; Simon & Shifter, 1991). Innerhalb des Projekts TIME (Teachers Improving Mathematics Education) sollten konstruktivistische Unterrichtprinzipien und der Umgang mit Erwartungseffekten in Bezug auf Rasse und Geschlecht vermittelt werden (Weissglass, 1992). In diesem Programm wurde der Reflexion mittels Diskussionen ein großer Stellenwert eingeräumt. Interviews und Fragebogen ergaben positive Veränderungen in folgenden Dimensionen: Unterrichtspraktiken und Bewertungsmethoden der Lehrpersonen, Einstellungen der Lehrkräfte und der Schülerinnen und Schüler zu Mathematik, Kommunikation. Auch berichteten die Lehrkräfte über ein erhöhtes Selbstvertrauen und stärkere Zusammenarbeit mit Kollegen.

Lehrkräfte sollten also zunächst für die Thematik sensibilisiert werden und ihr eigenes Verhalten reflektieren. Gleichzeitiges Handeln ist aber auch wichtig. Die Wahrscheinlichkeit, dass reine Wissensvermittlung zu verändertem Verhalten führt ist eher gering (Wahl, 2002). In diesem Sinne weisen auch Havers und Toepell (2002) auf die Wichtigkeit von praktischen Umsetzungen der Trainingsinhalte hin[11]. Zahlreiche Studien stützen die Ansicht, dass Lehrkräfte neue Instruktionsmethoden am besten durch persönliche Erfahrungen lernen (Grouws & Schultz, 1996; Northfield & Gunstone, 1997).

In konstruktivistischen Workshops mit Lehrkräften in den USA wurde davon ausgegangen, dass die Lehrkräfte selbst in die Rolle des Lernenden schlüpfen und mit den neuen Unterrichtsmethoden unterrichtet werden müssen, um sie selbst erfolgreich anwenden zu können (Simon & Shifter, 1991). Die Teilnehmenden wurden nach konstruktivistischen Prinzipien in Mathematik und Informatik unterrichtet und nahmen an Sportkursen teil. Über die Instruktionsmethoden wurde anschließend in Gruppendiskussionen reflektiert. Anschließend erfolgten regelmäßige Supervisionen der eigenen Unterrichtspraxis. Die Evaluation erfolgte lediglich durch wöchentlich geschriebene Tagebücher der teilnehmenden Lehrkräfte und zusätzlichen Interviews. Die meisten Lehrkräfte waren

---

[11] Eine gegenteilige Meinung vertritt Wagner (1983), die in ihrem „kognitiven Diskriminationstraining" Lehramtsstudierenden lediglich Unterrichtsaufzeichnungen vorgab, die im Hinblick auf schülerzentriertes Verhalten ausgewertet werden sollten. Diese Vorgehensweise erzielte Erfolge, wurde aber – vermutlich wegen Schwierigkeiten hinsichtlich der Motivierung der Teilnehmenden (vgl. Havers & Toepell, 2002) - nicht dauerhaft eingesetzt.

mit dem Programm zufrieden und äußerten die Ansicht, etwas gelernt zu haben. Die Ergebnisse zeigen aber auch, dass nur die Lehrkräfte die neuen Prinzipien umgesetzt hatten, die ihre Ansichten über das Lernen und Lehren von Mathematik grundlegend verändert hatten (Simon & Shifter, 1991; vgl. auch Grouws & Schultz, 1996). Dies verdeutlicht nochmals die Wichtigkeit der Reflexion und Akzeptanz der Trainingsinhalte für die erfolgreiche Umsetzung im Unterricht.

Die Anwendung von Strategien in einer Lehrkräftefortbildung, die die Lehrenden dann selbst im Unterricht einsetzen sollen, wird auch als pädagogischer Doppeldecker bezeichnet (Geissler, 1985, zit. nach Wahl, 2002; Niederdrenk-Felgner, 1999). Untersuchungen mit Erwachsenen deuten auf die Wirksamkeit einer solchen Vorgehensweise hin (Schmidt, 2001; Schmidt & Wahl, 1999; Wahl, 2001). Sie eignet sich auch als Anregung zur Reflexion eigenen Unterrichtshandelns: Hier wird sozusagen in Selbsterfahrung die jeweilige Lernumgebung in der Rolle des Lernenden erlebt, was einen Denkanstoss hinsichtlich der Nutzung der jeweiligen Methode als Lehrender bieten kann (Wahl, 2002). Allerdings ist hier ein behutsames Vorgehen angeraten, da Lehrkräfte es häufig nicht einsehen, selbst unter Anwendung neuer Unterrichtsmethoden zu lernen, sondern der festen Ansicht sind, die Vermittlung theoretischer Grundlagen reiche ihnen aus, um die Methoden im eigenen Unterricht umzusetzen (Wahl, 2002).

4.4.4 Rahmenbedingungen: Unterstützendes Umfeld und Kooperation mit Kollegen

Wenn Lehrkräfte ihr eigenes Verhalten reflektieren sollen, heißt das oft, dass sie ihre ganze bisherige Unterrichtspraxis in Frage stellen müssen, was in Reaktanz resultieren kann (Grouws & Schultz, 1996). Eventuell wird durch die Konfrontation mit neuen Inhalten auch die gängige Praxis an ihrer Schule zweifelhaft (Weissglass, 1992). In diesem Sinne wird in der Forschung zur Lehreraus- und weiterbildung häufig davon ausgegangen, dass die Unterstützung durch die Schulleitung Prozesse der Lehrerbildung stark vereinfachen kann (Gräsel & Parchmann, 2004). Es wird empfohlen, neue Programme möglichst gleich schulweit zu implementieren, anstatt zu versuchen, einzelne Lehrkräfte zu verändern, die es in einem unveränderten Umfeld unter Umständen schwer haben, Neuerungen einzuführen (Guskey, 1997; Maehr & Midgley, 1991; Richardson, 1990).

Unter Umständen kann hier bereits der Dialog mit Fachkollegen hilfreich sein, der auch dem Bedürfnis nach sozialer Eingebundenheit entgegen kommt. In breit angelegten Interventionsprojekten in den USA wird dem Austausch mit Kollegen ein hoher Stellenwert eingeräumt (Grouws & Schultz, 1996; Northfield & Gunstone, 1997; Schoen et al., 2003). Als Beispiel sei hier das Atlanta Math Project (AMP) genannt, ein Projekt zur Umsetzung der Reform des Mathematikunterrichts. Hier bekamen Lehrkräfte Gelegenheit zum kollegialen Austausch und zur Selbstbeobachtung per Video. Die Intervention bestand lediglich in einer Aufforderung an die Lehrkräfte, den Lernenden mehr Autonomie einzuräumen. Dies bewirkte weitere Veränderungen im Unterricht, die den Prinzipien aufgabenorientierten Unterrichts entsprechen. Die Lehrkräfte akzeptierten z. B. verschiedene Lösungswege und setzten verstärkt kooperative Unterrichtsmethoden ein. Ihre Klassen erzielten im Vergleich mit einer Kontrollgruppe bessere Lernergebnisse und berichteten stärkere Anstiege im Selbstkonzept (Grouws & Schultz, 1996; Hart, Schultz, Najee-ullah & Nash, 1992).

Als Fazit aus seiner Arbeit mit Lehrkräften zieht Rheinberg (1999) den Schluss, dass die Arbeit mit Kleingruppen der Individualarbeit vorzuziehen sei und verweist auf die Wichtigkeit des Erfahrungsaustausches. Auch im handlungstheoretischen Modell der Lehrerfortbildung von Wahl (2002) spielen praktische Übungen in Kleingruppen eine entscheidende Rolle. Empirische Ergebnisse zeigen, dass der Erfahrungsaustausch mit Kollegen Lehrkräfte besonders zur Teilnahme an Weiterbildungsmaßnahmen bewegt (Holly, 1982, zit. nach Guskey, 1986). Diskussionen sind auch wichtig, um Kompetenzerfahrungen bei den Teilnehmenden einer Fortbildung möglich zu machen. Hier können sich die Lehrkräfte als Experten für die Unterrichtspraxis einbringen, während die Fortbildungsleitung die theoretische Seite abdeckt.

4.4.5 Materialien: Theorie und Praxis

Zur längerfristigen Vermittlung relevanten Wissens ist die Bereitstellung schriftlicher Materialien unumgänglich. Die Texte sollten möglichst zielgruppengerecht und alltagsnah aufgearbeitet werden (Brezing, 2000). Aus einer Zusammenschau mehrerer Programme zur Personalentwicklung bei Lehrkräften schließt Guskey (1986), dass isolierte Programme, die den täglichen Unterricht nicht direkt betreffen, kaum erfolgreich sein werden (vgl. auch Brezing, 2000). Lehrkräfte sehen oft den Praxisbezug der Wissenschaft nicht (Patry & Perrez,

2000). Ergebnisse einer Studie von Plath (1998) zeigen, dass dies mit einer stark begrenzten Rezeption von Fachliteratur einhergeht. Deshalb ist insbesondere für diese Klientel der deutliche Zusammenhang der Theorie mit der eigenen Unterrichtspraxis wichtig, die Inhalte sollten möglichst konkret dargestellt werden und sich auf spezifische Lehrtätigkeiten beziehen (vgl. auch Fuchs-Brüninghoff & Tymister, 1984; Guskey, 1986). Diese Bezüge können auch durch Bereitstellung von im Unterricht anwendbaren Materialien hergestellt werden, welche sich beispielsweise in Bezug auf die Reform des Mathematikunterrichts in den USA als sehr wirkungsvoll erwiesen haben (Schoen et al., 2003). Plath (1998) empfiehlt auch auf gute Lesbarkeit und nutzerfreundliche Handhabung der Materialien zu achten.

4.5 Zusammenfassung und Schlussfolgerungen für die Interventionsmaßnahme

Um langfristige Motivationssteigerungen bei den Schülerinnen und Schülern zu erreichen, ist der Einbezug der Lehrkräfte in Projekte zur Motivationsförderung unumgänglich. Bei der Planung einer lehrkräftebezogenen Interventionsmaßnahme sind, vor allem aufgrund der Komplexität des Kontextes „Schule", Probleme zu antizipieren und zu bedenken. Versuchsplanerische und methodische Probleme sollten bei der Planung der Evaluationsstudie angegangen werden. Für die Konzeption der Maßnahme ist zu beachten, dass Erfolge nur dann zu erwarten sind, wenn die Adressaten die vermittelten Methoden und Inhalte akzeptieren. Um dies zu erreichen, sollte eine Selbstkontrolle und -reflexion eigener Einstellungen und Verhaltensweisen bei den Teilnehmenden erfolgen. Das fördert nicht nur eine elaborierte Auseinandersetzung mit den Inhalten, sondern unterstützt auch die für die Motivation wichtigen Autonomieerfahrungen der Teilnehmenden. Hierzu dient außerdem die Partizipation der Lehrkräfte bei der Erarbeitung von Umsetzungsvorschlägen für den Unterricht. Dies stärkt auch die Kompetenzerfahrung – Lehrkräfte sollen sich als Experten für den eigenen Unterricht sehen. Trotzdem ist es wichtig, den Lehrkräften außer theoretischem Input auch konkrete Vorschläge für den Unterricht und anwendbares Material zu geben, wobei für die Gestaltung allen schriftlichen Materials der Praxisbezug in den Vordergrund gestellt werden sollte. Um die soziale Eingebundenheit zu gewährleisten ist der Austausch mit Kollegen besonders wichtig, insofern sollten innerhalb des Programms entsprechende Möglichkeiten gegeben sein. Dies lässt sich zum Beispiel durch die Arbeit in Kleingruppen realisieren. Hierbei ist zusätzlich die Möglichkeit gegeben, neu zu erlernende Lehrmethoden selbst zu erfahren, was zu einem verbesserten Lernergebnis führen sollte.

B. Empirische Studie

5 Konzeption der Maßnahme: Das Fortbildungsprogramm

5.1 Zielsetzung

Ziel der vorliegenden Studie war die Entwicklung und Erprobung eines Fortbildungsprogramms für Lehrkräfte, das die unter A. erläuterten Einflüsse von Unterrichtspraktiken und Lehrkraftverhalten zum Inhalt hat.

Die Materialien und das Konzept der Fortbildung wurden zunächst im Rahmen eines Seminars an der Universität Koblenz mit 15 Lehramtsstudierenden erprobt. Die Studierenden erteilten ein ausführliches schriftliches Feedback. Auf dieser Basis wurden die endgültigen schriftlichen Materialien erstellt und die Rahmenbedingungen geplant. Für die Gestaltung der Interventionsmaßnahme und zur Entwicklung schriftlicher Materialien wurde insbesondere auf die unter 4.4 dargestellten Zusammenhänge zurückgegriffen.

Bei der Planung wurden die Wichtigkeit der Selbstreflexion beim Erwerb neuen Wissens sowie die Relevanz praktischen Handelns berücksichtigt (siehe 4.4; vgl. Wahl, 2002). Da für Lehrertrainingsprogramme empfohlen wird, auf mehrere bewährte psychologische und therapeutische Traditionen zurückzugreifen (Havers, 1998; Havers & Toepell, 2002; Kramis, 1991), wurde zur Vermittlung der Fortbildungsinhalte eine Kombination aus verhaltenstherapeutischen (Selbstmanagement) und kognitionspsychologischen (Reflexion) Elementen gewählt. Innerhalb der Fortbildung wurde dieses Vorgehen unter den Schlagworten "Informieren, Diskutieren, Ausprobieren" zusammengefasst.

5.2 Ablauf und Rahmenbedingungen der Fortbildungssitzungen

Das Programm wurde mit einer Gruppe von Mathematiklehrkräften, die zu Beginn der Maßnahme jeweils eine fünfte Klasse unterrichteten, durchgeführt. Die Fortbildungssitzungen wurden kollegial von einer Professorin und einer Diplom-Psychologin[12] geleitet. Die Inhalte wurden während der Fortbildungssitzungen gemeinsam mit den Teilnehmenden erarbeitet, wobei gelegentlich auch kurze Impulsreferate der Kursleiterinnen erfolgten. Außerdem wurden motivationsförderliche Unterrichtsmethoden eingesetzt, so dass die Lehrkräfte sie in der Rolle

---

[12] Prof. Dr. Ruth Rustemeyer und Natalie Fischer

der Lernenden erleben konnten, bevor sie sie im Unterricht umsetzten (pädagogischer Doppeldecker).

Durch die Arbeit in Kleingruppen sollten zugleich die Bedürfnisse nach Autonomie und sozialer Eingebundenheit angesprochen werden (vgl. 4.4). Dabei wurde darauf geachtet, dass die Lehrkräfte sich stets als Experten für den Unterrichtsalltag sehen konnten, während die Kursleiterinnen als Expertinnen für motivationspsychologische Zusammenhänge auftraten.

Da die Gelegenheit zum Erfahrungsaustausch mit Kollegen eine wichtige Rolle im Rahmen der Lehrerfortbildung spielt (Grouws & Schultz, 1996; Northfield & Gunstone, 1997; Wahl, 2002), wurde während der Bearbeitung der einzelnen Fortbildungseinheiten immer wieder die Möglichkeit zur Diskussion und zum Berichten eigener Erlebnisse gegeben. Auch die Erfahrungen aus dem Seminar mit Studierenden hatten gezeigt, dass hier ein hoher Bedarf besteht.

Am Schluss jeder Sitzung wurde eine Hausaufgabe bezogen auf die jeweilige fünfte Klasse gestellt, die immer eine Selbstbeobachtung im Sinne des Selbstmanagements nach Kanfer (1984) enthielt und manchmal eine gezielte Einführung neuer Unterrichtspraktiken erforderte. Die Teilnehmerinnen und Teilnehmer sollten in ihrem Unterricht gezielt auf die dargestellten Zusammenhänge achten und die empfohlenen Unterrichtsmethoden selbst ausprobieren. Material für die Hausaufgaben wurde in schriftlicher Form zur Verfügung gestellt. Zu Beginn jedes Treffens erfolgte ein Austausch über die Erlebnisse mit der letzten Hausaufgabe. Die von den Lehrkräften ausgefüllten Selbstkontrollbögen wurden nicht eingesammelt. Innerhalb der Erprobung mit Lehramtsstudierenden hatte sich gezeigt, dass eine zu starke Kontrolle seitens der Fortbildungsleitung Reaktanz auslösen kann. Selbstbeobachtungen fallen ehrlicher aus, wenn keine Kontrolle von außen erfolgt. Im Sinne der Gewährung von Autonomie wurde die Supervision der Hausaufgaben durch die Kursleiterinnen oder in der Gruppe den Teilnehmenden freigestellt.

Alle theoretischen Informationen sowie die zur Erarbeitung der Inhalte eingesetzten Unterrichtsmethoden wurden den Lehrkräften in Form schriftlicher Materialien ausgehändigt. Bei der Konzeption dieser Materialien wurde auf psychologische Fachliteratur zurückgegriffen, sie wurden anschaulich und praxisnah gestaltet und auf die Zielgruppe Mathematiklehrkräfte ausgerichtet (vgl. Plath, 1998). Die Materialien enthielten Fragen zur Vertiefung, was den Lehrkräften

Gelegenheit gab, selbst zu überprüfen, ob das jeweilige Thema hinreichend verstanden worden war.

Zur Erhöhung der Autonomiewahrnehmung sollte auch Gelegenheit zum Feedback über die einzelnen Sitzungen gegeben werden. Erfahrungen im Seminar mit Studierenden zeigten jedoch, dass eine erzwungene Feedbackphase eher Unbehagen erzeugt. Deshalb erhielten die Lehrkräfte die Möglichkeit, am Ende jedes Treffens einen Punkt in einer bestimmten Farbe in ein Koordinatensystem (das so genannte „Stimmungsbarometer") einzukleben und so anzugeben, wie sie sich nach der jeweiligen Sitzung fühlten. So konnte jeder Teilnehmer anhand der Punkte in „seiner" Farbe die Entwicklung des eigenen Befindens über den Verlauf der Intervention ablesen und die Kursleiterinnen erhielten eine Rückmeldung darüber, wie die einzelnen Sitzungen von den Lehrkräften erlebt worden waren.

5.3 Fortbildungsinhalte und Durchführung der Interventionsmaßnahme

Die zu vermittelnden Inhalte wurden in fünf Lektionen zusammengefasst, die die folgenden Titel erhielten: (1) Attributionen, (2) Kommunikation und mathematisches Selbstkonzept, (3) Aufgabenorientierter Unterricht (Bezugsnormorientierung, Zielorientierungen), (4) Motivierung und Interessensförderung, (5) Erwartungseffekte im Unterricht. An einem weiteren Termin erfolgte eine Synopse in der die Teilnehmenden Gelegenheit erhielten, die gesamten Inhalte in Form einer Mind Map zusammen zu tragen und zu reflektieren. Der Interventionsmaßnahme ging eine Informationsveranstaltung, die der Vorbereitung diente, voraus.

Im Folgenden sollen die Inhalte und Methoden der einzelnen Termine ausführlich dargestellt werden, wobei zur Illustration jeweils bereits die innerhalb der Lektionen gemeinsam erarbeiteten Ergebnisse einbezogen werden[13]. Für einen ersten Überblick sind die Inhalte, Vermittlungsmethoden und Hausaufgaben der fünf Fortbildungslektionen in Tabelle 5.1 zusammengefasst.

---

[13] Das komplette schriftliche Fortbildungsmaterial ist auf Anfrage bei der Autorin erhältlich.

Tabelle 5.1: Inhalte, Vermittlungsmethoden und Hausaufgaben der Lektionen der Fortbildungsmaßnahme

LEKTION	INHALT	METHODE	HAUSAUFGABE
Attributionen	- Günstige und ungünstige Attributionsmuster und deren Diagnose - Techniken zur Veränderung des Attributionsstils von Schülerinnen und Schülern (Reattributionstraining) - Einführung in das Selbstmanagement	- Ringwurfspiel zur Erarbeitung günstiger und ungünstiger Attributionen - Selbsterfahrung (Kommentierungstechnik)	- Selbstbeobachtung (Rückmeldungstagebuch)
Kommunikation und mathematisches Selbstkonzept	- Kommunikation zwischen Lehrenden und Lernenden und Auswirkungen auf das Selbstkonzept - Aktives Zuhören - Indirekte Mitteilung von Fähigkeitseinschätzungen	- „Zeichnen nach Ansage" zur Verdeutlichung der Kommunikationstheorie - Übung zum „aktiven Zuhören" - Gruppendiskussionen	- Gezielt funktionale Rückmeldungen geben - Selbstbeobachtung (Rückmeldungstagebuch)
Aufgabenorientierter Unterricht	- Zielorientierungen, implizite Persönlichkeitstheorien, Bezugsnormorientierung und deren Zusammenhänge mit hilflosem Verhalten von Schülerinnen und Schülern - Empfehlungen für einen „aufgabenorientierten Unterricht" nach Ames	- Stummes Schreibgespräch zur Einführung - Kooperatives Lernen (Gruppenpuzzle)	- Zielsetzung im Unterricht einüben (Selbstmanagement für Schülerinnen und Schüler) - Selbstbeobachtung
Motivierung und Interessensförderung	- Erwartungs-Wert-Theorien der Motivation - Strategien zur Förderung der Erfolgserwartung und Motivation basierend auf der Selbstbestimmungstheorie von Deci und Ryan - Gestaltung von Aufgaben und Material - Fehlerakzeptierender Unterricht - Metakognition	- K-W-L-Methode (Dubs, 1995) - Reziprokes Lehren - Erarbeitung eines Konzepts für den eigenen Unterricht in Kleingruppen und Präsentation im Plenum	- Erarbeitetes Konzept im Unterricht ausprobieren - Selbstbeobachtung
Erwartungseffekte im Unterricht	- Sich selbst erfüllende Prophezeiungen (SFP) in der Schule - Erwartungseffekte im Mathematikunterricht (auch im Hinblick auf das Geschlecht der Schülerinnen und Schüler)	- Postergruppen - Einschätzung von Mädchen und Jungen in der eigenen Klasse mit anschließender Diskussion	- Selbst- oder Fremdbeobachtung des eigenen Verhaltens gegenüber Jungen und Mädchen

5.3.1 Informationsveranstaltung

Die Informationsveranstaltung diente der Vorstellung des Programms, dem Abklären von Erwartungen der Adressaten aber auch der Vorbereitung der Fortbildung. Zu Beginn wurde ein Kennenlernspiel durchgeführt. Zum Einstieg in die Thematik erhielten die Teilnehmerinnen und Teilnehmer eine kurze Information über die Internationalen Vergleichsstudien TIMSS und PISA und deren mathematikbezogenen Ergebnisse. Dazu war auch eine Wandzeitung erstellt worden, die die Lehrkräfte bereits bei der Ankunft betrachten konnten. Die Lehrkräfte erhielten einen Ordner für die Fortbildungsmaterialien, der als Anschauungsbeispiel Ausarbeitungen über TIMSS und PISA sowie die Anleitung zum Kennenlernspiel enthielt. So konnten die Teilnehmer sich vorab ein Bild über die zu erwartenden Materialien machen. Sie wurden darüber informiert, dass ihnen alle Informationen zum Inhalt und zu den angewendeten Methoden der Intervention in schriftlicher Form zur Verfügung gestellt würden. Dann erfolgte anhand eines Plakats die Vorstellung der Fortbildungsinhalte und des Mottos „Informieren, Diskutieren, Ausprobieren". Anhand einer Kartenabfrage wurden die Erwartungen der Teilnehmerinnen und Teilnehmer an die Fortbildungsmaßnahme abgeklärt, wobei Karten in drei verschiedenen Farben verteilt wurden, deren Bedeutungen entsprechend unterschiedlich waren:

- Grün- das erwarte ich von der Fortbildung...
- Rosa- das sollte in der Fortbildung nicht passieren...
- Gelb- das ist mein Beitrag...

Die auf einer Metaplanwand gesammelten Erwartungen deckten sich weitgehend mit dem Fortbildungskonzept.

Als weiteren Input erhielten die Lehrkräfte Informationen über die geplante Evaluationsstudie. Diese betrafen organisatorische Fragen, wie Aufklärung über Anzahl und Termine der Messzeitpunkte, einzusetzende Tests, die Anonymisierung der Daten und die Rückmeldung der Ergebnisse.

Dann wurden gemeinsam die sechs Termine für die Fortbildungsveranstaltungen festgelegt (jeweils 4 Zeitstunden im ca. 14-tägigen Rhythmus).

Anschließend wurde das Konzept der Hausaufgaben innerhalb der Fortbildung vorgestellt. Es wurde den Lehrkräften erläutert, dass zu jeder Lektion bestimmte Hausaufgaben eingeplant würden, deren Besprechung jeweils zu Beginn einer Sitzung erfolgen sollte. Dabei wurde auch deutlich gemacht, dass die Supervision der Hausaufgaben durch die Kursleiterinnen auf einer freiwilligen Basis erfolgen würde und es den Teilnehmerinnen und Teilnehmern weitgehend selbst überlassen bliebe, inwieweit sie ihre Hausaufgaben in der Gruppe besprechen wollten. Als erste Hausaufgabe wurde der Auftrag gegeben, eine Liste aller Schülerinnen und Schüler der jeweiligen fünften Klasse zu erstellen, wobei für jedes Kind die Mathematikleistung, die Motivation und das Selbstwertgefühl in Mathematik beurteilt und eine Prognose der beruflichen Zukunft gestellt werden sollten. Auf diese Liste wurde im Verlauf der Fortbildung mehrfach zurückgegriffen. Sie diente vor allem dazu, Kinder zu identifizieren, deren Motivation oder Selbstkonzept schwach ausgeprägt waren.

Zum Abschluss der Informationsveranstaltung erfolgte eine Einführung in das Geben von Feedback und das Stimmungsbarometer wurde eingeführt.

5.3.2 Lektion 1: Attributionen

In der ersten Lektion sollten die Teilnehmerinnen und Teilnehmer über die Konsequenzen unterschiedlicher Attributionsstile informiert werden und Möglichkeiten zur Diagnose und Beeinflussung von Attributionen der Schülerinnen und Schüler erlernen. Hier wurde insbesondere Wert auf Kommentierungstechniken gelegt. Die Lehrkräfte sollten die Wirkungen ihrer Rückmeldungen an die Schülerinnen und Schüler erkennen und befähigt werden, gezielt motivations- und selbstwertförderliche Rückmeldungen zu geben. Die schriftlichen Materialien waren sehr stark an Ziegler und Schober (2001) angelehnt, deren Monographie „Reattributionstrainings" bereits auf die Zielgruppe der Lehrkräfte ausgerichtet und dementsprechend anschaulich und praxisnah gestaltet ist. Zur Vermittlung der Inhalte wurde eine Kombination aus Kurzreferaten der Fortbildungsleiterinnen und Selbsterfahrung benutzt.

Um den Einstieg in die Sitzung zu erleichtern, erfolgte zu Beginn ein Impulsreferat, in dem den Lehrkräften das Vierfelderschema nach Weiner et al. (1971) näher gebracht wurde. Auf dieser Basis sollten die Teilnehmer anschließend einen kurzen Test ausfüllen, in dem Aussagen danach beurteilt werden sollten, inwiefern sie Internalität und Stabilität ausdrückten. Der Test wurde eingesammelt und später als Grundlage für die Diskussion über den Einfluss von Rückmeldungen verwendet.

Zunächst wurden jedoch Konsequenzen von Attributionen anhand eines Ringwurfspiels erarbeitet. Dieses Spiel wird bereits seit DeCharms (1968) zur Motivationsförderung benutzt und ist ein bis heute bei Schülerinnen und Schülern häufig eingesetztes Verfahren zur Einübung der Selbstbeurteilung und der Zielsetzung (z. B. Krug & Hanel, 1976; Mokhlesgerami, 2004).

Die Aufgabe der Lehrkräfte beim Ringwurfspiel war es, ein Ziel mit einem Ring zu treffen und dabei in drei Durchgängen herauszufinden, welche Entfernung vom Ziel für sie persönlich die richtige ist. Die Bewertung erfolgte aufgrund der Entfernung und aufgrund der Richtigkeit der Selbsteinschätzung. Zudem sollten Ursachen für Erfolge und Misserfolge genannt werden. Nach dem Spiel wurde auf einer Metaplanwand mit Moderationskarten dargestellt, welche Konsequenzen Attributionen haben. Dabei wurde zunächst konkret das Spiel bewertet, wobei nach Kognitionen und Konsequenzen nach Erfolg und Misserfolg gefragt wurde. Danach wurde erarbeitet, welche Konsequenzen die spezifischen Attributionen des Vierfelderschemas im Allgemeinen haben können. Tabelle 5.2 zeigt das gemeinsam erstellte allgemeine Schema.

Tabelle 5.2: In der Fortbildung erarbeitetes Schema zu Konsequenzen von Attributionen (1. Teil)

WELCHE EMOTIONEN, GEDANKEN UND WELCHES VERHALTEN LÖSEN ATTRIBUTIONEN AUS?	
NACH ERFOLG	NACH MISSERFOLG
•Fähigkeit (Ich kann das gut/ ich bin begabt!)	•Fähigkeit (Ich kann das nicht/ich habe kein Talent dafür!)
- Freude, Motivation - Weitere Ziele - Ich versuche, noch besser zu werden, weil ich an mich glaube - Alles voll im Griff, keine Veränderungen - Kann zu Selbstüberschätzungen führen - Euphorie; motiviert für neue Anforderungen; eigenes Zutrauen	- Schlimmstenfalls existentielle Auswirkungen: Ich kann gar nichts! - Ohnmacht, Wut, Trauer - Es gibt Dinge, die liegen mir nicht - Frustration; Eingeständnis von Schwächen
•Anstrengung (ich habe mich angestrengt/konzentriert/gut aufgepasst!)	Anstrengung (Ich habe mich nicht genügend angestrengt!)
- Das ist der richtige Weg - Na als, dann hat sich das Ganze ja gelohnt. Weiter so! - Es hat sich gelohnt - Anstrengung lohnt sich. Wenn ich will, schaffe ich das auch. - Suche Entspannung	- Ich würde denken, dass ich weiter probieren muss, bis ich Erfolg habe. Die erfolgreiche Methode muss ich dann vertiefen. - Beim nächsten Mal wird es besser - Training

Forts. Tabelle 5.2: In der Fortbildung erarbeitetes Schema zu Konsequenzen von Attributionen

WELCHE EMOTIONEN, GEDANKEN UND WELCHES VERHALTEN LÖSEN ATTRIBUTIONEN AUS?	
NACH ERFOLG	NACH MISSERFOLG
•Aufgabenschwierigkeit (Die Aufgabe war leicht!) - Bitte die nächst schwierige! - Keine längerfristige Aufmerksamkeit	•Aufgabenschwierigkeit (Die Aufgabe war zu schwierig!) - Du => Schuldzuweisung - Schuld für Misserfolg wird z. B. Lehrer zugeschrieben
•Zufall (Ich habe Glück gehabt!) - Bloß gut, hoffentlich klappt es wieder einmal so	•Zufall (ich habe Pech gehabt!) - Beim nächsten Mal wird's schon klappen (keine Verhaltensänderung) - Ich gebe nicht auf. - Neuer Versuch

Mit dem Ringwurfspiel wurde zur Erarbeitung von Inhalten ein Instrument eingesetzt, das die Lehrkräfte in ihrem Unterricht nutzen können, z. B. zur Diagnose von Attributionsstilen oder zum Einstieg in die Arbeit mit selbstgesetzten Zielen („pädagogischer Doppeldecker"; vgl. Ziegler & Schober, 2001).

Nach einem fünfminütigen Kurzvortrag über erlernte Hilflosigkeit, der die Gefahren ungünstiger Attributionsmuster illustrieren sollte, erfolgte die Rückgabe des oben erwähnten Tests, bei dem Internalität und Stabilität von Attributionsrückmeldungen abgefragt worden waren. Hierzu gaben die Kursleiterinnen den Teilnehmenden jeweils einen fingierten schriftlichen Kommentar, die Rückmeldungen waren unabhängig von der wirklichen Testleistung und sollten bestimmte Attributionen auslösen (siehe Tabelle 5.3). Dadurch, dass die Lehrkräfte diese Rückmeldungen zunächst auf sich bezogen, sollten sie die mögliche Wirkung schriftlicher Kommentare auf Emotionen und Kognitionen selbst erfahren. Nachdem die Lehrkräfte sich ihre Kommentare durchgelesen hatten, wurden sie darüber aufgeklärt, dass diese nicht mit ihrer Testleistung in Zusammenhang standen. Auf Basis dieser fingierten Rückmeldungen wurde dann über Kommentierungstechniken diskutiert und theoretisch in Techniken des Reattributionstrainings eingeführt.

Tabelle 5.3: In der Fortbildung zur Selbsterfahrung der Wirkung von Kommentaren eingesetzte Attributionsrückmeldungen

ATTRIBUTION AUF...	ERFOLG	MISSERFOLG
Begabung	- Sie haben eine glänzende Auffassungsgabe.	- Falsch! Sie verstehen Psychologie wohl nicht! - Alles falsch – Sie haben wohl kein Verständnis für attributions-theoretische Fragen
Anstrengung	- Sie haben gut aufgepasst.	- Leider falsch! Wenn Sie sich unser Handout noch mal anschauen, wird es Ihnen sicher klar!
Zufall	- Glück gehabt! Alles richtig angekreuzt!	- Das war Pech!
Aufgabenschwierigkeit	- Alles richtig! Das war ja auch leicht!	- Leider alles falsch, das ist aber auch ein komplexes Thema.

Vor dem Abschluss der Sitzung erfolgte noch eine kurze Einführung in Selbstmanagementstrategien.

Als Hausaufgabe sollten die Lehrkräfte aufgrund der erstellten Liste ihrer fünften Klasse sechs Schülerinnen und Schüler auswählen, deren Motivation und Selbstwert sie als besonders hoch oder niedrig beurteilten. Sie erhielten den Auftrag, ihre eigenen Rückmeldungen an diese Kinder zu beobachten (Rückmeldungstagebuch). Außerdem sollten sie im Unterricht ein System zur Zielsetzung für Schülerinnen und Schüler einsetzen, das einerseits der Diagnose von Attributionsstilen dient, andererseits zur Förderung von Selbstmanagement der Schülerinnen und Schüler eingesetzt werden kann.

5.3.3 Lektion 2: Kommunikation und Selbstkonzept

Die zweite Lektion „Kommunikation und Selbstkonzept" schloss thematisch direkt an die erste Sitzung an. Während zuvor die Auswirkungen direkter Leistungsrückmeldungen auf die Schülerinnen und Schüler thematisiert worden waren, sollte hier besonders auf indirekte Mitteilungen von Fähigkeitseinschätzungen und deren Auswirkungen auf das Selbstkonzept eingegangen werden (Meyer, 1984). Um die Mehrdeutigkeit kommunikativer Zusammenhänge deutlich zu machen wurde auf das Kommunikationsmodell von Schulz von Thun (2001) zurückgegriffen. Durch die Beschäftigung mit der Komplexität von Kommunikationsprozessen sollte den Lehrkräften die Problematik der unterschiedlichen Interpretationsmöglichkeiten ihrer Äußerungen an die Lernenden verdeutlicht werden (vgl. Blickle, 1993).

Nachdem die Lehrkräfte über ihre Erfahrungen mit der Hausaufgabe (Selbstbeobachtung) berichtete hatten, wurde das Kommunikationsmodell mittels eines Impulsreferates der Kursleiterinnen vorgestellt. Anschließend sollten die Teilnehmerinnen und Teilnehmer in Partnerarbeit kurze Situationen jeweils anhand der im Modell enthaltenen vier Aspekte von Nachrichten (Sache, Beziehung, Selbstoffenbarung, Appell) beurteilen. Diese Einführung diente der Sensibilisierung für die Subjektivität der Interpretation von Unterrichtssituationen. Im Anschluss wurden die Lehrkräfte über Techniken des „aktiven Zuhörens" im Unterricht informiert. Der „kontrollierte Dialog" sollte die Problematik verdeutlichen. Um die Wichtigkeit einer klaren Ausdrucksweise zu verdeutlichen, sollten zwei Beispiele unklar formulierter Aussagen in eindeutige Formulierungen geändert werden, die eine Ich-Botschaft übermitteln. Weiterhin erfolgte die Übung „Zeichnen nach Ansage", die gleichzeitig pädagogischer Doppeldecker war. Diese Übung ist insbesondere für den Mathematikunterricht geeignet, weil hier auch Bezeichnungen geometrischer Figuren eingeübt werden können. In einem Kurzreferat informierten die Kursleiterinnen anschließend über indirekte Mitteilungen von Fähigkeitseinschätzungen und ihre Einflüsse auf das Selbstkonzept, die sich beispielsweise in den paradoxen Wirkungen von Lob und Tadel zeigen. Auf dieser Basis wurden in einem Lehrgespräch auf der Metaplanwand Vorschläge zur Vermeidung der Abgabe indirekter Fähigkeitseinschätzungen gesammelt. Die Ergebnisse sind in Tabelle 5.4 dargestellt.

Als Hausaufgabe sollten die Lehrkräfte ihre Selbstbeobachtung hinsichtlich der Rückmeldungen an ausgewählte Schülerinnen und Schüler fortsetzen und gegebenenfalls bereits gezielt Rückmeldungen einsetzen.

Tabelle 5.4: In der Fortbildung erarbeitete Vorschläge zur Verminderung der Abgabe indirekter Fähigkeitseinschätzungen

VORSCHLÄGE ZUR VERMEIDUNG DER ABGABE INDIREKTER FÄHIGKEITSEINSCHÄTZUNGEN…			
…durch Lob und Tadel	…durch Hilfestellung	…durch Vergabe von leichten Aufgaben	…durch Emotionen
- Gleichverteilung von Lob und Tadel an alle Schülerinnen und Schüler	- Schülerinnen und Schüler, die Aufgaben gelöst haben, zur Hilfestellung einsetzen - Allen Schülerinnen und Schülern gleichermaßen unaufgefordert Hilfe leisten bzw. bei allen gleich häufig "ins Heft schauen" - Gruppenarbeit, mit zufälliger Aufteilung der Klasse oder gezielter Zusammenstellung schwacher und starker SchülerInnen.	- Auch bei leichten Aufgaben leistungsstarke Schülerinnen und Schüler dran nehmen - Schülerinnen und Schüler selbständig aus Aufgaben unterschiedlicher Schwierigkeitsgrade auswählen lassen - Schülerinnen und Schüler sich gegenseitig aufrufen lassen	- Bei allen Schülerinnen und Schülern gleichermaßen Freude über gute Leistungen zeigen

5.3.4 Lektion 3: Aufgabenorientierter Unterricht

In dieser Sitzung sollte einerseits für die motivationsförderlichen Konsequenzen des zusätzlichen Einsatzes einer individuellen Bezugsnormorientierung sensibilisiert werden. Andererseits sollte die Aufklärung über motivationale Orientierungen und ihre Zusammenhänge mit IPT erfolgen. Als Mittel zur Förderung einer Lernzielorientierung wurden die TARGET-Prinzipien nach Ames (1992) als Gestaltungsmöglichkeiten eines aufgabenorientierten Unterrichts eingeführt.

Zum Einstieg in die Lektion wurde die Methode des „stummen Schreibgesprächs" gewählt, die auch in der Schule anwendbar ist. Dazu wurden auf drei Plakate Äußerungen geschrieben, die jeweils die soziale Bezugsnormorientierung sowie Aufgaben- und Ich-Orientierung repräsentieren sollten[14]. Im „stum-

---

[14] Die motivationalen Orientierungen wurden in der Fortbildung als Aufgaben- (=Lernziel-) und Ich-Orientierung (=Leistungszielorientierung) bezeichnet, da in der Erprobung des Materials festgestellt worden war, dass die Begriffe Lern- und Leistungszielorientierung für Lehramtsstudierende schwerer zu unterscheiden sind.

men Schreibgespräch" kommentierten die Lehrkräfte die Aussagen schriftlich, wodurch eine gedankliche Beschäftigung mit der Thematik einsetzte.

Die Äußerungen lauteten:

- "Nicht für die Schule, für das Leben lernen wir!" (Aufgaben-Orientierung)
- "Gute Noten sind wichtiger als viel Wissen!" (Ich-Orientierung)
- "Wirklich "gut" sein heißt: Besser sein als andere!" (soziale Bezugsnormorientierung)

Im Anschluss an das „stumme Schreibgespräch" erfolgte zunächst die Besprechung der Hausaufgabe. Dann wurden die Plakate ausgewertet und auf dieser Basis im Lehrgespräch über Bezugsnormorientierung und motivationale Orientierungen informiert.

Die Erarbeitung der Inhalte erfolgte mittels eines Gruppenpuzzles (Aronson, Blaney, Stephin, Sikes & Snapp, 1978). Dies ist eine kooperative Unterrichtsmethode, deren Einsatz im Unterricht den Lehrkräften ergänzend empfohlen wurde. Dabei wurden die Teilnehmenden auf drei Expertengruppen verteilt, die jeweils einen Teil des Gesamtthemas bearbeiteten. Anschließend wurden drei neue Gruppen gebildet (Stammgruppen), denen für jedes Unterthema ein „Experte" zugeteilt war.

In den Expertengruppen wurden jeweils Textabschnitte aus dem Fortbildungsmaterial bearbeitet. Tabelle 5.5 zeigt die Aufgabenstellung.

Tabelle 5.5: Aufgabenstellung in den drei Expertengruppen des Gruppenpuzzles zur Lektion „Aufgabenorientierter Unterricht"

BEZUGSNORM-ORIENTIERUNG	ICH-ORIENTIERUNG	AUFGABEN-ORIENTIERUNG
- Definieren Sie soziale, sachliche und individuelle Bezugsnormen und grenzen Sie sie voneinander ab. - Welche Informationen ergeben sich bei ausschließlicher Verwendung der sozialen Bezugsnorm? Welche bei ausschließlicher Verwendung der individuellen Bezugsnorm? Und wie ist das bei der sachlichen Bezugsnorm? - Welche positiven Auswirkungen hat eine zusätzliche Anwendung individueller Bezugsnormen im Unterricht?	- Wie wirkt sich die Ich-Orientierung nach dem Modell von Dweck und Leggett auf das Lernverhalten aus? a) bei niedrigem Fähigkeitsselbstkonzept b) bei hohem Fähigkeitsselbstkonzept - Welche Attributionen nehmen ich-orientierte Schülerinnen und Schüler nach dem Modell vor? - Welches Verhalten zeigen ich-orientierte Schülerinnen und Schüler im Unterricht? a) bei niedrigem Fähigkeitsselbstkonzept b) bei hohem Fähigkeitsselbstkonzept	- Wie wirkt sich die Aufgaben-Orientierung nach dem Modell von Dweck und Leggett auf das Lernverhalten aus? a) bei niedrigem Fähigkeitsselbstkonzept b) bei hohem Fähigkeitsselbstkonzept - Welche Attributionen nehmen aufgaben-orientierte Schülerinnen und Schüler nach dem Modell vor? - Welches Verhalten zeigen aufgaben-orientierte Schülerinnen und Schüler im Unterricht? a) bei niedrigem Fähigkeitsselbstkonzept b) bei hohem Fähigkeitsselbstkonzept

Die in den Expertengruppen erarbeiteten Ergebnisse sollten einander in den Stammgruppen präsentiert werden. Ziel war es, Fördermaßnahmen zu erarbeiten und auf Overheadfolie darzustellen. Die Kursleiterinnen ergänzten im Plenum die nicht genannten TARGET-Prinzipien. Tabelle 5.6 veranschaulicht die in den Gruppen erarbeiteten Folien.

Hausaufgabe war die Fortsetzung der Selbstbeobachtung, wobei nun außerdem verstärkt individuelle Bezugsnormen eingesetzt werden sollten. Zudem sollte nun ein Bogen zum Selbstmanagement für Schülerinnen und Schüler (Zielsetzungen und Selbstverstärkung) eingesetzt werden.

Tabelle 5.6: In den Stammgruppen des Gruppenpuzzles zur Lektion „Aufgabenorientierter Unterricht" erarbeitete Fördermaßnahmen

GRUPPE 1	GRUPPE 2	GRUPPE 3
- „Offenere" Aufgabenstellung (Fragen selbst finden, verschiedene Lösungswege) - Differenzierte Aufgaben (leicht, mittel, schwierig) - Gleicher Aufgabentyp – variierte Fragestellung - Auswahlaufgaben mit Selbstkontrolle	Autonomie: - Gruppenarbeit (optimale Verpackung) - Brückenbau nach quadratischen Funktionen - Offene Aufgabenstellung - Vielfalt der Lösungswege zulassen Beharrlichkeit: - Impulsgebung bei schwierigen Hausaufgaben - Lösungssuche mit Unterbrechung - U.U. gemeinsame Ergebnisfindung Individuelle Bezugsnorm: - Verbale Rückmeldungen - Schriftliche Rückmeldungen Soziale Bezugsnorm: - Gegenseitige Hilfe in der Gruppe	Förderung der Neugier: - Aufgaben mit Bezug zu konkreten Lebenssituationen - Individueller Lernfortschritt Vermittlung von Autonomie: - Auswahlmöglichkeiten von Aufgaben - Selbstbestimmte Zielsetzung Insgesamt: Weg von Ergebnisorientierung - Hin zu: Bewerten von Ideen, Wegen etc.

5.3.5 Lektion 4: Motivation/Interesse

Die vierte Lektion zum Thema Motivation/Interesse sollte der Aufarbeitung und Ergänzung der bisherigen Fortbildungsinhalte dienen. Als theoretischer Input wurde hier die Selbstbestimmungstheorie von Deci und Ryan (1993) dargestellt. Zudem sollten die bisher gelernten Motivationsstrategien systematisiert werden, wozu das Erwartungs-Wert-Modell nach Eccles (1983) den Rahmen bot. Um die bekannten und zu vermittelnden Motivierungsstrategien in das Erwartungs-Wert-Modell einordnen zu können, wurde in einem Impulsreferat der Kursleiterinnen ein Schema der Motivierungsstrategien nach Brophy (1978) eingeführt. Darin werden Motivierungsstrategien gegliedert in Strategien, die die Erfolgserwartung steigern und Strategien zur Wertgebung für schulisches Lernen (siehe Abb. 5.1).

Abbildung 5.1: Gliederung von Motivierungsstrategien nach Brophy (1978, aus Dubs, 1995, S. 382)

Der Einstieg in die Thematik erfolgte mittels der K-W-L-Methode (Know-Want-Learned; vgl. Dubs, 1995). Zunächst wurden Motivierungsstrategien gesammelt, die die Teilnehmerinnen und Teilnehmer aus der Fortbildung oder ihrer Schulpraxis bereits kannten und auf der Metaplanwand Erwartungs- vs. Wertstrategien zugeordnet. Tabelle 5.7 zeigt die Ergebnisse dieses Vorgehens.

Tabelle 5.7: Ergebnis der in Lektion 5 eingesetzten K-W-L-Methode zur Motivation (K(know)- Welche Motivierungsstrategien sind bereits bekannt?)

THEMA: MOTIVATION/ INTERESSE K - WAS WISSEN WIR SCHON?			
Strategien zur Förderung der Erfolgserwartungen	**Strategien zur Förderung extrinsischer Motivation**	**Strategien zur Verstärkung der intrinsischen Motivation**	**Strategien, um die Motivation zum Lernen anzuregen**
- funktionale Attributionen - Ausrichtung von Aufgaben auf Erfolgsmöglichkeiten, - Individuelle Bezugsnormen, - Selbst Ziele setzen, - Selbstverstärkung, - Schüler an Entscheidungen beteiligen.	- Lob - Tadel - Noten - Privilegien	- Alltagsprobleme - Sinnhaftigkeit der Aufgaben - Offene Aufgaben - Neugierde wecken - Gruppenarbeit - Rollentausch (SchülerInnen/Lehrkraft) - Methodenvielfalt	- K-W-L- Methode - Individuelle Bezugsnormen - Ansprechende Arbeitsblätter - Rätsel

Danach wurde überlegt, hinsichtlich welcher Motivierungsstrategien noch Informationsbedarf besteht. Zur Erarbeitung der Inhalte des Fortbildungsmaterials wurde die Methode des reziproken Paarlernens angewendet (pädagogischer Doppeldecker). Dabei wurden vier Gruppen gebildet, die auf Grundlage kurzer Ausschnitte aus den Fortbildungstexten folgende Fragen beantworten sollten:

Gruppe 1: Strategien zur Förderung der Erfolgserwartung

- Was fördert die Erfolgserwartung?
- Wie sind Lernziele zu gestalten?
- Wie hängen Erfolgserwartung und Attribution zusammen?

Gruppe 2: Die Selbstbestimmungstheorie und Strategien der Motivierung

- Was sind die Bestimmungsstücke der selbstbestimmten Motivation nach Deci und Ryan?
- Welche Maßnahmen für den Unterricht kann man aus der Selbstbestimmungstheorie ableiten?

Gruppe 3: Vermeiden von Ängsten als Strategie, um die Motivation zum Lernen anzuregen

- Wie sollte sich die Lehrkraft verhalten, um einen entspannten Unterricht zu gewährleisten?
- Wie kann man Ängste im Zusammenhang mit Leistungsbewertungen reduzieren?

Gruppe 4: Fehlerakzeptierender Unterricht

- Was sind Lernchancen durch den Umgang mit Fehlern?
- Wie sieht ein "fehlerakzeptierender Unterricht" aus?

Die Paare präsentierten ihre Lösungen dem Plenum jeweils auf Overheadfolie. Dabei erfolgte die Weiterführung der K-W-L-Methode dadurch, dass die neu erlernten Inhalte auf der Metaplanwand unter Erwartungs- und Wertsteigerungsstrategien ergänzt wurden (Ergebnisse siehe Tabelle 5.8). Auf Basis der so zusammengetragenen Motivierungsstrategien erarbeiteten die Paare nun jeweils eine Maßnahme für den eigenen Unterricht, die als Hausaufgabe umgesetzt werden sollte.

Um auf die interesseförderliche Wirkung von Rätseln und kognitiven Konflikten hinzuweisen wurde den Teilnehmerinnen und Teilnehmern zum Abschluss ein Rätsel präsentiert, dass sie lösen sollten. Dabei wurden Sie aufgefordert, ihre metakognitiven Prozesse zu verbalisieren. Anschließend erfolgte eine Diskussion über die Erfahrungen mit der Aufgabe.

Tabelle 5.8: Ergebnis der in Lektion 5 eingesetzten K-W-L-Methode zur Motivation (L (learned)- Welche Motivierungsstrategien haben wir in der Sitzung kennen gelernt?)

THEMA: MOTIVATION/ INTERESSE L- WAS HABEN WIR GELERNT?			
Strategien zur Förderung der Erfolgserwartungen	**Strategien zur Förderung extrinsischer Motivation**	**Strategien zur Verstärkung der intrinsischen Motivation**	**Strategien, um die Motivation zum Lernen anzuregen**
- Herausfordernde Lernaufgaben - Überprüfen des Vorwissens und Verbindung damit - Konkrete und spezifische Lernziele - Standards zur Selbstüberprüfung von Lernfortschritten - Individuelle Bezugsnorm - Attribution von Erfolgen auf stabile Ursachen (eigene Fähigkeit) und Misserfolgen auf variable Ursachen	- Extrinsische Motivierung wirkt kurzfristig – eher für jüngere oder schwächere Schülerinnen und Schüler geeignet Deci und Ryan verbinden extrinsische und intrinsische Motivation in ihrer Selbstbestimmungstheorie: - Extrinsische Motivation als Prozess der Verinnerlichung von Handlungszielen. - Für Motivation wichtig sind: Selbstbestimmung, (Autonomie) Kompetenzerfahrung, Soziale Eingebundenheit - Eingehen auf Lebensbezüge der Kinder - optimales Anforderungsniveau - Autonomiebestrebungen unterstützen (Handlungsspielräume) - persönliche Anteilnahme	- Intrinsische Motivation = Interesse – wenn es da ist: Motivierung nicht mehr nötig Flow (völliges Aufgehen in einer Tätigkeit) ist abhängig von: - Übereinstimmung von Anforderungen und Fähigkeiten - Steigerung, wenn Lehrkraft selbst Interesse/ Spaß an dem Fach hat - Lehrkräfte als "Tutoren" mit persönlichem Interesse an Schülerinnen und Schülern - Schülerinnen und Schüler als Persönlichkeit wahrnehmen - Alltagsbezug - Vielfältige Methoden, - Klare Ziele (kurz und langfristig) - Neugier wecken - Sinnzusammenhang herstellen	- Selbst Interesse zeigen (aufgabenorientiert sein) - Rückmeldungen geben Angstfreie Atmosphäre: - Transparenz der Anforderungen in Beurteilungssituationen durch z. B. vorherige Bekanntgabe von Inhalte, Art der Aufgabe, Umfang, Art der Bewertung - Trennung von Bewertung und Lernprozess Fehlerakzeptierender Unterricht: - Aus Fehlern lernen - Mit ähnlichen Aufgaben üben - Wichtigkeit von Fehlern betonen - Motivation steigern durch "kognitive Konflikte" - Sprechen über Lernstrategien und lernbehindernde Sachverhalte

5.3.6 Lektion 5: Erwartungseffekte im Unterricht/ Mädchen und Mathematik

Die fünfte Lektion untergliederte sich in zwei Blöcke. Nach der Besprechung der Hausaufgabe wurde zunächst das Thema „Erwartungseffekte im Unterricht" bearbeitet. Dazu wurden drei Postergruppen gebildet, die zunächst aus ihrer Erfahrung heraus folgende Aussagen fortsetzen sollten:

- Gruppe 1: Diese Informationen und Wahrnehmungen beeinflussen die Erwartungen, die ich an meine Schülerinnen und Schüler habe:
- Gruppe 2: So verhalte ich mich Schülerinnen und Schülern gegenüber an die ich geringe Erwartungen habe:
- Gruppe 3: So verhalte ich mich Schülerinnen und Schülern gegenüber an die ich hohe Erwartungen habe:

Auf Basis der so erstellten Poster erfolgte der theoretische Input der Kursleiterinnen zu Prozessen der Self-fulfilling-prophecy im Unterricht. Schließlich wurden anhand eines Brainstormings Maßnahmen zur Vermeidung von Erwartungseffekten erarbeitet (siehe Abbildung 5.2).

Brainstorming – Thema "Wie lassen sich Erwartungseffekte vermindern?"

- Sich Zeit für Antworten nehmen
- Den Schülerinnen und Schülern Zeit für Antworten lassen
- Arbeiten "ohne Namen" korrigieren
- Negative Vorurteile ausblenden (Vornoten, "Gerede", Geschwister)
- Leistungserwartungen (zur Mitarbeit) für die Schülerinnen und Schüler transparent machen
- In angstfreier Atmosphäre Fehleranalysen bei allen Schülerinnen und Schülern vornehmen
- Schüler befragen, was sie denken, wie ich sie einschätze
- Bewusst machen - Selbstreflexion
- Bewusst positive Erwartungen aufbauen
- Dem Schüler/ der Schülerin das Gefühl geben, dass er/sie die an ihn/sie gestellten Erwartungen erfüllen kann.
- Keine Vorinformationen einholen
- Austausch mit Kollegen, die den Schüler/die Schülerin in einem Fach unterrichten, welches einen gewissen Gegensatz zum eigenen bildet (Mathematik vs. Kunst, Englisch)
- Wissen um die beeinflussenden Faktoren

Abbildung 5.2: Von den Lehrkräften erarbeitete Maßnahmen zur Vermeidung von Erwartungseffekten

Die Einführung in den zweiten Block „Mädchen und Mathematik" erfolgte mit einem bei Hannover und Bettge (1993) beschriebenen Spiel. Die Lehrkräfte hatten bereits zu Beginn der Fortbildung die Aufgabe erhalten, für ihre Schülerinnen und Schüler eine Berufsprognose vorzunehmen. Diese Berufe wurden nun nach benötigter Ausbildung sowie nach inhaltlichen Gesichtspunkten (sozialer oder geisteswissenschaftlicher Beruf, Dienstleistung, technischer oder naturwissenschaftlicher Beruf, Handwerk) kategorisiert. In Übereinstimmung mit dem von Hannover und Bettge beschriebenen typischen Muster fanden sich auch in dieser Gruppe insgesamt für Mädchen weniger häufig Berufe, die eine akademische Ausbildung verlangen und für Jungen wesentlich häufiger naturwissenschaftliche oder technische Berufe. Dieser Einstieg diente dazu, die Lehrkräfte für das Thema und eigene Stereotype zu sensibilisieren. Die Erarbeitung der schriftlichen Materialien erfolgte in drei Gruppen. Die erste Gruppe beschäftigte sich mit der Interaktion im Unterricht, die zweite mit Lehrererwartungen und Geschlechtsrollenstereotypen, die dritte mit Selbstkonzept und Interessen. Die Unterschiede zwischen Mädchen und Jungen sollten jeweils auf Moderationskarten festgehalten werden. Diese wurden anschließend auf der Metaplanwand folgenden Bereichen zugeordnet:

- Verhalten und Einstellungen der Lehrkraft
- Verhalten und Einstellungen von Schülerinnen und Schülern
- Maßnahmen zur Förderung von Mädchen im Mathematikunterricht

In einem anschließenden Lehrgespräch wurden Ergänzungen zu den einzelnen Punkten vorgenommen. Tabelle 5.9 zeigt die Ergebnisse.

Tabelle 5.9: Ergebnisse der Gruppenarbeit zum Thema „Mädchen und Mathematik"

VERHALTEN UND EINSTELLUNGEN DER SCHÜLERINNEN UND SCHÜLER	VERHALTEN UND EINSTELLUNGEN DER LEHRKRAFT	MASSNAHMEN ZUR FÖRDERUNG VON MÄDCHEN IM MATHEMATIK-UNTERRICHT

- Jungen auffälliger
- Automatisch mehr Aufmerksamkeit
- Mädchen: still; Jungen: lebhaft
- Mädchen verzichten auf Kenntnisse und Kompetenzen ⇨ Gewinn an „Weiblichkeit"
- Unterschiede im Sozial- und Sprachverhalten bei Jungen und Mädchen
- Jungen verfügen oft über private Experimentiererfahrungen (z. B. mit dem Computer) ⇨ Mädchen haben demgegenüber einen „Trainingsmangel"
- Frauen suchen Vorbilder, aber weibliche Mathematikerinnen sind kaum bekannt
- Mädchen brauchen einen konkreten Anwendungs- und Gesellschaftsbezug, um Zugang zum Thema zu finden
- Mädchen wissen nicht, wie sie Mathematik in die eigene Lebensplanung einordnen sollen (Hinweise auf Berufsplanung etc. nützlich)
- Gute Leistungen sind keine hinreichende Bedingung für Entwicklung von mathematischen Selbstbewusstsein bei Mädchen
	- Jungen werden öfter aufgerufen
	- Anregungen von Jungen werden öfter in den Unterricht aufgenommen
	- Jungen werden eher als Individuen behandelt („...und dann noch die Mädchen..")
	- Jungen werden bei Gruppenarbeiten öfter aufgerufen
	- von Jungen werden bessere Leistungen/ Kenntnisse erwartet
	- Erwartung: Richtige Jungen = „fähig und frech"; Konflikte mit Autoritäten erwünscht
	- Dagegen wird erwartet, das Mädchen „nett" sind
	- Jungen werden öfter getadelt
	- Auf die Antwort von Jungen wird länger gewartet
	- Jungen werden öfter gelobt
	- Rückmeldungen nach Misserfolg: Jungen: Nicht intellektuelle Aspekte (unordentlich); Mädchen: Fähigkeiten (negativ),
	- Rückmeldungen nach Erfolg: Jungen: Fähigkeiten; Mädchen: Fleiß (positiv);
	- Erwartung: Mädchen denken weniger logisch
		- Strichliste
		- Selbstkontrolle oder Fremdkontrolle
		- Wartezeit überprüfen
		- Gegenseitiges Aufrufen lassen von Schülerinnen und Schüler
		- Lehrertrainingskurse
		- Verhaltensanalyse im Unterricht
		- Verhalten mit Videokamera aufzeichnen
		- Bewusstmachung
		- Vorbilder oder Identifikationsmodelle für Mädchen
		- Biographie von Mathematikerinnen und Gastvorträge
		- Unterrichtsstil (kooperativ): Gruppenarbeit, Zweiergruppen
		- Voraussetzungen der Inhalte:
		   Nützlichkeitsaspekt
		   Gesellschaftsbezug
		   geschlechtsneutral
		- Interesse wecken
		- Weibliche Repräsentanten
		- Günstige Attributionsmuster einführen
		- Technikkurse AG's für Mädchen
		- Schaffung einer Informationsbasis (Wofür benötigt man überhaupt Mathematik?)
		- Änderung der Lehrpläne, Bezug auf Medizin und Naturphänomene

Als Hausaufgabe sollten sich die Lehrkräfte hinsichtlich ihres Verhaltens gegenüber Mädchen und Jungen entweder selbst beobachten oder durch einen Kollegen beobachten lassen.

5.3.7 Letzte Sitzung: Synopse

In der letzten Sitzung sollte die Fortbildung im Ganzen reflektiert werden. Zunächst erfolgte die Besprechung der Hausaufgabe zur Lektion 5. Im Anschluss daran erhielten die Teilnehmerinnen und Teilnehmer Gelegenheit noch einmal ihre gesamten Erfahrungen mit der Selbstbeobachtung zu diskutieren.

Schließlich sollten die Inhalte der Fortbildung in Form einer Spinnwebanalyse noch einmal zusammen getragen werden. Dazu erhielten die Lehrkräfte Moderationskärtchen und Pfeile, die sie den Bereichen Lehrkraft, Kind, Wert und Erwartung zuordnen sollten. Abbildung 5.3 auf der folgenden Seite zeigt die Ergebnisse dieses Vorgehens.

Die Spinnwebanalyse verdeutlicht die Strukturierung der Fortbildungsinhalte durch die Lehrkräfte. Hier wird deutlich, welche der vermittelten Zusammenhänge sich bei den Adressaten besonders stark eingeprägt haben.

Zum Abschluss erfolgte eine mündliche Bewertung der Fortbildung durch die Teilnehmerinnen und Teilnehmer. Diese sprachen sich über die Kompetenz der Kursleiterinnen, das Fortbildungsmaterial und die Möglichkeit des kollegialen Austausches lobend aus, klagten aber über Zeitmangel bei der Umsetzung im Unterricht.

Was die Teilnehmerinnen und Teilnehmer im Einzelnen positiv und negativ bewerteten, wurde innerhalb der Evaluationsstudie erhoben, die im Folgenden beschrieben werden soll.

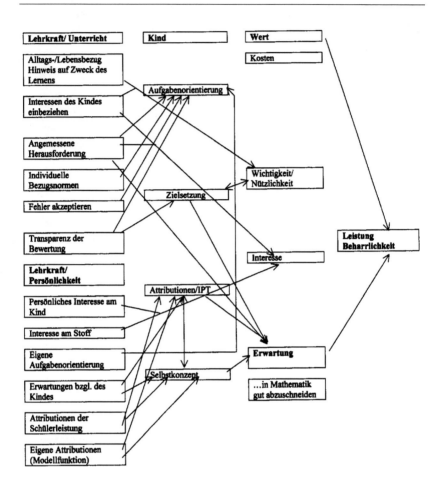

Abbildung 5.3: Von den Lehrkräften erarbeitete Spinnwebanalyse zu den Inhalten der gesamten Fortbildung

6 Evaluation der Maßnahme: Methode

6.1 Fragestellung und Bestimmung von Zielen

Die Überprüfung der im 5. Kapitel vorgestellten Maßnahme erfolgte mittels einer Evaluationsstudie, in der die Frage nach der allgemeinen Wirksamkeit untersucht wurde. Die Maßnahme wird als Ganzes beurteilt und nicht ihre spezifischen Wirkungen. Es handelt es sich um eine summativ-globale Evaluation (Mittag & Hager, 2000). Erst wenn die Wirksamkeit als gewährleistet angenommen werden kann, können Untersuchungen zu den Ursachen der Wirksamkeit erfolgen, welche als Wirkungen (z. B. Hager und Hasselhorn, 2000a) bezeichnet werden. Um die Maßnahme hinsichtlich der Zielerreichung beurteilen zu können, werden die Ziele zunächst expliziert (vgl. Mittag & Hager, 1998; 2000). Zur theoretischen Untermauerung der Ziele der Fortbildungsmaßnahme kann auf das Erwartungs-Wert-Modell nach Eccles zurückgegriffen werden. Tabelle 6.1 zeigt die Variablen, in denen Veränderungen erwartet werden.

Tabelle 6.1: Zielvariablen der Interventionsstudie

LEHRKRÄFTE (PROXIMALE ZIELE)	SCHÜLERINNEN UND SCHÜLER (DISTALE ZIELE)
- Wissen - Verhalten: selbstwahrgenommen/ schülerperzipiert - Einstellungen und Überzeugungen: Lernzielorientierung / Bezugsnormorientierung/IPT	- Motivation: IPT/ Hilflosigkeit/ Selbstkonzept/ Lernzielorientierung/ Selbstwirksamkeit/subjektiver Wert - Leistungen (objektive Tests)

Die Ziele können nach Programmnähe in proximale (programmnahe) und distale (programmferne) Ziele unterteilt werden (vgl. Hasselhorn & Mähler, 2000). In der vorliegenden Studie soll die Förderung der Schülerinnen und Schüler über Veränderungen der Lehrkräfte, als Adressaten der Interventionsmaßnahme, erfolgen. Daher bietet sich für eine grobe Unterteilung die Differenzierung zwischen Lehrenden und Lernenden an. Programmnah sind die Ziele, die sich direkt auf die Fortbildungsteilnehmer beziehen. Eine feinere Untergliederung nach Programmnähe wird aus pragmatischen Gründen hier nicht vorgenommen, es wird aber bezogen auf die Nähe der erhobenen Variablen zu den Fortbildungs-

Evaluation der Maßnahme: Methode

inhalte von einem „Unähnlichkeitskontinuum" (Hasselhorn & Mähler, 2000, S. 88) ausgegangen.

Das programmnahste der proximalen Ziele der Interventionsmaßnahme ist die Vermittlung von Wissen an die Lehrkräfte. Darüber hinaus sollen Verhalten sowie Überzeugungen und Einstellungen der Fortbildungsteilnehmer beeinflusst werden. Die vermittelten Inhalte und Methoden sollten sich konkret auf Lernzielorientierung, Bezugsnormorientierung und IPT der Lehrkräfte auswirken. Bezüglich des Verhaltens interessiert das in Kapitel 3 dargestellte Interaktionshandeln der Lehrkräfte. Dabei ist nach dem Erwartungs-Wert-Modell insbesondere das von den Lernenden wahrgenommene Handeln der Lehrkraft von Interesse.

Das Modell legt nahe, dass veränderte Einstellungen und ein verändertes Unterrichtsverhalten der Lehrkräfte bei den Lernenden zu gesteigerter Motivation und Erfolgserwartung (und darüber schließlich zu besseren Leistungen) im Fach Mathematik führen, wenn die Schülerinnen und Schüler die Veränderungen wahrnehmen.

Auf Schülerseite werden die Variablen berücksichtigt, die sich auf Wertschätzung und Erfolgserwartung auswirken und auf die die Lehrkraft direkt oder indirekt Einfluss nimmt (vgl. Kap. 2). Wünschenswert wären hier Veränderungen der IPT, die der Interpretation von Erfahrungen mit dem Unterrichtsfach zugrunde liegt sowie eine Abnahme der Hilflosigkeit als verfestigtes Muster ungünstiger Attributionen. Selbstkonzept und Lernzielorientierung, die sich auf Wert und Erwartung auswirken, sollten positiv beeinflusst werden. Letztendlich ist eine Verbesserung der Selbstwirksamkeit - als Indikator der Erfolgserwartung - sowie des subjektiven Werts der Mathematik intendiert. Außerdem interessiert bei den Schülerinnen und Schülern die Mathematikleistung als Zielgröße. Veränderungen in den erhobenen Schülervariablen sind distale Ziele, da hier keine direkte Einflussnahme erfolgt.

Innerhalb der summativ-globalen Evaluation soll außer der Zielerreichung auch die Implementation eines Programmes, d.h. seine Durchführbarkeit und Akzeptanz bewertet werden (Mittag & Hager, 2000). Dies geschieht in der vorliegenden Studie auf der Basis qualitativer Zusatzerhebungen.

6.2 Design

Das Design, das sich für die Überprüfung der Wirksamkeit einer Maßnahme im Rahmen einer summativen Evaluation anbietet, ist der Vortest-Nachtest-Follow-Up-Vergleichsgruppen-Plan (Hager & Hasselhorn, 2000a). Dieser Versuchsplan wurde in der vorliegenden Studie durch Einbezug von zwei Vergleichsgruppen und drei Messzeitpunkten realisiert.

6.2.1 Vergleichsgruppen

Allgemein dient die Einführung von Vergleichsgruppen der Kontrolle von Nebenwirkungen des Programms (vgl. 4.3). Zeitabhängige Störeinflüsse lassen sich durch Einführung einer nicht behandelten Kontrollgruppe neben der Experimentalgruppe, die die Intervention erhält, kontrollieren (Bortz & Döring, 1995). Als Anreiz zur Teilnahme an der Kontrollgruppe empfiehlt sich die Zusicherung eines Treatments zu einem späteren Zeitpunkt. Um festzustellen, ob die Maßnahme im Vergleich zu „normalem Unterricht" Wirkungen zeigt, wurde dementsprechend eine Wartekontrollgruppe (KG) eingesetzt, die Lehrkräfte dieser Gruppe erhielten die Materialien erst nach Abschluss der Studie.

Eine solche Kontrollgruppe ist aber nach Hager und Hasselhorn (2000a) nur geeignet, um die Bruttowirkung eines Programms zu testen. Interessant ist es aber, die Wirksamkeit der Programmkonzeption unabhängig von den Inhalten zu erheben. Für isolierte Evaluationen wird empfohlen, eine Vergleichsgruppe einzubeziehen, die ein Programm mit ähnlichen Rahmenbedingungen aber unterschiedlichen Zielen erhält (Hager & Hasselhorn, 2000a). Dies wäre im Fall der vorliegenden Maßnahme schwierig zu realisieren. Die interne Validität einer Evaluationsstudie erhöht sich aber auch beträchtlich bei Einführung von Vergleichsgruppen mit abgestufter Treatmentintensität (Bortz & Döring, 1995; Klauer, 2001; Rost, 2000), was zusätzlich die Überprüfung der Wirksamkeit einzelner Komponenten der Maßnahme erlaubt (Mittag & Hager, 2000). Für dieses Vorgehen empfehlen Hager und Hasselhorn (1995) die Unterscheidung zwischen Programminhalten und Vermittlungsstrategien. Dem wurde in der vorliegenden Studie durch Einführung einer weiteren Vergleichsgruppe, der Lesegruppe (LG), Rechnung getragen. Die Probanden der LG sollten die Materialien zu Hause lesen. Dazu erhielten sie das Material, das den Lehrkräften der Fortbildungsgruppe (FG) ausgehändigt wurde jeweils zeitnah per Post. Diese Gruppe hatte ebenfalls die Gelegenheit, die Hausaufgaben in der Schule durchzuführen. Zur Kontrolle und als zusätzlichen Anreiz, das Material auch wirklich zu bearbeiten, erhielten diese Probanden zu jeder Lektion einen kurzen Evaluationsbogen mit Rückumschlag, den sie jeweils innerhalb von 10 Tagen an die Untersuchungsleitung zurück schicken sollten. Da die Wissensvermittlung anhand schriftlicher Materialien sowohl in der FG als auch in der LG erfolgte, können Unterschiede zwischen den beiden Gruppen auf die Rahmenbedingungen der Fortbildungsmaßnahme zurückgeführt werden. So kann überprüft werden, wie effektiv die Supervision durch Psychologinnen, der Erfahrungsaustausch und die Selbsterfahrung in den Fortbildungssitzungen ist.

6.2.2 Messzeitpunkte

Nach Hager und Hasselhorn (2000a) ist es sinnvoll, mindestens drei Erhebungszeitpunkte einzuplanen. Der Vortest dient als Baseline und dazu, Ausgangsunterschiede aufzudecken, mit denen man in quasiexperimentellen Untersuchungen rechnen muss. Effekte in einem Nachtest direkt nach der Maßnahme können auf bloßem Coaching beruhen, wenn sie sich auf eine trainingsnahe Testleistung beziehen. Deshalb ist zusätzlich eine längerfristige Prüfung der Wirksamkeit nötig (vgl. auch Klauer, 2001). Dazu wird ein weiterer Erhebungstermin (Follow-Up) eingeführt. Dabei sollten zwischen den einzelnen Messzeitpunkten mindestens zwei Monate liegen, da nach diesem Zeitraum nicht mehr mit Retesteffekten zu rechnen ist (Klauer, 2001; Willson & Putnam, 1982).

In der vorliegenden Untersuchung wurde der Vortest vor dem ersten Termin der Fortbildung im ersten Halbjahr der Jahrgangsstufe 5 durchgeführt, der Nachtest folgte unmittelbar nach Beendigung der Maßnahme (Ende Jahrgangsstufe 5) und die Follow-Up-Erhebung ein halbes Jahr später in Jahrgangsstufe 6.

Im Einzelnen lassen sich auf diese Weise kurzfristige Effekte durch eine Betrachtung von Vor- und Nachtestwerten untersuchen, der Vergleich zwischen Vortest und Follow-Up deckt längerfristige Veränderungen auf. Durch eine Gegenüberstellung von Nachtest und Follow-Up kann man z. B. einen Entwicklungsanschub erfassen, dabei handelt es sich um eine Folgewirkung des Treatments, die den Effekt mit der Zeit ansteigen lässt, so dass die Diskrepanz zwischen trainierten und nichttrainierten Personen immer größer wird (Klauer, 2001). In der vorliegenden Studie ist der Vergleich zwischen Nachtest und Follow-Up besonders interessant. Da die Fortbildung sich über den gesamten Zeitraum zwischen Vor- und Nachtest erstreckte, kann man davon ausgehen, dass die gesamten Inhalte des Programms erst in der Phase zwischen Nach- und Follow-Up-Untersuchung in den Unterricht implementiert wurden. Die Phase zwischen Vor- und Nachtest hingegen stellte für die Probanden der Fortbildungsgruppe eine Phase erhöhten Arbeitsaufwandes dar, was eventuell dazu führen könnte, dass die Wirkungen des Programms erst später nachweisbar sind. Gleichzeitig ist bekannt, dass sich Schülerinnen und Schüler an einen veränderten Unterrichtsstil oft erst gewöhnen müssen (vgl. 4.3). Somit ist nicht auszuschließen, dass sich sogar zunächst eine kurzfristige Verschlechterung bei den Schülerinnen und Schülern einstellt, wie sie z. B. von Lernstrategietrainings bekannt ist (Hager & Hasselhorn, 2000a). Häufig zeigen sich auch so genannte Sleeper-Effekte einer Maßnahme, die erst einige Zeit nach der Implementation eines Programms auftreten. So berichtet Ball (1988) von einer Studie, in der sich traditioneller Unterricht dem entdeckenden Lernen direkt nach dem Treatment überlegen zeigte, sechs Wochen später hatten sich die Ergebnisse umgekehrt. Ein solcher Effekt zeigte sich auch bezogen auf das unter 4.3 dargestellte Reattributionstraining von Ziegler und Heller (1998). Insgesamt kann man also bei der Implementation von Unterrichtsmethoden davon ausgehen, dass sich positive Wirkungen erst nach einiger Zeit zeigen (vgl. auch Patry & Hager, 2000).

Für den Nachweis der Wirksamkeit der vorliegenden Maßnahme sind entsprechend besonders die Vergleiche zwischen Vortest und Follow-Up sowie zwischen Nachtest und Follow-Up relevant.

Tabelle 6.2 zeigt den Untersuchungsplan der realisierten Vortest-Nachtest-Follow-Up-Vergleichsgruppen-Studie. Die erste Erhebung fand im Februar/März 2002 direkt vor Beginn der Fortbildungsmaßnahme statt. Die Fortbildung erfolgte zwischen März und Juni 2002 in sechs Sitzungen à 180 Minuten. Direkt im Anschluss an die Durchführung der Intervention erfolgte die zweite Erhebung (Juli 2002) und die Follow-Up-Untersuchung fand im März 2003 statt. Stichprobe und Messinstrumente werden nachfolgend beschrieben.

Tabelle 6.2: Design der Evaluationsstudie

MESSZEITPUNKT 1 Februar 2002		MESSZEITPUNKT 2 Juli 2002	MESSZEITPUNKT 3 März 2003
Vortest: Erhebungen bei Lehrkräften, Schülerinnen und Schülern	FG: Fortbildung (6 Sitzungen) LG: Lesen der Materialien KG: „normaler" Unterricht	März bis Juni 2002 Nachtest: Erhebungen bei Lehrkräften, Schülerinnen und Schülern	Follow-Up: Erhebungen bei Lehrkräften, Schülerinnen und Schülern

6.3 Stichprobe

An der oben beschriebenen Fortbildungsmaßnahme nahmen neun Lehrkräfte teil (Fortbildungsgruppe FG). Die sieben Lehrkräfte der Lesegruppe (LG) bekamen die Materialien jeweils im gleichen Zeitabschnitt wie die FG zur Verfügung gestellt. Zehn Lehrkräfte und ihre Schülerinnen und Schüler fungierten als Wartekontrollgruppe (KG). Sie erhielten die Fortbildungsmaterialien erst nach Abschluss der Studie.

Tabelle 6.3 zeigt die Zusammensetzung der Stichprobe hinsichtlich des Geschlechts und der Schultypen. Die Lehrkräfte waren zum ersten Messzeitpunkt zwischen 29 und 53 Jahre alt (Mittelwert: 41.62; Standardabweichung: 8.78). Dabei unterschieden sich die einzelnen Gruppen nicht signifikant hinsichtlich des Alters (ANOVA; $F_{(2/23)}=0.06$; $p=.94$). Sie arbeiteten im Mittel seit 13.65 Jahren (Standardabweichung: 10.59) als Lehrkraft, wobei die Spannbreite von 1 bis 30 Jahren reichte. Zwischen den einzelnen Versuchsgruppen gab es keine signifikanten Unterschied hinsichtlich der Dauer der Berufsausübung (ANOVA; $F_{(2/23)}=0.70$; $p=.93$).

Tabelle 6.3: Zusammensetzung der Lehrkräftestichprobe hinsichtlich des Geschlechts und der Schultypen

	GESCHLECHT		SCHULART			
	männlich	weiblich	Hauptschule	Realschule	Gymnasium	Regionale Schule
Fortbildungsgruppe	3	6	1	5	2	1
Lesegruppe	4	3	0	6	1	0
Kontrollgruppe	3	7	1	6	1	2

Evaluation der Maßnahme: Methode

Alle Lehrkräfte unterrichteten zu Beginn der Intervention in der Jahrgangsstufe 5, in der die Experimentalgruppen ihre in der Fortbildung erworbenen Kenntnisse nach Möglichkeit anwenden sollten. Diese Klassenstufe wurde aus organisatorischen Gründen ausgewählt, da in Rheinland-Pfalz zwischen der fünften und sechsten Klasse (Orientierungsstufe) im Fach Mathematik im Allgemeinen kein Lehrerwechsel stattfindet. Zudem sollte in dieser Zeitspanne ein Wechsel der Schülerinnen und Schüler zwischen den Schularten noch gut möglich sein, weshalb keine allzu großen Unterschiede zwischen Gymnasium, Realschule, Regionaler Schule und Hauptschule zu erwarten sind[15]. Die erste Erhebung fand nach Erhalt des ersten Halbjahreszeugnisses in Klasse 5 statt. Der Nachtest erfolgte kurz vor den Versetzungszeugnissen und die Follow-Up-Untersuchung nach dem ersten Halbjahr in Klasse 6.

Zwei Lehrkräfte gaben zum zweiten Messzeitpunkt die Fragebogen trotz wiederholter Aufforderung nicht zurück, es handelte sich um eine Lehrerin der Wartekontrollgruppe (Hauptschule) und einen Lehrer der Lesegruppe (Realschule), ihre Schülerinnen und Schüler wurden aber zu allen drei Messzeitpunkten befragt. Am dritten Messzeitpunkt fiel die Klasse eines Fortbildungsteilnehmers (Realschule) weg, da der Lehrer zum Konrektor einer anderen Schule befördert worden war. Somit liegen die Daten von 26 Lehrkräften zum ersten Messzeitpunkt vor, an der Nacherhebung haben 24 und am Follow-Up 25 Lehrpersonen teilgenommen.

Die Stichprobengröße der Schülerinnen und Schüler beträgt für den ersten Messzeitpunkt n = 707. An der Posttestung nahmen 648 Kinder teil. Beim dritten Erhebungszeitpunkt reduzierte sich die Anzahl der Schülerinnen und Schüler auf 599. In die Untersuchung einbezogen wurden die 618 Schülerinnen und Schüler, bei denen die Daten des Vortests und mindestens eines weiteren Messzeitpunktes komplett vorlagen. Tabelle 6.4 zeigt die Zusammensetzung der Schülerstichprobe nach Schulform und Geschlecht. Man kann entnehmen, dass die Geschlechter ungefähr gleich über die Gruppen verteilt sind. Die im Fach Mathematik zu erwartenden Geschlechtsunterschiede sollten dementsprechend nicht mit den Daten zur Wirksamkeit der Intervention konfundiert sein. Zum ersten Erhebungszeitpunkt waren die Kinder im Mittel 10.81 Jahre alt (Standardabweichung: 0.53) mit einem Minimum von 10 und einem Maximum von

---

[15] Der ursprüngliche Plan lediglich Realschullehrkräfte anzusprechen, musste geändert werden, da sich nicht genug Freiwillige für die Teilnahme am Projekt fanden.

12 Jahren, zwischen den Gruppen gab es keine signifikanten Unterschiede hinsichtlich des Alters (ANOVA; $F_{(2/615)}=2.08$; $p=.126$).

Tabelle 6.4: Zusammensetzung der Schülerstichprobe nach Schulform und Geschlecht

	GESCHLECHT		SCHULART			
	männlich	weiblich	Hauptschule	Realschule	Gymnasium	Regionale Schule
Fortbildungsgruppe	104	103	13	123	24	47
Lesegruppe	95	100	0	169	0	26
Kontrollgruppe	107	109	15	142	35	24
Gesamt	*306*	*312*	*28*	*434*	*59*	*97*

6.4 Vorstudien zur Entwicklung von Messinstrumenten

Soweit möglich, wurde für die vorliegende Studie auf bereits vorhandene Erhebungsverfahren zurückgegriffen. Einige Messinstrumente mussten jedoch neu konstruiert werden. Dies betraf einen Wissenstest und eine Einstellungsskala für Lehrkräfte sowie Skalen zur Beurteilung des Lehrkraftverhaltens. Letzteres sollte durch die Lehrenden selbst aber auch durch ihre Schülerinnen und Schüler bewertet werden. Zur Konstruktion der Messinstrumente wurden Voruntersuchungen mit Studierenden und Schülerinnen und Schülern vorgenommen. Eine genaue Darstellung aller erprobten Items und der Fragebogenkonstruktion würde den Rahmen dieser Arbeit sprengen, weshalb bei der Darstellung der entwickelten Instrumente lediglich die Items und Skalen beschrieben werden, die schließlich in der Hauptuntersuchung beibehalten wurden.

Im Folgenden werden zunächst die Voruntersuchungen zur Konstruktion der neuen Messinstrumente beschrieben, bevor eine Gesamtdarstellung und Bewertung der in der Evaluationsstudie eingesetzten Skalen erfolgt.

Exkurs: Domänenspezifität der motivationalen Konstrukte

Eine grundsätzliche Frage in der empirischen Motivationspsychologie ist die der Domänenspezifität der betrachteten Konstrukte. Murphy und Alexander (2000) stellen fest, dass bei der Erfassung motivationaler Variablen unterschiedlich operationalisiert wird. Intrinsische und extrinsische Motivation und Attribution würden häufig domänenübergreifend, Selbstwirksamkeit und Interesse hingegen eher domänenspezifisch - also zum Beispiel bezogen auf ein bestimmtes Unterrichtsfach - erfasst. Die Notwendigkeit einer domänenspezifischen Betrachtung des Selbstkonzeptes ergibt sich aus dem hierarchischen Modell von Shavelson et al. (1976). Hinsichtlich der Zielorientierungen und IPT ist die Frage, ob die Konstrukte bereichspezifisch sind, nicht eindeutig geklärt (Köller & Baumert, 1998; Middleton & Midgley, 1997). In einer Studie von Ziegler und Schober (1999a) konnten nur ca. die Hälfte der untersuchten Kinder in den beiden Domänen Mathematik und Musik hinsichtlich IPT, motivationalen Orientierungen und Selbstvertrauen gleich klassifiziert werden, was auf Domänenspezifität der Konstrukte hinweist. Gegenteilige Ergebnisse erhielten Stipek und Gralinski (1996) beim Vergleich der IPT in Mathematik und Sozialkunde. Insgesamt gibt es keine einheitliche Befundlage hinsichtlich der Domänenspezifität motivationaler Konstrukte. Um das Vorgehen für die vorliegende Studie zu vereinheitlichen wurden alle Variablen domänenspezifisch für das Fach Mathematik erhoben.

6.4.1 Konstruktion des Wissenstests für Lehrkräfte

Zur Erhebung des pädagogisch-psychologischen Wissens bei den Lehrkräften wurde ein trainingsnahes Erhebungsinstrument gestaltet, in dem die in der Intervention vermittelten Inhalte abgefragt wurden. Dieser Wissenstest wurde kriteriumsorientiert selbst entwickelt. Dazu wurden aus den Inhalten der einzelnen Lektionen zunächst repräsentative und inhaltsvalide Aufgaben erzeugt (Klauer, 1987). Da somit die Aufgaben den Fortbildungsinhalten entsprechen, kann davon ausgegangen werden, dass die Anzahl richtig gelöster Aufgaben ein direktes Maß für die Veränderungen des pädagogisch-psychologischen Wissens aufgrund der Intervention darstellt. Allerdings wurde darauf geachtet, keinerlei Formulierungen zu verwenden, die denen des Trainingsmaterials genau entsprechen, um dem Vorwurf der Erhebung bloßer Coachingeffekte (Hager & Hasselhorn, 2000b) zu begegnen. Zur Entwicklung der Items wurde ein mehrstufiges Verfahren nach Feger (1984) gewählt, wobei zunächst die Lehrtexte auf ihren Kerngehalt reduziert wurden und die Items auf dieser Grundlage generiert wurden. Es wurden Multiple-Choice Items mit jeweils vier Antwortmöglichkeiten, darunter drei Distraktoren, entwickelt. Die Distraktoren stellten jeweils entweder plausible Alternativen zu den richtigen Antworten oder deren Gegensatz dar. Abbildung 6.1 zeigt Beispielitems.

---

5. Welche Informationen ergeben sich bei ausschließlicher Verwendung der sozialen Bezugsnorm?
☐ Man erfährt, was der Schüler bzw. die Schülerin im Einzelnen kann.
☐ Man erfährt, inwiefern sich die Leistungen des Schülers bzw. der Schülerin verbessert haben.
☐ Man erfährt etwas über die relative Position des Schülers/der Schülerin in der Klasse.
☐ Man erfährt, wie begabt der Schüler/die Schülerin ist.

30. Hilflosigkeit tritt besonders dann auf, wenn ein Misserfolg...
☐ ...internal, stabil und global attribuiert wird.
☐ ...internal, variabel und spezifisch attribuiert wird.
☐ ...external, stabil und global attribuiert wird.
☐ ...external, variabel und spezifisch attribuiert wird.

Abbildung 6.1: Beispielitems aus dem Wissenstest für Lehrkräfte

Die Überprüfung der Items und die Konstruktion des endgültigen Tests erfolgten anhand einer Stichprobe von 40 Studierenden, von denen 15 im Rahmen eines Seminars die Fortbildungsmaterialien erhalten hatten und 25 das Material nicht kannten.

Ursprünglich wurden 50 Items generiert. Die Auswahl der Items erfolgte in zwei Schritten: Zunächst wurden für die einzelnen Items Schwierigkeiten und Trennschärfen berechnet und extrem schwere bzw. leichte Items sowie Items mit geringen Trennschärfen eliminiert. Bei Multiple-Choice Verfahren sollte aber auch eine Analyse der falschen Antworten, die als Distraktoren dienen, erfolgen. Nach Lienert und Raatz (1994) sollte die Wahrscheinlichkeit, die Alternativantworten auszuwählen ungefähr gleich sein. Sie räumen allerdings ein, dass eine Aufgabe unverändert beibehalten werden kann, wenn trotz kleinerer Mängel in den Alternativantworten eine gute oder befriedigende Trennschärfe ermittelt wurde. Dementsprechend wurden Aufgaben dann eliminiert, wenn zusätzlich zu Über- oder Unterbesetzung einer Distraktorenantwort eine mangelnde Trennschärfe vorlag (siehe Lienert & Raatz, 1994). Somit ergab sich ein Test mit 38 inhaltsvaliden Items. Eine Reliabilitätsberechnung erfolgte hier nicht, da die Annahme interner Konsistenz für lehrzielorientierte Testverfahren, die verschiedene Aspekte des Lehrziels abdecken sollen, nicht sinnvoll ist (Klauer, 1987; vgl. auch Mokhlesgerami, 2004). Die Bewertung eines lehrzielorientierten Tests sollte sich dementsprechend eher an der Kontentvalidität orientieren.

6.4.2 Konstruktion einer Skala zur unterrichtsbezogenen motivationalen Orientierung

Unabhängig von der eigenen motivationalen Orientierung der Lehrkraft ist für die vorliegende Studie relevant, welche Ziele die Lehrkraft im Unterricht bezogen auf ihre Schülerinnen und Schüler verfolgt. Zu diesem Zweck wurde die Skala „Lernzielorientierung" aus den „Skalen zur Erfassung der Lern- und Leistungsmotivation" (SELLMO) von Spinath, Stiensmeier-Pelster, Schöne und Dickhäuser (2002) entsprechend umformuliert[16]. So wurde z. B. aus dem Item „In der Schule geht es mir darum, komplizierte Inhalte zu verstehen" die Aussage „In meinem Unterricht geht es mir besonders darum, dass meine Schülerinnen und Schüler komplizierte Inhalte verstehen." Die Antworten erfolgten jeweils auf einer sechsstufigen Likert-Skala mit den Polen „stimmt gar nicht" bis „stimmt genau". Die so entstandene Skala zur „Lehrerlernzielorientierung" wurde in einer Voruntersuchung mit insgesamt 30 Studierenden erprobt. Nach einer Itemanalyse verblieben aus den so umformulierten sieben Items der SELLMO noch fünf Items zur Lehrerlernzielorientierung (siehe 6.5.5). Die Reliabilität dieser Skala betrug in der Voruntersuchung $\alpha=.63$ bei Trennschärfen zwischen $r_{it}=.31$ und $r_{it}=.48$.

6.4.3 Konstruktion der Fragebögen zum Lehrkraftverhalten

Zur Erhebung des Verhaltens der Lehrkräfte sollten die Schülerinnen und Schüler sowie die Lehrkräfte selbst befragt werden. Dabei sind im Rahmen des zugrunde gelegten Erwartungs-Wert-Modells besonders die Daten der Schülerinnen und Schüler interessant. Es wird angenommen, dass sich nur die Verhaltensänderungen der Lehrperson auf die Schülerinnen und Schüler auswirken, die auch von ihnen wahrgenommen werden (siehe 2.2). Vor diesem Hintergrund ist auch die Argumentation von Ryan und Grolnick (1986) zu verstehen, die Videostudien mit neutralen Beobachtern für artifiziell halten. Sie plädieren dafür, die Schülerinnen und Schüler direkt zu ihren Wahrnehmungen des Unterrichts zu befragen. Sie fanden in ihren Studien substantielle Unterschiede in der Umgebungswahrnehmung bei Schülerinnen und Schülern aus derselben Klasse. Insofern scheint das schülerperzipierte Verhalten der Lehrenden vorhersagekräftiger bezüglich Motivation und selbstbezogenen Kognitionen als das objektive und

---

[16] Dank an Oliver Dickhäuser für die Weitergabe der zu diesem Zeitpunkt noch unveröffentlichten Skalen und die Idee einer Umformulierung für Lehrkräfte

das selbst berichtete Verhalten der Lehrkräfte (vgl. auch Anderman et al., 2001; Dickhäuser & Stiensmeier-Pelster, 2003). Kaplan, Middleton, Urdan und Midgley (2002) gehen davon aus, dass man bei Untersuchung des motivationalen Klimas in einer Klasse zwischen einer objektiven und einer subjektiven Komponente unterscheiden muss. Letztere entspricht den - immer wieder gefundenen - individuellen Differenzen in der Wahrnehmung und Interpretation von Ereignissen im Unterricht. Bei der objektiven Komponente handelt es sich um beobachtbare Unterschiede in Unterrichtsstrukturen und Interaktionen. Vorhersagekräftiger bezüglich der persönlichen Motivation eines Lernenden ist die subjektive Komponente (vgl. auch Wolters, 2004). Dies fand sich auch in Untersuchungen zur Bezugsnormorientierung der Lehrkraft (Schwarzer, Lange & Jerusalem, 1982). In neueren Untersuchungen bezüglich der Aufgabenorientierung im Unterricht ist man verstärkt dazu übergegangen das schülerperzipierte Unterrichtsklima zu erfassen (Kaplan et al., 2002; Satow, 2000; Wolters, 2004).

Entsprechend wurden für die vorliegende Studie zur Erhebung des Lehrkraftverhaltens im Unterricht parallel je ein Fragebogen für die Kinder (schülerperzipiertes Lehrkraftverhalten) und für die Lehrkräfte entwickelt.

6.4.3.1 Schüler beurteilen das Lehrkraftverhalten (SBL)

Zunächst wurde ein eng an die Programminhalte angelehnter Itempool zu einem Fragebogen „Schüler beurteilen das Lehrkraftverhalten (SBL)" auf Basis der Lernziele der Fortbildung zusammengestellt. Dieser enthielt 36 Aussagen zum Lehrkraftverhalten. Diese waren größtenteils den TARGET-Empfehlungen entnommen. Zudem wurden Verhaltensweisen erfasst, die nach Brophy und Good (1974) auf unterschiedlichen Erwartungen an die Schülerinnen und Schüler beruhen. Für die Schülerinnen und Schüler wurden jeweils die Satzstämme "Unsere Mathelehrerin/unser Mathelehrer Herr/Frau..." oder " Im Mathematikunterricht von Frau /Herr..." benutzt. Die Schülerinnen und Schüler sollten jeweils den Namen ihrer Mathematiklehrkraft eintragen, was gewährleisten sollte, dass sie auch wirklich an die zu beurteilende Lehrperson dachten. Sie sollten entweder einschätzen, inwieweit ihre Lehrerin/ihr Lehrer die erfassten Verhaltensweisen zeigt oder wie häufig die umschriebenen Situationen in ihrem Mathematikunterricht vorkommen. Die Beurteilung erfolgte dabei jeweils auf 6-fach abgestuften Likertskalen.

Der Schülerfragebogen wurde einer Stichprobe von n= 142 Schülerinnen und Schülern aus 6 Klassen der 5. Jahrgangsstufe, Realschule vorgegeben. Die Kinder waren im Mittel 10,7 Jahre alt (SD: 0.53) und die Stichprobe umfasste 78 Mädchen und 64 Jungen.

Auf dieser Basis wurden die Items einer Faktorenanalyse mit Varimax-Rotation unterzogen. Aufgrund des Screeplots wurden drei Faktoren extrahiert, die zusammen 29,43% der Varianz aufklärten. Die Analyse der Ladungsmatrix führte zur Bildung folgender Skalen:

Die Skala „Aufgabenorientierung" enthält 12 Items mit Trennschärfen von r_{it}=.17 bis r_{it}=.53 und hat eine mit α = .71 zufriedenstellende interne Konsistenz. Die Skala umfasst Items zur schülerperzipierten individuellen Bezugsnormorientierung und IPT der Lehrkraft, sowie zu Alltagsbezug und Fehlerakzeptanz im Unterricht.

Die Skala „Erwartungseffekte" enthält 11 Items mit Trennschärfen von r_{it}=.26 bis r_{it}=.62. Die interne Konsistenz ist mit α= .76 als zufriedenstellend zu bewerten. Die hier erfragten Verhaltensweisen sind mit der Benachteiligung schwächerer Schülerinnen und Schüler verbundenes Handeln sowie das Erzeugen von Angst und Druck.

Der dritte Faktor wurde „Autonomie/Partnerschaft" benannt. Diese Skala enthält Aussagen, die das Einräumen von Autonomie an die Schülerinnen und Schüler umschreiben und erfasst den partnerschaftlichen Umgang mit den Kindern unter anderem bei der Leistungsbewertung. Die Skala umfasst sieben Items mit Trennschärfen von r_{it}=.21 bis r_{it}=.40. Die Reliabilität ist mit α=.57 weniger zufriedenstellend[17].

Sechs Items waren aufgrund der Faktorenanalyse nicht eindeutig zuzuordnen und wurden ausgeschlossen. Die verbleibenden Items befinden sich in Tabelle 6.6. (Kap. 6.5.3).

6.4.3.2 Selbstbeurteilung durch die Lehrkräfte

Parallel zum SBL wurden Items für Lehrkräfte konstruiert und erprobt. Der Einsatz der Skalen bei Studierenden ist wenig sinnvoll, da sie nicht täglich unter-

---

[17] Die Skala kann im Rahmen der Veränderungsmessung innerhalb der Interventionsstudie trotzdem gute Dienste leisten (zur Erhöhung der Reliabilität unreliabler Instrumente im Rahmen der Veränderungsmessung siehe Bortz & Döring, 1995; Rogosa, Brandt & Zimowski, 1982).

richten und daher ihr eigenes Unterrichtsverhalten nicht beurteilen können. Materialien einer Befragung des Lehrerkollegiums einer Gesamtschule sind vermutlich auf dem Postweg verloren gegangen. Letztlich erfolgte die Konstruktion der Lehrkraftskalen aus zeitlichen Erfordernissen auf Basis des geringen Rücklaufs von sechs Fragebögen aus einer Stichprobe von Referendaren. So konnte nur festgestellt werden, welche der parallel zu den Schüleritems konstruierten Aussagen aufgrund geringer Variation oder mangelnder Akzeptanz durch die Referendare ungeeignet erschienen. Auf dieser Basis erfolgte die Bildung von Skalen, die denen des SBL inhaltlich möglichst ähnlich sein sollten (alle Items siehe Tab. 6.9). Die Skala Aufgabenorientierung enthielt 14 Items. Hier wurde einerseits eine individuelle Bezugsnormorientierung sowie Fehlerakzeptanz im Unterricht abgefragt, andererseits sind Verhaltensweisen enthalten, die geeignet sein sollten, Interesse zu wecken. Die sieben Items zu Erwartungseffekten enthielten Aussagen zum Umgang mit Wartezeiten nach der Aufgabenstellung und mit Informationen über Schülerinnen und Schüler sowie zum Erzeugen von Druck durch Bewertungen. Die Skala Autonomie/Partnerschaft enthielt neun Aussagen zum Einräumen von Mitbestimmung an die Schülerinnen und Schüler sowie zum Umgang mit Rückmeldungen sowohl von den als auch an die Lernenden.

6.5 Zur Evaluation der Programmwirksamkeit eingesetzte Messinstrumente

Im Folgenden werden die in der Evaluationsstudie eingesetzten Messinstrumente beschrieben und hinsichtlich ihrer internen Konsistenzen zu den drei Messzeitpunkten beurteilt. Alle Messungen erfolgten domänenspezifisch für das Fach Mathematik. Tabelle 6.5 gibt zunächst einen Überblick über die verwendeten Instrumente. Alle Instrumente waren in den unter 6.4 beschriebenen Vorstudien zur Konstruktion der neuen Skalen erprobt worden.

Evaluation der Maßnahme: Methode

Tabelle 6.5: In der Evaluationsstudie verwendete Instrumente

INSTRUMENTE, DIE BEI DEN SCHÜLERINNEN UND SCHÜLERN VERWENDET WURDEN:	
ERHEBUNG VON	SKALA, ITEMANZAHL (QUELLE)
Motivation	IPT – Zuwachstheorie, 6 Items (Schober, 2002)
	Attributionen – Hilflosigkeit, 4 Items (Schober, 2002)
	Schulische Selbstwirksamkeit, 6 Items (Jerusalem & Satow, 1999)
	Selbstkonzept, 4 Items (Häußler & Hoffmann, 1998; domänenspezifisch umformuliert)
	Subjektiver Wert, 3 Items (Schober, 2002)
	Lernzielorientierung, 8 Items (Spinath et al., 2002)
Mathematikleistung	Messzeitpunkt 1 und 2: Mathematiktests aus dem HST 4/5, 30 Aufgaben (Mietzel & Willenberg, 2000)
	Messzeitpunkt 3: Mathematiktests aus dem SL-HAM 6/7, 35 Aufgaben (Behörde für Schule, Jugend und Berufsausbildung, Amt für Schule, Hamburg, 1998)
Schülerperzipiertes Lehrkraftverhalten	Erwartungseffekte, 11 Items, selbst konstruiert
	Aufgabenorientierung, 12 Items, selbst konstruiert
	Autonomie/Partnerschaft, 7 Items, selbst konstruiert
INSTRUMENTE, DIE BEI DEN LEHRKRÄFTEN VERWENDET WURDEN:	
ERHEBUNG VON	SKALA, ITEMANZAHL (QUELLE)
Akzeptanz der Maßnahme	Offene Fragen (unterschiedliche Fragen je nach Gruppenzugehörigkeit)
Überzeugungen und Einstellungen	IPT –Zuwachstheorie-, 6 Items (Dweck, 1999)
	Lehrerlernzielorientierung, 5 Items (selbst konstruiert)
	Bezugsnormorientierung, Kleine Beurteilungsaufgabe (Rheinberg, 1980)
Pädagogisch-Psychologisches Wissen	Wissenstest, 38 Items, selbst konstruiert
Lehrkraftverhalten	Erwartungseffekte, 7 Items, selbst konstruiert
	Aufgabenorientierung, 14 Items, selbst konstruiert
	Autonomie/Partnerschaft, 9 Items, selbst konstruiert

6.5.1 Erfassung der Akzeptanz und Beurteilung der Maßnahme

Zur Erfassung der Akzeptanz der Maßnahme durch die Adressaten wurden Fragebögen im Anschluss an die Maßnahme und in der Follow-Up-Erhebung eingesetzt.

Im Zeitraum zwischen Vor- und Nachtest erhielt lediglich die Lesegruppe Beurteilungsbögen, die sich auf die Fortbildungsmaterialien bezogen. Um wenigstens eine geringe Absicherung zu haben, dass die LG die Texte auch wirklich gelesen hatte, wurde zu jeder Lektion ein Fragebogen mit frankiertem Rückumschlag beigefügt, den die Teilnehmer jeweils innerhalb von 10 Tagen zurücksenden sollten. Dabei sollte jeweils angegeben werden, wie lange die Lehrkräfte sich mit dem Material auseinander gesetzt haben. Außerdem sollte eine Beurteilung nach Strukturiertheit, Verständlichkeit, Praxisrelevanz, Interessantheit und Belang des Materials vorgenommen werden.

Um festzustellen, wie die Teilnehmer die Fortbildung erlebt haben und welche Änderungen sie sich wünschen, wurden Rückmeldebögen mit größtenteils offenen Fragen eingesetzt. Zum zweiten Messzeitpunkt gab es dabei jeweils einen Fragebogen für die Lese- und einen Bogen für die Fortbildungsgruppe. Die Fragen der Lesegruppe bezogen sich lediglich auf das schriftliche Material, die Fragen der Fortbildungsgruppe zusätzlich auf die Organisation, Rahmenbedingungen und Methoden der Interventionsmaßnahme. In beiden Gruppen wurde detailliert nach eigenem Lernen und Umsetzungen der Fortbildungsinhalte im Unterricht gefragt. Zum dritten Messzeitpunkt erhielten beide Gruppen denselben Fragebogen, der sich insbesondere auf Umsetzungen der Fortbildungsinhalte im Unterricht bezog.

6.5.2 Erfassung des relevanten Wissens bei den Lehrkräften

Zur Erfassung des in der Fortbildung vermittelten Wissens wurde der unter 6.4.1 beschriebene Wissenstest mit 38 Items eingesetzt. Der Wissenstest ist der einzige Fragebogen, den die KG nicht zu allen drei Messzeitpunkten ausfüllen musste. Diese Entscheidung wurde nach dem ersten Messzeitpunkt getroffen, da sich hier bereits zeigte, dass das Ausfüllen dieses Tests von den Lehrkräften als sehr schwierig empfunden wurde und für Unmut sorgte. Um die Lehrkräfte, die sich freiwillig bereit erklärt hatten, als Kontrollgruppe zu fungieren, nicht unnötig zu belasten und zu verärgern wurde der Test bei ihnen nur vor der Maßnahme eingesetzt, um die Basisrate zu erhalten. Da diese Lehrkräfte die Materialien erst nach Abschluss der Studie erhielten und sich der Test spezifisch auf die Trainingsinhalte bezog, war hier im Untersuchungszeitraum ohnehin kein Wissenszuwachs zu erwarten. Die Auswertung des Tests erfolgte durch Bildung eines Gesamtrohwertes, der entsprechend der Itemanzahl Werte von 0 bis 38 annehmen konnte. Der gesamte Test befindet sich im Anhang.

6.5.3 Erfassung des schülerperzipierten Lehrkraftverhaltens

Die Erfassung des Lehrkraftverhaltens erfolgte bei den Schülerinnen und Schülern mit dem unter 6.4.3 beschriebenen SBL, einem Beurteilungsfragebogen mit den drei Skalen „Aufgabenorientierung", „Erwartungseffekte" und „Autonomie/Partnerschaft".

Die Items wurden gemischt vorgegeben und folgten dem Einleitungstext:

„Denke jetzt an den Unterricht bei deiner Mathematiklehrerin oder deinem Mathematiklehrer. Wir möchten wissen, was du über den Unterricht denkst. Wenn du bei einer Antwort nicht sicher bist, dann kreuze das Kästchen an, das <u>deiner Meinung nach</u> am ehesten zutrifft."

Für die Beantwortung aller Items waren sechsfach abgestufte Likertskalen vorgesehen. Diese reichten bei einem Teil der Aussagen von „stimmt gar nicht" bis „stimmt genau", hier sollte beurteilt werden „Wie sehr stimmen die folgenden Dinge für euren Mathematikunterricht?". Teilweise sollte aber auch die Häufigkeit bestimmten Lehrkraftverhaltens von „nie" bis „immer" beurteilt werden („Wie häufig passieren in eurem Mathematikunterricht die folgenden Dinge?").

Tabelle 6.6 enthält die Reliabilitäten der Skalen und die Variationsbereiche der Trennschärfen innerhalb der Evaluationsstudie. Lediglich die Reliabilität der Skala „Autonomie/Partnerschaft" muss hier als wenig zufriedenstellend beurteilt werden, weshalb die Ergebnisse mit Vorsicht interpretiert werden müssen. Die anderen beiden Skalen sind hinsichtlich ihrer internen Konsistenzen durchaus als gut bis befriedigend zu bewerten.

Tabelle 6.6: Variationsbereiche der Itemtrennschärfen (Var (r_{it})) und interne Konsistenzen (Cronbachs Alpha, α) für die drei Messzeitpunkte (MZP) für die Skalen des SBL

SKALA	MZP1		MZP2		MZP3	
	Var (r_{it})	α	Var (r_{it})	α	Var (r_{it})	α
Aufgabenorientierung	.31-.55	.77	.38-.63	.84	.35-.66	.84
Erwartungseffekte	.31-.53	.73	.41-.61	.83	.44-.67	.87
Autonomie/ Partnerschaft	.20-.30	.50	.28-.44	.64	.23-.35	.58

Tabelle 6.7 zeigt die Items und die Zuordnung zu den Skalen

Tabelle 6.7: Items des SBL und Zuordnung zu den Skalen

AUFGABENORIENTIERUNG	ERWARTUNGSEFFEKTE	AUTONOMIE/ PARTNERSCHAFT
Im Mathematikunterricht von Frau/ Herr		
- ...bedeutet es eine gute Leistung, wenn sich schwache Schülerinnen und Schüler verbessern, auch wenn sie im Vergleich zu anderen Kindern nicht besonders gut sind - ...ist es interessant.	- ...werden alle Schülerinnen und Schüler gleich behandelt. (umgepolt) - ...trauen sich manche Schüler und Schülerinnen nicht mehr etwas zu sagen, weil unser Mathelehrer/unsere Mathelehrerin schon mehrmals gesagt hat, dass sie nicht gut sind. - ...weiß ich manchmal gar nicht, ob das, was andere Kinder dem Lehrer/ der Lehrerin antworten, richtig oder falsch war. - ... merkt man, wen der Lehrer/ die Lehrerin mag und wen nicht. - ... geht es so schnell im Unterrichtsstoff voran, dass viele nicht mitkommen.	- ... dürfen wir sagen, was uns am Unterricht nicht passt. - ... dürfen wir aus unterschiedlich schweren Aufgaben auswählen. - ...dürfen sich die Schülerinnen und Schüler gegenseitig aufrufen. - ...dürfen wir bei der Wahl der Unterrichtsthemen mitentscheiden.
Unser Mathematiklehrer/ unsere Mathematiklehrerin...		
- ...lobt Schülerinnen und Schüler besonders, die ihre Leistungen gegenüber früher verbessern. - .. lobt auch die schlechtesten Schüler und Schülerinnen, wenn er/ sie merkt, dass sie sich verbessert haben. - ... findet es wichtiger, dass wir uns bemühen als dass wir alles richtig haben. - ...interessiert sich selbst sehr für Mathematik - ...verhält sich so, als ob jeder sich in Mathe verbessern kann. - ... interessiert sich selbst sehr für Mathe. - ...unterrichtet gern. - ... sagt, dass wir aus Fehlern lernen können. - ... weiß, woran es gelegen hat, wenn wir eine gute oder schlechte Note bekommen haben. - ... merkt sofort, wenn sich meine Leistungen verbessern oder verschlechtern.	- ... findet es egal, ob wir im Unterricht mitkommen oder nicht. - ...macht uns vor Mathearbeiten viel Druck. - ...ruft einen bei schwierigen Fragen nicht mehr auf, wenn man eine schlechte Klassenarbeit geschrieben hat. - ... schimpft vor der ganzen Klasse mit Schülerinnen und Schülern, die eine schlechte Arbeit geschrieben haben. - ...reagiert etwas böse, wenn man falsche Antworten gibt. - ... geht auf unsere Fragen geduldig ein (umgepolt).	- ...will bei schlechten Noten wissen, woran es gelegen hat. - ... schreibt uns zusätzlich zur Note einen Satz zur Bewertung dazu. - ...führt mit Schülerinnen und Schülern, die eine schlechte Arbeit geschrieben haben ein Gespräch unter vier Augen.

6.5.4 Erfassung des selbstberichteten Lehrkraftverhaltens

Bei den Lehrkräften wurden die parallel zum SBL entwickelten drei Skalen zur Selbstbeurteilung des Verhaltens im Unterricht eingesetzt, die sich über alle drei Messzeitpunkte als hinreichend reliabel erwiesen (Tabelle 6.8).

Tabelle 6.8: Variationsbereiche der Itemtrennschärfen (Var (r_{it})) und interne Konsistenzen (Cronbachs Alpha, α) für die drei Messzeitpunkte (MZP) für die drei Skalen zur Selbstbeurteilung des Lehrkraftver-haltens durch die Lehrerinnen/Lehrer

SKALA	MZP1		MZP2		MZP3	
	Var (r_{it})	α	Var (r_{it})	α	Var (r_{it})	α
Aufgabenorientierung	.11-.69	.82	.14-.81	.84	.20-.60	.74
Erwartungseffekte	.14-.70	.66	.12-.74	.70	.18-.67	.64
Autonomie/ Partnerschaft	.16-.73	.84	.06-.56	.73	.10-.64	.80

Die Items sind in Tabelle 6.9 zusammengefasst. Analog zum SBL erfolgte die Beantwortung sechsfach abgestuft. Dabei wurden einige Items nach ihrer Häufigkeit (nie bis immer) beurteilt, die restlichen Items nach ihrem Zutreffen (stimmt gar nicht bis stimmt genau).

Tabelle 6.9: Items zur Selbsteinschätzung des Verhaltens im Unterricht durch die Lehrkräfte und Zuordnung zu den Skalen (erster Teil)

AUFGABENORIENTIERUNG	ERWARTUNGSEFFEKTE	AUTONOMIE/ PARTNERSCHAFT
- Es liegt mir sehr viel daran, dass jeder Schüler/ jede Schülerin weiß, was er/sie noch verbessern kann. - Wenn ein Schüler/eine Schülerin seine/ihre Leistung verbessert, wird er/sie von mir gelobt, auch dann, wenn er/sie im Vergleich zur Klasse unter dem Durchschnitt liegt. - Ich glaube, dass alle Schülerinnen und Schüler aus den Fehlern der anderen lernen können. - Wenn ein(e) schwache(r) Schüler(in) sich verbessert hat, bedeutet das bei mir immer eine "gute Leistung", auch wenn er/sie immer noch unter dem Klassendurchschnitt liegt. - Ich versuche zu jedem Stoffgebiet möglichst vielfältige, unterschiedliche Aufgaben zu verwenden. - Wenn ein Schüler/ eine Schülerin seine/ihre Leistung gegenüber früher verbessert, so wird er/sie dafür von mir besonders gelobt. - Wenn ich in einer Klasse besondere Interessen identifiziert habe, dann beziehe ich diese in den Unterricht ein. - Wenn ein Schüler/ eine Schülerin eine schlechte Note schreibt, kann ich einschätzen, was der Grund dafür war.	- Wenn ein Schüler/eine Schülerin in der Mathematikstunde etwas Falsches sagt, versuche ich möglichst schnell zu korrigieren und die richtige Lösung zu präsentieren. - Wenn ich bei einem Schüler/einer Schülerin etwas zu bemängeln habe, so tue ich dies vor der ganzen Klasse. - Bei der Einschätzung meiner Schülerinnen und Schüler berücksichtige ich, was andere Lehrkräfte mir über die Schüler und Schülerinnen erzählt haben. - Ich versuche, die Schülerinnen und Schüler auch dadurch zu motivieren, dass ich auf anstehende Klassenarbeiten oder Beurteilungen hinweise. - Wenn ein Schüler/eine Schülerin eine falsche Antwort gibt, dann frage ich schnell jemand anderen.	- Meine Schülerinnen und Schüler dürfen mich ruhig mal kritisieren. - Wenn ich bei einer Schülerin/einem Schüler ein Problem bzw. eine Schwäche entdecke, führe ich darüber ein Gespräch unter vier Augen.

Forts. Tabelle 6.9: Items zur Selbsteinschätzung des Verhaltens im Unterricht durch die Lehrkräfte und Zuordnung zu den Skalen

AUFGABENORIENTIERUNG	ERWARTUNGSEFFEKTE	AUTONOMIE/ PARTNERSCHAFT
In meinem Mathematikunterricht......		
- ...ist es mir wichtig zu wissen, wie eine schwache Leistung zustande kommt. - ...gebe ich mich bei der Einführung in neue Themengebiete enthusiastisch. - ...versuche ich, alle Schülerinnen und Schüler in den Lernprozess einzubeziehen. - ...erteile ich Aufgaben in Form von Rätseln oder Spielen. - ...versuche ich, die Schülerinnen und Schüler mit Aufgaben zu verblüffen, die Unstimmigkeiten enthalten oder überraschende Ergebnisse haben. - ...versuche ich bei falschen Aussagen der Schülerinnen und Schüler genau zu analysieren, wie es zu dieser Falschaussage gekommen ist.	- ...mache ich den Schülerinnen und Schülern klar, dass jederzeit mit einer Lernkontrolle zu rechnen ist.. - ..werde ich ungeduldig, wenn eine Frage nicht sofort beantwortet wird.	- . ...dürfen die Schülerinnen und Schüler über die Gestaltung des Unterrichts mit entscheiden. - gebe ich zusätzlich zur Note einer Arbeit schriftlich einen kurzen Kommentar (Erläuterung/ Bewertung der Note) ab. - ...beteilige ich die Schülerinnen und Schüler an der Auswahl der Unterrichtsthemen. - ...dürfen sich die Schülerinnen und Schüler gegenseitig aufrufen. - ...dürfen die Schüler und Schülerinnen aus Aufgaben mit unterschiedlichen Schwierigkeitsgraden auswählen. - ...mache ich den Schülern und Schülerinnen deutlich, was sie tun müssen, um eine gute Note zu erhalten. - ...sage ich bei der Rückgabe von Arbeiten den Schülerinnen und Schülern noch etwas zur Note (z. B. was er/sie verbessern könnte, was besonders gut/schlecht war, was ich von der Leistung halte o.ä.).

6.5.5 Erfassung von Überzeugungen und Einstellungen der Lehrkraft

Die unterrichtsbezogene Lernzielorientierung wurde mit dem unter 6.4.2 beschriebenen Instrument erfasst.

Die Items lauten:

- In meinem Unterricht geht es mir besonders darum, dass meine Schülerinnen und Schüler ein tiefes Verständnis für die Inhalte des Unterrichts erwerben.
- In meinem Unterricht geht es mir besonders darum, dass meine Schülerinnen und Schüler so viel wie möglich lernen.
- In meinem Unterricht geht es mir besonders darum, dass meine Schülerinnen und Schüler etwas Interessantes lernen.
- In meinem Unterricht geht es mir besonders darum, dass meine Schülerinnen und Schüler später knifflige Probleme lösen können.
- In meinem Unterricht geht es mir besonders darum, dass meine Schülerinnen und Schüler komplizierte Inhalte verstehen.

Die eingesetzten sechs Items zur Erhebung der IPT stammen von Dweck (1999). Sie wurden übersetzt und domänenspezifisch für Mathematik formuliert und lauten:

- Wenn jemand in Mathematik schlecht ist, dann kann er/ sie auch nicht besser werden. (umgepolt)
- Jeder kann sich in Mathematik verbessern.
- Im Grunde kann man seine mathematischen Fähigkeiten nicht verändern. (umgepolt)
- Wenn jemand in Mathematik schlecht ist, dann kann er/sie besser werden, wenn er/sie sich Mühe gibt.
- Wenn jemand in Mathematik schlecht ist, dann kann er/sie zwar neue Sachen lernen, aber verbessern wird er/ sie sich nicht. (umgepolt)
- Wenn jemand in Mathematik schlecht ist, dann kann er /sie sich immer ein bisschen verbessern, egal wie schlecht er/sie in Mathematik ist.

Hohe Werte sprechen hier für eine Zuwachstheorie, also für die Annahme, dass eine Verbesserung der mathematischen Fähigkeiten generell möglich ist.

Tabelle 6.10 zeigt die internen Konsistenzen und die Variationsbereiche der Trennschärfen für diese Skalen zu allen drei Messzeitpunkten. Die Beantwortung erfolgte jeweils auf sechsfach abgestuften Likertskalen mit Antwortmöglichkeiten von „stimmt gar nicht" bis „stimmt genau". Beide Skalen erwiesen sich als hinreichend reliabel.

Tabelle 6.10: Variationsbereiche der Itemtrennschärfen (Var (r_{it})) und Interne Konsistenzen (Cronbachs Alpha, α) für die drei Messzeitpunkte (MZP) für die Skalen zur Selbstbeurteilung durch die Lehrerinnen und Lehrer

SKALA	MZP1		MZP2		MZP3	
	Var (r_{it})	α	Var (r_{it})	α	Var (r_{it})	α
Lehrerlernzielorientierung	.27-.61	.73	.40-.71	.75	.48-.67	.80
Zuwachstheorie	.25-.67	.74	.50-.76	.83	.46-.77	.82

Die Bezugsnormorientierung der Lehrkräfte wurde mittels der kleinen Beurteilungsaufgabe von Rheinberg (1980) erfasst. Es handelt sich dabei um ein Verfahren, dass die Testperson in eine standardisierte Beurteilungssituation bringt. Anhand ihrer abgegebenen Bewertungen von Leistungen neun verschiedener Schüler in drei aufeinanderfolgenden Tests wird sichtbar, ob sie sich eher von individuellen oder sozialen Bezugsnormen leiten lässt. Es lässt sich so jeweils ein Wert für die individuelle und einer für die soziale Bezugsnormorientierung berechnen[18]. In der vorliegenden Studie interessiert die individuelle Bezugsnormorientierung, dabei werden die Bewertungen für die Schüler kontrastiert, die bei gleichem Endresultat eine steigende oder fallende Tendenz aufweisen. Ein höherer Wert spricht hier für eine stärkere Orientierung an individuellen Bezugsnormen (auch Tendenzorientierung, vgl. Dickhäuser & Rheinberg, 2003). Eine Angabe der internen Konsistenz ist aufgrund dieses Vorgehens nicht sinnvoll. Dickhäuser und Rheinberg (2003, S. 44) berichten Retestreliabilitäten zwischen .64 und .81.

6.5.6 Beurteilung von Antezedenzien von Wert und Erwartung bei den Schülerinnen und Schülern

Erwartung und Wert werden im erweiterten Erwartungs-Wert-Modell durch die Interpretation vergangener Erfahrungen beeinflusst. Darunter kann man einer-

---
[18] vgl. http://www.phil.uni-sb.de/~jakobs/paedpsych/rheinberg[29.10.2005]

seits mathematikbezogenen IPT, andererseits Attributionen fassen, wie in Kapitel 2.2.1 erläutert wurde.

Die Erfassung von Attributionen ist mit allerlei Problemen behaftet (vgl. 2.1.4). Aus diesem Grunde wurde auf die Erfassung einzelner Attributionen verzichtet. Es wurde aber das Konstrukt der Hilflosigkeit als verfestigtes Muster ungünstiger Misserfolgsattributionen erhoben. Hilflosigkeit ist im Zusammenhang mit motivationalen und Leistungsdefiziten im Fach Mathematik ein zentrales Konstrukt (Ziegler & Schober, 2001). Die Zusammenhänge der Hilflosigkeit mit IPT, Zielorientierungen, Attributionen und Selbstkonzept wurden unter 2.1.5 dargestellt. Zur Erhebung wurden vier Items aus der Hilflosigkeitsskala von Breitkopf (1989), die auch Schober (2002) zur Beurteilung der Wirksamkeit des Münchner Motivationstrainings (MMT) einsetzte und die sich in dieser Studie als hinreichend trennscharf erwiesen haben. Hohe Werte in dieser Skala weisen auf ein Verhaltensmuster im Umgang mit dem Fach Mathematik hin, das von stabilen, internalen und globalen Misserfolgsattributionen sowie von Resignation geprägt ist.

Die Items lauten:

- Ich fühle mich in Mathe überfordert.
- Ich glaube nicht, dass ich Mathe jemals schaffen werde.
- Ich kann in Mathe nicht klar denken.
- Auch wenn ich viel lerne, werde ich in Mathe nicht gut sein.

Ebenfalls aus der Evaluation des MMT stammt die Skala zur Erhebung der domänenspezifischen IPT der Schülerinnen und Schüler. Diese Skala (im Original „Modifizierbarkeit der eigenen Fähigkeitsdefizite") enthält sechs Items und befasst sich mit der Frage, ob die Schülerinnen und Schüler annehmen, ihre Fähigkeiten in Mathematik verbessern zu können und insbesondere Defizite auszugleichen. Hohe Werte in dieser Skala weisen auf eine Zuwachstheorie mathematischer Fähigkeiten hin.

Die Skala enthält folgende Aussagen:

- Ich kann in Mathe viel Neues dazulernen.
- Wie viel ich in Mathe kann ist nicht festgelegt, ich kann dazulernen und meine Fähigkeiten erweitern.
- Etwas Neues zu lernen und meine Fähigkeiten zu steigern fällt mir schwer. (umgepolt)

- Meine Begabung für Mathe ist eine Eigenschaft von mir, die ich nicht sehr verändern kann. (umgepolt)
- Ich kann meine Fähigkeiten in Mathe steigern.
- Daran, dass ich bestimmte Dinge in Mathe nicht kann, kann ich nichts ändern. (umgepolt)

Als Antwortmodus wurden für beide Skalen sechsfach abgestufte Likertskalen mit Antwortmöglichkeiten von „stimmt gar nicht" bis „stimmt genau" vorgegeben. Die Skalen erwiesen sich zu allen drei Messzeitpunkten hinsichtlich der Itemkennwerte und der internen Konsistenzen als zufriedenstellend (siehe Tabelle 6.11).

Tabelle 6.11: Variationsbereiche der Itemtrennschärfen (Var (r_{it})) und interne Konsistenzen (Cronbachs Alpha, α) für die drei Messzeitpunkte (MZP) für die Skalen Hilflosigkeit und Zuwachstheorie des Schülerfragebogens

SKALA	MZP1		MZP2		MZP3	
	Var (r_{it})	α	Var (r_{it})	α	Var (r_{it})	α
Zuwachstheorie	.32-.50	.65	.40-.62	.74	.39-.58	.72
Hilflosigkeit	.52-.63	.78	.64-.68	.83	.67-.75	.86

6.5.7 Erhebung von Zielen und Selbstschemata bei den Schülerinnen und Schülern

Im zweiten Kapitel der vorliegenden Arbeit wurde der Einfluss von Selbstkonzept und Lernzielorientierung auf Wert und Erfolgserwartung im Fach Mathematik ausführlich dargelegt. Zur Erhebung dieser Konstrukte wurde auf bereits etablierte Verfahren zurückgegriffen, wobei die vier Items zum Selbstkonzept ursprünglich für das Fach Physik konstruiert waren und domänenspezifisch umformuliert wurden. Sie entstammten dem Modellversuch „Steigerung der Effizienz des mathematisch-naturwissenschaftlichen Unterrichts" (Häußler & Hoffmann, 1998). Die Beantwortung erfolgte sechsfach abgestuft, wobei die Antwortmöglichkeiten von „sehr schlecht" bis „sehr gut" abgestuft waren. Die Items lauteten

- Ich verstehe den Stoff in Mathematik:
- Ich behalte den Stoff in Mathematik:
- Meine Leistungen in Mathematik sind nach meiner eigenen Einschätzung:

- Ich glaube, dass meine Mathematiklehrer/ meine Mathematiklehrerin meine Leistungen in Mathematik als ....einschätzt.

Die Lernzielorientierung wurde mit der entsprechenden Subskala aus den „Skalen zur Erfassung der Lern- und Leistungsmotivation" (SELLMO) von Spinath et al. (2002) erfasst, wobei auch hier die Domänenspezifität aufgrund eines mathematikbezogenen Einleitungssatzes gewahrt blieb. Die Skalen befanden sich zum Zeitpunkt der ersten Erhebung noch in der Testphase, weshalb hier acht, statt der in der endgültigen Version der SELLMO enthaltenen sieben Items verwendet wurden. Da das achte Item im Rahmen unserer Studie durchaus zufriedenstellende Kennwerte aufwies (jeweils Trennschärfen von über .4) wurde es beibehalten. Die domänenspezifische Instruktion lautete: *„Bei den nächsten Fragen geht es darum, was dir in Mathematik wichtig ist und was du in Mathematik gerne erreichen möchtest: Kreuze bitte jeweils an, wie sehr die unten aufgeschriebenen Ziele, die man in Mathematik haben kann, für dich stimmen."*

Die Items ergänzten jeweils den Stamm *„In Mathematik geht es mir darum,..."* und lauteten:

- ...neue Ideen zu bekommen.
- ...etwas Interessantes zu lernen.
- ...später knifflige Probleme lösen zu können.
- ...komplizierte Inhalte zu verstehen.
- ...dass das Gelernte für mich Sinn ergibt
- ...zum Nachdenken angeregt zu werden.
- ...so viel wie möglich zu lernen.
- ...die Unterrichtsinhalte wirklich zu verstehen.

Die Kennwerte der Items und Reliabilitäten der Skalen sind für Selbstkonzept und Lernzielorientierung zufriedenstellend (siehe Tabelle 6.12).

Tabelle 6.12: Variationsbereiche der Itemtrennschärfen (Var (r_{it})) und interne Konsistenzen (Cronbachs Alpha, α) für die drei Messzeitpunkte (MZP) für die Skalen Selbstkonzept und Lernzielorientierung des Schülerfragebogens

SKALA	MZP1		MZP2		MZP3	
	Var (r_{it})	α	Var (r_{it})	α	Var (r_{it})	α
Selbstkonzept	.63-.73	.85	.64-.74	.86	.67-.77	.87
Lernzielorientierung	.26-.55	.73	.27-.66	.79	.27-.65	.78

6.5.8 Erhebung von Erfolgserwartung und subjektivem Wert bei den Schülerinnen und Schülern

Die Selbstwirksamkeit, als Indikator der Erfolgserwartung, wurde mit sechs Items aus der Skala zur schulischen Selbstwirksamkeit von Jerusalem und Satow (1999) erhoben, wobei die Erhebung hier insofern domänespezifisch erfolgte, als dass den Aussagen die Frage vorausging *„Wie ist das bei dir im Mathematikunterricht?"*. Die Items lauten:

- Ich kann auch die schwierigen Aufgaben im Unterricht lösen, wenn ich mich anstrenge.
- Es fällt mir leicht, neuen Unterrichtsstoff zu verstehen.
- Wenn ich eine schwierige Aufgabe an der Tafel lösen soll, glaube ich, dass ich das schaffen werde.
- Selbst wenn ich mal längere Zeit krank sein sollte, kann ich immer noch gute Leistungen erzielen.
- Auch wenn der Lehrer/die Lehrerin an meinen Fähigkeiten zweifelt, bin ich mir sicher, dass ich gute Leistungen erzielen kann.
- Ich bin mir sicher, dass ich auch dann noch meine gewünschten Leistungen erreichen kann, wenn ich mal eine schlechte Note bekommen habe.

Die Beantwortung erfolgte auf sechsfach abgestuften Likertskalen mit Antwortmöglichkeiten von stimmt gar nicht bis stimmt genau.

Der subjektive Wert der Mathematik wurde mit einem Instrument aus der Evaluationsstudie zum MMT gemessen (Schober, 2002). Diese Skala (im Original „Anreiz des Faches Mathematik") enthält drei Items, die die von Eccles et al. (1983) beschriebenen Komponenten des Werts Nützlichkeit, Wichtigkeit und Interesse erfragen. Sie lauten:

- Mathe zu können gefällt mir.
- Mathe kann man gut gebrauchen.
- Mathe zu können ist mir wichtig.

Auch hier erfolgte die Beantwortung auf sechsfach abgestuften Likertskalen mit Antwortmöglichkeiten von „stimmt gar nicht" bis „stimmt genau".

Wie Tabelle 6.13 zu entnehmen ist, waren die Itemkennwerte auch hinsichtlich der Skalen zu Erfolgserwartung und Wertschätzung zufriedenstellend. Hinsichtlich der Reliabilität (Cronbachs Alpha) fällt lediglich die Skala „subjektiver Wert" zum ersten Messzeitpunkt negativ auf, kann aber als noch geeignet für die Veränderungsmessung beurteilt werden (vgl. Rogosa, Brandt & Zimowski, 1982).

Tabelle 6.13: Variationsbereiche der Itemtrennschärfen (Var (r_{it})) und Interne Konsistenzen (Cronbachs Alpha, α) für die drei Messzeitpunkte (MZP) für die Skalen subjektiver Wert und Lernzielorientierung des Schülerfragebogens

SKALA	MZP1		MZP2		MZP3	
	Var (r_{it})	α	Var (r_{it})	α	Var (r_{it})	α
Selbstwirksamkeit	.45-.58	.79	.50-.59	.80	.52-.62	.81
Subjektiver Wert	.41-.55	.67	.51-.63	.73	.56-.64	.76

6.5.9 Erhebung von Mathematikleistungen bei den Schülerinnen und Schülern

Die Mathematikleistungen in Klasse 5 wurden mittels des Untertests Mathematik aus dem Hamburger Schulleistungstest für 4. und 5. Klassen (HST 4/5) von Mietzel und Willenberg (2000) erhoben. Mit diesem Test werden Verständnis von Zahlen und Größen sowie das Anwenden von Rechenoperationen erfasst. Er beinhaltet die drei Skalen: Zahlenverständnis, Rechnen und Größen. Diese enthalten insgesamt 30 Multiple-Choice-Aufgaben, wobei für jede richtig gelöste Aufgabe ein Punkt erteilt wird. Entsprechend dem Manual wurden für diese Untertests 25 Minuten Bearbeitungszeit gewährt. Der Test liegt in zwei Parallelformen A und B vor, die sich nur darin unterscheiden, in welcher Reihenfolge die Antwortmöglichkeiten vorgegeben sind. Die Lehrkräfte wurden gebeten, Tischnachbarn jeweils unterschiedliche Formen vorzulegen.

Im Testmanual wird eine interne Konsistenz von α= .86 auf Basis der Eichstichprobe angegeben. Die Eichung des HST 4/5 wurde an insgesamt 1770 Fünftklässlern aus 13 Bundesländern vorgenommen. Darauf basierend existieren schulformspezifische Prozentrangnormen. Da in der vorliegenden Untersuchung die Schulformen nicht gleichmäßig auf die Versuchsgruppen verteilt waren und dementsprechend mit schulformabhängigen Leistungsunterschieden zu rechnen ist, wurden die Rohwerte in Prozentrangwerte nach Schulform umgewandelt.

Zum dritten Messzeitpunkt in Jahrgangsstufe 6 wurde der entsprechende Untertest aus dem Hamburger Schulleistungstest für sechste und siebte Klassen (SL-HAM 6/7) benutzt. Hierbei handelt es sich um einen dem HST 4/5 ähnlichen Test für höhere Klassen, der von der Behörde für Schule, Jugend und Berufsausbildung des Amts für Schule in Hamburg (1998) herausgegeben wurde. Der Test enthält 35 Multiple-Choice-Aufgaben. Auch hier wurden zwei Parallelformen benutzt. Die Zeitvorgabe war hier 35 Minuten. Ebenso wie beim HST 4/5 liegen schulformspezifische Prozentrangnormen vor, die für die Auswertung genutzt wurden.

6.6 Durchführung der Evaluationsstudie

Die Erhebung erfolgte in den unter 6.2.2 genannten Zeiträumen direkt in den Schulen, wobei ein studentischer Mitarbeiter oder eine Mitarbeiterin des Instituts für Psychologie der Universität Koblenz die Schülerbefragungen vornahm. Dafür war jeweils eine Zeitspanne von maximal 90 Minuten (zwei Schulstunden) vorgesehen. Während die Schülerinnen und Schüler ihre Fragebögen im Klassenzimmer unter Aufsicht des Evaluierenden ausfüllten, wurden die Lehrkräfte gebeten, ihren Fragebogen sowie gegebenenfalls den Wissenstest im Lehrerzimmer auszufüllen. Damit wurde für die Schülerinnen und Schüler verdeutlicht, dass die Lehrkräfte keinen Einblick in ihre Fragebögen nehmen würden. Den Kindern wurde, nachdem die Lehrkraft den Raum verlassen hatte, folgende Instruktion gegeben:

"Kinder haben unterschiedliche Gründe, warum sie für Mathematik lernen, wie gern sie Mathematik mögen usw. Wir möchten von dir wissen, wie das bei dir aussieht. Lies die folgenden Fragen bitte genau durch. Wenn du bei einer Antwort nicht sicher bist, dann kreuze die an, die deiner Meinung nach die beste Antwort darstellt. Bitte versuche alle Fragen zu beantworten, so wie sie für dich ganz persönlich zutreffen. Weil die Menschen ganz unterschiedlich sind, gibt es keine richtigen und falschen Antworten und jeder und jede von euch wird etwas anderes ankreuzen. Natürlich werden alle deine Angaben streng vertraulich behandelt und an Niemanden (auch nicht deine Eltern oder Lehrkräfte) weitergegeben."

Danach wurde erklärt, wie der Code zur Zuordnung der Fragebögen der verschiedenen Messzeitpunkte auszufüllen war. Anschließend bestand für die Kinder noch die Möglichkeit Fragen zum Umgang mit dem Fragebogen zu stellen. Wenn keine Unklarheiten mehr bestanden, wurde mit der Bearbeitung begonnen.

Die Mathematiktests wurden jeweils in einer weiteren Schulstunde von den Lehrkräften durchgeführt.

Zur Erhebung der qualitativen Daten wurden den Lehrkräften der beiden Experimentalgruppen die Fragebögen per Post zugeschickt.

7 Evaluation der Maßnahme: Ergebnisse zur Akzeptanz

Im Folgenden werden die Daten zur Akzeptanz der Fortbildungsmaßnahme beschrieben. Hager und Hasselhorn (2000a) sehen die Akzeptanz einer Maßnahme als ein allgemeines Gütekriterium für Interventionsmaßnahmen an. Sind die Adressaten mit dem Programm zufrieden, so erhöht sich die Wahrscheinlichkeit, dass die Programmziele erreicht werden. Mittag und Hager (2000) betrachten die positive Bewertung der Durchführbarkeit und Akzeptanz eines Programms als Voraussetzung für die Evaluation.

Dem wurde in der vorliegenden Arbeit mit dem Einsatz von Beurteilungsfragebögen Rechnung getragen. Deren Ergebnisse sollen hier zusammengefasst dargestellt werden.

Die Antworten der Lesegruppe bieten eine Grundlage zur Beurteilung des schriftlichen Materials. Dazu hatten die Lehrkräfte dieser Gruppe auch jeweils Beurteilungsbögen erhalten, auf die hier ebenfalls eingegangen werden soll.

Die Einschätzungen der Fortbildungsgruppe geben darüber hinaus Informationen über die Akzeptanz der Interventionsmaßnahme in der durchgeführten Form und liefern Hinweise auf die Wichtigkeit der Rahmenbedingungen.

7.1 Beurteilung des Programms durch die Lesegruppe

7.1.1 Beurteilung der Materialien für die einzelnen Lektionen

Die Lesegruppe erhielt zu jeder Lektion des Fortbildungsmaterials einen Beurteilungsbogen. Der Rücklauf für die einzelnen Lektionen betrug zwischen vier und sechs Beurteilungsbögen (Tab. 7.1).

Tabelle 7.1: Rücklauf der Beurteilungsbögen der Lesegruppe zu den Fortbildungsmaterialien

LEKTION	1	2	3	4	5
Rücklauf Beurteilungsbögen (von 7)	6	5	4	4	5

Dabei sollte jeweils angegeben werden, wie lange die Lehrkräfte sich mit dem Material auseinandergesetzt haben. Außerdem sollte eine Beurteilung nach Strukturiertheit, Verständlichkeit, Praxisrelevanz, Interessantheit und Belang des Materials vorgenommen werden. Um den Rahmen dieser Arbeit nicht zu sprengen, möchte ich hier nur die Mittelwerte bzw. Mediane der jeweiligen Angaben über alle sechs Lektionen darstellen.

Die Bearbeitungsdauer wurde mit durchschnittlich 93,26 Minuten bei einer Standardabweichung von 43,46 angegeben. Dabei beschäftigten sich die Lehrkräfte minimal 30 Minuten und maximal 180 Minuten mit dem Material. Die längste mittlere Bearbeitungsdauer wurde für die erste Lektion (Attributionen) angegeben, die kürzeste für Lektion 4 (Motivation und Interesse). Dabei kann ersteres damit zu tun haben, dass sich die Lehrkräfte erst an den Umgang mit dem Material gewöhnen mussten. Die kürzere Bearbeitungsdauer der Lektion 4 kann darauf basieren, dass in dieser Einheit einige Inhalte vorheriger Lektionen wiederholt wurden.

Die Angaben zu den einzelnen Beurteilungskategorien über die Materialien aller sechs Lektionen sind in Abbildung 7.1 im Box-Whisker-Plot veranschaulicht. Die Box umfasst die mittleren 50% der Verteilung, der senkrechte Strich innerhalb der Box kennzeichnet den Median und die „Whiskers" zeigen Maximum und Minimum. Im Fall der abgefragten Beurteilungskategorien reichen die möglichen Beurteilungen von 1 bis 3, wobei die Zahl eins jeweils eine positive Beurteilung (z. B. Text war gut strukturiert) und drei eine negative Beurteilung (z. B. Text war belanglos) darstellt.

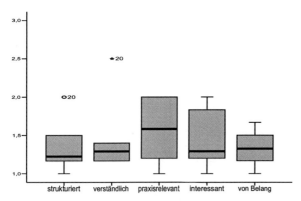

Abbildung 7.1: Box-Whisker-Plot der mittleren Beurteilungen der Lesegruppe über die Materialien zu allen sechs Lektionen (1=positiv, 3=negativ)

Aus der Abbildung wird deutlich, dass die Teilnehmerinnen und Teilnehmer der LG die Materialien eher positiv beurteilt haben, wobei Lehrer Nr. 20 hinsichtlich Struktur und Verständlichkeit als Ausreißer eingezeichnet ist.

7.1.2 Gesamtbeurteilung der Materialien zum zweiten Messzeitpunkt

Zum zweiten Erhebungszeitraum erhielt die Lesegruppe noch einmal Gelegenheit, das gesamte Material anhand von offenen Fragen zu beurteilen. Dabei betrug der Rücklauf fünf von sieben Fragebögen.

Tabelle 7.2 zeigt die Fragen zu den Materialien und Inhalten und die (wo es möglich war) in Kategorien zusammengefassten Antworten der Lesegruppe. Da es sich um offene Fragen handelt, waren Mehrfachnennungen möglich.

Tabelle 7.2: Beurteilung der Interventionsmaßnahme durch die Lehrkräfte der LG zum zweiten Messzeitpunkt (offene Fragen) – erster Teil

FRAGEN UND ANTWORTEN	ANZAHL NENNUNGEN
Das hat mir an den Materialien gefallen:	
Literaturliste	1
Verständlichkeit/Struktur	4
Bezug zum Schulalltag /Beispiele	3
Das könnte man an den Materialien verbessern:	
Texte kürzen	1
Mangelnde Verständlichkeit	1
Mehr Methoden für die Praxis	1
Rückmeldungstagebücher einfacher gestalten	1
Auf welche Themen könnte man zukünftig verzichten:	
Keines	3
Was sollte ergänzt werden?	
Mehr Anregungen für die Umsetzung in schwierigen Klassen	1
Themenzentrierte Interaktion (TZI)	1
Welche Methoden haben Ihnen besonders gefallen?	
Kontrollierter Dialog	1
Zeichnen nach Ansage	1
Gruppenpuzzle	2
Brainstorming	2
KWL-Methode	1
Welche Methoden beurteilen Sie weniger positiv?	
Stummes Schreibgespräch in Mathematik schwer anzuwenden	1
Zielsetzung aufwändig in der Auswertung	1
Haben sich Ihre Erwartungen erfüllt?	
Überwiegend ja	4
Nein	1

Es entsteht insgesamt ein recht positiver Eindruck der Materialien, wobei ein Lehrer (Nr. 20), der bereits bei den Rückmeldungsbögen die Verständlichkeit und den Nutzen einzelner Themen negativ beurteilte, auch zu einem negativen Gesamtbild kam er kritisierte hier nochmals die Verständlichkeit sowie mangelnden Realitätsbezug und gab an, nichts Neues gelernt zu haben (für die letzten zwei Angaben siehe Tab. 7.3). Er ist auch der Einzige, der angab, dass sich seine Erwartungen an die Teilnahme am Projekt nicht erfüllt haben. Für die anderen Probanden haben sich die Erwartungen überwiegend erfüllt. Vier Lehrkräfte hoben die Verständlichkeit und Strukturiertheit der Texte lobend hervor. Es wurde vorgeschlagen, die einzelnen Passagen zu kürzen und mehr Methoden für die Praxis einzufügen. Drei Befragte gaben an, dass man auf keines der Themen hätte verzichten können.

Tabelle 7.3 zeigt die Fragen und Antworten, die sich auf das eigene Lernen und die Umsetzung im Unterricht beziehen.

Tabelle 7.3: Beurteilung der Interventionsmaßnahme durch die Lehrkräfte der LG zum zweiten Messzeitpunkt (offene Fragen) – zweiter Teil

FRAGEN UND ANTWORTEN	ANZAHL NENNUNGEN
Was haben Sie selbst für sich mitgenommen/gelernt?	
Verstärkte Selbstbeobachtung/Selbstanalyse	4
Mehr Unterrichtsbesuche durch Kollegen	1
Nichts – weit von der Schulrealität entfernt	1
Welche Hausaufgaben haben Sie in der Schule durchgeführt/ was im Unterricht umgesetzt?	
Zielsetzung	3
Lerntagebuch	1
Gruppenpuzzle	1
KWL-Methode	1
Rätsel	1
Rückmeldungsverhalten/Kommentare verändert	4
Selbstbeobachtung	4
Nichts (was nicht bereits von mir geplant war)	1
Glaube Sie, dass sich Ihre Einstellungen den Schülerinnen und Schülern gegenüber verändert haben?	
Ja	4
Werden Sie das Material zukünftig noch einmal anschauen?	
Eher ja	2
Eher nein	3
Glauben Sie, dass Sie in der Fortbildung mehr gelernt hätten?	
Nein	2
Eher ja	3

Insgesamt haben die Lehrkräfte der Lesegruppe nach eigenen Angaben Einiges für ihren Unterricht mitgenommen. So gaben vier von fünf Lehrkräften an, sich verstärkt selbst zu beobachten und ihr Rückmeldungsverhalten gegenüber den Schülerinnen und Schülern geändert zu haben. Trotzdem nahmen nur zwei der fünf Probanden an, dass sie sich später noch einmal mit dem Material beschäftigen werden. Drei Lehrkräfte glaubten, dass Sie innerhalb der Fortbildungsgruppe mehr gelernt hätten.

Zusammenfassend kann man sagen, dass bis auf einen Lehrer die Teilnehmer der LG das Material positiv beurteilten und angaben, etwas gelernt zu haben. Obwohl ihnen die Durchführung der Hausaufgaben stärker selbst überlassen blieb als der FG, gaben sie zum zweiten Messzeitpunkt an, Einiges im Unterricht umgesetzt zu haben.

7.1.3 Gesamtbeurteilung der Materialien zum dritten Messzeitpunkt

Zum Follow-Up erhielten Lese- und Fortbildungsgruppe den gleichen Fragebogen mit vier Fragen. Hier betrug der Rücklauf in der Lesegruppe sieben Fragebögen, das entspricht einer Quote von 100%. Tabelle 7.4 zeigt die Ergebnisse der Follow-Up Befragung für die Lesegruppe (auch hier wurden so weit es möglich war, Kategorien gebildet). Zwei Probanden gaben an, sich im letzten halben Jahr noch einmal mit den Materialien beschäftigt zu haben. Wie zum zweiten Messzeitpunkt gaben vier Lehrkräfte an, sich stärker selbst zu kontrollieren und zu reflektieren. Die Lehrkräfte berichteten, verstärkt Methoden des aufgabenorientierten Unterrichts einzusetzen. Zum dritten Messzeitpunkt schilderten noch zwei Personen aus der Lesegruppe ein verändertes Rückmeldeverhalten. Nur zwei Personen gaben an, dass sich Verhalten und Einstellungen gegenüber den Schülerinnen und Schülern gar nicht verändert haben.

Tabelle 7.4: Beurteilung der Interventionsmaßnahme durch die Lehrkräfte der LG zum dritten Messzeitpunkt (offene Fragen)

FRAGEN UND ANTWORTEN	ANZAHL NENNUNGEN
Haben Sie sich im letzten halben Jahr noch einmal mit dem Material beschäftigt?	
Nein	5
Ja mit allen Themen	1
Ja mit einigen Themen	1
Was haben Sie im Unterricht umgesetzt?	
Mehr Selbstreflexion/Selbstkontrolle	4
Rückmeldeverhalten geändert	2
Aktiveres Zuhören	1
Methoden aufgabenorientierten Unterrichts/ Gruppenarbeit	2
Methoden aufgabenorientierten Unterrichts/ Fehlerakzeptierender Unterricht und Autonomie	5
Individuellere Aufgabenstellung	2
Zielsetzung/Selbsteinschätzung stärken	3
Wie haben sich Ihre Einstellungen und Ihr Verhalten gegenüber Schülerinnen und Schülern verändert?	
Gar nicht	2
Sehe das Individuum stärker	1
Vieles ist mir bewusst geworden	1
Was wollen Sie uns sonst noch sagen?	
Keine Angaben	

7.2 Beurteilung des Programms durch die Fortbildungsgruppe

7.2.1 Beurteilung des Programms im Anschluss an die Maßnahme (MZP 2)

Von der Fortbildungsgruppe wurden direkt nach Abschluss der Fortbildung sieben der neun verteilten Beurteilungsbögen zurückgegeben. Tabelle 7.5 bis 7.7 zeigen die Fragen und die – so weit möglich – kategorisierten Antworten. Da frei geantwortet wurde, waren zu jeder Frage Mehrfachnennungen möglich. Tabelle 7.5 zeigt zunächst Antworten auf allgemeine Fragen zur Fortbildung und Fragestellungen bezüglich der Inhalte. Die Beurteilungen lassen hier insgesamt auf eine sehr gute Akzeptanz schließen[19], die Lehrkräfte beurteilten sowohl das Verhältnis von Theorie und Praxis sowie Vorträgen und Gruppenarbeit als auch das Material und die Themen insgesamt positiv. So würden sie alle bei zukünftigen Durchführungen des Programms auf keines der behandelten Themen ver-

---

[19] Das ließen bereits die Stimmungsbarometer am Ende jeder Sitzung erwarten

zichten. Vier von sieben Beurteilern erwähnten insbesondere die Möglichkeit des Erfahrungsaustausches unter Kollegen positiv. Ein Teilnehmer bemerkte aber, dass dadurch die Zeit zur Beschäftigung mit den Inhalten in den Sitzungen manchmal zu kurz war. Zwei Lehrkräfte wünschten sich mehr Zeit für die Umsetzung im Unterricht.

Tabelle 7.5: Beurteilung der Interventionsmaßnahme durch die Lehrkräfte der FG zum zweiten Messzeitpunkt (offene Fragen) – erster Teil

FRAGEN UND ANTWORTEN	ANZAHL NENNUNGEN
Das hat mir an der Fortbildung gefallen:	
Leitung/Atmosphäre	2
Erfahrungsaustausch unter Kollegen	4
Unterrichtsbezug (Inhalte und Methoden)	3
Guter Mix zwischen Theorie und Praxis	4
Gutes Verhältnis zwischen Theorie und Gruppenarbeit	4
Methoden	3
Material/Themen	4
Das könnte man an der Fortbildung verbessern:	
Sitzungen z. T. zu lang	1
Mehr Zeit für Umsetzung im Unterricht	2
Praktische Seite kam manchmal zu kurz, wegen des hohen Bedarfs an Austausch unter den Kollegen	1
Welche Sitzungen haben Sie versäumt?	
Kommunikation	2
Motivation/Interesse	1
Keine	4
Welche Themen haben Sie besonders interessiert?	
Alle	4
Attributionen	1
Kommunikation	3
Aufgabenorientierter Unterricht	1
Motivation/Interesse	1
Erwartungseffekte	1
Welche Themen halten Sie für praxisrelevant?	
Alle	1
Attributionen	3
Kommunikation	3
Aufgabenorientierter Unterricht	5
Motivation/Interesse	4
Erwartungseffekte	2
Selbstmanagement	2
Auf welche Themen könnte man zukünftig verzichten:	
Keines	7

Tabelle 7.6 zeigt die Fragen und Antworten zu den Rahmenbedingungen und Materialien der Fortbildungsmaßnahme.

Tabelle 7.6: Beurteilung der Interventionsmaßnahme durch die Lehrkräfte der FG zum zweiten Messzeitpunkt (offene Fragen) – zweiter Teil

FRAGEN UND ANTWORTEN	ANZAHL NENNUNGEN
Waren Sie mit der Gewichtung zwischen Vorträgen der Dozentinnen und Gruppenarbeit zufrieden?	
Zufrieden	7
Welche Methoden haben Ihnen besonders gefallen?	
Schreibgespräch	4
Gruppenpuzzle	3
Zeichnen nach Ansage	2
KWL-Methode	2
Allgemein Gruppenarbeit	2
Sehr gut, dass Methoden eingesetzt wurden, die man im Unterricht einsetzen kann	1
Kurzreferate der Dozentinnen	1
Welche Methoden beurteilen Sie weniger positiv?	
Keine	5
Ringwurfspiel	2
Waren die Arbeitsmaterialien eine gute Grundlage für die Arbeit in der Gruppe?	
Ja	5
Zu lang/schwierig	2
Was möchten Sie allgemein zu den Arbeitsmaterialien sagen?	
Informativ	2
Klar/verständlich	3
Gut, dass Arbeitsblätter teilweise direkt so in der Schule einsetzbar waren	1
Sehr gut auch – schriftliches Protokoll der letzten Sitzung	1
Teilweise schwierig	1
Waren Sie mit der Organisation zufrieden?	
Ja	7
Hatten Sie ausreichend Zeit zur Bearbeitung der einzelnen Themengebiete?	
Ja	4
In den Sitzungen ja	1
In der Schulpraxis nein	3
Besser: Abstand von 4 Wochen zwischen den Sitzungen	1
Hatten Sie das Gefühl, dass die Seminarleiterinnen gut vorbereitet waren?	
Ja	7
Haben sich Ihre Erwartungen erfüllt?	
Ja	5
Übertroffen	1
Hätte mehr Praxisbezug gewünscht	1

Evaluation der Maßnahme: Ergebnisse zur Akzeptanz

Auch hier urteilten die Teilnehmenden positiv über das Programm, von den Methoden wurde lediglich das Ringwurfspiel von zwei Personen negativ beurteilt. Die meisten Probanden beurteilten das Material positiv. Lediglich eine Lehrerin fand es schwierig und ein Kollege teilweise zu lang. Hinsichtlich des Ablaufs wurde häufig bemängelt, dass zur Umsetzung in der Schule zu wenig Zeit blieb. Ein Teilnehmer schlug vor, die Abstände zwischen den Sitzungen zu vergrößern. Bis auf eine Person, die sich einen stärkeren Praxisbezug wünschte, gaben alle Teilnehmenden an, ihre Erwartungen an die Fortbildung seien zumindest erfüllt worden.

Tabelle 7.7 zeigt die Fragen und Antworten zum eigenen Lernen der Fortbildungsteilnehmer und zur Umsetzung der Maßnahmen im Unterricht. Alle Teilnehmenden gaben an, sich verstärkt – auch hinsichtlich ihres Rückmeldeverhaltens – selbst zu beobachten, was den Hausaufgaben der Fortbildung entspricht. Jede Lehrkraft beschrieb zusätzlich mindestens eine im Unterricht umgesetzte Maßnahme. Fünf Probanden glaubten, dass sich ihre Einstellungen den Kindern gegenüber verändert hätten. Die Mehrzahl der Teilnehmer nahm an, dass sie durch reine Vorgabe des Materials nicht so viel gelernt hätten wie in der Gruppe. Lediglich eine Teilnehmerin glaubte, sie hätte in der Lesegruppe genau so viel gelernt. Diese Lehrerin gab aber auch an, dass sich ihre Einstellungen nicht geändert haben, weil sie mit den Themen bereits vertraut gewesen sei und die Fortbildung für sie der Vertiefung gedient habe. Alle Probanden teilten mit, dass sie in Zukunft das Material nochmals anschauen würden.

Tabelle 7.7: Beurteilung der Interventionsmaßnahme durch die Lehrkräfte der FG zum zweiten Messzeitpunkt (offene Fragen) – dritter Teil

FRAGEN UND ANTWORTEN	ANZAHL NENNUNGEN
Was haben Sie mitgenommen/gelernt?	
Verstärkte Selbstbeobachtung/Selbstanalyse/ Selbstkritik	4
Blick fürs Detail gestärkt	1
Einstellungen korrigiert	1
Fundierteres Wissen	3
Gelernt aufs Individuum einzugehen	2
Welche Hausaufgaben haben Sie in der Schule durchgeführt/ was im Unterricht umgesetzt?	
Selbstbeobachtung	7
Rückmeldetagebücher	7
Methoden aufgabenorientierten Unterrichts/Gruppenarbeit	5
Methoden aufgabenorientierten Unterrichts/Autonomie	4
Kommunikation/Rückmeldungen verändert	5
Intensivere Beobachtung der Schülerinnen und Schüler	2
Individuellere Aufgabenstellungen	1
Achte auf Erwartungseffekte	2
Glauben Sie, dass sich Ihre Einstellungen den Schülerinnen und Schülern gegenüber verändert haben?	
Nein, aber Verhalten	1
Nein, weil ich mich vorher schon mit den Themen auseinander gesetzt habe, Fortbildung diente der Vertiefung und Strukturierung	1
Ja	5
Werden Sie das Material zukünftig noch einmal anschauen?	
Eher ja	7
Eher nein	0
Glauben Sie, dass Sie genau so viel gelernt hätten, wenn Sie die Fortbildung nicht besucht hätten, sondern nur die Materialien bekommen hätten?	
Ja	1
Nein	6

7.2.2 Beurteilung des Programms zum dritten Messzeitpunkt

Für den dritten Messzeitpunkt liegen die Daten von sieben Lehrkräften der Fortbildungsgruppe vor. Tabelle 7.8 zeigt die Ergebnisse. Hier gaben lediglich zwei Personen an, sich nicht mehr mit den schriftlichen Materialien beschäftigt zu haben. Alle Lehrkräfte erwähnten, sich verstärkt selbst zu beobachten und zu kontrollieren. Die meisten Lehrkräfte berichteten auch weiterhin von einem geänderten Rückmeldeverhalten. Sie setzen nach eigenen Angaben Prinzipien aufgabenorientierten Unterrichts ein und versuchten beim Stellen von Aufgaben

Evaluation der Maßnahme: Ergebnisse zur Akzeptanz

stärker auf das Individuum einzugehen. Alle gaben an, dass sich Einstellung und Verhalten gegenüber den Schülerinnen und Schülern geändert habe. Zu der letzten Frage „Was wollen Sie uns sonst noch sagen?" gaben nur drei Lehrkräfte eine Antwort, eine Lehrerin klagte über Zeitmangel zur Selbstreflexion im Unterricht. Ein Lehrer regte an, solche Interventionen zukünftig zusammen mit Fachdidaktikern zu planen. Insgesamt blieb der Eindruck der freien Beurteilung durch die Teilnehmenden positiv.

Tabelle 7.8: Beurteilung der Interventionsmaßnahme durch die Lehrkräfte der FG zum dritten Messzeitpunkt (offene Fragen)

FRAGEN UND ANTWORTEN	ANZAHL NENNUNGEN
Haben Sie sich im letzten halben Jahr noch einmal mit dem Material beschäftigt? Welche Themen?	
Nein	2
Ja mit alle Themen	1
Ja mit einigen Themen	4
Was haben Sie im Unterricht umgesetzt?	
Mehr Selbstreflexion/Selbstkontrolle	7
Aktiveres Zuhören	1
Verändertes Aufrufverhalten	1
Rückmeldeverhalten geändert	5
Methoden aufgabenorientierten Unterrichts/ Gruppenarbeit	2
Methoden aufgabenorientierten Unterrichts/ Autonomie und Fehlerakzeptanz	3
Individuellere Aufgabenstellung	4
Zielsetzung/Selbsteinschätzung stärken	1
Wie haben sich Ihre Einstellungen und Ihr Verhalten gegenüber Schülerinnen und Schülern verändert?	
Nur geringfügig	1
Gebe mehr von meiner Persönlichkeit preis	1
Habe Vorurteile korrigiert	1
Bezüglich der Rollenerwartungen an Jungen und Mädchen	1
Räume Schülerinnen und Schülern mehr Autonomie ein	2
Versuche Erwartungseffekte zu vermindern	1
Was wollen Sie uns sonst noch sagen?	
Fortbildung war interessant, leider fehlt im Unterricht die Zeit zur Selbstreflexion	1
Zusammenarbeit mit Fachdidaktikern wäre wünschenswert gewesen	1
Hoffe auf ein Abschlusstreffen	1

7.3 Zusammenfassung der Daten zur Akzeptanz

Insgesamt lassen die Aussagen der Lehrkräfte (mit Ausnahme eines Lehrers der LG) auf eine hohe Akzeptanz der Materialien, der Inhalte und der Gestaltung der Fortbildung schließen. Sowohl die Mitglieder der LG als auch die Fortbildungsteilnehmer berichteten einige Veränderungen in ihrem Unterricht, wobei insbesondere die Lehrkräfte der FG angaben, sich stark selbst zu beobachten und die Inhalte der Fortbildung in die Praxis umgesetzt zu haben. Das Konzept der Fortbildung mit Vorträgen und Gruppenarbeiten wurde von den Teilnehmenden insgesamt positiv bewertet. Beklagt wurde lediglich, dass die Zeit für die Umsetzung des Gelernten und zur Selbstreflexion im Unterricht zu knapp gewesen sei.

8 Evaluation der Maßnahme: Wirksamkeitsüberprüfung

8.1 Hypothesen

8.1.1 Proximale Ziele – Veränderungen bei den Lehrkräften

Die Wirksamkeit des Programms bezüglich der proximalen Ziele (vgl. 6.1) sollte sich in einer günstigeren Entwicklung bezüglich des Lehrkraftverhaltens, der Einstellungen und Überzeugungen und des Wissens bei den Lehrkräften der Fortbildungsgruppe im Vergleich mit den Mitgliedern der Vergleichsgruppen zeigen. Im Folgenden werden die erwarteten Unterschiede detailliert dargestellt.

Kurzfristige Veränderungen

Der Vergleich zwischen Vortest (MZP 1) und Nachtest (MZP 2) dient als Indikator kurzfristiger Veränderungen.

Hinsichtlich des selbstberichteten Lehrkraftverhaltens sowie des pädagogisch-psychologischen Wissens ist sowohl bei der Fortbildungs- als auch bei der Lesegruppe mit Coachingeffekten zu rechnen. Es wird davon ausgegangen, dass diese Gruppen aufgrund der Beschäftigung mit den Fortbildungsmaterialien kurzfristig einen Wissenszuwachs aufweisen, der sich sowohl im *Wissenstest* als auch in der Selbstbeschreibung des Verhaltens auswirkt. Somit werden in FG und LG vom Vor- zum Nachtest im Wissenstest und in den Skalen *Aufgabenorientierung* und *Autonomie/Partnerschaft* Zuwächse und hinsichtlich der selbstberichteten *Erwartungseffekte* Verringerungen erwartet.

Dagegen wird angenommen, dass sich Überzeugungen und Einstellungen nur über vermehrte Reflexion und Diskussion, wie sie in der Fortbildungsgruppe stattfanden, beeinflussen lassen. Veränderungen werden entsprechend nur bei der Fortbildungsgruppe erwartet. Für diese Gruppe werden bereits kurzfristig positive Veränderungen hinsichtlich der Annahme einer *Zuwachstheorie mathematischer Fähigkeiten*, der *individuellen Bezugsnormorientierung* und der *Lehrerlernzielorientierung* prognostiziert.

Langfristige Veränderungen

Langfristige Effekte der Fortbildung zeigen sich in der Gegenüberstellung von Vortest (MZP 1) und Follow-Up (MZP3).

Es wird davon ausgegangen, dass sich die Rahmenbedingungen und Vermittlungsmethoden, die bei der Durchführung der Fortbildungsmaßnahme verwirklicht wurden, langfristig positiv auswirken. Daher wird erwartet, dass die Fortbildungsgruppe im Vergleich zur Kontrollgruppe und zur Lesegruppe zwischen MZP 1 und 3 stärkere Zuwächse hinsichtlich des vermittelten *Wissens*, der Überzeugungen und Einstellungen (*Zuwachstheorie, individuelle Bezugsnormorientierung* und *Lehrerlernzielorientierung*) sowie der selbstberichteten positiven Verhaltensweisen (*Aufgabenorientierung* und *Autonomie/Partnerschaft*) aufweist. Die selbstberichteten *Erwartungseffekte* sollten langfristig bei der FG stärker abnehmen als in beiden Vergleichsgruppen.

Langfristig ist für die schülerperzipierten Verhaltensweisen der Lehrkräfte eine ähnliche Entwicklung zu erwarten, wie für das selbstberichtete Verhalten. Für die Schülerinnen und Schüler ist anzunehmen, dass die durch die Maßnahmen erzielten Veränderungen im Lehrkraftverhalten erst nach Abschluss der Intervention wahrgenommen werden. Dementsprechend wird erwartet, dass schülerperzipierte *Aufgabenorientierung* und *Autonomie/Partnerschaft* in der FG langfristig stärker ansteigen als in den beiden Vergleichsgruppen, während für die schülerperzipierten *Erwartungseffekte* eine stärkere Verringerung angenommen wird.

Veränderungen in der Implementationsphase nach Beendigung der Fortbildungsmaßnahme

Veränderungen im Unterricht, die erst nach Beendigung der Fortbildungsmaßnahme wirksam werden, zeigen sich im Vergleich des Nachtests (MZP 2) mit der Follow-Up-Erhebung (MZP 3).

Da davon ausgegangen wird, dass einige neue Methoden erst nach Abschluss der Maßnahme in den Unterricht implementiert werden, werden zwischen den letzten beiden Messzeitpunkten positivere Entwicklungen im selbstberichteten Lehrkraftverhalten in der FG im Vergleich zu den anderen beiden Gruppen erwartet. Die FG sollte im Vergleich zu beiden anderen Gruppen vom Nachtest zum Follow-Up höhere Anstiege bezüglich der selbstberichteten *Aufgabenorien-*

tierung und *Autonomie/Partnerschaft* und einen stärkeren Abfall bezüglich der *Erwartungseffekte* aufweisen.

Für das schülerperzipierte Lehrkraftverhalten sind die Vergleiche zwischen Nachtest und Follow-Up besonders relevant. Hier werden für die FG im Vergleich zu beiden anderen Gruppen vom Nachtest zum Follow-Up höhere Zuwächse bezüglich der schülerperzipierten *Aufgabenorientierung* und *Autonomie/Partnerschaft* und eine stärkere Verringerung der *Erwartungseffekte* erwartet.

Tabelle 8.1 zeigt die erwarteten Veränderungen im Überblick.

Tabelle 8.1: Proximale Ziele: Erwartete Veränderungen aufgrund der Interventionsmaßnahme im Überblick (Z=Zuwachs; A=Abnahme; - = keine Veränderung)

	VARIABLE	KURZFRISTIGE WIRKSAMKEIT MZP2-MZP1			LANGFRISTIGE WIRKSAMKEIT MZP3-MZP1			WIRKSAMKEIT NACH ABSCHLUSS DER FORTBILDUNG MZP3-MZP2		
		KG	LG	FG	KG	LG	FG	KG	LG	FG
Pädagogisch-Psychologisches Wissen	Wissenstest	-	Z	Z	-	-	Z	-	-	-
Überzeugungen und Einstellungen der Lehrkräfte	Zuwachstheorie	-	-	Z	-	-	Z	-	-	-
	individuelle Bezugsnormorientierung	-	-	Z	-	-	Z	-	-	-
	Lehrerlernzielorientierung	-	-	Z	-	-	Z	-	-	-
Lehrkraftverhalten (selbst berichtet)	Erwartungseffekte	-	A	A	-	-	A	-	-	A
	Aufgabenorientierung	-	Z	Z	-	-	Z	-	-	Z
	Autonomie/Partnerschaft	-	Z	Z	-	-	Z	-	-	Z
Lehrkraftverhalten (schülerperzipiert)	Erwartungseffekte	-	-	-	-	-	A	-	-	A
	Aufgabenorientierung	-	-	-	-	-	Z	-	-	Z
	Autonomie/Partnerschaft	-	-	-	-	-	Z	-	-	Z

8.1.2 Distale Ziele – Veränderungen bei den Schülerinnen und Schülern

Die Wirksamkeit der Intervention sollte sich in einer positiveren motivationalen Entwicklung bei den Schülerinnen und Schülern der fortgebildeten Lehrkräfte im Vergleich mit den anderen beiden Gruppen zeigen. Wie bereits in Kapitel 6.2.2 dargelegt, ist dabei jeweils der Vergleich zwischen Vortest und Follow-Up sowie zwischen Nachtest und Follow-Up interessant. Es wird nicht angenommen, dass sich die Auswirkungen der Intervention bei den Schülerinnen und Schülern bereits in Differenzen zwischen Vor- und Nachtest zeigen. Aus diesem Grund werden für die Entwicklung vom ersten zum zweiten Messzeitpunkt keine Hypothesen formuliert. Dagegen sollte vom Vortest zum Follow-Up eine Veränderung erfolgt sein. Dabei wird angenommen, dass diese erst nach Abschluss der Intervention zum Tragen kommt und sich deshalb primär in Gruppenunterschieden in der Entwicklung vom zweiten zum dritten Messzeitpunkt widerspiegelt.

Die günstigere motivationale Entwicklung in der FG sollte sich in einem stärkeren Anstieg der Variablen *Zuwachstheorie*, *Selbstwirksamkeit*, *Selbstkonzept*, *Lernzielorientierung* und *subjektiver Wert* sowie in einem stärkeren Abfall der *Hilflosigkeit* im Vergleich zu den anderen beiden Gruppen zeigen.

Hinsichtlich der *Mathematikleistung* wird angenommen, dass die Schülerinnen und Schüler der Lehrkräfte der FG langfristig eine stärkere Leistungssteigerung aufweisen als die Kinder in den beiden anderen Gruppen. Es werden stärkere Zuwächse zwischen den MZP 1 und 3 und zwischen den beiden letzten Erhebungszeitpunkten erwartet. Insbesondere zum dritten Erhebungszeitpunkt sollten die Schülerinnen und Schüler der FG höhere Werte im Leistungstest zeigen als die Kinder der Vergleichsgruppen.

Tabelle 8.2 fasst die angenommenen Entwicklungen in den drei Gruppen zusammen.

Tabelle 8.2: Distale Ziele: Erwartete Veränderungen aufgrund der Interventionsmaßnahme im Überblick (Z=Zuwachs; A=Abnahme; -= keine Veränderung)

	VARIABLE	LANGFRISTIGE WIRKSAMKEIT MZP3-MZP1			WIRKSAMKEIT NACH ABSCHLUß DER FORTBILDUNG MZP3-MZP2		
		KG	LG	FG	KG	LG	FG
Motivation	Zuwachstheorie	-	-	Z	-	-	Z
	Hilflosigkeit	-	-	A	-	-	A
	Selbstwirksamkeit	-	-	Z	-	-	Z
	Selbstkonzept	-	-	Z	-	-	Z
	Subjektiver Wert	-	-	Z	-	-	Z
	Lernzielorientierung	-	-	Z	-	-	Z
Leistung	Mathematiktest	-	-	Z	-	-	Z

Für die bei den Schülerinnen und Schülern erhobenen Variablen muss man außerdem in Betracht ziehen, dass entwicklungspsychologisch hier mit einem Motivationsrückgang zu rechnen ist (vgl. 2.3.2). Insofern müssen die Hypothesen etwas abgeschwächt werden. Es ist auch möglich, dass die zu erwartende negative motivationale Entwicklung aufgrund der Fortbildungsmaßnahme aufgehalten wird und somit in der FG ein geringerer Abfall der Motivation zu beobachten ist als in der KG und der LG.

8.2 Auswertungsverfahren

Inferenzstatistische Überprüfung

In der Unterrichtsforschung und Trainingsforschung muss ganz allgemein mit Variationen in den Ausgangsbedingungen gerechnet werden (vgl. Souvignier, 2000). In Untersuchungen mit „natürlich gewachsenen" Gruppen (Bortz & Döring, 1995, S. 514) kann die Stichprobe nicht durch Randomisierung auf die Gruppen verteilt werden. Somit ist nicht auszuschließen, dass bereits vor dem Treatment Unterschiede vorhanden sind. Wenn z. B. bereits vor der Intervention Differenzen zwischen den Gruppen hinsichtlich des Selbstkonzepts bestanden, könnte man nach der Maßnahme festgestellte Unterschiede nicht eindeutig auf das Programm zurückführen.

Für die statistische Auswertung wird deshalb häufig vorgeschlagen, in einer Kovarianzanalyse den ersten Erhebungszeitpunkt als Kovariate einzubeziehen und dann die Unterschiede zwischen den Gruppen als Maß für die Wirksamkeit einer Maßnahme anzunehmen. Hierbei werden jedoch nicht einfach die Differenzwerte verglichen sondern Regressionsresiduen, bei denen die Eingangsunterschiede im Vortest statistisch kontrolliert werden. Dieses Maß ist nicht direkt interpretierbar (vgl. Kronenberger, 2004; Souvignier, 2000). Die Frage, die hier beantwortet wird, lautet nach Rogosa et al. (1982, S. 744): „How much would person j have changed if everyone had started out equal?" Die hier zugrunde gelegte Annahme gleicher Ausgangsbedingungen ist wenig realistisch.

Eine weitere Möglichkeit zur Überprüfung der Veränderungen im vorliegenden Design bietet die Varianzanalyse mit Messwiederholung. Die Haupteffekte können allerdings nur auf die Intervention zurückgeführt werden, wenn sich die Gruppen im Vortest in ihren Ausgangswerten nicht deutlich unterscheiden. Sie geben auch lediglich einen Hinweis darauf, ob über alle Gruppen im Mittel eine Veränderung über die Zeitpunkte vorliegt. Auf die Wirksamkeit der Interventionsmaßnahme weisen hier lediglich signifikante Interaktionen zwischen Gruppen- und Messwiederholungsfaktor hin (Bortz & Döring, 1995). Diese Interaktionen überprüfen die eigentliche Annahme einer Interventionsstudie, nämlich die, dass sich die Veränderungen innerhalb der Experimentalgruppe signifikant von denen in der Kontrollgruppe unterscheiden. Diese Veränderungen werden prinzipiell in den Differenzen der abhängigen Variablen zwischen verschiedenen Messzeitpunkten sichtbar. Nimmt man nun die Differenzwerte zwischen zwei Messzeitpunkten als abhängige Variable in eine Varianzanalyse auf, so erhält man ein der Messwiederholungsanalyse entsprechendes Verfahren ohne die für die vorliegende Fragestellung nicht interessierenden Haupteffekte des Messwiederholungsfaktors. Mit den einfachen Differenzen zwischen den Werten der Person zu den einzelnen Messzeitpunkten kann man direkt die in Evaluationsstudien eigentlich interessierende Frage beantworten: „What is the (true) change of person j?" (Rogosa et al., 1982, S. 745). Insbesondere die Ausführungen von Rogosa und Mitarbeitern (Rogosa et al., 1982; Rogosa & Willett, 1983) lassen den Schluss zu, dass die Betrachtung der Differenzwerte das am besten interpretierbare Verfahren zur Beurteilung des Erfolgs einer Maßnahme ist, wenn man von Variationen in den Ausgangsbedingungen ausgehen muss. Auch Hager und Hasselhorn (2000b) plädieren dafür, den Erfolg einer Interventionsmaßnahme am Grad der erzielten Veränderungen zu messen und Bortz und Döring (1995, S. 519) kommen zu dem Schluss, dass „für die quasiexperimentelle Überprüfung von Veränderungshypothesen .... die einfachen Differenzen zwischen den Mittelwerten verschiedener Messzeitpunkte sinnvolle, unverzerrte Schätzungen für „wahre" Veränderungen darstellen."

Dabei liefern die Differenzen zwischen den vor und nach der Maßnahme erhobenen Daten innerhalb der einzelnen Gruppen bereits Hinweise darauf, ob eine Veränderung in die gewünschte Richtung stattgefunden hat. Hager (2000a) empfiehlt die Differenzen zwischen den Gruppen nur dann zu vergleichen, wenn sich innerhalb der Gruppen Veränderungen in die gewünschte Richtung zeigen, die mittels t-Tests für abhängige Stichproben abgeklärt werden können. Da bei den in der vorliegenden Untersuchung betrachteten motivationalen Variablen jedoch entwicklungsbedingt bei den Kindern mit einem Abfall zu rechnen ist (vgl. Kapitel 2), kann sich die Wirksamkeit der Maßnahme unter Umständen auch in einem Stillstand bzw. kleineren Rückgang der Werte in der Experimentalgruppe verglichen mit der Kontrollgruppe zeigen. Insofern sind hier die Veränderungen innerhalb der Gruppen an sich wenig aussagekräftig (vgl. auch Souvignier, 2000). Somit soll im Folgenden lediglich der Gruppenvergleich der Differenzen zwischen den einzelnen MZP erfolgen, wobei für die Interpretation auf die Entwicklungen innerhalb der Gruppen zurückgegriffen wird.

Zur Auswertung werden einfaktorielle Varianzanalysen mit dem Faktor Gruppe durchgeführt, weil hier die Möglichkeit gegeben ist, alle drei Gruppen simultan zu vergleichen. Entsprechend den Empfehlungen von Hager (2000a) wird ein univariates Vorgehen gewählt. Abhängige Variablen sind jeweils die Differenzen zwischen zwei MZP. Betrachtet werden die Differenzen zwischen Vor- und Nachtest, Vortest und Follow-Up und Nachtest und Follow-Up[20].

Im Sinne eines streng hypothesengeleiteten Vorgehens plädiert Hager (2000, S. 208) für die Methode der „a priori geplanten univariaten Kontraste" (vgl. auch Bortz, 1993). Innerhalb der Varianzanalyse kann man mit der T-Statistik Mittelwertsdifferenzen zwischen a priori definierten Gruppen überprüfen. In der vorliegenden Untersuchung werden jeweils die Kontraste zwischen Fortbildungsgruppe und Kontrollgruppe, sowie Fortbildungsgruppe und Lesegruppe betrachtet. Da die Interventionsmaßnahme das interessierende Kriterium dar-

---

[20] Da Geschlechtsunterschiede im Mathematikunterricht in der Fortbildungsmaßnahme thematisiert wurden und insbesondere Mädchen motivationale Probleme im Fach Mathematik aufweisen (vgl. 2.3), besteht die Möglichkeit, dass sich die Maßnahme bei den Schülerinnen stärker positiv auswirkt als bei den Schülern. Somit liegt es nahe, das Geschlecht als zusätzlichen Faktor in die Analysen aufzunehmen. Da sich hier aber keinerlei signifikante Interaktionen zwischen Geschlecht und Gruppenzugehörigkeit ergeben, werden nur die Ergebnisse der einfaktoriellen ANOVAS berichtet.

stellt, sind Unterschiede zwischen Kontroll- und Lesegruppe nicht relevant. Sie spiegeln sich aber in den Ergebnissen der Varianzanalyse. Diese werden aus informativen Gründen ebenfalls mitgeteilt; sie dienen nicht der Hypothesenüberprüfung, geben aber zusätzliche Hinweise.

Der Lehrerwissenstest bildet eine Ausnahme bezüglich der Auswertungsmethode, da hier die Frage interessiert, ob sich das Wissen der Lehrkräfte tatsächlich verbessert hat. Die Hypothese, dass sich das Wissen der Lehrkräfte in beiden Experimentalgruppen signifikant gesteigert hat, wird mit t-Tests für abhängige Stichproben überprüft, wobei hier Vergleiche von Vor- und Nachtest kurzfristige Coachingeffekte aufdecken können, Vergleiche von Vortest und Follow-Up einen längerfristigen Wissenszuwachs. Der Vergleich zwischen Nachtest und Follow-Up interessiert nicht, da nicht von einem Anschub bzgl. des Wissens ausgegangen wird.

Alphaadjustierung

Die Problematik einer möglichen Kumulation der Fehlerwahrscheinlichkeiten über die abhängigen Variablen hinweg stellt sich in einem solchen streng hypothesengeleiteten Vorgehen nicht. So vertritt Bortz (1993, S. 250) die Position, dass „a priori formulierte Einzelvergleichshypothesen, die theoretisch gut begründet sind ... keine α-Fehler Korrektur erforderlich machen" (vgl. auch Hager, 2000a). Souvignier (2000) weist darauf hin, dass „bei theoretisch fundierten a priori Hypothesen das Risiko eines Fehlers zweiter Art durch eine Adjustierung der Fehlerwahrscheinlichkeit artifiziell erhöht wird". Somit muss der Kumulierung der Fehlerwahrscheinlichkeit nur für die einzelnen Kriteriumsvariablen begegnet werden (vgl. Fries, 2002). Da jeweils zwei Kontraste berechnet werden, erfolgt die Dunn-Bonferroni-Korrektur für zwei Vergleiche. Der Vorteil dieser Korrektur, im Gegensatz zu Post-Hoc-Tests, liegt in der Kontrolle des Anstiegs des Beta- Fehlers (Hager, 2000a). Da in der vorliegenden Studie gerichtete Hypothesen überprüft werden, kann entsprechend davon ausgegangen werden, dass man bei einem p-Wert <.05 die Nullhypothese mit einer Irrtumswahrscheinlichkeit von 5% verwerfen kann. Ergebnisse mit $p<.05$ werden im Folgenden mit einem, Ergebnisse mit $p<.01$ mit zwei Sternchen gekennzeichnet.

Signifikanz und Effektgröße

Im Allgemeinen werden statistisch signifikante Ergebnisse als Hinweis auf die Wirksamkeit einer Maßnahme gewertet. Hager (2000b) räumt ein, dass man mit der Betrachtung der Signifikanz zumindest herausfinden kann, „ob auf der statistischen Ebene irgendwelche Wirkungen nachzuweisen sind, die über Zufallsschwankungen hinausgehen" (S. 159). Um die Intensität einer Wirkung abzuschätzen, empfiehlt er die zusätzliche Betrachtung der Effektgröße. Allerdings gibt es keine verbindlichen Angaben darüber, welche Effekte als hinreichend zu betrachten sind. Gerade in komplexen Umfeldern wie der Schule, in denen viele Variablen wirken, sind selten große Effekte einer Maßnahme nachzuweisen (Patry & Hager, 2000; Ziegler & Heller, 1998). Zum Nachweis kleiner Effekte wiederum ist eine große Stichprobe von Nöten, die im Fall der Lehrkräfte in dieser Untersuchung schon von der Anlage der Studie her nicht gegeben ist. Zudem gilt, dass die zu erwartende Wirksamkeitsintensität sinkt, je allgemeiner die vermittelten Inhalte einer Maßnahme sind (Hager, 2000b; Klauer, 2001). Außerdem ist die Effektgröße abhängig von der Nähe der Kriteriumsmaße zum Programm und von der Unterschiedlichkeit der Probanden. Hier wird sich in der vorliegenden Studie sicherlich die Tatsache auswirken, dass jede Lehrkraft anders unterrichtet und die Programminhalte entsprechend unterschiedlich im Unterricht umgesetzt werden. Im Folgenden wird die Effektgröße als Ergänzung der statistischen Tests bei signifikanten Ergebnissen angegeben, allerdings ist es aufgrund der Rahmenbedingungen der vorliegenden Studie nicht sinnvoll im Vorhinein ein kritisches Effektgrößenmaß festzulegen, dass sich an der Stichprobengröße orientieren müsste.

Für die signifikanten Ergebnisse der Kontrastberechnungen wird die Effektstärke aus dem Ergebnis des Signifikanztest nach Westermann (2000, S. 357) mit Hilfe folgender Formel berechnet:

$$ES = t \sqrt{\frac{n_1 + n_2}{n_1 n_2}}$$

Damit erhält man ein Ergebnis, das dem klassischen Effektstärkenmaß d entspricht. Dafür hat sich die Konvention durchgesetzt, Werte ab 0,8 als große, ab 0,5 als mittlere und ab 0,2 als kleine Effekte zu bezeichnen (Bortz & Döring, 1995, S. 568). Für die signifikanten Ergebnisse der Varianzanalysen wird das partielle Eta-Quadrat (η^2) angegeben, das sich nach der Formel SAQEffekt/(SAQEffekt+SAQFehler) berechnet. Das η^2 gibt somit direkt den Anteil an durch den Faktor aufgeklärter Varianz in der Stichprobe wieder. Dabei muss erwähnt werden, dass η^2 insbesondere bei kleinen Stichproben optimistisch ist (Hays & Winkler, 1970).

9 Evaluation der Maßnahme: Ergebnisse zur Wirksamkeit

Im Folgenden werden die Ergebnisse zur Wirksamkeit dargestellt, wobei zunächst Mittelwerte und Standardabweichungen für alle erhobenen Variablen und alle drei Messzeitpunkt berichtet werden, bevor auf die Überprüfung der Hypothesen eingegangen wird. Dazu werden die Ergebnisse der einfaktoriellen ANOVAS mit dem Faktor Gruppe berichtet, wobei zur Hypothesenprüfung die a priori-Kontraste zwischen FG und KG einerseits und FG und LG andererseits herangezogen werden[21]. Bei signifikanten Unterschieden wird ergänzend die Effektgröße berichtet.

9.1 Deskriptive Daten für die drei Messzeitpunkte

9.1.1 Lehrkräfte

Die deskriptiven Daten für die bei den Lehrkräften erhobenen Variablen finden sich in Tabelle 9.1. Die meisten Skalen haben eine Spannweite von eins bis sechs, wobei eins eine niedrige und sechs eine hohe Ausprägung der Variable repräsentiert. Ausnahmen sind die individuelle Bezugsnormorientierung sowie der Wissenstest. Im Wissenstest können insgesamt 38 Punkte erreicht werden. Die individuelle Bezugsnormorientierung kann theoretisch auch negative Werte annehmen, als Bezugswert wird ein Mittelwert von 4,5 mit einer Streuung von 5,6 angegeben.[22] In der vorliegenden Stichprobe reichte die Spannweite von 0 bis 12.

---

[21] Aufgrund der kleinen Stichprobe wurden die Daten der Lehrkräfte außerdem anhand nichtparametrischer Verfahren (Mann-Whitney U-Test und Kruskal-Wallis-H-Test) überprüft. Die Ergebnisse waren im Wesentlichen gleich – der besseren Übersicht halber werden nur die Ergebnisse der Varianzanalysen und t-Tests berichtet.
[22] http://www.phil.uni-sb.de/~jakobs/paedpsych/rheinberg/kleineBeurteilungsaufgabe.htm[29.10.2005]

Tabelle 9.1: Mittelwerte (MW) und Standardabweichungen (SD) der bei den Lehrkräften erhobenen Variablen

GRUPPE	VARIABLE	MZP1		MZP2		MZP3	
		MW	**SD**	**MW**	**SD**	**MW**	**SD**
KG							
Überzeugungen und Einstellungen	Zuwachstheorie	4.85	0.56	4.93	0.45	4.84	0.53
	individuelle Bezugsnormorientierung	6.44	4.69	8.88	5.62	8.50	5.34
	Lehrerlernzielorientierung	4.44	0.43	4.38	0.60	4.22	0.52
Beurteilung Lehrkraftverhalten	Erwartungseffekte	2.38	0.42	2.41	0.46	2.52	0.29
	Aufgabenorientierung	4.68	0.37	4.65	0.41	4.58	0.34
	Autonomie/ Partnerschaft	4.02	0.58	3.90	0.59	3.93	0.43
Wissen	Wissenstest	29.00	3.56	-	-	-	-
LG							
Überzeugungen und Einstellungen	Zuwachstheorie	5.12	0.52	5.03	0.19	5.19	0.37
	individuelle Bezugsnormorientierung	6.43	3.87	2.83	2.14	5.67	4.72
	Lehrerlernzielorientierung	4.26	0.98	4.10	1.00	4.29	0.96
Beurteilung Lehrkraftverhalten	Erwartungseffekte	2.52	0.60	2.44	0.57	2.20	0.51
	Aufgabenorientierung	4.40	0.71	4.42	0.74	4.60	0.52
	Autonomie/ Partnerschaft	3.81	0.94	3.94	0.98	3.75	1.10
Wissen	Wissenstest	27.00	6.11	33.00	4.29	31.29	2.98
FG							
Überzeugungen und Einstellungen	Zuwachstheorie	5.03	0.51	5.22	0.70	5.15	0.68
	individuelle Bezugsnormorientierung	3.78	3.23	6.63	4.41	6.14	3.58
	Lehrerlernzielorientierung	4.36	0.55	4.62	0.41	4.63	0.54
Beurteilung Lehrkraftverhalten	Erwartungseffekte	2.44	0.62	2.37	0.71	2.40	0.62
	Aufgabenorientierung	4.47	0.39	4.71	0.40	4.62	0.41
	Autonomie/ Partnerschaft	3.35	0.44	3.59	0.46	3.58	0.46
Wissen	Wissenstest	27.22	5.12	33.89	1.96	35.00	1.85

Die Lehrkräfte beschreiben sich selbst bereits zum ersten Messzeitpunkt mit recht günstigen Ausgangswerten, was ihre Lernzielorientierung und ihr Verhalten im Unterricht betrifft, auch die Zuwachstheorie ist hoch ausgeprägt.

9.1.2 Schülerinnen und Schüler

Tabelle 9.2 zeigt die Mittelwerte und Standardabweichungen der einzelnen Gruppen für die drei Messzeitpunkte und alle bei den Schülerinnen und Schülern erhobenen Daten, dabei gelten für die meisten Skalen ein Minimum von eins und ein Maximum von sechs. Eins zeigt eine geringe und sechs eine hohe Ausprägung der entsprechenden Variable an. Für den Mathematiktest sind mittlere Prozentränge (PR) angegeben.

Tabelle 9.2 ist zu entnehmen, dass die motivationalen Ausgangsbedingungen in der Stichprobe sehr günstig sind, so liegen die Mittelwerte für die motivationalen Variablen Zuwachstheorie, Selbstwirksamkeit, Selbstkonzept, subjektiver Wert und Lernzielorientierung zum ersten Messzeitpunkt allesamt über 4,5, während die Hilflosigkeit eher niedrig angesiedelt ist. Man kann also davon ausgehen, dass die Motivation der untersuchten Schülerinnen und Schüler in Klasse 5 für das Fach Mathematik zum Zeitpunkt des Vortests sehr hoch war. Auch die Beurteilung der Lehrkräfte ist relativ günstig mit hohen Werten für die Aufgabenorientierung und eher niedrigen Mittelwerten bezüglich wahrgenommener Erwartungseffekte.

Tabelle 9.2: Mittelwerte (MW) und Standardabweichungen (SD) der bei den Schülerinnen und Schülern erhobenen Variablen (nach Gruppe und Messzeitpunkt)

GRUPPE	VARIABLE	MZP1		MZP2		MZP3	
		MW	SD	MW	SD	MW	SD
KG							
Motivation	Zuwachstheorie	5.05	0.66	5.07	0.76	5.07	0.69
	Hilflosigkeit	1.83	0.84	1.79	0.99	1.85	0.96
	Selbstkonzept	4.50	0.77	4.43	0.85	4.47	0.84
	Lernzielorientierung	5.07	0.63	5.00	0.72	4.86	0.69
	Selbstwirksamkeit	4.76	0.67	4.69	0.75	4.61	0.77
	Subjektiver Wert	5.46	0.56	5.28	0.71	5.19	0.78
Leistung	PR Mathematiktest	62.97	27.25	69.39	24.14	57.47	27.09
Beurteilung Lehrkraftverhalten	Erwartungseffekte	2.13	0.66	2.13	0.80	2.14	0.88
	Aufgabenorientierung	4.78	0.65	4.76	0.74	4.71	0.76
	Autonomie/ Partnerschaft	3.22	0.75	3.31	0.87	3.20	0.79
LG							
Motivation	Zuwachstheorie	5.09	0.69	5.12	0.67	5.17	0.62
	Hilflosigkeit	1.79	0.90	1.79	0.88	1.72	0.85
	Selbstkonzept	4.55	0.72	4.45	0.77	4.45	0.75
	Lernzielorientierung	5.11	0.57	4.93	0.75	4.84	0.73
	Selbstwirksamkeit	4.75	0.71	4.66	0.69	4.67	0.75
	Subjektiver Wert	5.36	0.60	5.16	0.80	5.19	0.79
Leistung	PR Mathematiktest	69.25	27.09	76.84	24.37	69.63	23.74
Beurteilung Lehrkraftverhalten	Erwartungseffekte	2.07	0.61	2.08	0.74	2.12	0.81
	Aufgabenorientierung	4.78	0.56	4.76	0.68	4.63	0.69
	Autonomie/ Partnerschaft	3.07	0.73	3.22	0.82	3.06	0.78
FG							
Motivation	Zuwachstheorie	5.07	0.65	4.96	0.75	5.09	0.65
	Hilflosigkeit	1.88	0.96	1.96	0.97	1.83	0.99
	Selbstkonzept	4.54	0.80	4.42	0.87	4.47	0.87
	Lernzielorientierung	5.06	0.63	4.93	0.72	4.86	0.71
	Selbstwirksamkeit	4.65	0.80	4.60	0.82	4.74	0.73
	Subjektiver Wert	5.33	0.65	5.14	0.79	5.13	0.78
Leistung	PR Mathematiktest	66.02	25.32	73.05	22.77	64.97	26.80
Beurteilung Lehrkraftverhalten	Erwartungseffekte	2.24	0.70	2.26	0.85	2.25	0.79
	Aufgabenorientierung	4.71	0.71	4.68	0.81	4.67	0.68
	Autonomie/ Partnerschaft	2.99	0.74	3.09	0.79	3.09	0.75

9.2 Wirksamkeit der Intervention

Für die Überprüfung der Wirksamkeit der Intervention wurden meist die Differenzen zwischen den einzelnen Messzeitpunkten als abhängige Variablen herangezogen (vgl. 8.2). Die Mittelwerte und Standardabweichungen dieser Differenzen befinden sich im Anhang.

9.2.1 Proximale Ziele: Veränderungen bei den Lehrkräften

9.2.1.1 Wissenstest

Es wird erwartet, dass sich die Fortbildungs- und die Lesegruppe vom Vortest zum Nachtest im Wissenstest verbessern. Langfristig (im Vergleich von Vortest und Follow-Up) wird jedoch nur für die FG ein Wissenszuwachs erwartet.

Der Lehrerwissenstest wurde der Kontrollgruppe nur zum ersten Messzeitpunkt vorgelegt, um eine Baseline zu erheben. Mittels einer einfaktoriellen Varianzanalyse mit dem Faktor Gruppe und der abhängigen Variable Rohwert im Wissenstest der Voruntersuchung sollte ausgeschlossen werden, dass bereits im Vortest signifikante Unterschiede zwischen den Gruppen bestehen. Dies wird durch eine ANOVA mit dem Faktor Gruppe und der abhängigen Variable „Rohwert im Wissenstest" zum ersten Messzeitpunkt überprüft. Es bestehen zwischen den Lehrkräften der drei Gruppen im Vortest keine signifikanten Gruppenunterschiede ($F_{(2/23)}=0,46$, n.s.) hinsichtlich des abgefragten pädagogisch-psychologischen Wissens.

Im nächsten Schritt soll geklärt werden, ob innerhalb der LG und der FG vom Vor- zum Nachtest ein Wissenszuwachs stattgefunden hat. Die deskriptiven Daten deuten darauf hin, dass ein Anstieg in beiden Gruppen stattgefunden hat (siehe Tab. 9.1), dies wird in Abbildung 9.1 veranschaulicht.

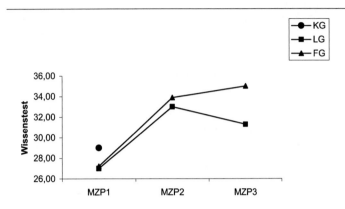

Abbildung 9.1: Mittelwerte der beiden Experimentalgruppen im Wissenstest zu den drei Messzeitpunkten und der Kontrollgruppe zum ersten Messzeitpunkt

Da die Annahme hier eine Verbesserung des Wissens beinhaltet, kann die Signifikanz der t-Tests einseitig geprüft werden. Der Vergleich zwischen Vor- und Nachtestwerten mittels t-Test für gepaarte Stichproben ergibt für beide Gruppen einen signifikanten Wissenszuwachs (siehe Tabelle 9.3). Die Effektstärke beim t-Test für abhängige Stichproben wurde nach Dunlap, Cortina, Vaslow und Burke (1996, S.171) mit folgender Formel berechnet:

$$ES = t \sqrt{\frac{2(1-r)}{n}}$$

Tabelle 9.3: Wissenszuwachs innerhalb der Fortbildungsgruppe (FG) und der Lesegruppe (LG) vom Vor- zum Nachtest. Mittlere Differenz, Standardabweichung der Differenz und Ergebnisse der t-Tests für gepaarte Stichproben

	MITTLERE DIFFERENZ (NT-VT)	SD	DF	T	EFFEKT-STÄRKE
FG	6.67	4.82	8	4.15**	1.59
LG	7.00	6.36	5	2.70*	1.32

Um zu überprüfen, ob dieser Wissenszuwachs auch langfristig vorhanden ist, erfolgte ein Vergleich der Vortestwerte mit dem Follow-Up mittels t-Test für abhängige Stichproben. Hier ergibt sich nur für die Fortbildungsgruppe eine signifikante Differenz zwischen Vortest und Follow-Up. Bei der Lesegruppe ist der

Unterschied zwischen den Wissenstestwerten im Follow-Up und im Vortest nicht signifikant. Insofern hat sich die Hypothese eines langfristigen Wissenszuwachses nur für die Fortbildungsgruppe bestätigt (siehe Tabelle 9.4).

Tabelle 9.4: Wissenszuwachs innerhalb der Fortbildungsgruppe (FG) und der Lesegruppe (LG) vom Vortest zum Follow-Up. Mittlere Differenz, Standardabweichung der Differenz und Ergebnisse der t-Tests für gepaarte Stichproben

	MITTLERE DIFFERENZ (FU-VT)	SD	DF	T	EFFEKT-STÄRKE
FG	7.50	4.69	7	4.53**	1.55
LG	4.29	7.67	6	1.48	0.64

9.2.1.2 Selbstberichtetes Lehrkraftverhalten

Es wird angenommen, dass die Werte in den Skalen Aufgabenorientierung und der Autonomie/Partnerschaft bei den Lehrkräften der Fortbildungsgruppe stärker ansteigen als bei den Lehrkräften der Kontrollgruppe und der Lesegruppe. Dabei sollten sich Unterschiede zur KG bereits im Anstieg vom Vor- zum Nachtest zeigen. Hinsichtlich der Differenzen vom Vortest zum Follow-Up und vom Nachtest zum Follow-Up sollte sich die FG von beiden Vergleichsgruppen unterscheiden. Hinsichtlich der Skala Erwartungseffekte wird umgekehrt angenommen, dass sich im Vergleich der letzten beiden Messzeitpunkte mit dem Follow-Up für die FG eine stärkere Verringerung zeigt als bei beiden Vergleichsgruppen. Kurzfristig – also hinsichtlich der Differenz vom Vortest zum Nachtest – werden signifikante Unterschiede zwischen FG und KG erwartet.

Aufgabenorientierung

Der Verlauf der Gruppenmittelwerte der Skala Aufgabenorientierung ist in Abbildung 9.2 veranschaulicht. Hier sind im Prätest Unterschiede zwischen den Gruppen erkennbar, die jedoch in einer einfaktoriellen ANOVA über die Gruppenmittelwerte zum ersten Messzeitpunkt nicht signifikant wurden ($F_{(2/23)}=0,84$, n.s.). Zudem werden bei Betrachtung der Differenzwerte zwischen den Messzeitpunkten als abhängige Variablen, Ausgangsunterschiede ohnehin angemessen berücksichtigt (vgl. Kap. 8.2). Vom Vor- zum Nachtest ist die selbstberichtete Aufgabenorientierung der Lehrkräfte in der Fortbildungsgruppe und in der Lesegruppe angestiegen, in der Kontrollgruppe hingegen gefallen. Dasselbe Muster zeigt sich beim Vergleich vom ersten Messzeitpunkt mit dem Follow-up.

Im Zeitraum zwischen dem Nachtest und dem dritten Messzeitpunkt ist für diese Variable allerdings nur noch in der Lesegruppe ein Anstieg zu verzeichnen. Bei Betrachtung der Verläufe wird ersichtlich, dass sich die Gruppen zum dritten Messzeitpunkt stark annähern.

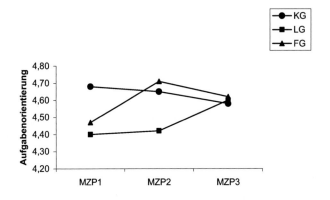

Abbildung 9.2: Mittelwerte der Skala „Aufgabenorientierung" für die Lehrkräfte der drei Vergleichsgruppen über die drei Messzeitpunkte

Mittels univariater Varianzanalysen wurde kontrolliert, ob sich die Differenzen zwischen den Gruppen signifikant unterschieden. Die gerichteten Hypothesen wurden mittels a priori-Kontrasten überprüft. Der Levenetest der Homogenität der Varianzen ergibt für die Differenz zwischen Vortest und Follow-Up inhomogene Varianzen ($F_{(2/22)}=8,02$; $p<.05$) weshalb hier die Ergebnisse des Welch-Tests betrachtet werden[23]. Die Ergebnisse finden sich in Tabelle 9.5.

---

[23] Hier erfolgt eine Korrektur der Freiheitsgrade, welche bei heterogenen Populationsvarianzen vorgenommen wird, um eine Approximation an die t-Verteilung vorzunehmen.

Tabelle 9.5: Ergebnisse der ANOVAS und der a priori-Kontraste zwischen der Fortbildungsgruppe (FG) und den anderen beiden Gruppen für die abhängige Variable „Aufgabenorientierung" bei den Lehrkräften

Aufgaben-orientierung	A PRIORI-KONTRASTE				ANOVA	
	Kontrast	df	T	ES	df	F
MZP2 - MZP1	FG versus KG	21	2.54*	1.2	2/21	3.35
	FG versus LG	21	0.70			
MZP3 - MZP1	FG versus KG	8.42	2.04		2/22	2.87
	FG versus LG	12.95	0.15			
MZP3 - MZP2	FG versus KG	20	0.11		2/20	0.59
	FG versus LG	20	-0.90			

Die Kontrastberechnungen zeigen einen signifikanten Unterschied zwischen Kontroll- und Fortbildungsgruppe hinsichtlich der Differenz zwischen Vor- und Nachtest im selbstberichteten aufgabenorientierten Verhalten ($p<.05$). Hypothesengemäß ist dieses bei der Fortbildungsgruppe signifikant stärker angestiegen als bei der Kontrollgruppe. FG und LG unterscheiden sich hingegen nicht signifikant. Die Unterschiede der Differenzen zwischen Follow-Up und Vortest sowie zwischen Follow-Up und Nachtest werden nicht signifikant. Somit hat sich für die selbst berichtete Aufgabenorientierung lediglich die Hypothese des kurzfristigen Zuwachses bestätigt.

Autonomie/Partnerschaft

Abbildung 9.3 verdeutlicht, dass die Lesegruppe ebenso wie die Fortbildungsgruppe zwischen Vor- und Nachtest tendenziell einen Anstieg in der Skala „Autonomie/Partnerschaft" zu verzeichnen hat, während bei der Kontrollgruppe ein Abfall erfolgt. Vom zweiten zum dritten MZP sinken die Werte jedoch nur in der LG wieder ab.

Die Betrachtung der Verläufe der Gruppenmittelwerte macht deutlich, dass in der FG ein geringeres Anfangsniveau besteht, der Unterschied ist jedoch nicht signifikant ($F_{(2/23)}=2{,}62$, n.s.).

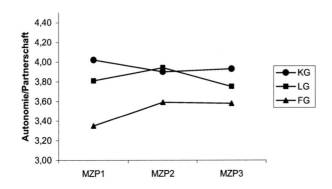

Abbildung 9.3: Mittelwerte der Skala „Autonomie/Partnerschaft" für die Lehrkräfte der drei Vergleichsgruppen über die drei Messzeitpunkte

Die inferenzstatistische Überprüfung ergibt signifikante Unterschiede zwischen Fortbildungsgruppe und Kontrollgruppe sowohl in der Differenz vom ersten zum zweiten als auch hinsichtlich des Unterschieds vom ersten zum dritten Messzeitpunkt (Tab. 9.6).

Hypothesengemäß unterscheiden sich im kurzfristigen Verlauf FG und LG nicht signifikant[24]. Der Unterschied zwischen LG und FG in der Differenz vom ersten zum dritten Messzeitpunkt wird ebenfalls nicht signifikant.

Die Ergebnisse deuten darauf hin, dass für die Fortbildungsgruppe im Vergleich zur Kontrollgruppe ein Anstieg hinsichtlich des mit der Skala „Autonomie/Partnerschaft" erfassten selbstberichteten Unterrichtsverhaltens erfolgt ist. Dabei bestehen keine signifikanten Unterschiede zur Lesegruppe und die Hypothese eines zusätzlichen Zuwachses vom zweiten zum dritten Messzeitpunkt muss verworfen werden.

---

[24] Für die Differenz zwischen Vor- und Nachtest wird auch das Ergebnis der Varianzanalyse signifikant.

Tabelle 9.6: Ergebnisse der ANOVAS und der a priori-Kontraste zwischen der Fortbildungsgruppe (FG) und den anderen beiden Gruppen für die abhängige Variable „Autonomie/Partnerschaft" bei den Lehrkräften

Autonomie/Partnerschaft	A PRIORI-KONTRASTE				ANOVA		
	Kontrast	df	T	ES	df	F	η^2
MZP2 - MZP1	FG versus KG	21	2.70*	1.27	2/21	4.23*	0.29
	FG versus LG	21	0.23				
MZP3 - MZP1	FG versus KG	22	2.25*	1.07	2/22	2.95	
	FG versus LG	22	1.93				
MZP3- MZP2[25]	FG versus KG	14.98	0.37		2/20	1.53	
	FG versus LG	6.75	1.34				

Erwartungseffekte

Hinsichtlich der selbstberichteten Erwartungseffekte lässt bereits die Betrachtung der deskriptiven Daten vermuten, dass es hier keine signifikanten Gruppenunterschiede gibt (Tab. 9.1). Abbildung 9.4 zeigt einen langfristigen Anstieg in der KG. In den anderen beiden Gruppen hingegen bleiben die selbstberichteten Erwartungseffekte gleich oder nehmen ab, mit einer stärkeren Verringerung in der LG.

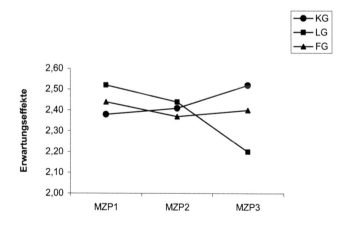

Abbildung 9.4: Mittelwerte der Skala „Erwartungseffekte" für die Lehrkräfte der drei Vergleichsgruppen über die drei Messzeitpunkte

---

[25] Für die Autonomie/ Partnerschaft ergab der Levene-Test für die Differenz zwischen Follow-Up und Nachtest inhomogene Varianzen ($F_{(2/22)}$=4,15; p<.05), weshalb hier die Ergebnisse des Welch-Tests Verwendung finden.

Die Ergebnisse der ANOVAS und der Kontrastberechnungen werden nicht signifikant (Tab. 9.7). Es muss also angenommen werden, dass die Fortbildung keine bedeutsamen Veränderungen hinsichtlich des selbstberichteten von Erwartungseffekten geprägten Unterrichtsverhaltens auslöste.

Tabelle 9.7: Ergebnisse der ANOVAS und der a priori-Kontraste zwischen der Fortbildungsgruppe (FG) und den anderen beiden Gruppen für die abhängige Variable „Erwartungseffekte" bei den Lehrkräften

Erwartungs-effekte	A PRIORI-KONTRASTE			ANOVA	
	Kontrast	df	T	df	F
MZP2 - MZP1	FG versus KG	21	0.74	2/21	0.88
	FG versus LG	21	-0.66		
MZP3 - MZP1	FG versus KG	22	1.30	2/22	2.53
	FG versus LG	22	-0.92		
MZP3- MZP2	FG versus KG	20	1.10	2/20	0.99
	FG versus LG	20	-0.25		

9.2.1.3 Lehrkraftverhalten im Urteil der Schülerinnen und Schüler

Die Auswertung der Skalen zum schülerperzipierten Lehrkraftverhalten zeigt, ob sich das Verhalten der Lehrkräfte im Urteil ihrer Schülerinnen und Schüler aufgrund der Maßnahme verändert. Hier werden lediglich für die Vergleiche zwischen Vortest und Follow-Up-Erhebung sowie zwischen Nachtest und Follow-Up-Erhebung signifikante Gruppenunterschiede erwartet. Dabei wird angenommen, dass schülerperzipierte Aufgabenorientierung und Autonomie/Partnerschaft in der Fortbildungsgruppe signifikant stärker ansteigen als in beiden Vergleichsgruppen, während sich die schülerperzipierten Erwartungseffekte in der FG stärker verringern.

Aufgabenorientierung

Für die Aufgabenorientierung hatte sich beim selbstberichteten Lehrkraftverhalten nur ein kurzfristiger Anstieg vom Vor- zum Nachtest gezeigt. Die Auswertung der Schülerwahrnehmungen ergibt signifikante Unterschiede in den Differenzen vom Nachtest zum Follow-Up zwischen der FG und der KG sowie zwischen der FG und der LG (Tab. 9.8). Somit lassen sich die Hypothesen hinsichtlich der Skala „Aufgabenorientierung" des SBL zum Vergleich der Differenzen zwischen den zwei letzten Messzeitpunkten beide bestätigen.

Tabelle 9.8: Ergebnisse der ANOVAS und der a priori-Kontraste zwischen der Fortbildungsgruppe (FG) und den anderen beiden Gruppen für die abhängige Variable „Aufgabenorientierung" bei den Schülerinnen und Schülern

Aufgaben-orientierung	A PRIORI-KONTRASTE				ANOVA		
	Kontrast	df	T	ES	df	F	η^2
MZP2 - MZP1	FG versus KG	603	-0.02		2/603	0.01	
	FG versus LG	603	-0.15				
MZP3 - MZP1	FG versus KG	520	1.00		2/520	1.41	
	FG versus LG	520	1.68				
MZP3 - MZP2	FG versus KG	510	1.89*	0.21	2/510	3.22*	.012
	FG versus LG	510	2.43*	0.27			

Abbildung 9.5 verdeutlicht jedoch, dass diese Unterschiede darauf beruhen, dass die schülerperzipierte Aufgabenorientierung in beiden Vergleichsgruppen ab dem zweiten Messzeitpunkt abnimmt, was in der Fortbildungsgruppe nicht geschieht. Hier hat sich also in der Zeit nach Abschluss der Fortbildung das schülerperzipierte Verhalten der Vergleichsgruppen – im Gegensatz zu den fortgebildeten Lehrkräften – in Richtung niedrigerer Aufgabenorientierung verändert.

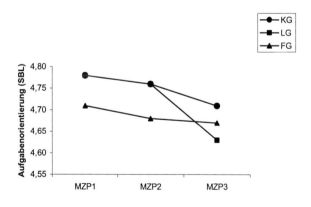

Abbildung 9.5: Mittelwerte der Skala „schülerperzipierte Aufgabenorientierung" für die Schülerinnen und Schüler der drei Vergleichsgruppen über die drei Messzeitpunkte

Autonomie/Partnerschaft

Für die Skala „Autonomie/Partnerschaft" hatten die Lehrkräfte der FG einen stärkeren Anstieg berichtet als die der Kontrollgruppe. Abbildung 9.6 zeigt, dass die Werte der Skala „Autonomie/Partnerschaft" bei der Befragung der Schülerinnen und Schüler in allen drei Gruppen vom Vor- zum Nachtest tendenziell ansteigen. Dieser Trend setzt sich zum MZP 3 lediglich in der Fortbildungsgruppe fort.

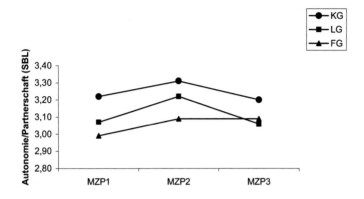

Abbildung 9.6: Mittelwerte der Skala „schülerperzipierte Autonomie/Partnerschaft" für die Schülerinnen und Schüler der drei Vergleichsgruppen über die drei Messzeitpunkte

Die Differenzen in den Urteilen unterschieden sich jedoch nicht signifikant zwischen den Gruppen (Tab. 9.9)[26].

---

[26] Einschränkend sei auf die mangelnde Reliabilität dieser Skala des Schülerfragebogens hingewiesen.

Tabelle 9.9: Ergebnisse der ANOVAS und der a priori-Kontraste zwischen der Fortbildungsgruppe (FG) und den anderen beiden Gruppen für die abhängige Variable „Autonomie/Partnerschaft" bei den Schülerinnen und Schülern

Autonomie/ Partnerschaft	A PRIORI-KONTRASTE			ANOVA	
	Kontrast	df	T	df	F
MZP2 - MZP1	FG versus KG	603	0.34	2/603	0.47
	FG versus LG	603	-0.62		
MZP3 - MZP1	FG versus KG	520	1.41	2/520	1.06
	FG versus LG	520	1.05		
MZP3- MZP2	FG versus KG	510	1.70	2/510	2.08
	FG versus LG	510	1.85		

Erwartungseffekte

Abbildung 9.7 macht deutlich, dass sich für die schülerperzipierten Erwartungseffekte in allen drei Gruppen keine wesentlichen Abfälle zeigen.

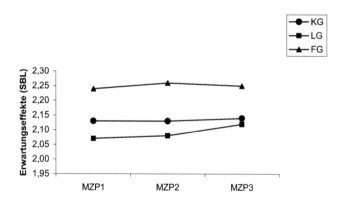

Abbildung 9.7: Mittelwerte der Skala „schülerperzipierte Erwartungseffekte" für die Schülerinnen und Schüler der drei Vergleichsgruppen über die drei Messzeitpunkte

Die Unterschiede in den Differenzen zwischen den einzelnen Messzeitpunkten fallen nicht signifikant aus. Die Schülerinnen und Schüler der Lehrkräfte der FG nehmen also keinen stärkeren Abfall erwartungsgeprägten Verhaltens bei den Unterrichtenden wahr als die Kinder der anderen beiden Gruppen (Tab. 9.10).

Tabelle 9.10: Ergebnisse der ANOVAS und der a priori-Kontraste zwischen der Fortbildungsgruppe (FG) und den anderen beiden Gruppen für die abhängige Variable „Erwartungseffekte" bei den Schülerinnen und Schülern

Erwartungs-effekte	A PRIORI-KONTRASTE			ANOVA	
	Kontrast	df	T	df	F
MZP2 - MZP1	FG versus KG	603	0,46	2/603	0,11
	FG versus LG	603	0,11		
MZP3 - MZP1	FG versus KG	520	0,02	2/520	0,18
	FG versus LG	520	-0,50		
MZP3- MZP2	FG versus KG	510	-0,78	2/510	0,45
	FG versus LG	510	-0,87		

9.2.1.4 Überzeugungen und Einstellungen der Lehrkräfte

Hinsichtlich der relevanten Überzeugungen und Einstellungen der Lehrkräfte (Zuwachstheorie, Lehrerlernzielorientierung, individuelle Bezugsnormorientierung) wird erwartet, dass kurz- und langfristig in der FG ein stärkerer Anstieg erfolgt als in den beiden Vergleichsgruppen.

Zuwachstheorie

Die Annahme, dass bei der Fortbildungsgruppe im Vergleich zu den anderen beiden Gruppen ein stärkerer Anstieg hinsichtlich der Zuwachstheorie erfolgt, kann nicht bestätigt werden. Die Verläufe in Abbildung 9.8 zeigen zwar in der FG zunächst einen Anstieg, dieser ist aber auch in der Kontrollgruppe vorhanden. Zwischen den letzten beiden Messzeitpunkten nimmt die Zuwachstheorie der Lehrkräfte nur in der Lesegruppe zu.

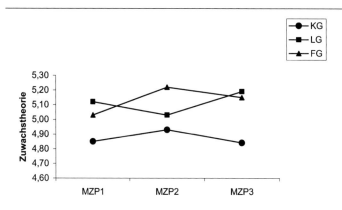

Abbildung 9.8: Mittelwerte der Skala „Zuwachstheorie" für die Lehrkräfte der drei Vergleichsgruppen über die drei Messzeitpunkte

Die Unterschiede hinsichtlich der Differenzen zwischen den Messzeitpunkten werden nicht signifikant (Tab. 9.11).

Tabelle 9.11: Ergebnisse der ANOVAS und der a priori-Kontraste zwischen der Fortbildungsgruppe (FG) und den anderen beiden Gruppen für die abhängige Variable „Zuwachstheorie" bei den Lehrkräften

	A PRIORI-KONTRASTE			ANOVA	
Zuwachstheorie	Kontrast	df	T	df	F
MZP2 - MZP1	FG versus KG	21	-0.76	2/21	0.64
	FG versus LG	21	-1.08		
MZP3 - MZP1	FG versus KG	22	-0.63	2/22	0.20
	FG versus LG	22	-0.25		
MZP3 - MZP2	FG versus KG	20	-0.21	2/20	0.60
	FG versus LG	20	0.85		

Lehrerlernzielorientierung

Für die Lehrerlernzielorientierung ergibt sich ein signifikant höherer Anstieg vom Vortest zum Follow-Up bei der FG im Vergleich zur KG und zur LG. Dabei zeigt sich deskriptiv bereits vom Vor- zum Nachtest bei der FG ein stärkerer Anstieg als in den beiden anderen Gruppen, wo die Lehrerlernzielorientierung zunächst sogar etwas abfällt (vgl. Abb. 9.9).

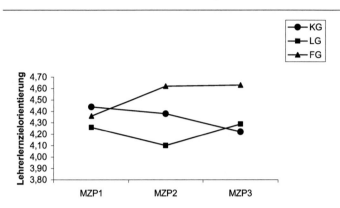

Abbildung 9.9: Mittelwerte der Skala „Lehrerlernzielorientierung" für die Lehrkräfte der drei Vergleichsgruppen über die drei Messzeitpunkte

Wie Tabelle 9.12 deutlich macht werden jedoch nur die Kontraste für die Differenzen zwischen Vortest und Follow-Up signifikant. Hier ist nur für die FG ein Anstieg zu verzeichnen, der einem Gleichbleiben (LG) bzw. einem Abfall (KG) in den anderen Gruppen gegenübersteht. Insofern kann man von langfristigen Effekten der Fortbildung auf die Lehrerlernzielorientierung ausgehen, wobei sich die FG auch gegenüber der LG im Vorteil befindet.

Tabelle 9.12: Ergebnisse der ANOVAS und der a priori-Kontraste zwischen der Fortbildungsgruppe (FG) und den anderen beiden Gruppen für die abhängige Variable „Lehrerlernzielorientierung" bei den Lehrkräften

Lehrerlern-zielorientie-rung	A PRIORI-KONTRASTE				ANOVA		
	Kontrast	df	T	ES	df	F	η^2
MZP2 - MZP1	FG versus KG	21	-1.53		2/21	2.34	
	FG versus LG	21	-2.05				
MZP3 - MZP1[27]	FG versus KG	13.09	-2.62*	1.24	2/22	3.64*	0.248
	FG versus LG	12.84	-2.27*	1.18			
MZP3 - MZP2	FG versus KG	20	-0.73		2/20	0.72	
	FG versus LG	20	0.50				

---

[27] Für die Lehrerlernzielorientierung ergab der Levene-Test für die Differenz zwischen Follow-Up und Vortest inhomogene Varianzen ($F_{(2/22)}=5{,}208$; p<.05), weshalb hier die Ergebnisse des Welch-Tests Verwendung finden.

Individuelle Bezugsnormorientierung

Hinsichtlich der individuellen Bezugsnormorientierung können die Hypothesen nicht bestätigt werden, hier ergeben sich hinsichtlich des Zuwachses keinerlei signifikante Unterschiede zwischen den drei Gruppen (Tab. 9.13)[28].

Tabelle 9.13: Ergebnisse der ANOVAS und der a priori-Kontraste zwischen der Fortbildungsgruppe (FG) und den anderen beiden Gruppen für die abhängige Variable „individuelle Bezugsnormorientierung" bei den Lehrkräften

	A PRIORI-KONTRASTE			ANOVA	
Individuelle Bezugsnorm-orientierung	Kontrast	df	T	df	F
MZP2 - MZP1	FG versus KG	19	-0.15	2/19	2.76
	FG versus LG	19	2.01		
MZP3 - MZP1	FG versus KG	19	0.02	2/19	0.54
	FG versus LG	19	0.91		
MZP3 - MZP2	FG versus KG	17	-0.56	2/17	0.84
	FG versus LG	17	-1.30		

Ein Vergleich der Verläufe in Abbildung 9.10 macht deutlich, dass sich die individuelle Bezugsnormorientierung in der Kontrollgruppe ähnlich entwickelt, wie in der Fortbildungsgruppe.

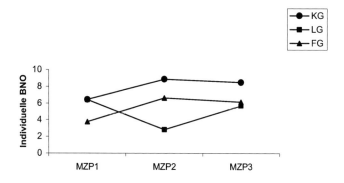

Abbildung 9.10: Mittelwerte der individuellen Bezugsnormorientierung für die Lehrkräfte der drei Vergleichsgruppen über die drei Messzeitpunkte

---

[28] Die „Kleine Beurteilungsaufgabe" wurde nicht von allen Lehrkräften ausgefüllt. Hier war allgemein eine starke Abwehrhaltung zu bemerken, auf die in der Diskussion noch einmal eingegangen wird.

9.2.1.5 Zusammenfassung der Ergebnisse bezüglich der proximalen Ziele

An dieser Stelle folgt eine kurze Zusammenfassung der Evaluationsergebnisse hinsichtlich der Veränderung von Wissen, Einstellung und Verhalten bei den Lehrkräften.

Hinsichtlich des Wissens haben sich die Wirksamkeitshypothesen in Bezug auf die Fortbildung bestätigt. Ein Wissenszuwachs vom Vortest zum Nachtest ist sowohl für die Lehrkräfte, die an der Maßnahme teilgenommen haben (FG) als auch für die Gruppe, die nur das schriftliche Material bekam (LG) nachweisbar. Der Zuwachs vom Vortest zum Follow-Up ist nur für die FG (nicht aber für die LG) signifikant. Insofern kann man im Vergleich zur reinen Bearbeitung des Materials langfristig von einer höheren Wirksamkeit der Fortbildung ausgehen.

Im selbstberichteten Lehrkraftverhalten lassen sich für die FG die erwarteten kurzfristigen Effekte im Vergleich mit der KG nur für die Skalen Aufgabenorientierung und Autonomie/Partnerschaft nachweisen, hypothesengemäß ergeben sich keine Unterschiede hinsichtlich der Differenzen zwischen Vor- und Nachtest zwischen Lesegruppe und Fortbildungsgruppe. Die angenommenen langfristigen Effekte auf das selbstberichtete Lehrkraftverhalten zeigen sich nur für die Skala „Autonomie/Partnerschaft" und nur im Vergleich der FG mit der KG.

Wie in der Selbstbeurteilung der Lehrkräfte lassen sich auch bei den Befragungen der Schülerinnen und Schüler keine Effekte hinsichtlich der Skala Erwartungseffekte des SBL nachweisen. Auch bezüglich der wahrgenommenen Autonomie/Partnerschaft können die Hypothesen nicht bestätigt werden. Allerdings zeigen sich beim schülerperzipierten Lehrkraftverhalten die angenommenen langfristigen Effekte der Fortbildung gegenüber beiden Vergleichsgruppen im Hinblick auf die wahrgenommene Aufgabenorientierung der Lehrkraft, wobei dies nur im Vergleich der letzten beiden Messzeitpunkte signifikant wird. Die Schülerinnen und Schüler der Lehrkräfte der Vergleichsgruppen nehmen bei ihren Lehrkräften im Zeitraum zwischen Nachtest und Follow-Up-Erhebung eine Verringerung der Aufgabenorientierung wahr, was bei den Kindern der FG nicht eintritt.

Hinsichtlich der Überzeugungen und Einstellungen der Lehrkräfte kann lediglich die Annahme eines langfristigen Effekts der Fortbildung auf die Lehrerlernzielorientierung bestätigt werden. Hier ist für die Lehrkräfte der FG gegenüber beiden Vergleichsgruppen ein stärkerer Anstieg vom ersten zum dritten Messzeitpunkt nachweisbar.

9.2.2 Distale Ziele: Veränderungen bei den Schülerinnen und Schülern

9.2.2.1 Antezedenzien von Wert und Erwartung

Als Antezedenzien von Wert und Erwartung gemäß dem Erwartungs-Wert-Modell sind bei den Schülerinnen und Schülern die Zuwachstheorie mathematischer Fähigkeiten sowie die Hilflosigkeit im Umgang mit Mathematik als verfestigtes ungünstiges Attributionsmuster erhoben worden.

Zuwachstheorie

Für die Zuwachstheorie wird für die Schülerinnen und Schüler der fortgebildeten Lehrpersonen ein stärkerer Anstieg vorausgesagt als für die anderen beiden Gruppen. Dies bestätigt sich für den Vergleich zwischen Nachtest und Follow-Up, wie Abbildung 9.11 verdeutlicht. Allerdings folgt diese Erhöhung einer Verringerung der Zuwachstheorie in der FG im Zeitraum zwischen Vor- und Nachtest.

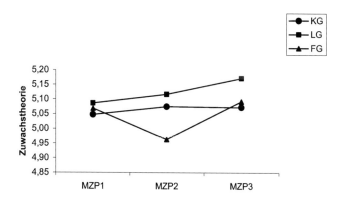

Abbildung 9.11: Mittelwerte der Skala „Zuwachstheorie" für die Schülerinnen und Schüler der drei Vergleichsgruppen über die drei Messzeitpunkte

Die nur in der FG erfolgte Abnahme zwischen den ersten beiden Messzeitpunkten führt jedoch nicht zu signifikanten Gruppenunterschieden der Differenzen zwischen Vor- und Nachtest (Tab. 9.14). Auch die Differenzen zwischen Vortest und Follow-Up-Erhebung unterscheiden sich in den Gruppen nicht signifikant. Die Unterschiede hinsichtlich der Differenzen zwischen dem zweiten und dritten Messzeitpunkt werden jedoch für beide Einzelvergleiche signifikant (siehe Tab. 9.14). Der Anstieg der Variable Zuwachstheorie ist also hypothesengemäß bei den Schülerinnen und Schülern der fortgebildeten Lehrkräfte in diesem Zeitraum stärker als der Anstieg in den anderen beiden Gruppen.

Tabelle 9.14: Ergebnisse der ANOVAS und der a priori-Kontraste zwischen der Fortbildungsgruppe (FG) und den anderen beiden Gruppen für die abhängige Variable „Zuwachstheorie" bei den Schülerinnen und Schülern

Zuwachstheorie	A PRIORI-KONTRASTE				ANOVA		
	Kontrast	df	T	ES	df	F	η^2
MZP2 - MZP1	FG versus KG	604	-1.92		2/604	2.47	
	FG versus LG	604	-1.93				
MZP3 - MZP1	FG versus KG	521	-0.62		2/521	0.25	
	FG versus LG	521	-0.62				
MZP3- MZP2	FG versus KG	510	2.48*	0.27	2/510	3.43*	.01
	FG versus LG	510	2.02*	0.22			

Hilflosigkeit

Ein ähnliches Muster zeigt sich hinsichtlich der Hilflosigkeit. Hier ist für die FG ein stärkerer Abfall als für die anderen Gruppen vorhergesagt worden.

Abbildung 9.12 macht jedoch deutlich, dass die Hilflosigkeit in der FG zunächst etwas ansteigt, was jedoch nicht zu signifikanten Gruppenunterschieden hinsichtlich der Differenzen der ersten beiden Messzeitpunkte führt (siehe Tab. 40).

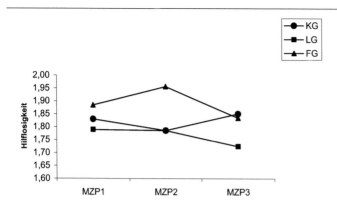

Abbildung 9.12: Mittelwerte der Skala „Hilflosigkeit" für die Schülerinnen und Schüler der drei Vergleichsgruppen über die drei Messzeitpunkte

Signifikant wird hier wiederum nur der Unterschied der Differenzen zwischen Messzeitpunkt zwei und drei. Die Hilflosigkeit nimmt in der Fortbildungsgruppe ab, während sie in der Kontrollgruppe zunimmt. Tabelle 9.15 ist zu entnehmen, dass der Abfall in der FG dabei nicht signifikant höher ist als der in der LG.

Tabelle 9.15: Ergebnisse der ANOVAS und der a priori-Kontraste zwischen der Fortbildungsgruppe (FG) und den anderen beiden Gruppen für die abhängige Variable „Hilflosigkeit" bei den Schülerinnen und Schülern

Hilflosigkeit	A PRIORI-KONTRASTE				ANOVA	
	Kontrast	df	T	ES	df	F
MZP2 - MZP1	FG versus KG	604	1.50		2/604	1.15
	FG versus LG	604	0.90			
MZP3 - MZP1	FG versus KG	521	-0.84		2/521	0.37
	FG versus LG	521	-0.61			
MZP3- MZP2	FG versus KG	510	-2.43*	0.26	2/510	2.96
	FG versus LG	510	-1.24			

9.2.2.2 Ziele und Selbstschemata

Für Selbstkonzept und Lernzielorientierung als Variablen, die die Erfolgserwartung beeinflussen, wird angenommen, dass sie bei den Schülerinnen und Schülern der fortgebildeten Lehrkräfte stärker ansteigen als bei den anderen Kindern.

Selbstkonzept

Für das Selbstkonzept ergeben sich keinerlei signifikanten Gruppenunterschiede hinsichtlich der Differenzen zwischen den einzelnen Messzeitpunkten (Tab. 9.16).

Tabelle 9.16: Ergebnisse der ANOVAS und der a priori-Kontraste zwischen der Fortbildungsgruppe (FG) und den anderen beiden Gruppen für die abhängige Variable „Selbstkonzept" bei den Schülerinnen und Schülern

Selbstkonzept	A PRIORI-KONTRASTE			ANOVA	
	Kontrast	df	T	df	F
MZP2 - MZP1	FG versus KG	603	-0.92	2/603	0.46
	FG versus LG	603	-0.23		
MZP3 - MZP1	FG versus KG	521	0.10	2/521	0.68
	FG versus LG	521	1.04		
MZP3- MZP2	FG versus KG	510	0.88	2/510	0.84
	FG versus LG	510	1.27		

Hier ähneln sich dementsprechend die Verläufe der Mittelwerte der einzelnen Gruppen sehr stark (Abb. 9.13).

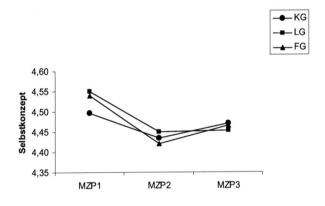

Abbildung 9.13: Mittelwerte der Skala „Selbstkonzept" für die Schülerinnen und Schüler der drei Vergleichsgruppen über die drei Messzeitpunkte

Lernzielorientierung

Für die Lernzielorientierung erfolgt in allen drei Gruppen ein Abfall (Abb. 9.14).

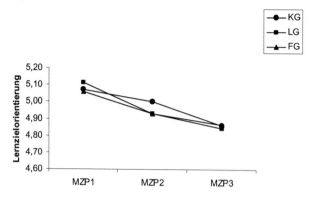

Abbildung 9.14: Mittelwerte der Skala „Lernzielorientierung" für die Schülerinnen und Schüler der drei Vergleichsgruppen über die drei Messzeitpunkte

Die Kontrastberechnungen zeigen einen signifikanten Unterschied zwischen FG und KG hinsichtlich der Differenz zwischen Nachtest und Follow-Up (Tab. 9.17). Möglicherweise hat die Intervention den entwicklungspsychologisch zu erwartenden Abfall der Lernzielorientierung (vgl. 2.3.2) abgemildert. Allerdings ist zu bedenken, dass sich die Gruppen zum dritten Messzeitpunkt sehr stark annähern und es sich bei dem signifikanten Effekt um einen kleinen Effekt (ES=0.22) handelt.

Tabelle 9.17: Ergebnisse der ANOVAS und der a priori-Kontraste zwischen der Fortbildungsgruppe (FG) und den anderen beiden Gruppen für die abhängige Variable „Lernzielorientierung" bei den Schülerinnen und Schülern

Lernziel-orientierung	A PRIORI-KONTRASTE				ANOVA	
	Kontrast	df	T	ES	df	F
MZP2 - MZP1	FG versus KG	604	-0.76		2/604	1.39
	FG versus LG	604	0.91			
MZP3 - MZP1	FG versus KG	521	0.40		2/521	1.01
	FG versus LG	521	1.37			
MZP3- MZP2	FG versus KG	510	2.01*	0.22	2/510	2.02
	FG versus LG	510	1.10			

9.2.2.3 Erfolgserwartung/ Selbstwirksamkeit

Für die Selbstwirksamkeit als Indikator der Erfolgserwartung wird angenommen, dass sie bei den Schülerinnen und Schülern der fortgebildeten Lehrkräfte stärker zunimmt als bei den anderen Kindern. Abbildung 9.14 ist zu entnehmen, dass die Selbstwirksamkeit bei der Fortbildungsgruppe langfristig ansteigt, bei den beiden anderen Gruppen vom ersten zum letzen Messzeitpunkt jedoch sinkt.

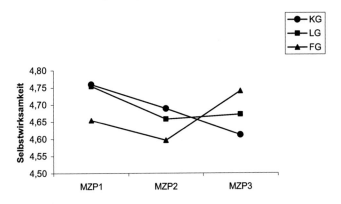

Abbildung 9.14: Mittelwerte der Skala „Selbstwirksamkeit" für die Schülerinnen und Schüler der drei Vergleichsgruppen über die drei Messzeitpunkte

Die Varianzanalysen und Kontrastberechnungen ergeben signifikante Unterschiede zwischen der FG und den anderen beiden Gruppen hinsichtlich der Differenzen vom Vortest sowie vom Nachtest zum Follow-Up (Tab. 9.18). Hier erfolgte nur in der FG ein langfristiger Anstieg der Selbstwirksamkeit. Damit haben sich alle Hypothesen für die Wirksamkeit der Intervention hinsichtlich der Selbstwirksamkeit der Schülerinnen und Schüler bestätigt.

Tabelle 9.18: Ergebnisse der ANOVAS und der a priori-Kontraste zwischen der Fortbildungsgruppe (FG) und den anderen beiden Gruppen für die abhängige Variable „Selbstwirksamkeit" bei den Schülerinnen und Schülern

Selbstwirk-samkeit	A PRIORI-KONTRASTE				ANOVA		
	Kontrast	df	T	ES	df	F	η^2
MZP2 - MZP1	FG versus KG	604	0.43		2/604	0.35	
	FG versus LG	604	0.84				
MZP3 - MZP1	FG versus KG	521	2.97**	0.32	2/521	4.76**	0.02
	FG versus LG	521	2.28*	0.25			
MZP3 - MZP2	FG versus KG	510	3.74**	0.41	2/510	7.08**	0.03
	FG versus LG	510	2.33*	0.26			

9.2.2.4 Subjektiver Wert

Es wird angenommen, dass der subjektive Wert der Mathematik bei den Schülerinnen und Schülern der FG stärker ansteigt als bei den Schülerinnen und Schülern der beiden Vergleichsgruppen. Hier wird jedoch lediglich der Unterschied zwischen FG und KG bezüglich der Differenz der letzten beiden Messzeitpunkte signifikant (Tab. 9.19).

Tabelle 9.19: Ergebnisse der ANOVAS und der a priori-Kontraste zwischen der Fortbildungsgruppe (FG) und den anderen beiden Gruppen für die abhängige Variable „subjektiver Wert" bei den Schülerinnen und Schülern

Subjektiver Wert	A PRIORI-KONTRASTE				ANOVA	
	Kontrast	df	T	ES	df	F
MZP2 - MZP1	FG versus KG	604	0.03		2/604	0.00
	FG versus LG	604	0.06			
MZP3 - MZP1	FG versus KG	521	1.30		2/521	1.11
	FG versus LG	521	0.06			
MZP3 - MZP2	FG versus KG	510	1.99*	0.22	2/510	2.03
	FG versus LG	510	0.76			

Abbildung 9.15 verdeutlicht, dass der Unterschied in einer stärkeren Abnahme des subjektiven Werts in der KG gegenüber der FG begründet liegt. Im Zeitraum zwischen Vor- und Nachtest liegt jedoch bei allen drei Gruppen eine Verringerung vor, wobei sich die Differenzen nicht signifikant unterscheiden. In Bezug auf den subjektiven Wert hat sich die Hypothese einer positiveren Entwicklung in der FG nur für den Zeitraum zwischen Nachtest und Follow-Up und nur im Vergleich mit der KG bestätigt.

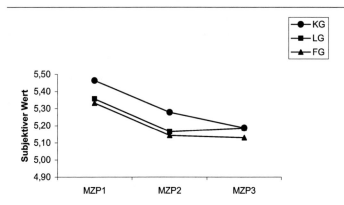

Abbildung 9.15: Mittelwerte der Skala „subjektiver Wert" für die Schülerinnen und Schüler der drei Vergleichsgruppen über die drei Messzeitpunkte

9.2.2.5 Mathematikleistung

Um die Konfundierung mit schulformabhängigen Leistungsunterschieden zu vermeiden, werden für die Berechnungen mit der abhängigen Variable „Leistung im Mathematiktest" schulformabhängige Prozentränge benutzt. Es wird angenommen, dass sich die Leistungen der Schülerinnen und Schüler der FG positiver entwickeln als die der anderen Kinder. Die Kontrastberechnungen zeigen lediglich einen signifikanten Unterschied zur Kontrollgruppe für die Differenz zwischen dem ersten und dem dritten Messzeitpunkt (Tab. 9.20). Hier wird auch die ANOVA signifikant.

Tabelle 9.20: Ergebnisse der ANOVAS und der a priori-Kontraste zwischen der Fortbildungsgruppe (FG) und den anderen beiden Gruppen für die abhängige Variable „Mathematiktest" bei den Schülerinnen und Schülern

PR im Mathematiktest	A PRIORI-KONTRASTE				ANOVA		
	Kontrast	df	T	ES	df	F	η^2
MZP2 - MZP1	FG versus KG	578	0.80		2/580	1.22	
	FG versus LG	578	-0.78				
MZP3 - MZP1	FG versus KG	515	1.95*	0.21	2/515	4.39*	0.02
	FG versus LG	515	-0.88				
MZP3 - MZP2	FG versus KG	515	0.88		2/515	1.25	
	FG versus LG	515	-0.65				

Abbildung 9.16 verdeutlicht, dass die Mittelwerte der Prozenträge für alle drei Gruppen abnehmen, wobei die Abnahme zwischen Vortest und Follow-Up bei der KG signifikant stärker ist als bei den anderen beiden Gruppen. Man kann also davon ausgehen, dass sich die Leistungen in der Kontrollgruppe negativer entwickelt haben als in den anderen beiden Gruppen.

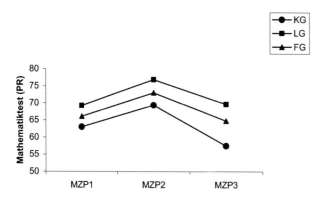

Abbildung 9.16: Mittlerer Prozentrang im Mathematiktest für die Schülerinnen und Schüler der drei Vergleichsgruppen über die drei Messzeitpunkte

Die signifikante ANOVA über die Differenz zwischen Vortest und Follow-Up deutet darauf hin, dass die Leistung in der KG stärker abfällt als in den anderen beiden Gruppen. Da hier unterschiedliche Tests benutzt wurden und diese eventuell unterschiedlich schwierig sind, könnte die Differenzbildung als problematisch angesehen werden. Deshalb wird hier zusätzlich eine ANOVA über die Prozenträge der drei Mathematiktests herangezogen (siehe Tab. 9.21). Zum ersten Messzeitpunkt unterscheiden sich die Gruppen nicht signifikant im Leistungstest. Die signifikante ANOVA zum zweiten Messzeitpunkt beruht auf Unterschieden zwischen der Lesegruppe, die hier die höchsten Mittelwerte aufweist und der Kontrollgruppe. Zum dritten Messzeitpunkt wird auch der Kontrast zwischen FG und KG signifikant. Die Kontrollgruppe schneidet hier signifikant schlechter ab, als die Fortbildungsgruppe, der Unterschied zwischen FG und LG wird nicht signifikant.

Tabelle 9.21: Ergebnisse der ANOVAS und der a priori-Kontraste zwischen der Fortbildungsgruppe (FG) und den anderen beiden Gruppen für die abhängige Variable „Mathematiktest" bei den Schülerinnen und Schülern

PR im Mathematiktest		A PRIORI-KONTRASTE				ANOVA		
		Kontrast	df	T	ES	df	F	η^2
MZP1		FG versus KG	598	1.17		2/598	2.75	
		FG versus LG	598	-1.19				
MZP2		FG versus KG	595	1.56		2/595	4.87**	0.02
		FG versus LG	595	-1.57				
MZP3		FG versus KG	531	2.73**	0.29	2/531	10.35**	0.04
		FG versus LG	531	-1.70				

Insgesamt kann man davon ausgehen, dass die Leistungen im Mathematiktest bei Schülerinnen und Schülern der FG langfristig signifikant besser sind als bei der KG.

9.2.2.6 Zusammenfassung der Ergebnisse bezüglich der distalen Ziele

Zusammenfassend kann ausgesagt werden, dass sich hinsichtlich der Schülervariablen einige der erwarteten Unterschiede nachweisen lassen, wobei meist nur der Vergleich zwischen den letzten beiden Messzeitpunkten zu signifikanten Ergebnissen führt. Es zeigen sich Effekte der Fortbildung auf die Zuwachstheorie der Schülerinnen und Schüler im Vergleich zwischen dem zweiten und dem dritten Erhebungszeitpunkt. Hier ist, wie angenommen, die FG beiden Vergleichsgruppen im Anstieg überlegen.

Bezüglich der Hilflosigkeit wird lediglich die Hypothese eines stärkeren Abfalls der FG im Vergleich zur KG im Zeitraum zwischen Nachtest und Follow-Up bestätigt.

Ähnlich verhält es sich für die Lernzielorientierung und den subjektiven Wert. Hier zeigen sich Effekte der Fortbildung in einer weniger negativen Entwicklung in der FG gegenüber der KG bei Betrachtung der letzten beiden Messzeitpunkte. Auch für die Mathematikleistung ist ein langfristiger Effekt der Fortbildung nur im Vergleich mit der KG nachweisbar. Bezüglich des Selbstkonzepts kann keine Hypothese bestätigt werden.

Die stärksten Effekte der Intervention ergeben sich bezüglich der Selbstwirksamkeit der Schülerinnen und Schüler. Hier steht ein langfristiger Anstieg in der Fortbildungsgruppe einer Verringerung der Selbstwirksamkeit in beiden Vergleichsgruppen gegenüber. Auch hier erfolgt der Anstieg hauptsächlich in der Phase nach Abschluss der Fortbildungsmaßnahme.

Insgesamt ist langfristig die motivationale Entwicklung der Schülerinnen und Schüler der Fortbildungsgruppe günstiger als die in beiden Vergleichsgruppen. Im Vergleich mit der Kontrollgruppe schneidet sie in den meisten betrachteten Variablen besser ab. Im Vergleich mit der Lesegruppe ist die Entwicklung in der Fortbildungsgruppe hinsichtlich IPT und Selbstwirksamkeit günstiger.

10 Diskussion

Ziel der vorliegenden Studie war die Förderung der Motivation von Schülerinnen und Schülern im Mathematikunterricht durch Erhöhung des pädagogisch-psychologischen Wissens der Lehrkräfte. Zu diesem Zweck wurde eine Interventionsmaßnahme für Lehrkräfte konzipiert und evaluiert. Die Basis der Untersuchung stellte das erweiterte Erwartungs-Wert-Modell nach Eccles (1983) dar. Für die Auswahl der Inhalte wurden Ergebnisse der Motivationsforschung und Resultate zu Bedingungen, Prinzipien und Auswirkungen des Lehrkraftverhaltens berücksichtigt. Bei der Konzeption wurde besonderes Augenmerk auf zielgruppengerechte schriftliche Materialien und Vermittlungsmethoden gerichtet und es wurde der Versuch unternommen, potentielle Probleme bei Durchführung und Evaluation der Maßnahme zu antizipieren. In der folgenden Diskussion soll die Wirksamkeit der Maßnahme im Vordergrund stehen, es wird aber auch auf forschungsmethodische Probleme im Zusammenhang mit den Probanden und Instrumenten der Studie sowie auf inkonsistente Ergebnismuster eingegangen. Schließlich wird ein Ausblick auf mögliche Erweiterungen und Nachfolgeuntersuchungen gegeben. Es werden Modifikationen der Maßnahme sowie alternative Einsatzmöglichkeiten diskutiert.

10.1 Akzeptanz des Programms

Die Akzeptanz der Fortbildungsmaßnahme kann aufgrund der Befragung der Teilnehmenden als gewährleistet angenommen werden. Die eingesetzten Methoden und die behandelten Themen sind positiv beurteilt worden. Die schriftlichen Materialien sollten etwas gekürzt werden. Nur eine Teilnehmerin hat darüber geklagt, dass das Matcrial zu schwierig sei. Besonders positiv sind der Austausch mit Kollegen und der Einsatz von kooperativen Lehrmethoden bewertet worden. Wie bei der Konzeption vermutet, haben die Lehrkräfte ein hohes Bedürfnis nach Erfahrungsaustausch. Wichtig ist es, darüber die Vermittlung der Inhalte nicht zu vernachlässigen. Die Lehrkräfte haben die Tatsache, dass man einige Materialien direkt im Unterricht einsetzen konnte lobend hervorgehoben. Auch der Einsatz des pädagogischen Doppeldeckers kann als geglückt beurteilt werden. Die Klagen über Zeitmangel bei der Umsetzung im Unterricht liegen in der Natur einer zeitlich begrenzten Fortbildungsmaßnahme begründet. Entsprechend wäre eine längerfristige Begleitung der Lehrkräfte wünschenswert. Insgesamt haben die Lehrkräfte der Fortbildungsgruppe die Maßnahme positiver beurteilt als die Lesegruppe.

10.2 Wirksamkeit der Fortbildungsmaßnahme

10.2.1 Veränderungen bei den Lehrkräften

Das Ziel der Wissensvermittlung ist im Rahmen der vorliegenden Studie erreicht worden. Bei allen Lehrkräften, die sich mit den Fortbildungsmaterialien beschäftigt haben, hat sich das Wissen erhöht. Hypothesengemäß sind diese Effekte langfristig nur für die Gruppe erhalten geblieben, die an der Fortbildungsmaßnahme teilgenommen hat. Die Arbeit in der Gruppe und eine Anleitung und Supervision durch Psychologinnen scheinen dem langfristigen Kenntniserwerb förderlich zu sein. Zieht man die Ergebnisse der qualitativen Befragung heran, so sind hier der Austausch mit Kollegen, der Einbezug von Theorie und Praxis sowie die Anwendung kooperativer Lehrmethoden besonders positiv bewertet worden.

Die Ergebnisse der Beurteilungen des eigenen Verhaltens durch die Lehrkräfte sind inkonsistent. Die selbstberichtete Aufgabenorientierung ist bei den fortgebildeten Lehrkräften im Gegensatz zur Kontrollgruppe vom ersten zum zweiten Messzeitpunkt angestiegen, allerdings ohne signifikanten Unterschied zur Lesegruppe. Das Ergebnis entspricht dem Wissenszuwachs in Fortbildungs- und Lesegruppe in diesem Zeitraum. Es ist nicht auszuschließen, dass die Lehrkräfte hier aufgrund ihres Kenntnisstandes im Sinne der „sozialen Erwünschtheit" geantwortet haben, anstatt ihr tatsächliches Verhalten im Unterricht zu beurteilen. Ähnlich lässt sich der im Vergleich mit der Kontrollgruppe erhöhte Zuwachs auf der Skala Autonomie/ Partnerschaft interpretieren, wobei sich hier auch langfristig (im Vergleich zwischen Vortest und Follow-Up) ein höherer Anstieg als in der Kontrollgruppe gezeigt hat. Die Unterschiede zur Lesegruppe werden allerdings auch hier nicht signifikant. Hinsichtlich der Erwartungseffekte haben sich keine der erwarteten Veränderungen eingestellt.

Schlussfolgerungen zur Wirksamkeit der Maßnahme können ohnehin nicht nur auf selbstberichtetes Verhalten gestützt werden. Aussagekräftiger sind die Ergebnisse dann, wenn die Schülerinnen und Schüler ebenfalls Veränderungen im Lehrkraftverhalten wahrnehmen. Dies ist nur für die Skala Aufgabenorientierung der Fall. Im Gegensatz zu den Lehrkräften haben die Schülerinnen und Schüler hier jedoch einen Anstieg der Fortbildungsgruppe vom zweiten zum dritten Messzeitpunkt wahrgenommen, dem eine Verringerung in beiden Vergleichgruppen gegenübersteht. Allerdings muss man hierbei bedenken, dass sich die festgestellten Gruppenunterschiede auf Veränderungen beziehen. Die schülerperzipierte Aufgabenorientierung in der Fortbildungsgruppe ist zum dritten Messzeitpunkt nicht höher als in den Vergleichsgruppen. Der positive Effekt der Fortbildung auf aufgabenorientiertes Verhalten spiegelt sich jedoch in der qualitativen Befragung der Lehrkräfte: Alle Fortbildungsteilnehmer haben über einen verstärkten Einsatz aufgabenorientierter Methoden berichtet.

Gleichzeitig ist die unterrichtsbezogene Lernzielorientierung der fortgebildeten Lehrkräfte im Zeitraum zwischen Vortest und Follow-Up-Untersuchung angestiegen. Dieses Ergebnis kann zur Erklärung der Unterschiede zwischen selbstberichtetem und schülerperzipiertem aufgabenorientierten Lehrkraftverhalten herangezogen werden. Empirische Studien haben gezeigt, dass die Lernzielorientierung der Lehrkraft und die Verwendung aufgabenorientierter Unterrichtspraktiken zusammenhängen (Greene et al., 2004). Insofern kann sich die Erhöhung der Lernzielorientierung der Lehrkräfte in einem Anstieg des schülerperzipierten aufgabenorientierten Verhaltens widerspiegeln. Dass bei den fortgebildeten Lehrkräften nur im Zeitraum zwischen den ersten beiden Messzeitpunkten eine vergleichsweise hohe Steigerung der selbstberichteten Aufgabenorientierung erfolgt ist, lässt sich mit der Erhöhung des Wissens um die Motivationsförderlichkeit solcher Praktiken erklären. Längerfristig kann dieser Wissenszuwachs zu einer Erhöhung der unterrichtsbezogenen Lernzielorientierung geführt haben, die von den Lernenden wiederum im Sinne stärker aufgabenorientierten Lehrkraftverhaltens wahrgenommen worden ist. Es ist aber auch möglich, dass das Ausprobieren neuer Unterrichtspraktiken bei den Lehrkräften zu einer Änderung der Lernzielorientierung geführt hat. Guskey (1986) geht davon aus, dass erst die Erfahrung, dass neue Unterrichtspraktiken sich positiv auf die Schülerinnen und Schüler auswirken zu veränderten Einstellungen und Überzeugungen führt.

Dass sich keine Effekte hinsichtlich der IPT der Lehrkräfte nachweisen lassen, kann mit der Schwierigkeit der Änderung grundlegender Einstellungen zusammenhängen (zusammenfassend Eagly & Chaiken, 1993). Hong et al. (1999) postulieren, dass die impliziten Theorien ein grundlegendes motivationales System darstellen, an dem sich alle Handlungen und Interpretationen von Leistungsergebnissen orientieren. In ihren Studien stellte sich heraus, dass IPT nicht so leicht manipulierbar sind wie Zielorientierungen (vgl. auch Molden & Dweck, 2000).

Die individuelle Bezugsnormorientierung ist bereits in den Skalen zur Aufgabenorientierung enthalten, ergänzend wurde die kleine Beurteilungsaufgabe von Rheinberg (1980) eingesetzt. Hier haben sich keine Veränderungen nachweisen lassen. Dazu muss allerdings angemerkt werden, dass die meisten Lehrkräfte diesen Teil des Fragebogens nur widerwillig angingen und die Aufgabenstellung ihnen nicht behagte. Rheinberg et al. (1980) konnten in einer Interventionsstudie, die gezielt eine individuelle Bezugsnormorientierung hervorrufen sollte, ebenfalls keine Effekte auf die kleine Beurteilungsaufgabe nachweisen. Die kleine Beurteilungsaufgabe erfasst den Beurteilungsmaßstab, den die Lehrkraft selbst für gerecht hält (Rheinberg et al., 1980). Eventuell haben die Lehrkräfte zwar ihre Rückmeldungen an die Schülerinnen und Schüler modifiziert, weil sie gelernt haben, dass die Anwendung individueller Bezugsnormen die Motivation fördert, ihre Einstellung darüber, was sie selbst als gerecht empfinden, hat sich aber nicht entsprechend verändert.

Insgesamt haben sich in der Fortbildungsgruppe im Vergleich zur Wartekontrollgruppe und zur Lesegruppe stärkere Veränderungen eingestellt. Verglichen mit der Lesegruppe ist der Wissenszuwachs nicht so schnell abgesunken und langfristig hat sich in der Fortbildungsgruppe eine positivere Entwicklung sowohl hinsichtlich der unterrichtsbezogenen Lernzielorientierung als auch bezogen auf die schülerperzipierte Aufgabenorientierung gezeigt. Insofern kann man von einer langfristigen Wirksamkeit der Fortbildung hinsichtlich der unterrichtbezogenen Lernzielorientierung und des aufgabenorientierten Verhaltens der Lehrkräfte sowie von einem langfristigen Wissenszuwachs durch die Teilnahme an der Maßnahme ausgehen.

10.2.2 Veränderungen bei den Schülerinnen und Schülern

Bei den Schülerinnen und Schülern haben sich hypothesengemäß kurzfristig – im Vergleich zwischen Vortest und Nachtest – keine signifikanten Effekte der Maßnahme gezeigt. Bei Betrachtung der letzten beiden Messzeitpunkte haben sich für die Fortbildungsgruppe deutliche Hinweise auf die Wirksamkeit des Programms ergeben. Im Vergleich zur Wartekontrollgruppe weisen die Schülerinnen und Schüler der Fortbildungsgruppe einen stärkeren Abfall der Hilflosigkeit, eine geringere Abnahme der Lernzielorientierung und des subjektiven Werts und bessere Mathematikleistungen auf. Gleichzeitig sind Zuwachstheorie und Selbstwirksamkeit im Zeitraum zwischen den letzten beiden Erhebungszeitpunkten stärker angestiegen als in beiden Vergleichgruppen. Bei der Interpretation der Ergebnisse bezüglich der der Lernzielorientierung und des subjektiven Werts ist zu bedenken, dass sich die Gruppen hier über die drei Messzeitpunkte stark annähern, was mit Regressionseffekten begründet werden könnte. Diese treten jedoch primär beim Vergleich von Prä-Post-Veränderungen in Extremgruppen auf (Nachtigall & Suhl, 2002). Da die Vortestwerte der drei Vergleichsgruppen der vorliegenden Untersuchung sich nicht signifikant unterschieden haben, können die signifikanten Gruppenunterschiede im Sinne der Wirksamkeit der Intervention interpretiert werden.

Deskriptiv ist in der Fortbildungsgruppe im Zeitraum zwischen Vor- und Nachtest zunächst eine Zunahme der Hilflosigkeit und eine Verringerung der Zuwachstheorie eingetreten. Dies führt jedoch nicht zu signifikanten Gruppenunterschieden in der Entwicklung zwischen den ersten beiden Messzeitpunkten. Ohnehin waren hier keine Hypothesen formuliert worden, da nicht zu erwarten war, dass sich Auswirkungen der Intervention auf die Schülervariablen bereits so kurz nach Abschluss der Maßnahme zeigen. Tatsächlich haben sich die positiven Wirkungen auf die Hilflosigkeit und die Zuwachstheorie erst nach einiger Zeit und einer vorhergehenden (minimalen) „Verschlechterung" eingestellt. Hier ist von „Sleeper-Effekten" auszugehen, wie sie beispielsweise in den Untersuchungen von Ball (1988) sowie Ziegler und Heller (1998) aufgetreten sind (vgl. 6.2.2).

Erfreulich sind die Effekte der Maßnahme auf die Mathematikleistungen. Die objektiven Leistungstests sind hinsichtlich der Inhalte der Intervention trainingsferne Instrumente. Nach dem zugrundeliegenden Erwartungs-Wert-Modell ist anzunehmen, dass sich die Leistungen vermittelt über motivationale Variablen verbessern. Allerdings haben sich auch bei den Schülerinnen und Schülern der Lesegruppe nach Abschluss der Maßnahme bessere Mathematikleistungen als in der Kontrollgruppe ergeben. Eventuell hat sich hier besonders die positivere Entwicklung der Hilflosigkeit in Fortbildungs- und Lesegruppe ausgewirkt. Da sich in Studien zum erweiterten Erwartungs-Wert-Modell stets besonders hohe Zusammenhänge zwischen Leistung und Erfolgserwartung zeigen (vgl. 2.2.2), ist aber anzunehmen, dass sich längerfristig die positive Entwicklung der Selbstwirksamkeit in der Fortbildungsgruppe in noch stärker verbesserten Leistungen niederschlägt.

Für die Selbstwirksamkeit haben sich die höchsten Effekte der Interventionsmaßnahme gezeigt. Die Entwicklung in der Fortbildungsgruppe unterscheidet sich signifikant von der in beiden Vergleichgruppen. Die Selbstwirksamkeit der Schülerinnen und Schüler der Fortbildungsgruppe ist insbesondere im Zeitraum zwischen dem zweiten und dritten Messzeitpunkt angestiegen. Diesem Ergebnis steht ein Rückgang der Selbstwirksamkeit in der Kontrollgruppe gegenüber, was für einen Motivationsrückgang spricht, wie er empirisch häufig ab dem Jugendalter zu beobachten ist (Jacobs et al., 2002; Rustemeyer & Fischer, 2005; Schunk & Pajares, 2002).

In diesem Zusammenhang ist es verwunderlich, dass für das Selbstkonzept, welches konzeptionell eng mit der Selbstwirksamkeit verwandt ist, keine Effekte der Intervention nachzuweisen sind. Einen Erklärungsansatz hierfür liefern die Betrachtungen von Bong und Skaalvik (2003). Sie stellen Unterschiede zwischen den beiden Variablen heraus und betonen, dass das Selbstkonzept stark auf die Evaluation bestimmter Fähigkeiten fokussiert, während die Selbstwirksamkeit sich darauf bezieht, was sich die einzelne Person mit den vorhandenen Fähigkeiten zutraut. Die Effekte der Interventionsmaßnahme auf die Selbstwirksamkeit sind dementsprechend mit einer angestiegenen Erfolgserwartung bei den Schülerinnen und Schülern der Fortbildungsgruppe zu erklären. Das Selbstkonzept, das stärker mit einer Bewertung eigener Fähigkeiten in Zusammenhang steht, bleibt unbeeinflusst.

Insgesamt hat sich die Wirksamkeit der Interventionsmaßnahme auch für die Schülerinnen und Schüler bestätigt. Bei Betrachtung aller Variablen schneiden die von den fortgebildeten Lehrkräften unterrichteten Jugendlichen noch besser ab als die Schülerinnen und Schüler der Lesegruppe. Vor dem Hintergrund des zugrunde gelegten Erwartungs-Wert-Modells lässt sich festhalten, dass bei den Lernenden vor allem die Erfolgserwartung (Selbstwirksamkeit) angestiegen ist.

10.3 Auswirkungen methodischer Probleme auf die Evaluationsergebnisse

10.3.1 Komplexität der Maßnahme und Effektstärken

Mit dem Programm wurde den Lehrkräften breites Hintergrundwissen vermittelt, dass situationsspezifisch im Unterricht angewendet werden kann. Die Berücksichtigung der Komplexität des Schulalltags (vgl. 4.3.1) erschwert allerdings die Evaluation. Es ist unmöglich, alle intendierten Veränderungen über ein ökonomisches Erhebungsinstrumentarium zu erfassen. Die Evaluation von Programmen, die gezielt nur eine Fertigkeit ansprechen, ist entsprechend einfacher.

Durch die Berücksichtigung der Kontextspezifität des Unterrichtsgeschehens bei der Konzeption der Maßnahme ergeben sich relativ geringe Effektstärken bei den Schülerinnen und Schülern (vgl. 8.2). Diese sind in der Unterrichtsforschung jedoch durchaus normal. Nach Ditton (2002b) sind bei der Untersuchung von Unterrichtsfaktoren maximal Effektstärken von .30 bis .40 zu erwarten. Er warnt davor, sich zu sehr auf erklärungsstarke Faktoren zu fixieren, da große Effekte „in der Regel eher für triviale Beziehungen oder pädagogisch schwer beeinflussbare Variablen gefunden" (S. 205) werden[29]. Da angenommen wird, dass sich die Fortbildungsmaßnahme in vielen Bereichen des Unterrichtsgeschehens auswirkt, ist aufgrund des „Trade-Off" zwischen Effektstärke und Effektbreite (Klauer, 2001) von geringen Effektstärken auszugehen. In der kleinen Stichprobe der Lehrkräfte wurden entsprechend der Stichprobengröße nur große Effekte signifikant. Die gefundenen Effekte auf Lehrerseite sind denn auch für die Unterrichtsforschung erstaunlich hoch.

10.3.2 Selbstselektion und Kooperation der Lehrkräfte

Bei der Interpretation der Daten zur Wirksamkeit muss bedacht werden, dass es insgesamt schwierig war, Lehrkräfte für die Teilnahme am Projekt zu gewinnen. Insofern handelt es sich hier um eine selektierte Stichprobe hoch motivierter Personen. Wie unter 4.3.3 bereits dargestellt, sind mit freiwilligen Fortbildungsmaßnahmen nur Lehrkräfte mit hohem Enthusiasmus zu erreichen. Dies war auch in der vorliegenden Studie der Fall. Bereits die Rekrutierung der Lehrkräfte für die Teilnahme am Projekt stellte sich als schwierige Aufgabe dar. An-

---

[29] Interessieren zum Beispiel Effekte auf die Schulleistung, so ist als eine der erklärungsmächtigsten individuellen Determinanten die Intelligenz zu nennen (Helmke & Schrader, 2001). Der Zusammenhang zwischen Intelligenz und Leistung ist relativ trivial, gleichzeitig ist Intelligenz pädagogisch relativ schwer manipulierbar.

gesichts des hohen alltäglichen Arbeitsaufwandes, von dem die angesprochenen Lehrkräfte berichteten, scheuten sich viele vor zusätzlichen Verpflichtungen. Da die Durchführung einer Evaluationsstudie mit mehreren Messzeitpunkten eine gute Zusammenarbeit mit den teilnehmenden Lehrkräften erfordert, steht die Vermeidung einer Verstimmung der Probanden im Vordergrund. Bereits in der Voruntersuchung hatte sich gezeigt, dass insbesondere der Wissenstest von den Lehrenden nur widerwillig bearbeitet wurde. Das führte zu der Entscheidung, ihn bei der Kontrollgruppe zu den weiteren Messzeitpunkten nicht einzusetzen, um einer möglichen Verärgerung der Lehrkräfte vorzubeugen. Es ist nicht davon auszugehen, dass sich das spezifische, in der Fortbildung vermittelte Wissen bei den Probanden der Kontrollgruppe erhöht hat, trotzdem wäre die Aussagekraft der Ergebnisse höher bei Vorliegen der kompletten Daten für alle drei Messzeitpunkte. Mangelnde Kooperation zeigten die Lehrkräfte auch bezogen auf die kleine Beurteilungsaufgabe.

Bei den Daten der Schülerinnen und Schüler traten die durch Schul- und Klassenwechsel bedingten vorhergesehenen Ausfälle ein. Allerdings mussten auch bei den Lehrkräften Einbußen in Kauf genommen werden. Zum zweiten Messzeitpunkt war es nicht möglich, die Daten aller Lehrkräfte einzuholen, da sich zwei Lehrkräfte außerstande sahen, die Fragebögen auszufüllen (vgl. 4.3.2). Aufgrund der kleinen Stichprobe wurden die Daten ihrer Schülerinnen und Schüler dennoch berücksichtigt. Zum dritten Messzeitpunkt fiel die Klasse eines Lehrers weg, da dieser einen Schulwechsel vorgenommen hatte. Der Stellenwechsel war mit einem beruflichen Aufstieg verbunden, für den der Lehrer (nach eigenen Angaben) auch Inhalte der Fortbildung genutzt hatte. Leider konnte er somit für die langfristige Evaluation nicht mehr herangezogen werden.

Die deskriptiven Daten zeigen eine hohe Ausgangsmotivation bei allen Schülerinnen und Schülern und eine positive Bewertung des Lehrkraftverhaltens bei den Probanden aller drei Gruppen. Die Ergebnisse wären vermutlich noch positiver ausgefallen, wenn es gelungen wäre, auch die Lehrkräfte einzubeziehen, deren Schülerinnen und Schüler eine weniger günstige motivationale Ausgangslage aufweisen.

10.4 Mögliche Wirkungen der Intervention

Innerhalb dieser summativ-globalen Evaluation wurden die Wirkungen, die für die Effekte der Intervention verantwortlich sind, nicht im Einzelnen untersucht. Die Frage, aufgrund welcher spezifischen Veränderungen bei den Lehrkräften die günstige motivationale Entwicklung der Schülerinnen und Schüler zustande kam, bleibt deshalb teilweise ungeklärt. Dies ist aber in der Interventionsforschung im Kontext Schule kein ungewöhnliches Phänomen. Beispielhaft sei hier noch einmal die Studie von Stipek et al. (1998) genannt (vgl. 4.2). Hier erfolgte die Evaluation zum großen Teil über Videomaterial. Die Leistungen der Schülerinnen und Schüler wurden besser, es konnten aber keine der erwünschten Unterschiede und Veränderungen im Lehrkraftverhalten beobachtet werden.

Es ist davon auszugehen, dass der in der vorliegenden Studie nachweisbare Wissenszuwachs bei den Lehrkräften Verhaltensänderungen bedingt. Allein die Warnung an Lehrpersonen vor möglichen Auswirkungen ihrer Erwartungen kann zu vermindertem differenzierenden Verhalten seitens der gewarnten Lehrkräfte führen (Babad, 1993). Ein ähnlicher Effekt des Wissenszuwachses könnte sich in der vorliegenden Stichprobe eingestellt haben. Die Annahme der Beeinflussbarkeit von Lehrkraftverhalten durch Wissensvermittlung wird auch gestützt durch Ergebnisse zum Zusammenhang zwischen pädagogischer Expertise und Handlungskompetenz von Grundschullehrkräften (Weinert & Helmke, 1996; vgl. auch Krauss et al., 2004). Es ist anzunehmen, dass sich das Verhalten der Lehrkräfte, über die mit dem eingesetzten Instrumentarium erfassten Veränderungen hinaus, gewandelt hat.

Die Antworten auf die offenen Fragen zeigen, dass sowohl die fortgebildeten Lehrkräfte als auch die Probanden der Lesegruppe vor allem ihr Rückmeldeverhalten verändert haben und sich stärker selbst im Unterricht beobachten als früher. Die Forschung zu Reattributionstrainings hat gezeigt, dass sich Kommentare der Lehrkräfte auf die Attributionen der Lernenden auswirken (vgl. 3.3.1). Die Hilflosigkeit kann als verfestigtes Muster ungünstiger Attributionen betrachtet werden. Insofern spiegelt sich in der Verringerung der Hilflosigkeit in Fortbildungs- und Lesegruppe vermutlich das in beiden Gruppen veränderte Rückmeldeverhalten der Lehrkräfte wieder. So ist auch zu erklären, dass die Hilflosigkeit nicht nur in der Fortbildungs-, sondern auch in der Lesegruppe gesunken ist.

Einen weiteren Erklärungsansatz für die Wirksamkeit des vorliegenden Programms bietet das von den Schülerinnen und Schülern wahrgenommene stärkere aufgabenorientierte Verhalten ihrer Lehrkräfte. Enge Zusammenhänge zwischen wahrgenommenem aufgabenorientiertem Lehrkraftverhalten und Selbstwirksamkeit im Fach Mathematik berichtet Wolters (2004). Auch die Ergebnisse von Satow (2000) sprechen für Beziehungen eines aufgabenorientierten Lehrkraftverhaltens mit Selbstwirksamkeit und Leistung. Die Gruppenunterschiede hinsichtlich der schülerperzipierten Aufgabenorientierung beruhen in der vorliegenden Untersuchung jedoch rein auf unterschiedlichen Entwicklungen innerhalb der Gruppen. In den Vergleichsgruppen kam es im Zeitraum zwischen Nachuntersuchung und Follow-Up im Gegensatz zur Fortbildungsgruppe zu einem Rückgang. Anders sieht es aus, wenn man die Lehrerlernzielorientierung betrachtet. Diese ist zum dritten Messzeitpunkt in der Fortbildungsgruppe wesentlich höher ausgeprägt als in den beiden anderen Gruppen. Möglicherweise hat sich die Änderung dieser unterrichtsbezogenen Einstellung der Lehrkräfte positiv auf die Motivation (und hier insbesondere auf die Selbstwirksamkeit) der Schülerinnen und Schüler ausgewirkt.

10.5 Ausblick

10.5.1 Mögliche Modifikationen des Programms

Die vorliegende Studie hat gezeigt, dass die Vermittlung pädagogisch-psychologischen Wissens in Form einer Fortbildungsmaßnahme zu veränderten Verhaltensweisen und Einstellungen bei den Lehrkräften und darüber zu Veränderungen bei den Schülerinnen und Schülern führen kann. Um wissenschaftliche Resultate praktisch nutzbar zu machen, ist es nötig, die Inhalte mit Blick auf die Zielgruppe der Lehrkräfte aufzuarbeiten und zu vermitteln (vgl. Plath, 1998; Spinath, 2002). Die innerhalb der Fortbildungsmaßnahme eingesetzten Vermittlungsmethoden waren dabei wirksamer als das reine Lesen zielgruppengerecht formulierter Texte. Für die Motivierung der Lehrkräfte und die Festigung des zu erwerbenden Wissens hat es sich bewährt, auf die Selbstbestimmungstheorie von Deci und Ryan (1986) zurückzugreifen. Auch in anderen aktuellen Veröffentlichungen wird postuliert, den Lehrkräften Autonomie einzuräumen und sie als Experten für Unterrichtssituationen einzubeziehen (Gräsel et al, 2004; Spinath, 2002; Zedler, Fischler, Kirchner & Schröder, 2004). Der Einsatz kooperativer Lehrmethoden im Rahmen des pädagogischen Doppeldeckers sowie die Bereitstellung von Unterrichtsmaterial wurden positiv bewertet. Das Material könnte mit geringen Überarbeitungen weiterhin eingesetzt werden. Es sollte etwas gekürzt, vereinfacht und noch stärker mit praktischen Beispielen angereichert werden. Ergänzende Materialien für den direkten Einsatz im Unterricht kämen dem Wunsch der Lehrkräfte nach spezifischen Hinweisen für den Unterricht entgegen (vgl. Gräsel et al., 2004). Die im Programm eingesetzten Methoden sollten beibehalten werden.

Eine längerfristige Begleitung der Lehrkräfte käme dem Prozesscharakter von Lehrerbildung entgegen (Grouws & Schultz, 1996). Der Vorschlag eines Lehrers, die Sitzungen im vierwöchigen Abstand stattfinden zu lassen, ist sicher überdenkenswert. So hätten die Lehrkräfte mehr Zeit, die Inhalte der einzelnen Lektionen im Unterricht umzusetzen. Andererseits gibt es auch Vorteile einer „komprimierteren" Darbietung der Inhalte: Das Wissen der vorigen Lektion ist schneller abrufbar und ein überschaubarer Zeitraum, in dem die Fortbildungsmaßnahme statt findet, ist für die Lehrkräfte attraktiver. Eine regelmäßige „Auffrischung" der Fortbildungsinhalte in größeren Zeitabschnitten wäre in jedem Fall wünschenswert. Zusätzliche Treffen in größeren Abschnitten würden Erfolge der Maßnahme festigen. Es muss jedoch mit Schwierigkeiten bei der Terminkoordinierung mit den Lehrkräften gerechnet werden. Probleme der Gewinnung von Teilnehmern für lehrkräftebezogene Fortbildungsmaßnahmen werden auch im Zusammenhang der Umsetzungen des Forschungsschwerpunkts BIQUA berichtet (Gräsel et al., 2004; Zedler et al. 2004). Realistischerweise ist eine längerfristig ausgelegte Maßnahme nur bei extrem hoch motivierten Lehrkräften umsetzbar.

Um die Zeit für Erprobungen im Unterricht zu verlängern und eine langfristige Supervision der Effekte zu gewährleisten, könnte im Anschluss an die Maßnahme die Bildung von sogenannten „Lehrertandems" erfolgen, in denen sich zwei Lehrkräfte gegenseitig beobachten und supervidieren (Gräsel et al., 2004; Guskey, 1986). Eine besonders zentrale Größe für die Erzielung dauerhafter Veränderungen ist die Kooperation der Schulleitung (Guskey, 1997) und des Umfeldes. Gräsel et al. (2004) berichten im Zusammenhang mit einer Fortbildungsmaßnahme für Chemielehrkräfte von besonderer Resonanz an Schulen, in denen die interne Zusammenarbeit bereits vor der Intervention stark ausgeprägt war. Insofern empfehlen sie, „dass Fortbildungen vor ihrem Beginn systematischer in bestehende Kooperationsstrukturen verankert werden müssen" (S. 148). Insofern wären schulinterne Fortbildungsmaßnahmen, an denen ein ganzes Kollegium teilnimmt, eventuell noch wirkungsvoller als das vorliegende Programm.

10.5.2 Mögliche Erweiterungen der Evaluationsstudie

Die Frage nach der Wirksamkeit einzelner Lektionen ist noch zu überprüfen. Interessant wäre die Einführung eines weiteren Messzeitpunktes, um die Langfristigkeit der Erfolge zu gewährleisten. Allerdings ist dies aufgrund von Lehrerwechseln nicht praktikabel. Um die langfristige und klassenübergreifende Wirksamkeit zu untersuchen wäre es aufschlussreich zu überprüfen, ob die fortgebildeten Lehrkräfte in anderen Klassen ebenso günstige motivationale Entwicklungen hervorrufen können.

Eine Ergänzung durch Videoaufnahmen im Unterricht würde eine direkte Beurteilung von Rückmeldeverhalten und aufgabenorientierten Unterrichtspraktiken der Lehrkräfte erlauben. Hier ist allerdings eine ablehnende Haltung der Lehrkräfte zu erwarten (Helmke & Helmke, 2004). Verzichtet man auf Videoaufnahmen, ist die Einschätzung der Schülerinnen und Schüler, wie sie in der vorliegenden Studie erhoben wurde, vermutlich die nützlichste Datenquelle, wenn man auf eine Förderung der Lernenden abzielt. Für die Leistungsentwicklung konnte Clausen (2002) zeigen, dass die Wahrnehmungen des Lehrkraftverhaltens durch die Schülerinnen und Schüler aussagekräftiger sind als die Beurteilung von Videomaterial durch externe Rater. Studien, die Urteile von unabhängigen Beurteilern kurzer Videosequenzen und Beurteilungen der Schülerinnen und Schüler vergleichen, zeigen außerdem hohe Übereinstimmungen (Babad et al., 2003; Worrell & Kuterbach, 2001). Insofern ist davon auszugehen, dass Schülerinnen und Schüler ihre Lehrkräfte bezüglich beobachtbaren Verhaltens relativ objektiv beurteilen können. Allerdings ist es für Lernende der Orientierungsstufe eine ungewohnte Aufgabe, sich für eine komplette Schulstunde auf die Beantwortung von Fragebogenitems zu konzentrieren. Die Erfahrungen haben aber gezeigt, dass sie sich größtenteils sehr eifrig an die Bearbeitung der Fragen begeben haben, wobei ihnen insbesondere die Beurteilung des Lehrkraftverhaltens Freude breitete. Hier wäre zu überlegen, das schülerperzipierte Lehrkraftverhalten zukünftig zusätzlich durch offene Fragen oder Diskussionsrunden zu erheben, um in den bisherigen Fragen nicht berücksichtigte Verhaltensweisen offen zu legen.

Zusätzlich zur Beurteilung des Lehrkraftverhaltens durch die Schülerinnen und Schüler wurden die Lehrkräfte in der vorliegenden Studie selbst über ihr Verhalten befragt. Hier sind aber Konfundierungen mit dem erworbenen Wissen unvermeidbar, weshalb die Ergebnisse mit Vorsicht zu interpretieren sind. Es ist möglich, dass die Lehrkräfte im Zusammenhang mit dem nachweisbaren Wissenszuwachs auch Überzeugungen und Einstellungen verändert haben, die mit dem Instrumentarium nicht erhoben wurden. Um das abzuklären, wäre der Einsatz weiterer Instrumente wünschenswert. Allerdings sollte man, um die Kooperation der Lehrkräfte zu sichern, den Arbeitsaufwand für die Probanden so gering wie möglich halten. Weitere Instrumente sind demnach nur einzuführen, wenn ein großer Nutzen erwartet wird. Für Studien zur Abklärung der spezifischen Wirkungen der Maßnahme sollte der Einbezug weiterer Zielvariablen vor diesem Hintergrund erwogen werden. Nützlich wäre in diesem Zusammenhang auch ein Einblick in die Aufzeichnungen der Hausaufgaben. Darauf wurde, wie unter 5.2 dargelegt, jedoch verzichtet, um ein größeres Engagement der Lehrkräfte zu erreichen. Aufgrund des erhöhten Arbeitsaufwandes wäre es vermutlich auch kaum praktikabel, alle Probanden (auch die Kontrollgruppe) für Tagebuchaufzeichnungen zu gewinnen, die zusätzliche Informationen über spezifische Veränderungen geben würden.

10.5.3 Vernetzung von Wissenschaft und Praxis

Insgesamt sprechen die Ergebnisse der Studie dafür, Wissenschaft und Praxis stärker zu vernetzen. Die Erkenntnisse der pädagogischen Psychologie können dazu beitragen, den Unterricht für Schülerinnen und Schüler motivierender zu gestalten. Andererseits können sich pädagogische Psychologie und die jeweiligen Fachdidaktiken gegenseitig befruchten. In diesem Zusammenhang ist das amerikanische Forschungsprogramm zum „pedagogical content knowledge" (Shulman, 1986) von Interesse, in dem das didaktische Fachwissen der Lehrkraft als Verbindung von curricularem Fachinhalt und unterrichtsmethodischen Kenntnissen gesehen und dessen Umsetzung im Unterricht analysiert wird (vgl. auch Bromme, 1995). Ziel des Forschungsprogramms ist die Verbesserung der Lehrerausbildung in den USA. Hier wird der Fachinhalt in den Mittelpunkt der Erforschung effektiver Unterrichtspraxis gerückt. Die mangelnde Trennung zwischen didaktischen und psychologischen Konzepten führt hier allerdings dazu, dass die empirischen Ansprüche, die Shulman (1986) mit diesem Programm verband, nicht erfüllt werden können (Bromme, 1995).

Hinweise darauf, dass es Erfolg versprechend wäre, das in der vorliegenden Studie vermittelte Wissen stärker an fachliche Inhalte anzuknüpfen, ergeben sich auch aus dem Expertenparadigma der Unterrichtsforschung (Leinhardt & Greeno, 1986). In diese Richtung zielte auch die Anregung eines Lehrers, künftig mit Fachdidaktikern zusammen zu arbeiten. Durch eine Verknüpfung pädagogisch-psychologischen Wissens mit den Erfordernissen des Fachunterrichts würden die Hinweise für den Schulalltag konkreter. In diesem Sinne plädiert auch Helmke (2002) für einen stärkeren Einbezug der Fachdidaktik in die empirische Unterrichtsforschung (vgl auch Krauss et al., 2004). Gerade vor dem Hintergrund der Resultate der PISA-Studie werden neue Lehrmethoden von Praktikern dahingehend kritisiert, dass sie fachliche Leistungsziele zu sehr vernachlässigen (Markstahler & Steffens, 2000). Ergebnisse empirischer Unterrichtsforschung werden häufig als trivial und zu weit entfernt vom Schulalltag angesehen. Andererseits kritisieren Wissenschaftler die „erstaunliche Variationsarmut des Unterrichts an deutschen Schulen" (Ditton, 2002b, S. 198).

In diesem Zusammenhang ist die Unterscheidung zwischen Top-down- und symbiotischen Implementationsstrategien interessant, wie sie von Gräsel und Parchmann (2004) vorgenommen wird. In der vorliegenden Studie wurde mit einer Top-down-Strategie gearbeitet. Dies beinhaltet die Konzeption und Zielsetzung der Maßnahme durch Wissenschaftler ohne Zusammenarbeit mit den Lehrkräften. Bei der symbiotischen Impelementationsstrategie arbeiten die Lehrkräfte bei der Konzeption, Umsetzung und Evaluation mit. Eine sinnvolle Variante wäre die Ergänzung der vorliegenden Maßnahme durch die Anfügung eines mindestens genau so langen Blocks zur gemeinsamen Erarbeitung von Unterrichtsmaterialien und –konzepten durch Forscher und Lehrpersonen. In dieser Form wären das pädagogisch-psychologische Grundlagenwissen und die didaktische Umsetzung getrennt evaluierbar. Der Einsatz der erarbeiteten Konzepte wäre leichter zu überprüfen als die vorliegende Maßnahme. Allerdings ist zu beachten, dass neue Unterrichtspraktiken eventuell nur dann erfolgreich sein können, wenn das Kurrikulum entsprechend geändert wird (McCaffrey et al., 2001).

Da es sich nach den Erfahrungen innerhalb der vorliegenden Studie eher schwierig gestaltet, Lehrkräfte, die im Berufsleben stehen, mit Fortbildungsmaßnahmen zu erreichen (vgl. auch Rheinberg 1999), wäre eine Integration der Inhalte der vorliegenden Maßnahme in die Ausbildung der Lehrkräfte erfolgversprechender. Dabei sollte allerdings der Praxisbezug gewahrt bleiben, etwa in Form von Praktika. Am aussichtsreichsten wäre ein stärkerer Einbezug aktueller wissenschaftlicher Erkenntnisse in die Referendarsausbildung, gekoppelt mit regelmäßigen schulinternen Weiterbildungen (beispielsweise in Form von „pädagogischen Tagen"). Dabei wäre eine feste Zusammenarbeit von Wissenschaftlern und Schulen sinnvoll. Dadurch könnte einerseits die praktische Umsetzung psychologischer Erkenntnisse gewährleistet werden, andererseits könnten die Resultate der Forschung fortlaufend am Schulalltag überprüft und ergänzt werden.

11 Zusammenfassung

Vor dem Hintergrund der mathematikbezogenen Ergebnisse internationaler Vergleichsstudien (TIMSS; PISA) rückt die Förderung von Lernmotivation und Leistung deutscher Schülerinnen und Schüler verstärkt in den Blickpunkt pädagogisch-psychologischer Forschung. Im Fach Mathematik ist insbesondere nach dem Übergang in weiterführende Schulen mit einem Motivationsrückgang zu rechnen. Die Motivation der Lernenden wird unter anderem von Einstellungen, Überzeugungen und Verhaltensweisen ihrer Lehrkräfte determiniert. Studien, in denen die Motivationsförderung mit Hilfe von externen Trainern intendiert wurde, erzielten meist nur kurzfristige Erfolge. Um langfristige Motivationssteigerungen bei den Schülerinnen und Schülern zu erreichen, ist der Einbezug der Lehrkräfte unumgänglich. Ziel der vorliegenden Studie war die Förderung der Motivation von Jugendlichen im Mathematikunterricht durch Erhöhung des pädagogisch-psychologischen Wissens ihrer Lehrkräfte. Im Rahmen einer 24-stündigen Fortbildungsmaßnahme mit fünf Lektionen, die sich über eine Zeitraum von vier Monaten erstreckte, wurden den Lehrkräften Kenntnisse über fundamentale motivationale Variablen auf der Lernerseite sowie über deren Beeinflussbarkeit durch Charakteristika des Unterrichts vermittelt. Für die Auswahl der Inhalte wurden Ergebnisse der Motivationsforschung und Resultate zu Bedingungen und Auswirkungen des Lehrkraftverhaltens berücksichtigt.

Hinsichtlich der Bewertungs- und Kommentierungspraxis der Lehrkräfte wurden insbesondere die Abgabe direkter und indirekter Fähigkeitseinschätzungen und deren Zusammenhang mit Selbstkonzept und Attributionen der Schülerinnen und Schüler thematisiert. Weiterer Schwerpunkt war die Auswirkung der Bezugsnormorientierung der Lehrkraft auf motivationale Variablen der Schülerinnen und Schüler. Im Zusammenhang mit Zielorientierungen und intrinsischer Motivation der Lernenden wurden Prinzipien eines aufgabenorientierten, autonomieunterstützenden und fehlerakzeptierenden Unterrichts vermittelt. Zudem wurden die Einflüsse leistungs- und geschlechtsbezogener Erwartungen der Lehrkräfte auf Selbstkonzept und Erfolgserwartung (Selbstwirksamkeit) der Schülerinnen und Schüler einbezogen.

Bei der Konzeption der Fortbildungsmaßnahme wurde insbesondere auf zielgruppengerechte schriftliche Materialien und Vermittlungsmethoden geachtet. Die Rahmenbedingungen des Programms wurden auf Basis der Selbstbestimmungstheorie der Motivation (Deci & Ryan, 1993) gestaltet. Eine elaborierte

Auseinandersetzung der Lehrkräfte mit den Fortbildungsinhalten sollte durch Methoden der Selbstkontrolle im Unterricht und durch die Reflexion eigener Einstellungen und Verhaltensweisen erfolgen. Dies ermöglichte auch Autonomieerfahrungen, welche zusätzlich durch die Partizipation der Lehrkräfte bei der Erarbeitung von Umsetzungsvorschlägen für den Unterricht unterstützt wurden. Damit wurden die Lehrkräfte als Experten für den Unterrichtsalltag betrachtet, was zusätzlich Kompetenzerfahrungen ermöglichte. Möglichkeiten zum Austausch mit Kollegen und der Einsatz kooperativer Lernformen dienten dazu, die soziale Eingebundenheit zu gewährleisten. Im Rahmen der Interventionsmaßnahme wurden Lehrmethoden angewendet, deren Einsatz im Unterricht den Lehrkräften für die Förderung der Motivation der Schülerinnen und Schüler empfohlen wurde.

Für die summativ-globale Evaluation des Programms wurde ein Vortest-Nachtest-Follow-Up-Vergleichsgruppen-Design gewählt. Der Experimentalgruppe, die die Intervention erhielt (Fortbildungsgruppe), wurden dabei eine Wartekontrollgruppe sowie eine Vergleichsgruppe, die nur mit den schriftlichen Materialien arbeitete (Lesegruppe), gegenübergestellt. Die Fortbildungsmaßnahme wurde mit einer Stichprobe von neun Mathematiklehrkräften der Orientierungsstufe durchgeführt. Die Evaluationsstudie beruht auf den Daten von 26 Lehrkräften und 618 Schülerinnen und Schülern. Es wurde angenommen, dass sich die Fortbildungsmaßnahme über Veränderungen bei den Lehrkräften günstig auf die Motivation der Lernenden auswirkt. Bei den Schülerinnen und Schülern wurden Hilflosigkeit, Implizite Persönlichkeitstheorien über die Veränderbarkeit mathematischer Fähigkeiten (IPT), Lernzielorientierung, Selbstkonzept, subjektiver Wert der Mathematik, Selbstwirksamkeit und Mathematikleistungen erhoben. Abhängige Variablen bei den Lehrkräften waren die unterrichtsbezogene Lernzielorientierung, die Bezugsnormorientierung und die IPT. Kenntnisse über die Inhalte der Fortbildung bei den Lehrpersonen wurden mit einem Wissenstest überprüft. Motivationsförderliches oder –schädigendes Lehrkraftverhalten wurde sowohl bei den Lehrkräften selbst als auch bei den Schülerinnen und Schülern (schülerperzipiertes Lehrkraftverhalten) erfragt. Zur Überprüfung der Wirksamkeit der Maßnahme wurden mittels einfaktorieller Varianzanalysen Gruppenvergleiche der Differenzen zwischen den einzelnen Messzeitpunkten vorgenommen. Betrachtet wurden die Differenzen zwischen Vor- und Nachtest als Indikatoren kurzfristiger Veränderungen und die Unterschiede zwischen Vortest und Follow-Up als Hinweise auf die langfristige Wirksamkeit des Programms. Veränderungen im Unterricht, die erst nach Beendigung der Fortbildungsmaßnahme wirksam wurden, zeigten sich im Vergleich des Nachtests mit der Follow-Up-Erhebung. Interpretiert wurden die Ergebnisse der Berechnungen von a priori geplanten univariaten Kontrasten.

Qualitative Zusatzerhebung ergaben eine hohe Akzeptanz der Maßnahme bei den Teilnehmenden sowie weitgehend positive Bewertungen des Materials durch Fortbildungs- und Lesegruppe. Das Ziel der Wissensvermittlung wurde im Rahmen der vorliegenden Studie erreicht. Bei allen Lehrkräften, die sich mit den Fortbildungsmaterialien beschäftigt hatten, erhöhte sich das Wissen. Hypothesengemäß blieben diese Effekte langfristig nur für die Gruppe erhalten, die an der Fortbildungsmaßnahme teilgenommen hatte. Die Wirksamkeit der Intervention zeigte sich auch in einem langfristig stärkeren Zuwachs der unterrichtsbezogenen Lernzielorientierung bei den Lehrkräften der Fortbildungsgruppe gegenüber beiden Vergleichsgruppen. Dies ging mit einem von den Schülerinnen und Schülern wahrgenommenen Anstieg aufgabenorientierten Lehrkraftverhaltens in der Fortbildungsgruppe einher, dem eine Verringerung in beiden Vergleichsgruppen gegenüber stand.

Hinsichtlich der Schülervariablen ergaben sich vor allem beim Vergleich der letzten beiden Messzeitpunkte deutliche Hinweise auf die Wirksamkeit des Programms. Bei Betrachtung aller Variablen schnitten die von den fortgebildeten Lehrkräften unterrichteten Jugendlichen besser ab als die Schülerinnen und Schüler beider Vergleichsgruppen. Gegenüber Lesegruppe und Kontrollgruppe war die Entwicklung in der Fortbildungsgruppe hinsichtlich IPT und Selbstwirksamkeit günstiger. Zusätzlich zeigten sich positive Effekte auf Hilflosigkeit, Lernzielorientierung, subjektiven Wert und Mathematikleistung in der Fortbildungsgruppe verglichen mit der Kontrollgruppe. Vor dem Hintergrund des zugrunde gelegten Erwartungs-Wert-Modells lässt sich festhalten, dass bei den Lernenden vor allem die Erfolgserwartung (Selbstwirksamkeit) angestiegen ist. Insgesamt hat sich die Wirksamkeit der Interventionsmaßnahme sowohl für die Lehrkräfte als auch für die Schülerinnen und Schüler bestätigt. Die vorliegende Studie zeigt, dass die gezielte Vermittlung pädagogisch-psychologischer Erkenntnisse an Lehrkräfte Motivations- und Leistungssteigerungen bei den Schülerinnen und Schülern bewirken kann.

12 Literaturverzeichnis

Abramson, L. Y., Seligman, M. E. P. & Teasdale, J. D. (1978). Learned helplessness in humans. *Journal of Abnormal Psychology, 87,* 49-74.

Amabile, T. M. (1996). *Creativity in context.* New York: WestviewPress.

Ames, C. (1984). Achievement attributions and self-instructions .under competitive and individualistic goal structures. *Journal of Educational Psychology, 76,* 478-487.

Ames, C. (1992). Classrooms: Goals, structures and student motivation. *Journal of Educational Psychology, 84,* 261-271.

Ames, C. & Archer, J. (1988). Achievement goals in the classroom: Students' learning strategies and motivation processes. *Journal of Educational Psychology, 80,* 260–267.

Ames, C., Maehr, M. L., Fisher, A., Archer, J. & Hall, H. (1989, March). *Achievement goals and the structure of classroom learning.* Paper presented at the annual meeting of the American Educational Research Association, San Francisco.

Amit, M. (1988). Career choice, gender and attribution patterns of success and failure in mathematics. In A. Borbas (Ed.), *Proceedings of the twelfth annual conference of the international group for the Psychology of Mathematics Education* (Vol. 1, pp.125-130). Veszprem: Hungarian National Centre for Educational Technology.

Anderman, E. M., Eccles, J. S., Yoon, K. S., Roeser, R., Wigfield, A. & Blumenfeld, P. (2001). Learning to value mathematics and reading: Relations to mastery and performance –oriented instructional practices. *Contemporary Educational Psychology, 26,* 76-95.

Anderman, E. M. & Midgley, C. (1997). Changes in achievement goal orientations, perceived academic competence, and grades across the transition to middle-level schools. *Contemporary Educational Psychology, 22,* 269-298.

Anderman, E. M. & Young, A. (1994). Motivation and strategy use in science: Individual differences and classroom effects. *Journal of Research in Science Teaching, 31,* 811-831.

Aronson, E., Blaney, N., Stephin, C., Sikes, J. & Snapp, M. (1978). *The jigsaw classroom.* Beverly Hills, CA: Sage Publishing Company.

Atkinson, J.W. (1957). Motivational determinants of risk-taking. *Psychological Review, 64,* 359-372.

Babad, E. (1990). Measuring and changing teachers' differential behaviour as perceived by students and teachers. *Journal of Educational Psychology, 82,* 683-690.

Babad, E. (1993). Pygmalion – 25 years after interpersonal expectations in the classroom. In P. D. Blanck (Ed.), *Interpersonal expectations* (pp. 125 – 151). Cambridge: Cambridge University Press.

Babad, E. (1995). The "teacher's pet" phenomenon, teacher's differential behavior, and students' morale. *Journal of Educational Psychology, 87*, 361-374.

Babad, E., Avni-Babad, D. & Rosenthal, R. (2003). Teachers' brief nonverbal behaviors in defined instructional situations can predict students' evaluations. *Journal of Educational Psychology, 95*, 225-561.

Ball, S. (1988). Unintended effects in educational research. In J. P. Keeves (Ed.), *Educational Research Methodology. An International Handbook* (pp.490-493). Oxford: Pergamon Press.

Bandura, A. (1977). Self-efficacy: Toward a unifying theory of behavioural change. *Psychological Review, 84*, 191-215.

Bandura, A. (1997). *Self-efficacy: The exercise of control*. New York: Freeman.

Bandura, A., Caprara, G. V., Barbaranelli, C. & Pastorelli, C. (2001). Self-efficacy beliefs as shapers of children's aspirations and career trajectories. *Child Development, 72*, 187-206.

Bandura, A., Pastorelli, C., Barbaranelli, C. & Caprara, G. V. (1999). Self-efficacy pathways to childhood depression. *Journal of Personality and Social Psychology, 76*, 258-269.

Baumert, J., Lehmann, R., Lehrke, M., Schmitz, B., Clausen, M., Hosenfeld, I., Köller, O. & Neubrand, J. (1997). *TIMSS - mathematisch-naturwissenschaftlicher Unterricht im internationalen Vergleich*. Opladen : Leske + Budrich.

Baumert, J., Schnabel, K. & Lehrke, M. (1998). Learning math in school: Does interest really matter? In: L. Hoffmann, A. Krapp, K.A. Renninger & J. Baumert (Eds.), *Interest and learning* (pp. 327-336). Kiel: IPN.

Beller, M. & Gafni, N. (1996). 1991 International Assessment of educational progress in mathematics and sciences: The gender differences perspective. *Journal of Educational Psychology, 88*, 365-377.

Behörde für Schule, Jugend und Berufsausbildung, Amt für Schule, Hamburg (1998). *Der Hamburger Schulleistungstest für sechste und siebte Klassen – SL-HAM 6/7*. Hamburg.

Bergin, D.A., Ford, M.E. & Hess, R.D. (1993). Patterns of motivation and social behavior associated with microcomputer use of young children. *Journal of Educational Psychology, 85*, 437-445.

Bikner-Ahsbahs, A. (1999). *Mathematikinteresse- Eine Studie mit mathematisch interessierten Schülerinnen und Schülern*. Hildesheim: Franzbecker.

Blickle, G. (1993). Einfachere psychologische Erklärungen durch komplexere Beschreibungen und mehr sprachlich-kommunikative Sensibilität. *Gruppendynamik, 24*, 63-77.

Bohnsack, F. (2000). Probleme und Kritik der universitären Lehrerausbildung. In M. Bayer, F. Bohnsack, B. Koch-Priewe & J. Wildt (Hrsg.), *Lehrerin und Lehrer werden ohne Kompetenz? - Professionalisierung durch eine andere Lehrerbildung* (S. 52-123). Bad Heilbrunn: Klinkhardt.

Bong, M. & Skaalvik, E. M. (2003). Academic self-concept and self-efficacy: How different are they really? *Educational Psychology Review, 15*, 1-40.

Bortz, J. (1993). *Statistik für Sozialwissenschaftler* (4. Aufl.).Berlin: Springer.

Bortz, J. & Döring, N. (1995). *Forschungsmethoden und Evaluation für Sozialwissenschaftler*. Berlin: Springer.

Bossert, C. (1979). *Tasks and social relationships in classrooms*. New York: Cambridge University Press.

Brattesani, K. A., Weinstein, R. S. & Marshall H. H. (1984). Student perceptions of differential teacher treatment as moderators of teacher expectation effects. *Journal of Educational Psychology, 76*, 236-247.

Breitkopf, L. (1985). Die Hilflosigkeitsskala. *Diagnostica, 31*, 221-233.

Brezing, H. (2000). Welche Bedürfnisse haben Anwender(innen), und wie werden sie in der Forschung abgedeckt? Die Bedeutung von Evaluationsstandards und von Effektivitätskriterien für die Praxis. In: W. Hager, J. L. Patry & H. Brezing (Hrsg.), *Evaluation psychologischer Interventionsmaßnahmen* (S. 8-18). Bern: Huber.

Bromme, R. (1995). Was ist "pedagogical content knowledge"? Kritische Anmerkungen zu einem fruchtbaren Forschungsprogramm. *Zeitschrift für Pädagogik, Beiheft 33*, 105-115.

Bromme, R. (1997). Kompetenzen, Funktionen und unterrichtliches Handeln des Lehrers. In: F. E. Weinert (Hrsg.), *Psychologie des Unterrichts und der Schule. Enzyklopädie der Psychologie, Serie Pädagogische Psychologie* (Bd. 3, S. 177-212). Göttingen: Hogrefe.

Brophy, J. E. (1983). Conceptualizing Student motivation. *Educational Psychologist, 18*, 200-215.

Brophy, J. (1999). Toward a model of the value aspects of motivation in education: Developing appreciation for particular learning domains and activities. *Educational Psychologist, 34*, 75-85.

Brophy, J. (2000). *Teaching*. Lausanne: PLC.

Brophy, J. E. & Good T. L. (1970). Teacher's communications of differential expectations for childrens' classroom performance: Some behavioral data. *Journal of Educational Psychology, 61*, 365-374.

Brophy, J. E. & Good, T. L. (1974). *Teacher-student relationships*. New York: Holt, Rinehart & Winston.

Bruner, J. S. & Taiguri, R. (1954). The perceptions of people. In G.Lindzey (Ed.), *Handbook of social psychology* (Vol. 2, pp. 634–654). Reading, MA: Addison-Wesley.

Buff, A. (2002). Spontane Kognitionen nach einer Prüfung: Eine Replikationsstudie. *Zeitschrift für Pädagogische Psychologie, 16,* 125-128.

Butler, R. (1987). Task-involving and ego-involving properties of evaluation: Effects of different feedback conditions on motivational perceptions, interest, and performance. *Journal of Educational Psychology, 79,* 474-482.

Butler, R. (1988). Enhancing and undermining intrinsic motivation: The effects of task-involving and ego-involving evaluation on interest and performance. *British Journal of Educational Psychology, 58,* 1-14.

Butler, R. (1999). Information seeking and achievement motivation in middle childhood and adolescence: The role of conceptions of ability. *Developmental Psychology, 35,* 146-163.

Butler, R. & Neuman, O. (1995) Effects of task and ego-achievement goals on help-seeking behaviours and attitudes. *Journal of Educational Psychology, 87,* 261-271.

Byrne, B. M. & Worth Gavin, D. A. (1996). The Shavelson Model revisited: testing for the sructur of academic self-concept across pre-, early, and late adolescents. *Journal of Educational Psychology, 88,* 215-228.

Carli, L. L. & Bukatko, D. (2000). Gender, communication, and social influence: A developmental perspective. In T. Eckes & H. M. Trautner (Eds.), *The developmental social psychology of gender* (pp. 295-332). Mahwah, NJ: Erlbaum.

Carpenter, T. P. & Lubinski, C. A. (1990). Teachers' attributions and beliefs about girls, boys, and mathematics. *Educational Studies in Mathematics, 21,* 55-69.

Chott, P. O. (1999). Ansätze zur Entwicklung einer "Fehlerkultur" in der Schule. *PÄD Forum*, Juni 1999.

Church, M. A., Elliot, A. J. & Gable, S. L. (2001). Perceptions of classroom environment, achievement goals, and achievement outcomes. *Journal of Educational Psychology, 93,* 43-54.

Clausen, M. (2002). *Unterrichtsqualität: Eine Frage der Perspektive?* Münster: Waxmann.

Cooper, H. M., & Tom, D. Y. H. (1984). Teacher expectation research: A review with implications for classroom instruction. *Elementary School Journal, 85,* 77-89.

Covington, M. V. (2000). Goal theory, motivation and school achievement: An integrative review. *Annual Review of Psychology, 51,* 171-200.

Covington, M. V. & Omelich, C. L. (1981). As failures mount: Affective and cognitive consequences of ability demotion in the classroom. *Journal of Educational Psychology, 73,* 796-808.

Covington, M. V. & Omelich, C. L. (1984). Task-oriented versus competitive learning structures: Motivational and performance consequences. *Journal of Educational Psychology, 76,* 1038-1050.

Craven, R. G., Marsh, H. W. & Debus, R. L. (1991). Effects of internally focused feedback and attributional feedback on enhancement of academic self-concept. *Journal of Educational Psychology, 83,* 17-27.

DeCharms, R. (1968). *Personal causation: The internal affective determinants of behavior.* New York: Academic Press.

DeCharms, R. (1979). *Motivation in der Klasse.* München: ModerneVerlags GmbH.

Deci E. L., Koestner R. & Ryan R. M. (1999). A meta-analytic review of experiments examining the effects of extrinsic rewards on intrinsic motivation. *Psychological Bulletin, 125,* 627-668.

Deci, E. L. & Ryan, R. M. (1985). *Intrinsic motivation and self-determination in human behavior.* New York: Plenum Press.

Deci, E. L. & Ryan R. M. (1993). Die Selbstbestimmungstheorie der Motivation und ihre Bedeutung für die Pädagogik. *Zeitschrift für Pädagogik, 39,* 223-238.

Deci, E. L., Schwartz, A. J., Sheinman, L. & Ryan, R. M. (1981). An instrument to assess adults orientations toward control versus autonomy with children: Reflections on intrinsic motivation and perceived competence. *Journal of Educational Psychology, 73,* 642-650.

Denner, L. (2000). *Gruppenberatung für Lehrerinnen und Lehrer.* Bad Heilbrunn: Klinkhardt.

DiCintio, M. J. & Stevens, R. J. (1997). Student motivation and the cognitive complexity of mathematics instruction in six middle grades classrooms. *Research in Middle Level Education Quarterly, 20,* 27-42.

Dickhäuser, O. & Rheinberg, F. (2003). Bezugsnormorientierung: Erfassung, Probleme, Perspektiven. In J. Stiensmeier-Pelster & F. Rheinberg (Hrsg.), *Diagnostik von Motivation und Selbstkonzept* (S. 41-56). Göttingen: Hogrefe.

Dickhäuser, O. & Stiensmeier-Pelster, J. (2003). Die Bedeutung wahrgenommener Lehrereinschätzungen für das Fähigkeitsselbstkonzept von Jungen und Mädchen in der Grundschule. *Psychologie in Erziehung und Unterricht, 50,* 182-190.

Ditton, H. (2002a): Lehrkräfte und Unterricht aus Schülersicht. *Zeitschrift für Pädagogik, 48,* 262-286.

Ditton, H. (2002b): Unterrichtsqualität – Konzeptionen, methodische Überlegungen und Perspektiven. *Unterrichtswissenschaft, 30,* S. 197-212.

Doll, J. & Prenzel, M. (2002). Bildungsqualität von Schule: Einleitung in das Beiheft. In. M. Prenzel. & J. Doll (Hrsg.), Bildungsqualität von Schule: Schulische und außerschulische Bedingungen mathematischer, naturwissenschaftlicher und Überfachlicher Kompetenzen *Zeitschrift für Pädagogik, 45. Beiheft*, 9-30.

Dresel, M. (2000). Der Einfluß der motivationalen Orientierung auf den Erfolg eines Reattributionstrainings im Unterricht. *Zeitschrift für Entwicklungspsychologie und Pädagogische Psychologie, 32*, 192-206.

Dresel, M. (2004). *Motivationsförderung im schulischen Kontext*. Göttingen: Hogrefe.

Dresel, M., Schober, B. & Ziegler, A. (in Vorb.). Golem und Pygmalion: Scheitert die Chancengleichheit von Mädchen in den Köpfen von Müttern und Vätern? In P. Ludwig (Hrsg.), *Erwartungen in himmelblau und rosarot - Auslöser lebenslanger Geschlechterdifferenzen im Lernen*?

Dubs, R. (1995). *Lehrerverhalten – Ein Beitrag zur Interaktion von Lehrenden und Lernenden im Unterricht*. Zürich: SKV.

Dunlap, W. P., Cortina, J. M., Vaslow, J. B. & Burke, M. J. (1996). Meta-analysis of experiments with matched groups or repeated measures designs. *Psychological Methods, 1*, 170-177.

Dupeyrat, C. & Mariné, C. (2001). Implicit theories of intelligence, achievement goals, and learning strategy use. *Psychologische Beiträge, 43*, 34-52.

Dweck, C. S. (1986). Motivational processes affecting learning. *American Psychologist, 41*, 1040-1048.

Dweck, C.S. (1998). The development of early self-conceptions: Their relevance for motivational processes. In J. Heckhausen & C.S. Dweck (Eds.), *Motivation and self-regulation across the life span* (pp. 257-280). Cambridge: Cambridge University Press.

Dweck, C. S. (1999). *Self-theories: Their role in motivation, personality and development*. Philadelphia: Psychology Press.

Dweck, C.S. (2002). The development of ability conceptions. In A. Wigfield & J. Eccles (Eds.), *The development of achievement motivation* (pp. 57-88). New York: Academic Press.

Dweck, C. S., Davidson, W., Nelson, S., & Enna, B. (1978). Sex differences in learned helplessness: II. The contingencies of evaluative feedback in the classroom and III. An experimental analysis. *Developmental Psychology, 14*, 268-276.

Dweck, C.S. & Leggett, E.L. (1988). A social-cognitive approach to motivation and personality. *Psychological Review, 95*, 256-273.

Dweck, C. S. & Reppucci, N. D. (1973). Learned helplessness and reinforcement responsibility in children. *Journal of Personality and Social Psychology, 25*, 109-116.

Eagly, A. H. & Chaiken, S. (1993). *The Psychology of Attitudes*. Fort Worth, TX: Harcourt Brace & Co.

Eccles, J. S. (1983). Expectancies, values, and academic choice: Origins and changes. In J. Spence (Ed.), *Achievement and achievement motivation* (pp. 87-104). San Francisco: Freeman.

Eccles, J. S., Adler, T., Futterman, R., Goff, S. B., Kaczala, C. M., Meece, J. & Midgley, C. (1983). Expectancies, values and academic behaviors. In J. T. Spence (Ed.), *Achievement and achievement motives* (pp 26-43). San Francisco: Freeman.

Eccles, J. S., Adler, T., Futterman, R., Goff, S. B., Kaczala, C. M., Meece, J. & Midgley, C (1985). Self-perceptions, task-perceptions, socializing influences and the decision to enroll in mathematics. In S. F. Chipman, L. R. Brush & D. M. Wilson (Eds.), *Women and Mathematics: Balancing the equation* (pp. 95 – 121). Hillsdale, N. J.: Erlbaum.

Eccles, J. S., Adler, T. & Meece, J. L. (1984). Sex differences in achievement: a test of alternate theories. *Journal of Personality and Social Psychology, 46*, 26 - 43.

Eccles, J. S. & Midgley, C. (1989). Stage/environment fit: developmentally appropriate classrooms for early adolescents. In R. Ames & C. Ames (Eds.), *Research on motivation in education* (Vol. 3, pp.139-181). New York: Academic Press.

Eccles, J. S., Midgley, C., Wigfield, A., Buchanan, C. M., Reuman, D., Flanagan, C. & MacIver, D. (1993). Development during adolescence: The impact of stage/environment fit on young adolescents' experiences in schools and families. *American Psychologist, 48*, 90-101.

Eccles, J. S. & Wigfield, A. (1985). Teacher expectations and student motivation. In J. Dusek (Ed.), *Teacher Expectancies* (pp. 185-217). Hillsdale, NJ: Lawrence Erlbaum.

Eccles, J. S. & Wigfield, A. (1995). In the mind of the actor: The structure of adolescents' achievement related task values and expectancy-related beliefs. *Personality and Social Psychology Bulletin, 21*, 215-225.

Eccles, J. S. & Wigfield, A. (2002). Motivational beliefs, values and goals. *Annual Review of Psychology, 53,* 109-132.

Eccles, J. S., Wigfield, A., Harold, R. D. & Blumenfeld, P. (1993). Age and gender differences in children's self- and task-perceptions during elementary school. *Child Development, 64,* 830-847.

Eccles J. S., Wigfield A. & Schiefele U. (1998). Motivation to succeed. In N. Eisenberg (Ed.), *Handbook of Child Psychology* (Vol. 3, pp. 1017-1095). New York: Wiley.

Elliot, A. J. & Harackiewicz, J. M. (1996). Approach and avoidance achievement goals and intrinsic motivation: A mediational analysis. *Journal of Personality and Social Psychology, 70,* 461-475.

Elliot, A. J. & McGregor, H. (2001). A 2 x 2 achievement goal framework. *Journal of Personality and Social Psychology, 80,* 501-519.

Elliot, E. S. & Dweck, C. S. (1988). Goals: An approach to motivation and achievement. *Journal of Personality and Social Psychology, 54,* 5-12.

Epstein, J. (1989). Family structures and student motivation: A developmental perspective. In C. Ames & R. Ames (Eds.), *Research on Motivation in Education* (Vol. 3, pp. 259-295). New York: Academic Press.

Faber, G. (1990). Allgemein leistungsthematische Kausalattributionen in Abhängigkeit von Schulleistungen und Schülerselbstkonzepten. *Empirische Pädagogik, 4,* 329-352.

Farrell, E. & Dweck, C.S. (1985). *The role of motivational processes in transfer of learning.* Unpublished manuscript. Columbia University, New York.

Feger, B. (1984). Die Generierung von Items zu Lehrtexten. *Diagnostica, 30,* 24-46.

Feldlaufer, H., Midgley, C. & Eccles, J. S. (1988). Student, teacher, and observer perceptions of the classroom before and after the transition to junior high school. *Journal of Early Adolescence, 8,* 133-156.

Fennema, E., Peterson, P. L., Carpenter, T. P. & Lubinski, C. A. (1990). Teachers' attributions and beliefs about girls, boys and mathematics. *Educational Studies in Mathematics, 21,* 55-69.

Festinger, L. (1954). A theory of social comparison processes. *Human relations, 7,* 117-140.

Flink, C., Boggiano, A. K. & Barrett, M. (1990). Controlling teaching strategies: Undermining children's self-determination and performance. *Journal of Personality and Social Psychology, 59,* 916-924.

Fischer, N. (2002). *Veränderungen der Beziehungen zwischen motivationalen Orientierungen, impliziten Persönlichkeitstheorien und Leistungsverhalten im Fach Mathematik.* Vortrag auf dem 43. Kongress der Deutschen Gesellschaft für Psychologie in Berlin, September 2002.

Fisher, S. L. & Ford, J. K. (1998). Differential effects of learner effort and goal orientation on two learning outcomes. *Personnel Psychology, 51,* 397-420.

Fiske, S. T. & Taylor, S. E. (1991). *Social cognition.* New York: McGraw-Hill.

Frese, M. (1995). Error management in training: Conceptual and empirical results. In C. Zucchermaglio, S. Bagnara & S. U. Stucky (Eds.), *Organizational learning and technological change* (pp. 112-124). Berlin: Springer.

Frese, M., Brodbeck, F.,Heinbokel, T., Mooser, C., Schleiffenbaum, E. & Thiemann, P.(1991). Errors in training computer skills: On the positive function of errors. *Human-Computer-Interaction, 6,* 77-93.

Fries, S. (2002). *Wollen und Können.* Münster: Waxmann.

Fuchs-Brüninghoff, E. & Tymister, H. J. (1984). Theoriewissen und Unterrichtspraxis im Schulalltag – Erfahrungen aus der Lehrerfort- und Weiterbildung. *Unterrichtswissenschaft, 1,* 87-98.

Geissler, K. A. (1985). Lernen in Seminargruppen. In: *Pädagogisch –psychologische Grundlagen für das Lernen in Gruppen.* Tübingen: Deutsches Institut für Fernstudien.

Good, T. L., Grouws, D. A., Mason, D. A., Slavings, R. L. & Cramer, K. (1990). An observational study of small-group mathematics instruction in elementary schools. *American Educational Research Journal, 27,* 755-782.

Goos, M. (2004). Learning mathematics in a classroom community of inquiry. *Journal for Research in Mathematics Education, 35,* 258-291.

Gore, D. A. & Roumagoux, D. V. (1983). Wait-time as a variable in sex-related differences during fourth-grade mathematics instruction. *Journal of Educational Research, 76,* 273-275.

Gottfredson, D., Marciniak, E., Birdseye, A. & Gottfredson, G. (1995). Increasing teacher expectations for achievement. *Journal of Educational Research, 88,* 155-163.

Gottfried, A. E., Fleming, J. S. & Gottfried, A. W. (2001). Continuity of academic intrinsic motivation from childhood through late adolescence: A longitudinal study. *Journal of Educational Psychology, 39,* 3-13.

Goudas, M. & Biddle, S. (1994). Perceived motivational climate and intrinsic motivation in school physical education classes. *European Journal of Psychology of Education, 9,* 241-250.

Graham, S. & Barker, G. P. (1990). The down-side of help: An attributional-developmental analysis of helping behavior as a low ability cue. *Journal of Educational Psychology, 82,* 7-14.

Graham, S. & Golan, S. (1991). Motivational influences on cognition: Task involvement, ego involvement, and depth of information processing. *Journal of Educational Psychology, 83,* 187-194.

Graham S. & Taylor, A. Z. (2002). Ethnicity, gender, and the development of achievement values. In A. Wigfield & J. S. Eccles (Eds.), *Development of Achievement Motivation* (pp. 121-146). San Diego: Academic Press.

Gräsel, C. & Parchmann, I. (2004). Implementationsforschung: oder der steinige Weg, Unterricht zu verändern. *Unterrichtswissenschaft, 32,* 186-214.

Gräsel, C., Parchmann, I., Puhl, T., Baer, A., Fey, A. & Demuth, R. (2004). Lehrerfortbildungen und ihre Wirkungen auf die Zusammenarbeit von Lehrkräften und die Unterrichtsqualität. In J. Doll & M. Prenzel (Hrsg.), *Bildungsqualität von Schule: Lehrerprofessionalisierung, Unterrichtsentwicklung und Schülerförderung als Strategien der Qualitätsverbesserung* (S. 133-151). Münster: Waxmann.

Greene, B. A., DeBacker, T. K., Ravindran, B. & Krows, A. J. (1999). Goals, values, and beliefs as predictors of achievement and effort in high school mathematics classes. *Sex Roles, 40,* 421 – 458.

Greene, B. A., Miller, R. B., Crowson, H. M., Duke, B. L. & Akey, K. L. (2004). Predicting high school students' cognitive engagement and achievement: Contributions of classroom perceptions and motivation. *Contemporary Educational Psychology, 29,* 462-482.

Grolnick, W. S. & Ryan, R. M. (1987). Autonomy in children's learning: An experimental and individual difference investigation. *Journal of Personality and Social Psychology, 5,* 890-898.

Grouws, D. & Schultz, K. A. (1996). Mathematics Teacher Education. In J. Sikula, T. Buttery & E. Guyton (Eds.), *Handbook of research on teacher education* (pp. 442-458). New York: Macmillan.

Guskey, T. R. (1986). Staff development and the process of teacher change. *Educational Researcher, 15,* 5-12.

Guskey, T. R. (1997). Research needs to link professional development and student learning. *Journal of Staff Development, 18,* 5 - 11.

Haag, L. & Mischo, C. (2003). Besser unterrichten durch die Auseinandersetzung mit fremden Subjektiven Theorien? Effekte einer Trainingsstudie zum Thema Gruppenunterricht. *Zeitschrift für Entwicklungspsychologie und Pädagogische Psychologie, 35,* 37-48.

Hager, W. (2000a). Planung von Untersuchungen zur Prüfung von Wirksamkeits- und Wirksamkeitsunterschiedshypothesen. In W. Hager, J. L. Patry & H. Brezing (Hrsg.), *Evaluation psychologischer Interventionsmaßnahmen* (S. 202-239). Bern: Huber.

Hager, W. (2000b). Zur Wirksamkeit von Interventionsprogrammen: Allgemeine Kriterien der Wirksamkeit von Programmen in einzelnen Untersuchungen. In W. Hager, J. L. Patry & H. Brezing (Hrsg.), *Evaluation psychologischer Interventionsmaßnahmen* (S. 153-168). Bern: Huber.

Hager, W. & Hasselhorn, M. (1995). Evaluation von Trainingsmaßnahmen: Einige offene Fragen. In W. Hager (Hrsg.), *Programme zur Förderung des Denkens bei Kindern. Konstruktion, Evaluation und Metaevaluation* (S. 340-347). Göttingen: Hogrefe.

Hager, W. & Hasselhorn, M. (2000a). Psychologische Interventionsmaßnahmen: Was sollen sie bewirken können? In W. Hager, J. L. Patry & H. Brezing (Hrsg.), *Evaluation psychologischer Interventionsmaßnahmen* (S. 41-85). Bern: Huber.

Hager, W. & Hasselhorn, M. (2000b). Einige Gütekriterien für Kriteriumsmaße bei der Evaluation von Interventionsprogrammen. In W. Hager, J. L. Patry & H. Brezing (Hrsg.), *Evaluation psychologischer Interventionsmaßnahmen* (S. 169-179). Bern: Huber.

Hannover, B. (1998). The development of self-concept and interests. In L. Hoffmann, A. Krapp, K.A. Renninger & J. Baumert (Eds.), *Interest and learning* (pp. 105-125). Kiel: IPN

Hannover, B. (1999). Schulischer Kontext, geschlechtsbezogenes Selbstwissen und Fachpräferenzen. In B. Hannover, U. Kittler & H. Metz-Göckel (Hrsg.), *Sozialkognitive Aspekte der Pädagogischen Psychologie* (Band 1, S. 125-135). Essen Die Blaue Eule.

Hannover, B. (2000). Development of the self in gendered contexts. In T. Eckes & H. M. Trautner (Eds.), *The developmental social psychology of gender* (pp. 177-206). Hillsdale, NJ: Erlbaum.

Hannover, B. & Bettge, S. (1993). *Mädchen und Technik*. Göttingen: Hogrefe.

Hannover, B. & Kessels, U (2001). *Zum Einfluss des Image von Mathematik und Naturwissenschaften auf die schulische Interessen- und Leistungsentwicklung*. Arbeitsbericht zum gleichnamigen DFG-Projekt. Dortmund: Universität Dortmund.

Harackiewicz, J. M., Abrahams, S. & Wageman, R. (1987). Performance evaluation and intrinsic motivation: The effects of evaluative focus, rewards, and achievement orientation. *Journal of Personality and Social Psychology, 53*, 1015-1023.

Harris, M. J. & Rosenthal, R. (1985). Mediation of interpersonal expectancy effects: 31 meta-analyses. *Psychological Bulletin, 97*, 363-386.

Hart, L. C., Schultz, K., Najee-ullah, D. & Nash, L. (1992). Implementing the professional standards for teaching mathematics: The role of reflection in teaching. *Arithmetic Teacher, 40*, 40-42.

Harter, S. (1981). A model of intrinsic mastery motivation in children: Individual differences and developmental change. In W.A. Collins (Ed.), *Minnesota symposium on child psychology* (pp. 215- 255). Hillsdale, NJ: Erlbaum.

Hasselhorn, M. & Mähler, C. (2000). Transfer: Theorien, Technologien und empirische Erfassung. In W. Hager, J. L. Patry & H. Brezing (Hrsg.), *Handbuch Evaluation psychologischer Interventionsmaßnahmen* (S. 86 - 101). Bern: Huber.

Häußler, P. & Hoffmann, L. (1998). *BLK-Programmförderung "Steigerung der Effizienz des mathematisch-naturwissenschaftlichen Unterrichts". Erläuterungen zu Modul 7 mit Unterrichtsbeispielen für den Physikunterricht. Förderung von Mädchen und Jungen*. Institut für Pädagogik der Naturwissenschaften an der Universität Kiel (IPN).

Havers, N. (1998). Disziplinschwierigkeiten im Unterricht. Ein Trainingsseminar im Lehrerstudium. *Die Deutsche Schule, 90*, 189-198.

Havers, N. & Helmke, A. (2002) Training des Lehrerhandelns. *Zeitschrift für Pädagogik, 48*, 171-173.

Havers, N. & Toepell, S. (2002). Trainingsverfahren für die Lehrerausbildung im deutschen Sprachraum. *Zeitschrift für Pädagogik, 48*, 174-193.

Hays, W. L. & Winkler, R. L. (1970). *Statistics: Probability, Inference and Decision.* New York: Holt, Rinehart and Winston.

Heckhausen, H. (1989). *Motivation und Handeln.* Berlin: Springer.

Heider, F. (1958). *The psychology of interpersonal relations.* New York: Wiley.

Heller, K. A. & Ziegler, A. (1996). Gender differences in mathematics and the sciences: Can attributional retraining improve the performance of gifted females? *Gifted Child Quarterly, 40,* 200-210.

Helmke, A. (1992). Unterrichtsqualität und Unterrichtseffekte – Ergebnisse der Münchner Studie. *Der Mathematikunterricht, 38,* 40-58.

Helmke, A. (1998). Vom Optimisten zum Realisten? Zur Entwicklung des Fähigkeitskonzeptes vom Kindergarten bis zur 6. Klassenstufe. In F. E. Weinert (Hrsg.), *Entwicklung im Kindesalter* (S. 115-132). Weinheim: Beltz.

Helmke, A. (2002). Kommentar: Unterrichtsqualität und Unterrichtsklima - Perspektiven und Sackgassen. *Unterrichtswissenschaft, 30,* 261-277.

Helmke, A. & Helmke, T. (2004). Videobasierte Unterrichtsreflexion. *Seminar, 4,* 48-66.

Helmke, A. & Schrader, F.-W. (2001). Determinanten der Schulleistung. In D.H. Rost (Hrsg.), *Handwörterbuch Pädagogische Psychologie* (S. 81-91). Weinheim: Beltz.

Helmke, A. & Weinert, F. E. (1997). Bedingungsfaktoren schulischer Leistungen. In: F. E. Weinert (Hrsg.), *Psychologie des Unterrichts und der Schule. Enzyklopädie der Psychologie, Serie Pädagogische Psychologie* (Bd. 3, S. 71-176). Göttingen: Hogrefe.

Henderson, V. & Dweck, C. S. (1990). Motivation and achievement. In S. S. Feldman & G. R. Elliott (Eds.), *At the Threshold: The Developing Adolescent* (pp. 308-329). Cambridge, MA: Harvard University Press.

Heyman, G. D. & Dweck, C. S. (1992). Achievement goals and intrinsic motivation: Their role and their relation in adaptive motivation. *Motivation and Emotion, 16,* 231-247.

Heyman, G. D., Dweck, C. S. & Cain, K. M. (1992). Young children's vulnerability to self-blame and helplessness: Relationship to beliefs about goodness. *Child Development, 63,* 401-415.

Hidi, S. & Harackiewicz, J. M. (2000). Motivating the academically unmotivated: A critical issue for the 21st century. *Review of Educational Research, 70,* 151-179.

Hofer, M. (1996). Lehrer-Schüler-Interaktion. In: F. E. Weinert (Hrsg.), *Psychologie des Unterrichts und der Schule. Enzyklopädie der Psychologie, Serie Pädagogische Psychologie* (Bd. 3, S. 215-252). Göttingen: Hogrefe.

Hoffmann, L. & Häußler, P. (1998). An intervention project promoting girls' and boys' interest in physics. In L. Hoffmann, A. Krapp, K. A. Renninger & J. Baumert (Eds.), *Interest and Learning* (S. 301-316). Kiel: IPN.

Holt, D. (1988). Missing data and nonresponse. In J. P. Keeves (Ed.), *Educational Research Methodology. An International Handbook* (pp.685-689). Oxford: Pergamon Press.

Hong, Y.Y., Chiu, C. Y., Dweck, C. S., Lin, D. & Wan, W. (1999). Implicit theories, attributions and coping: A meaning system approach. *Journal of Personality and Social Psychology, 77*, 588-599.

Hunt, D. E. (1975). Person-environment interaction: A challenge found wanting before it was tried. *Review of Educational Research, 45*, 209-230.

Jacobs, J. E. & Eccles, J. S. (1992). The impact of mothers' gender-role stereotypic beliefs on mothers' and children's ability perceptions. *Journal of Personality and Social Psychology, 63*, 932-944.

Jacobs, J. E. & Eccles, J. S. (2000). Parents, task values, and real-life achievement-related choices. In C. Sansone & J. M. Harackiewicz (Eds.), *Intrinsic and extrinsic motivation* (pp. 405-439). San Diego: Academic Press.

Jacobs, J. E., Finken, L. L., Griffin, N. L. & Wright, J. D. (1998). The career plans of science talented rural adolescent girls. *American Educational Research Journal, 35*, 681-704.

Jacobs, J. E., Lanza, S., Osgood, D. W., Eccles, J. S. & Wigfield, E. (2002). Changes in children's self-competence and values: Gender and domain differences across grades one through twelve. *Child Development, 73*, 509-527.

Jerusalem, M. & Mittag, W. (1999). Selbstwirksamkeit, Bezugsnormen, Leistung und Wohlbefinden in der Schule. In M. Jerusalem & R. Pekrun (Hrsg.), *Emotion, Motivation und Leistung* (S. 221-245). Göttingen: Hogrefe.

Jerusalem, M. & Satow, L. (1999) Schulbezogene Selbstwirksamkeitserwartungen. In R. Schwarzer & M. Jerusalem (Hrsg.), *Skalen zur Erfassung von Lehrer- und Schülermerkmalen* (S. 15-16). Berlin: Freie Universität Berlin.

Jungwirth, H. (1991). Unterschiede zwischen Mädchen und Buben in der Beteiligung am Mathematikunterricht. In H. Maier & J. Voigt (Hrsg.), *Interpretative Unterrichtsforschung* (S. 33-56). Köln: Aulis Verlag Deubner & Co KG.

Jussim, L. & Eccles, J. S. (1992). Teacher Expectations II: Construction and reflection of student achievement. *Journal of Personality and Social Psychology, 63*, 947-961.

Jussim, L. (1989). Teacher Expectations: Self-fulfilling prophecies, perceptual biases, and accuracy. *Journal of Personality and Social Psychology, 57*, 469-480.

Kanfer, F. H. (1984). Self-management in clinical and social interventions. In J. H. Harvey, J. E. Maddox, R. P. McGlynn & C. D. Stoltenberg (Eds.), *Interfaces in Psycholog* (Vol. II, pp. 141-165). Lubbock, TX: University of Texas Tech Press.

Kanfer F. H. & Phillips J. S. (1970). *Learning Foundations of Behavior Therapy.* New York: Wiley & Sons.

Kaplan, A. & Maehr, M. L. (1999). Achievement goals and student well being. *Contemporary Educational Psychology, 24*, 330-358.

Kaplan, A., Middleton, M. J., Urdan, T. & Midgley, C. (2002). Achievement goals and goal structures. In C. Midgley (Ed.), *Goals, goal structures, and patterns of adaptive learning* (pp. 21-53). Mahwah, NJ: Lawrence Erlbaum Associates.

Kavussanu, M. & Roberts, G. C. (1996). Motivation in physical activity contexts: The relationship of perceived motivational climate to intrinsic motivation and self-efficacy. *Journal of Sport and Exercise Psychology, 18*, 264-280.

Keeves, J. P. (1988). Logitudinal Research Methods. In J. P. Keeves (Ed.). *Educational Research Methodology. An International Handbook* (pp.113-126). Oxford: Pergamon Press.

Kerman, S. (1979). Teacher expectations and student achievement. *Phi Delta Kappan, 60*, 716-718.

Kerman, S. & Martin, M. (1980). *Teacher expectations and student achievement*. Downey, CA: Los Angeles County Superintendent of Schools.

Kessels, U. & Hannover, B. (2002). Die Auswirkungen von Stereotypen über Schulfächer auf die Berufswahlabsichten Jugendlicher. In B. Spinath & E. Heise (Hrsg.), *Pädagogische Psychologie unter gewandelten gesellschaftlichen Bedingungen* (S. 53-67). Hamburg: Dr. Kovac.

Klauer, K. J. (1987). *Kriteriumsorientierte Tests*. Göttingen: Hogrefe.

Klauer, K. J. (2001). Trainingsforschung: Ansätze – Theorien – Ergebnisse. In K. J. Klauer (Hrsg.), *Handbuch Kognitives Training* (S. 3-66). Göttingen: Hogrefe.

Klieme, E., Neubrand, M. & Lüdtke, O. (2001). Mathematische Grundbildung: Testkonzeption und Ergebnisse. In Deutsches PISA-Konsortium (Hrsg.), *PISA 2000. Basiskompetenzen von Schülerinnen und Schülern im internationalen Vergleich* (S. 139-190). Opladen: Leske + Budrich.

Köller, O. & Baumert, J. (1998). Ein deutsches Instrument zur Erfassung der Zielorientierung bei Schülerinnen und Schülern. *Diagnostica, 44*, 173-181.

Köller, O., Daniels, Z., Schnabel, K. U. & Baumert, J. (2000). Kurswahlen von Mädchen und Jungen im Fach Mathematik: Zur Rolle von fachspezifischem Selbstkonzept und Interesse. *Zeitschrift für Pädagogische Psychologie, 14*, 26-37.

Köller, O. & Möller, J. (1995). Zum Einfluß der Instruktion auf die Anzahl und Lokation von Kausalattributionen nach der Bearbeitung eines komplexen Problems. *Empirische Pädagogik, 9*, 401-422.

Köller, O. & Schiefele, U. (2001). Zielorientierungen. In D. H. Rost (Hrsg.), *Handwörterbuch Pädagogische Psychologie* (S. 811-815). Weinheim: Beltz.

Köller, O., Schnabel, K. U. & Baumert, J. (2000). Der Einfluß der Leistungsstärke von Schulen auf das fachspezifische Selbstkonzept der Begabung und das Interesse. *Zeitschrift für Entwicklungspsychologie und Pädagogische Psychologie, 32*, 70-80.

Koestner, R., Ryan, R. M., Bernieri, F., & Holt, K. (1984). Setting limits on children's behavior: The differential effects of controlling versus informational styles on intrinsic motivation and creativity. *Journal of Personality, 52*, 233–248.

Kramer, K. (2002). *Die Förderung von motivationsunterstützendem Unterricht - Ansatzpunkte und Barrieren* (unveröffentlichte Dissertation). Kiel: IPN.

Kramis, J. (1991). Eine Kombination mit hoher Effektivität: Microteaching – Reflective Teaching – Unterrichtsbeobachtung. *Unterrichtswissenschaft, 19*, 260-277.

Krapp, A. (1998). Entwicklung und Förderung von Interessen im Unterricht. *Psychologie in Erziehung und Unterricht, 45*, 186-203.

Krapp, A. (2001). Interesse. In D. Rost (Hrsg.), *Handwörterbuch Pädagogische Psychologie* (S. 286-294). Weinheim: PVU.

Krapp, A. (2003a). Die Bedeutung der Lernmotivation für die Optimierung des schulischen Bildungssystems. *Politische Studien, Sonderheft, 2/2003, 54*, 91-105.

Krapp, A. (2003b). Nachhaltige Lernmotivation: Ergebnisse und Konsequenzen aus der neueren psychologischen Forschung. In Staatsinstitut für Schulforschung (Hrsg.), *Nachhaltige Lernmotivation und schulische Bildung* (S. 13-27). München: Arbeitskreis Gymnasium und Wirtschaft e. V.

Krauss, S., Kunter, M., Brunner, M., Baumert, J., Blum, W., Neubrand, M. Jordan, A. & Löwen, K (2004). COACTIV: Professionswissen von Lehrkräften, kognitiv aktivierender Mathematikunterricht und die Entwicklung von mathematischer Kompetenz. In: J. Doll & M. Prenzel (Hrsg.), *Die Bildungsqualität von Schule: Lehrerprofessionalisierung, Unterrichtsentwicklung und Schülerförderung als Strategien der Qualitätsverbesserung* (S. 31-53). Münster: Waxmann .

Kronenberger, J. (2004). *Kooperatives Lernen im mathematisch-naturwissenschaftlichen Unterricht der Primarstufe*. Hamburg: Verlag Dr. Kovac.

Krug, S. & Bowi, U. (1999). Die Wirksamkeit eines Motivtrainings für Lehrer in Abhängigkeit von Effektrückmeldungen im Trainingsverlauf. In F. Rheinberg & S. Krug (Hrsg), *Motivationsförderung im Schulalltag* (S. 129 – 146). Göttingen: Hogrefe.

Krug, S. & Hanel, J (1976). Motivänderung: Erprobung eines theoriegeleiteten Trainingsprogramms. *Zeitschrift für Entwicklungspsychologie und Pädagogische Psychologie, 8*, 274-287.

Krug, S., Herberts, K. & Strauch, T. (1999). Drei Trainingsmethoden zur motivationalen Optimierung von Unterricht: Effekte bei Lehrern und Schülern. In F. Rheinberg & S. Krug (Hrsg.), *Motivationsförderung im Schulalltag* (S. 147- 177). Göttingen: Hogrefe.

Krug, S. & Lecybyl, R. (1999a). Die Wirkung experimentell variierten Lehrerverhaltens auf Unterrichtswahrnehmung, Lernbereitschaft und Leistung von Schülern. In F. Rheinberg & S. Krug (Hrsg.), *Motivationsförderung im Schulalltag* (S. 57-73). Göttingen: Hogrefe.

Krug, S. & Lecybyl, R. (1999b). Die Veränderung von Einstellung, Mitarbeit und Lernleistung im Verlauf einer bezugsnormspezifischen Motivationsintervention. In F. Rheinberg & S. Krug (Hrsg.), *Motivationsförderung im Schulalltag* (S. 94-106). Göttingen: Hogrefe.

Kurtz-Costes, B. E. & Schneider, W. (1994). Self-concept, attributional beliefs and school achievement: a longitudinal analysis. *Contemporary Educational Psychology, 19*, 199-216.

Lee, O. & Yarger, S. J. (1996). Modes of inquiry in research on teacher education. In J. Sikula, T. Buttery & E. Guyton (Eds.), *Handbook of Research on Teacher Education* (pp.14-37). New York: Macmillan.

Lehmann, C. H. (1986). The adult mathematics learner: Attributions, expectations, achievement. In G. Lappan & R. Even (Eds.), *Proceedings of the eighth annual meeting of the North American Chapter of the International Group for the Psychology of Mathematics Education* (pp. 238–243). East Lansing, MI: Authors.

Leinhardt, G. & Greeno, J. (1986). The cognitive skill of teaching. *Journal of Educational Psychology, 78*, 75-95.

Levesque, C., Zuehlke, A. N., Stanek, L. R. & Ryan R. M. (2004). Autonomy and Competence in German and American University Students: A Comparative Study Based on Self-Determination Theory. *Journal of Educational Psychology. 96*, 68-84.

Li, Q. (1999). Teachers' beliefs and gender differences in mathematics: a review. *Educational Research, 41*, 63-76.

Lienert, G. A. & Raatz, U. (1994*). Testaufbau und Testanalyse*. Weinheim: Beltz.

Lipowsky, F.; Thußbas, C., Klieme, E.; Reusser, K. & Pauli, C. (2003). Professionelles Lehrerwissen, selbstbezogene Kognitionen und wahrgenommene Schulumwelt – Ergebnisse einer kulturvergleichenden Studie deutscher und Schweizer Mathematiklehrkräfte. *Unterrichtswissenschaft, 31*, 206-237.

Ludwig, P. H. (1998). Pygmalioneffekt. In D. H. Rost (Hrsg.), *Handwörterbuch Pädagogische Psychologie* (S. 415-418). Weinheim: Beltz.

Ludwig, P. H. (2001). Pygmalioneffekt. In D. H. Rost (Hrsg., *Handwörterbuch Pädagogische Psychologie* (S. 567-573). Weinheim: Beltz.

MacIver, D. J., Stipek, D. H. & Daniels, D. H. (1991). Explaining within-semester changes in student effort in junior high school and senior high school courses. *Journal of Educational Psychology, 83*, 201-211.

Madon, S., Jussim, L. & Eccles, J. (1997). In search of the powerful self-fulfilling prophecy. *Journal of Personality and Social Psychology, 72,* 791-801.

Madon, S., Smith, A., Jussim, L., Russell, D. W., Walkiewicz, M., Eccles, J. & Palumbo, P. (2001). Am I as you see me or do you see me as I am?: Self-fulfilling prophecy and self-verification. *Personality and Social Psychology Bulletin, 27,* 1214-1224.

Maehr, M. L., & Midgley, C. (1991). Enhancing student motivation: A schoolwide approach. *Educational Psychologist, 26,* 399-427.

Manger, T. & Eikeland, O.-J. (1998). The effect of mathematics self-concept on girls' and boys' mathematical achievement. *School Psychology International, 19,* 5-18.

Markstahler, J. & Steffens, U. (2000). Das OECD-Projekt PISA – Ein Beitrag zur Qualitätssicherung von Schule? *SchulVerwaltung HE, 1/2000,* 12-16.

Marsh, H. W. (1989). Sex Differences in the development of verbal and mathematics constructs: The high school and beyond study. *American Educational Research Journal, 26,* 191-225.

Marshall, H. H. & Weinstein, R. S. (1984). Classroom factors affecting students self-evaluations: An interactional model. *Review of Educational Research, 54,* 301-325.

Marshall, H. H. & Weinstein, R. S. (1986). Classroom context of student-perceived differential teacher treatment. *Journal of Educational Psychology, 78,* 441-453.

McCaffrey, D. F., Hamilton, L. S., Stecher, B. M., Klein, S. P., Bugliari, D. & Robyn, A. (2001). Interactions among instructional Practices, curriculum, and student achievement: The case of standards-based high school mathematics. *Journal for Research in Mathematics Education, 32,* 493-517.

Meece, J. (1991). The classroom context and children's motivational goals. In M. Maehr & P. Pintrich (Eds.), *Advances in achievement motivation research* (Vol. 7, pp. 261-286). Greenwich, CT: JAI Press.

Meece, J.L., Blumenfeld, P.C. & Hoyle, R. H. (1988). Students' goal orientations and cognitive engagement in classroom activities. *Journal of Educational Psychology, 80,* 514-523.

Meece, J., Wigfield, A. & Eccles, J. S. (1990). Predictors of math anxiety and its influence on young adolescents' course enrollment intentions and performance in mathematics. *Journal of Educational Psychology, 82,* 60-70.

Merton, R. (1948). The Self-Fulfilling Prophecy. *Antioch Review, 8,* 193-210.

Meyer, W.-U. (1982). Indirect communications about perceived ability estimates. *Journal of Educational Psychology, 74,* 888-897.

Meyer, W.-U. (1984). Das Konzept von der eigenen Begabung: Auswirkungen, Stabilität und vorauslaufende Bedingungen. *Psychologische Rundschau, 35,* 136-150.

Middleton, M. J. & Midgley, C. (1997). Avoiding the demonstration of lack of ability: an underexplored aspect of goal theory. *Journal of Educational Psychology, 89*, 710-718.

Middleton, J. A. & Spanias, P. A. (1999). Motivation for achievement in mathematics: Findings, generalizations, and criticisms of the research. *Journal for Research in Mathematics Education, 30*, 65-88.

Midgley, C. & Feldlaufer, H. (1987). Students' and teachers' decision-making fit before and after the transition to junior high school. *Journal of Early Adolescence, 7*, 225-241.

Midgley, C., Feldlaufer, H. & Eccles, J. (1988). The transition to junior high school: Beliefs of pre- and post-transition teachers. *Journal of Youth and Adolescence, 17*, 543-562.

Midgley, C., Feldlaufer, H. & Eccles, J. (1989). Student/teacher relations and attitudes toward mathematics before and after the transition to junior high school. *Child Development, 60*, 981-992.

Midgley, C. & Urdan, T. (2001). Academic self-handicapping and achievement goals: a further examination. *Contemporary Educational Psychology, 26*, 61-75.

Mietzel, G. & Willenberg, H. (2000). *Hamburger Schulleistungstest für 4. und 5. Klassen (HST 4/5)*. Göttingen: Hogrefe.

Miller, R., Greene, B., Montalvo, G., Ravindran, B. & Nichols, J. (1996). Engagement in academic work: The role of learning goals, future consequences, pleasing others, and perceived ability. *Contemporary Educational Psychology, 21*, 388- 422.

Miller, A. & Hom, H. L., Jr. (1990). Influence of extrinsic and ego incentive value on persistence after failure and continuing motivation. *Journal of Educational Psychology, 82*, 539-545.

Mitman, A. L., Mergendoller, J. R., Packer, M. J. & Marchman, V. A. (1984). *Scientific literacy in seventh- grade life science: A study of instructional process, task completion, student perceptions and learning outcomes; Final Report*. San Francisco: Far West Laboratory.

Mittag, W. & Hager, W. (2000). Ein Rahmenkonzept zur Evaluation psychologischer Interventionsmaßnahmen. In W. Hager, J. L. Patry & H. Brezing (Hrsg.), *Evaluation psychologischer Interventionsmaßnahmen* (S. 102-128). Bern: Huber.

Mittag, W., Kleine, D. & Jerusalem, M. (2002). Evaluation der schulbezogenen Selbstwirksamkeit von Sekundarschülern. *Zeitschrift für Pädagogik, 44. Beiheft*, 145-173.

Mokhlesgerami, J. (2004). *Förderung der Lesekompetenz. Implementation und Evaluation eines Unterrichtsprogramms in der Sekundarstufe I*. Hamburg: Verlag Dr. Kovac.

Molden, D. C. & Dweck, C. S. (2000). Hidden costs (and benefits) of achievement goals. In C. Sansone & J. M. Harackiewicz (Eds.), *Intrinsic and extrinsic motivation* (pp. 131-159). San Diego, CA: Academic Press.

Möller, J. (2001). Attributionen. In D. H. Rost (Hrsg.), *Handwörterbuch Pädagogische Psychologie* (S. 36-41). Weinheim: Beltz.

Möller, J. & Köller, O. (1995). Kausalattributionen von Schulleistungen: Reaktive und nichtreaktive Befragung. *Zeitschrift für Entwicklungspsychologie und Pädagogische Psychologie, 27,* 268-287.

Möller, J. & Köller, O. (1996). Attributionen und Schulleistungen. In J. Möller und O. Köller (Hrsg.), *Emotionen, Kognitionen und Schulleistung* (S. 115-136). Weinheim: Beltz.

Moschner, B. (1998). Selbstkonzept. In D. H. Rost (Hrsg.), *Handwörterbuch Pädagogische Psychologie* (S. 460-464). Weinheim: Beltz.

Moschner, B. & Schiefele, U. (2000). Motivationsförderung im Unterricht. In M. K. W. Schweer (Hrsg.), *Lehrer-Schüler-Interaktion* (S. 177-185). Opladen: Leske + Budrich.

Mueller, C. M. & Dweck, C. S. (1998). Praise for intelligence can undermine children's motivation and performance. *Journal of Personality and Social Psychology, 75,* 33-52.

Murphy, K. & Alexander, P. (2000). A motivated exploration of motivation terminology. *Contemporary Educational Psychology, 25,* 3-53.

Nachtigall, C. & Suhl, U. (2002). Der Regressionseffekt. Mythos und Wirklichkeit. *Metheval report, 4 (2).*

Newby, T. J. (1991). Classroom motivation: Strategies of first-year teachers. *Journal of Educational Psychology, 83,* 195-200.

Nicholls, J. G. (1979). Quality and equality in intellectual development: The role of motivation in education. *American Psychologist, 34,* 1071-1084.

Nicholls, J. G. (1984). Achievement motivation: Conceptions of ability, subjective experience task choice and performance. *Psychological Review, 19,* 308-346.

Nicholls, J. G., Patashnick, M. & Nolen, S. B. (1985). Adolescents' theories of education. *Journal of Educational Psychology, 77,* 683-692.

Niederdrenk-Felgner, C. (1999). Sensibilisieren aber wie? Eine Konzeption für Fortbildungsveranstaltungen zum Thema Mädchen und Computer. In. H. Krahn und C. Niederdrenk-Felgner (Hrsg.), *Frauen und Mathematik: Variationen über ein Thema der Aus- und Weiterbildung von Lehrerinnen und Lehrern* (S. 179-202). Bielefeld: Kleine.

Northfield, J. & Gunstone, R. (1997). Teacher education as a process of developing teacher knowledge. In J. Loughran & T. Russell (Eds.), *Teaching about teaching: Purpose, Passion and Pedagogy in teacher education* (pp. 48-56). London: Falmer Press.

Norwich, B. (1994). Predicting Girls' Learning Behaviour in secondary school mathematics lessons from motivational and learning environment factors. *Educational Psychology, 14,* 291-306

Nosek, B., Banaji, M. & Greenwald, A. (2002). Math= male, me=female, therefore math ≠ me. *Journal of Personality and Social Psychology, 83,* 44-59.

Ntoumanis, N., & Biddle, S .J. H. (1999). A review of motivational climate in physical activity. *Journal of Sports Sciences, 17*, 643-665.

Oerter, R. (2000). Non scholae sed vitae discimus: Was heißt «fürs Leben lernen»? *Zeitschrift für Pädagogische Psychologie, 4,* 171–176.

Oser, F. & Hascher, T. (1997). Lernen aus Fehlern. Zur Psychologie des "negativen Wissens". *Schriftenreihe zum Projekt "Lernen Menschen aus Fehlern? Zur Entwicklung eines Fehlerkultur in der Schule"; Heft 1/NR. 1*; Päd. Institut der Universität Freiburg.

Pajares, F. (1996). Self-Efficacy beliefs and mathematical problem-solving of gifted students. *Contemporary Educational Psychology, 21*, 325-344.

Pajares, F. & Miller, M. D. (1994). Role of self-efficacy and self-concept beliefs in mathematical problem solving: a path analysis. *Journal of Educational Psychology, 86,* 193-203.

Patrick, H., Anderman, L. H., Ryan, A. M. L., Edelin, K. C. & Midgley, C. (2001). Teachers' communication of goal orientations in four fifth-grade classrooms. *The Elementary School Journal, 102*, 35-59.

Patry, J. L. & Hager, W. (2000): Abschließende Bemerkungen: Dilemmata in der Evaluation. In: W. Hager, J. L. Patry & H. Brezing(Hrsg.), *Evaluation psychologischer Interventionsmaßnahmen* (S. 258-275).Bern: Huber.

Patry, J. L. & Perrez, M. (2000). Theorie-Praxis-Probleme und die Evaluation von Trainingsprogrammen. In W. Hager, J. L. Patry & H. Brezing(Hrsg.), *Evaluation psychologischer Interventionsmaßnahmen* (S.19-40). Bern: Huber.

Pekrun, R. & Schiefele, U. (1996): Emotions- und motivationspsychologische Bedingungen der Lernleistung. In: F. E. Weinert (Hrsg.), *Psychologie des Lernens und der Instruktion* (S. 153-180). Göttingen: Hogrefe.

Pelkner, A.-K., Günther, R. & Boehnke, K. (2002). Die Angst vor sozialer Ausgrenzung als leistungshemmender Faktor: Zum Stellenwert guter mathematischer Schulleistungen unter Gleichaltrigen. *Zeitschrift für Pädagogik, 45. Beiheft*, 326-340.

Pintrich, P.R. (2003). A Motivational Science Perspective on the Role of Student Motivation in Learning and Teaching Contexts. *Journal of Educational Psychology, 95,* 667-686.

Pintrich, P. R. & Schunk, D. H. (1996). *Motivation in education.* Englewood Cliffs, NJ: Prentice-Hall.

Pintrich, P.R. & Schunk, D.H. (2002). *Motivation in education: Theory, research, and applications.* Englewood Cliffs, NJ: Prentice Hall.

Plath, I. (1998). *Probleme mit der Wissenschaft? : Lehrerurteile über pädagogisch-psychologische Literatur.* Baden-Baden : Nomos.

Prenzel, M. & Doll, J. (Hrsg.) (2002). Bildungsqualität von Schule: Schulische und außerschulische Bedingungen mathematischer, naturwissenschaftlicher und überfachlicher Kompetenzen. *Zeitschrift für Pädagogik, 45. Beiheft.*

Putnam, R. T. & Borko, H. (2000). What do new views of knowledge and thinking have to say about research on teacher learning? *Educational Researcher, 29*, 4-15.

Randhawa, B. S., Beamer, J. E. & Lundberg, I. (1993). Role of the mathematics self-efficacy in the structural model of mathematics achievement. *Journal of Educational Psychology, 85*, 41-48.

Reber, R. (1997). Attributionsforschung ist MAGIC: Editorial zum Themenschwerpunkt: "Attributionen in der Schule". *Zeitschrift für Pädagogische Psychologie, 11*, 149-150.

Reeve, J., Bolt, E. & Cai, Y. (1999). Autonomy-supportive teachers. How they teach and motivate students. *Journal of Educational Psychology, 91*, 537-548.

Renninger, K. A. (1992). Individual interest and development: Implications for theory and practice. In K. A. Renninger, S. Hidi & A. Krapp (Eds.), *The role of interest in learning and development* (pp. 361-395). Hillsdale, NJ: Erlbaum.

Rheinberg, R. (1980). *Leistungsbewertung und Lernmotivation.* Göttingen: Hogrefe.

Rheinberg, F. (1995). Individuelle Bezugsnorm der Leistungsbewertung und Motivation im Unterricht. *Pädagogische Welt, 49*, 59-62.

Rheinberg, F. (1999). Abschließende Wertung der Interventionsstudien und Ausblick. In F. Rheinberg & S. Krug, (Hrsg.), *Motivationsförderung im Schulalltag* (S. 178-183). Göttingen: Hogrefe.

Rheinberg, F. (2000). *Motivation.* Stuttgart: Kohlhammer.

Rheinberg, F. (2001). Motivationstraining und Motivierung. In D. H. Rost (Hrsg.), *Handwörterbuch Pädagogische Psychologie* (S. 478-483). Weinheim: Beltz.

Rheinberg, F. & Fries, S. (1998). Förderung der Lernmotivation: Ansatzpunkte, Strategien und Effekte. *Psychologie in Erziehung und Unterricht, 44*, 168-184.

Rheinberg, F. & Günther, A. (1999). Ein Unterrichtsbeispiel zum lehrplanabgestimmten Einsatz individueller Bezugsnormen. In F. Rheinberg & S. Krug (Hrsg.), *Motivationsförderung im Schulalltag* (S. 55 – 68). Göttingen: Hogrefe.

Rheinberg, F. & Krug, S. (1999). *Motivationsförderung im Schulalltag.* Göttingen: Hogrefe.

Rheinberg, F., Krug, S., Lübbermann, E. & Landscheidt, K. (1980). Änderung der Leistungsbewertung im Unterricht: Lehrer- und schülerseitige Effekte eines Interventionsversuchs. *Unterrichtswissenschaft, 8*, 48-60.

Rheinberg, F. & Reinhard, P. (1982). Selbstkonzept, Ängstlichkeit und Schulunlust von Schülern: Eine Längsschnittstudie zum Einfluß des Klassenlehrers. In F. Rheinberg (Hrsg.), *Bezugsnormen zur Schulleistungsbewertung: Analyse und Intervention* (S. 143-159). Düsseldorf: Schwann.

Richardson, V. (1990). Significant and worthwile change in teaching practice. *Educational Researcher, 19*, 10-18.

Roeser, R. W., Midgley, C. & Urdan, T. (1996). Perceptions of the school psychological environment and early adolescents' self-appraisals and academic engagement: The mediating role of goals and belonging. *Journal of Educational Psychology, 88*, 408-422.

Rogosa, D. R., Brandt, D. & Zimowski, M. (1982). A Growth Curve Approach to the Measurement of Change. *Psychological Bulletin*, 90, 726-748.

Rogosa, D. R. & Willett, J. B. (1983). Demonstrating the reliability of the difference score in the measurement of change. *Journal of Educational Measurement, 20*, 335-343.

Rosenholtz, S. J. & Simpson, C. (1984). The formation of ability conceptions: Developmental trend or social construction? *Review of Educational Research, 54*, 31-63.

Rosenthal, R. & Jacobson, L. (1968). *Pygmalion in the classroom: Teacher expectation and pupils' intellectual development'*. New York: Rinehart and Winston.

Rosenthal, R. (1971). *Pygmalion im Unterricht*. Weinheim: Beltz.

Rost, J. (2000). Allgemeine Standards für die Evaluationsforschung. In W. Hager, J. L. Patry & H. Brezing (Hrsg.), *Evaluation psychologischer Interventionsmaßnahmen* (S. 129-140). Bern: Huber.

Rudolph, U. (2003). *Motivationspsychologie*. Weinheim: Beltz.

Rustemeyer, R. (1993). *Aktuelle Genese des Selbst. Motive der Verarbeitung selbstrelevanter Informationen*. Münster: Aschendorff.

Rustemeyer, R. (1999). Geschlechtstypische Erwartungen zukünftiger Lehrkräfte bezüglich des Unterrichtsfaches Mathematik und korrespondierende (Selbst-)Einschätzungen von Schülerinnen und Schülern. *Psychologie in Erziehung und Unterricht, 46*, 187-200.

Rustemeyer, R. (2000). Attributionstheorie und Geschlechterforschung. In F. Försterling, J. Stiensmeier-Pelster & L.-M. Silny (Hrsg), *Kognitive und emotionale Aspekte der Motivation* (S. 99-119). Göttingen: Hogrefe.

Rustemeyer, R. (2004). *Einführung in die Unterrichtspsychologie*. Darmstadt: Wissenschaftliche Buchgesellschaft.

Rustemeyer, R. & Fischer, N. (2005). Motivational development and sex differences in mathematics. *Psychological Reports, 97*, 183-194.

Rustemeyer, R. & Jubel, A. (1996). Geschlechtsspezifische Unterschiede im Unterrichtsfach Mathematik hinsichtlich der Fähigkeitseinschätzung, Leistungserwartung, Attribution sowie im Lernaufwand und im Interesse. *Zeitschrift für Pädagogische Psychologie, 10*, 13-25.

Ryan, R. M. (1982). Control and information in the intrapersonal sphere: An extension of cognitive evaluation theory. *Journal of Personality and Social Psychology, 43,* 450-461.

Ryan, R. M. & Connell, J. P. (1989). Perceived locus of causality and internalization: Examining reasons for acting in two domains. *Journal of Personality and Social Psychology, 57,* 749-761.

Ryan, R. M. & Deci, E. L. (2000). Self-determination theory and the facilitation of intrinsic motivation, social development, and well-being. *American Psychologist, 55,* 68-78.

Ryan, R. M. & Grolnick, W. S. (1986). Origins and pawns in the classroom: Self-report and projective assessments of individual differences in children's perceptions. *Journal of Personality and Social Psychology, 50,* 550-558.

Ryan, R. M., Mims, V. & Koestner, R. (1983). Relation of reward contingency and interpersonal context to intrinsic motivation: A review and test using cognitive evaluation theory. *Journal of Personality and Social Psychology, 45,* 736-750.

Sansone, C. & Harackiewicz, J. M. (1996). "I don't feel like it": The function of interest in self-regulation. In L. L. Martin & A. Tessner (Eds.), *Striving and feeling: Interactions among goals, affect, and self-regulation* (pp. 203-228). Hillsdale, NJ: Erlbaum.

Satow, L. (2000). *Klassenklima und Selbstwirksamkeitsentwicklung.* Digitale Dissertation. http://www.diss.fu-berlin.de/2000/9/indexe.html [28.04.2005]

Satow, L. (2001). Immer ein prima Unterrichtsklima? *Unterrichten/Erziehen. Die Zeitschrift für kreative Lehrerinnen und Lehrer, 20,* 308-311.

Satow, L. (2002). Unterrichtsklima und Selbstwirksamkeitsdynamik. *Zeitschrift für Pädagogik, 44. Beiheft,* 174-191.

Schiefele, U. (1996). *Motivation und Lernen mit Texten.* Göttingen: Hogrefe.

Schiefele, U. (1998). Individual interest and learning - what we know and what we don't know. In L. Hoffmann, A. Krapp, K. A. Renninger & J. Baumert (Eds.), *Interest and learning* (pp. 91-104). Kiel: Institute for Science Education at the University of Kiel.

Schiefele, U. & Köller, O. (2001). Intrinsische und extrinsische Motivation. In D. H. Rost (Hrsg.), *Handwörterbuch Pädagogische Psychologie* (S. 304-310). Weinheim: Beltz.

Schlangen, B. & Stiensmeier-Pelster, J. (1997). Implizite Theorien über die Veränderbarkeit von Intelligenz als Determinanten der Leistungsmotivation. *Zeitschrift für Pädagogische Psychologie, 11,* 167-176.

Schmidt, E. (2001). *Mit Social Support vom Wissen zum Handeln.* Aachen: Shaker.

Schmidt, E. & Wahl, D. (1999). Kooperatives Lehren lernen. *Gruppendynamik, 30,* 281-293.

Schober, B. (2002). *Entwicklung und Evaluation des Münchner Motivationstrainings (MMT).* Regensburg: Roderer.

Schober, B. & Ziegler, A. (2001). Das Münchner Motivationstraining (MMT): Theoretischer Hintergrund, Förderziele und exemplarische Umsetzung. *Zeitschrift für Pädagogische Psychologie, 15*, 166-178.

Schoen, H. L., Cebulla, K. J., Finn, K. F. & Fi, C. (2003). Teacher variables that relate to student achievement when using a standards-based curriculum. *Journal for Research in Mathematics Education, 34*, 228 – 259.

Schultz von Thun, F. (2001). *Miteinander reden*. Reinbek: Rororo.

Schunk, D. H. (1982). Effects of effort attributional feedback on children's perceived self-efficacy and achievement. *Journal of Educational Psychology, 74*, 548-556.

Schunk, D. H. (1989). Self-efficacy and cognitive skill learning. In C. Ames & R. Ames (Eds.), *Research on motivation in education* (Vol. 3, pp. 13-44). San Diego, CA: Academic Press.

Schunk, D. H. (2000). Coming to Terms with Motivation Constructs. *Contemporary Educational Psychology, 25*, 116-119.

Schunk, D. H. & Gunn, T. P. (1986). Modeled importance of task strategies and achievement beliefs: Effect on self-efficacy and skill development. *Journal of Early Adolescence, 5*, 247-258.

Schunk, D. H. & Pajares, F. (2002). The development of academic self-efficacy. In A. Wigfield & J. S. Eccles (Eds.), *Development of Achievement Motivation* (pp. 15-31). San Diego: Academic Press.

Schwarzer, R. & Jerusalem, M. (2002). Das Konzept der Selbstwirksamkeit. *Zeitschrift für Pädagogik, 44. Beiheft*, 28-53.

Schwarzer, R., Lange, B. & Jerusalem, M. (1982). Die Bezugsnorm des Lehrers aus Sicht des Schülers. In F. Rheinberg (Hrsg.), *Bezugsnormen zur Schulleistungsbewertung* (S. 161-172). Düsseldorf: Schwann

Schwartz, H. (1996). The Changing Nature of Teacher Education. In J. Sikula, T. Buttery, & E. Guyton (Eds.), *Handbook of Research on Teacher Education* (pp. 459-484). New York, NY: Macmillan.

Seegers, G. & Boekaerts, M. (1996). Gender-related differences in self-referenced cognitions in relation to mathematics. *Journal for Research in Mathematics Education, 27*, 215-240.

Seligman, M. (1975). *Helplessness: On Depression, Development, and Death*. San Francisco: W.H. Freeman & Co.

Shavelson, R. J., Hubner, J. J. & Stanton, G. C. (1976). Self-concept: Validation of construct interpretations. *Review of Educational Research, 46*, 407-441.

Shulman, L. (1986). Those who understand: Knowledge growth in teaching. *Educational Researcher, 15*, 4-14.

Sieland, B. (1999). Kooperative Entwicklungssteuerung durch Selbstmanagement in Studium und Schulen (KESS). In C. Enders, C. Hanckel, & S. Möley (Hrsg.), *Lebensraum- Lebenstraum-Lebenstrauma Schule. Berichte aus der Schulpsychologie* (S. 122 - 131). Bonn: Deutscher Psychologen Verlag.

Simon, M. A. & Shifter, D. (1991). Towards a constructivist perspective: An intervention study of mathematics teacher development. *Educational Studies in Mathematics, 22,* 309-331.

Skaalvik, E. M. (1994). Attribution of perceived achievement in school in general and in maths and in maths and verbal areas: relations with academic self-concept and self-esteem. *British Journal of Educational Psychology, 64,* 133-143.

Skinner, E. A. & Belmont, M. J. (1993). Motivation in the classroom: Reciprocal effects of teacher behavior and student engagement across the school year. *Journal of Educational Psychology, 85,* 571-581.

Smith, F. & Luginbuhl, J. (1976). Inspecting expectancy: Some laboratory results of relevance for teacher training. *Journal of Educational Psychology, 68,* 265-272.

Souvignier, E. (2000). *Förderung räumlicher Fähigkeiten.* Münster: Waxmann.

Spinath, B. (2002). Entwicklung motivationaler Kompetenzen von Schülerinnen und Schülern als gemeinsame Aufgabe von Schule und Universität. In B. Spinath & E. Heise (Hrsg.), *Pädagogische Psychologie unter gewandelten gesellschaftlichen Bedingungen* (S. 69-83). Hamburg: Kovac.

Spinath, B., Stiensmeier-Pelster, J., Schöne, C. & Dickhäuser, O. (2002). *Skalen zur Erfassung der Lern- und Leistungsmotivation - SELLMO.* Göttingen: Hogrefe.

Stiensmeier-Pelster, J., Balke, S. & Schlangen, B. (1996). Lern- versus Leistungszielorientierung als Bedingungen des Lernfortschritts. *Zeitschrift für Entwicklungspsychologie und Pädagogische Psychologie, 28,* 169-187.

Stipek, D. J. (2001). Good Instruction is motivating. In A. Wigfield & J. S. Eccles (Eds). *Development of Achievement Motivation* (S.310-332). San Diego: Academic Press.

Stipek, D. J., Givvin, K. B., Salmon, J. M. & MacGyvers, V. L. (1998). Can a teacher intervention improve classroom practices and student motivation in mathematics? *The Journal of Experimental Education, 66,* 319-337.

Stipek, D. J. & Gralinski, J. H. (1991). Gender differences in children's achievement-related beliefs and emotional responses to success and failure in mathematics. *Journal of Educational Psychology, 83,* 361-371.

Stipek, D. J. & Gralinski, J. H. (1996).Children's beliefs about intelligence and school performance. *Journal of Educational Psychology, 88,* 397-407.

Stipek, D. J. & MacIver, D. (1989). Developmental change in children's assessment of intellectual competence. *Child Development, 60,* 521-538.

Supersaxo, A., Perrez, M. & Kramis, J. (1986). Beeinflussung der kausalen Attributionen von Schülern durch Lehrerattribution. *Psychologie in Erziehung und Unterricht, 33*, 108-116.

Tausch, R. (1983). Die Förderung des persönlichen Lernens des Lehrers – notwendig für persönliches und fachliches Lernen der Schüler. In W. Mutzeck & W. Pallasch (Hrsg.), *Handbuch zum Lehrertraining* (S. 276-292). Weinheim: Beltz.

Tennstädt, K.-C. (1991). *Das Konstanzer Trainingsmodell (KTM), Band 2: Theoretische Grundlagen, Beschreibung der Trainingsinhalte und erste empirische Untersuchungen.* Bern: Huber.

Terhart, E. (1995). Lehrerprofessionalität. In H.-G.Rolff (Hrsg.), *Zukunftsfelder von Schulforschung* (S. 225-266). Weinheim: DeutscherStudienVerlag.

Terhart, E. (1996). Berufskultur und professionelles Handeln bei Lehrern. In W. Helsper (Hrsg.), *Pädagogische Professionalität* (S. 448-471). Frankfurt: Suhrkamp.

Thorkildsen, T. A. & Nicholls, J. G. (1998). Fifth graders' achievement orientations and beliefs: Individual and classroom differences. *Journal of Educational Psychology, 90*, 179-201.

Tiedemann, J. (1995). Geschlechtstypische Erwartungen von Lehrkräften im Mathematikunterricht der Grundschule. *Zeitschrift für Pädagogische Psychologie, 9*, 153-161.

Tiedemann, J. (2000). Parents' gender stereotypes and teachers' beliefs as predictors of children's concept of their mathematical ability in elementary school. *Journal of Educational Psychology, 92*, 144-151.

Tiedemann, J. & Faber, G. (1995). Mädchen im Mathematikunterricht: Selbstkonzept und Kausalattributionen im Grundschulalter. *Zeitschrift für Entwicklungspsychologie und Pädagogische Psychologie, 27*, 61-71.

Tollefson, N. (2000). Classroom applications of cognitive theories of motivation. *Educational Psychology Review, 12*, 63-83.

Turner, J. C., Meyer, D. K., Anderman, E. M., Midgley, C., Gheen, M., Kang, Y. & Patrick, H. (2002). The classroom environment and students' reports of avoidance strategies in mathematics: A multimethod study. *Journal of Educational Psychology, 94*, 88-106.

Urdan, T. (2004). Predictors of academic self-handicapping and achievement: Examining achievement goals, classroom goal structures, and culture. *Journal of Educational Psychology, 96*, 251–264.

Vallerand, R. J. & Bissonette, R. (1992). Intrinsic, extrinsic, and amotivation styles as predictors of behavior: A prospective study. *Journal of Personality, 60*, 599-620.

Wagner, A. C. (1983). Erfahrungen mit einem Kompaktseminar zum schülerzentrierten Unterrichtsverhalten – oder: von der Mikroanalyse zum Nachträglichen Lauten Denken. In W. Mutzeck & W. Pallasch (Hrsg.), *Handbuch zum Lehrertraining* (S. 73-87). Weinheim: Beltz.

Wahl, D. (2001). Nachhaltige Wege vom Wissen zum Handeln. *Beiträge zur Lehrerbildung, 19*, 157-174.

Wahl, D. (2002). Mit Training vom trägen Wissen zum kompetenten Handeln? *Zeitschrift für Pädagogik, 48*, 227-241.

Weiner, B. (1979). A theory of motivation for some classroom experiences. *Journal of Educational Psychology, 71*, 3-25.

Weiner, B. (1985). An attributional theory of achievement motivation and emotion. *Psychological Review, 92*, 548-573.

Weiner, B. (1994a). *Motivationspsychologie*. Weinheim: Beltz.

Weiner, B. (1994b). Integrating social and personal theories of achievement striving. *Review of Educational Research, 64*, 557-573.

Weiner, B., Frieze, I., Kukla, A., Reed, L., Rest, S. & Rosenbaum, R. (1971). *Perceiving the causes of success and failure*. New York: General Learning Press.

Weinert, F. E. & Helmke, A. (1996). Der gute Lehrer: Person, Funktion oder Fiktion? *Zeitschrift für Pädagogik, 34. Beiheft*, 223-233.

Weinstein, C. (1989). Teacher education students' preconceptions of teaching. *Journal of Teacher Education, 40*, 53-60.

Weinstein, R. S., Marshall, H. H., Brattesani, K. A. & Middlestadt, S. E. (1982). Student perceptions of differential teacher treatment in open and traditional classrooms. *Journal of Educational Psychology, 74*, 678-692.

Weissglass, J. (1992). Changing the culture of mathematics instruction. *Journal of Mathematical Behavior, 11*, 195-203.

Wentzel, K. R. & Asher, S. R. (1995). The academic lives of the neglected, rejected, popular, and controversial children. *Child Development, 66*, 754-763.

Westermann, R. (2000). *Wissenschaftstheorie und Experimentalmethodik*. Göttingen: Hogrefe.

White, R. (2001). Transforming Teaching: The Project for Enhancing Effective Learning. *Unterrichtswissenschaft, 28*, 213-223.

Wigfield, A. (1994). Expectancy-Value theory of achievement motivation: A developmental perspective. *Educational Psychology Review, 6*, 49-78.

Wigfield, A. (1997). Reading motivation: A domain-specific approach to motivation. *Educational Psychologist, 32*, 59-68

Wigfield, A. & Eccles, J. S. (1992). The development of achievement task values: A theoretical analysis. *Developmental Review, 12,* 265-310.

Wigfield, A. & Eccles, J. (2000). Expectancy-Value Theory of achievement motivation. *Contemporary Educational Psychology, 25,* 68-81.

Wigfield, A., Eccles, J., Yoon, K.S., Harold, R. D., Arbreton, A.J. & Blumenfeld, P.C. (1997). Change in children's competence beliefs and subjective task values across the elementary school years: A three year study. *Journal of Educational Psychology, 89,* 451-469.

Willson, V. L. & Putnam, R. R. (1982). A meta-analysis of pretest sensitization effects in experimental design. *American Educational Research Journal, 19,* 249-258.

Wolters, C. A. (2004). Advancing achievement goal theory: Using goal structures and goal orientations to predict students' motivation, cognition, and achievement. *Journal of Educational Psychology, 96,* 236–250.

Worrell, F. C. & Kuterbach, L. D. (2001). The use of student ratings of teacher behaviors with academically talented high school students. *The Journal of Secondary Gifted Education, 14,* 236-247.

Xiang, P., Lee, A. M. & Shen, J. (2001). Conceptions of ability and achievement goals in physical education: Comparisons of American and Chinese students. *Contemporary Educational Psychology, 26,* 348-365.

Zedler, P., Fischler, H., Kirchner, S. & Schröder, H.-J. (2004). Fachdidaktisches Coaching – Veränderungen von Lehrerkognitionen und unterrichtlichen Handlungsmustern. In: J. Doll & M. Prenzel (Hrsg.), *Bildungsqualität von Schule. Lehrerprofessionalisierung, Unterrichtsentwicklung und Schülerförderung als Strategien der Qualitätsverbesserung* (S. 114-132). Münster: Waxmann.

Ziegler, A. (1999). Der Einfluß impliziter Theorien von Grundschullehrkräften zur Modifizierbarkeit der mathematischen Intelligenz auf ihre Wahrnehmung von Geschlechtsunterschieden. In B. Hannover, U. Kittler & H. Metz-Göckel (Hrsg.), *Sozialkognitive Aspekte der Pädagogischen Psychologie* (S. 164-177). Essen: Die Blaue Eule.

Ziegler, A., Broome, P. & Heller, K. A. (1999). Golem und Enhancement: Elternkognitionen und das schulische Leistungshandeln in Physik. *Zeitschrift für Pädagogische Psychologie, 13,* 135-147.

Ziegler, A. & Heller, K. A. (1998). Motivationsförderung mit Hilfe eines Reattributionstrainings. *Psychologie in Erziehung und Unterricht, 44,* 216-229.

Ziegler, A. & Schober, B. (1996). Resultate eines Reattributionstrainings mit Schülerinnen der 5. Klasse Gymnasium. In E. Witruk & G. Friedrich (Hrsg.), *Pädagogische Psychologie im Streit um ein neues Selbstverständnis* (S. 348-356). Landau: VEP.

Ziegler, A. & Schober, B. (1999a). Implizite Theorien über die eigenen Intelligenz bei Grundschüler(inne)n und ihr Einfluss auf hilfloses Verhalten in den Fächern Mathematik und Musik. In C. Enders, C. Hanckel & S. Möley (Hrsg.), *Lebensraum – Lebenstraum – Lebenstrauma Schule* (S. 386 – 395). Bonn: Deutscher Psychologen Verlag.

Ziegler, A. & Schober, B. (1999b). Der Zusammenhang von Eltern- und Kindkognitionen bezüglich des Faches Mathematik. *Zeitschrift für Familienforschung, 11*, 72-95.

Ziegler, A. & Schober, B. (2001). *Theoretische Grundlagen und praktische Anwendungen von Reattributionstrainings.* Regensburg: Roderer.

Anhang: Wissenstest

Der folgende Test dient der Erfassung von Wissensinhalten hinsichtlich der Psychologie von Schule und Unterricht, die in unserer Fortbildungsmaßnahme für Mathematiklehrkräfte vermittelt werden. Wenn Sie an der Fortbildung (noch) nicht teilgenommen haben, wissen Sie natürlich nicht über alle Themengebiete Bescheid. Versuchen Sie bitte trotzdem alle Fragen zu beantworten und kreuzen Sie, da wo Sie unsicher sind die für Sie plausibelste Lösung an.
Bitte lesen Sie sich alle Items genau durch, richtig ist jeweils nur eine Alternative!
Vielen Dank und viel Vergnügen!

1. Welche Aussage ist richtig?
☐ Für das Verhalten einer Lehrperson ist es irrelevant, ob sie den Misserfolg einer Schülerin auf unzureichende Anstrengung oder mangelnde Begabung zurückführt.
☐ Eine Lehrkraft wird sich einer Schülerin gegenüber unterschiedlich verhalten, je nachdem, ob sie ihren Misserfolg auf unzureichende Anstrengung oder mangelnde Begabung zurückführt.
☐ Eine Lehrperson, die den Misserfolg einer Schülerin auf mangelnde Begabung zurückführt, wird sie eher tadeln als Mitleid zu haben.
☐ Die Ursachenerklärungen einer Lehrkraft beeinflussen ihr Erleben und Verhalten gegenüber den Schülern nicht.

2. Claudia schreibt eine schlechte Mathematikarbeit. Die Arbeit ist insgesamt gut ausgefallen, Claudia schreibt meist schlechte Noten in Mathematik und auch in anderen Fächern. Auf welche Ursache wird eine Lehrkraft Claudias Misserfolg wahrscheinlich zurückführen?
☐ Claudias mangelnde Begabung oder Anstrengung
☐ Schwierigkeit der Arbeit
☐ äußere Umstände
☐ Keine der genannten Antworten ist richtig.

3. Aktivierung meint die Fähigkeit von Lehrkräften, ihre Schülerinnen und Schüler zu aktivieren und sich für die Lerninhalte zu engagieren. Die Aktivierung erfolgt umso leichter, je mehr die Lehrkraft
☐ Feedback in der richtigen Form gibt.
☐ Lernende, die sich nicht beteiligen wollen, in Ruhe lässt.
☐ die Schülerinnen und Schüler möglichst viel kontrolliert.
☐ nicht die einzelnen Lernenden individuell, sondern die Klasse als Gesamtheit betrachtet.

4. In einer Studie erhielten die Versuchspersonen kleine Szenarios, zum Beispiel folgender Art: "Ein Schüler hat bei einer Aufgabe Misserfolg und der Lehrer wird ärgerlich. Aus welchem Grunde hatte der Schüler nach Ansicht des Lehrers Misserfolg?" Was antworten die meisten Testpersonen auf diese Frage?
☐ mangelnde Begabung
☐ mangelnde Anstrengung
☐ Pech
☐ Der Lehrer hat die Aufgabe nicht gut genug erklärt.

Anhang: Wissenstest

5. Welche Informationen ergeben sich bei ausschließlicher Verwendung der sozialen Bezugsnorm?
☐ Man erfährt, was der Schüler bzw. die Schülerin im einzelnen kann.
☐ Man erfährt, inwiefern sich die Leistungen des Schülers bzw. der Schülerin verbessert haben.
☐ Man erfährt etwas über die relative Position des Schülers/der Schülerin in der Klasse.
☐ Man erfährt, wie begabt der Schüler/die Schülerin ist.

6. Lena und Martina schreiben eine Klassenarbeit. Lena ist es besonders wichtig, bei ihren Klassenkamerad(inn)en, der Lehrkraft und ihren Eltern einen positiven Leistungseindruck zu hinterlassen. Martina hingegen will vor allem ihre eigenen Kompetenzen steigern.
Welche Aussage trifft nach der Theorie von Dweck und Leggett zu?
☐ Martina und Lena verfolgen eine Ich-Orientierung.
☐ Martina und Lena verfolgen eine Aufgabenorientierung.
☐ Martina verfolgt eine Aufgaben-, Lena eine Ich-Orientierung.
☐ Lena denkt eher, dass Begabung ein veränderbares Merkmal ist als Martina.
☐

7. Was ist der Pygmalion-Effekt?
☐ Die Auswirkungen einer Stabilitätstheorie der Begabung werden allgemein als Pygmalion-Effekt bezeichnet.
☐ Als Pygmalion-Effekt bezeichnet man den Effekt der Lehrererwartungen auf die Lernleistung der Schülerinnen und Schüler.
☐ Die Auswirkungen der sozialen Bezugsnormorientierung einer Lehrkraft werden auch Pygmalion-Effekt genannt.
☐ Die Auswirkung der Erwartungen der Schülerinnen und Schüler auf das Verhalten der Lehrkraft wird als Pygmalion-Effekt bezeichnet.

8. Welche Aussage ist richtig?
☐ Zur Förderung der Erfolgserwartung sollten die Aufgaben möglichst einfach sein.
☐ Die Erfolgserwartung kann gesteigert werden, wenn möglichst konkrete Lernziele vorgegeben werden.
☐ Die Erfolgserwartung wird vor allem gesteigert, wenn man als Lernziel vorgibt: "Tut Euer Bestes!"
☐ Wenn die Schüler Standards bekommen, an denen sie ihre Lernfortschritte selbst überprüfen müssen, verringert sich die Lernmotivation.

9. Was ist Flow?
☐ Flow bezeichnet ein Gefühl des Aufgehens in einer Tätigkeit unter Ausblendung störender Einflüsse.
☐ Flow bezeichnet ein Gefühl des völligen Aufgehens in einer Tätigkeit, wobei die Person die Handlung als unkontrollierbar erlebt.
☐ Flow bezeichnet eine Form extrinsischer Motivierung.
☐ Flow bezeichnet einen Zustand völligen Aufgehens in einer Tätigkeit, den nur Experten auf diesem Gebiet erreichen können.

Anhang: Wissenstest

10. Es gibt individuelle, soziale und sachliche Bezugsnormen - Welcher Aussage stimmen Sie zu?
- ☐ Um eine optimale Motivierung in der Klasse zu gewährleisten, sollte ausschließlich die individuelle Bezugsnorm bei der Beurteilung von Leistungen angewendet werden.
- ☐ Da die Informationen aus allen drei Bezugsnormen nützlich sind, empfiehlt es sich mindestens zwei Bezugsnormen anzuwenden.
- ☐ Verwendet man nur die sachliche Bezugsnorm, so kann es sein, dass ein Schüler/eine Schülerin unentwegt positive Rückmeldungen über seinen/ihren Leistungsfortschritt erhält und trotzdem die Klasse wiederholen muss.
- ☐ Eine Folge der ausschließlichen Verwendung der sachlichen Bezugnorm kann es sein, dass die Note "befriedigend" (3) von einer Schule mehr gilt als die Note "sehr gut" (1) von einer anderen.

11. Sonja und Laura schreiben eine Klassenarbeit. Sonja ist es besonders wichtig, bei ihren Klassenkamerad(inn)en, der Lehrkraft und ihren Eltern einen positiven Leistungseindruck zu hinterlassen. Laura hingegen will vor allem ihre eigenen Kompetenzen steigern. Welche Aussage trifft zu?
- ☐ Sonja orientiert sich an individuellen Bezugsnormen.
- ☐ Laura orientiert sich an individuellen Bezugsnormen.
- ☐ Laura orientiert sich an sachlichen Bezugsnormen.
- ☐ Sonja orientiert sich an sachlichen Bezugsnormen.

12. Bastian und Marco können eine offensichtlich leichte Aufgabe nicht lösen. Der Lehrer kommt an ihren Tisch und hilft nur Bastian, obwohl er nicht um Hilfe gebeten hatte. Welche Emotion wird das bei Bastian wahrscheinlich auslösen?
- ☐ Gefühl der Dankbarkeit
- ☐ Gefühl der Freude
- ☐ Gefühl der Inkompetenz
- ☐ Gefühl der Leistungsfähigkeit

13. Direkte und indirekte Mitteilungen von Fähigkeitseinschätzungen haben Christian zu dem Schluss kommen lassen, dass er für Mathematik unbegabt sei. Was für Auswirkungen kann sein negatives Selbstkonzept auf sein zukünftiges Verhalten haben?
- ☐ Das Selbstkonzept beeinflusst das Verhalten nicht.
- ☐ Er wird in Zukunft Mathematikaufgaben meiden, wo er nur kann.
- ☐ Er wird in Zukunft verstärkt herausfordernde Mathematikaufgaben suchen.
- ☐ Er wird in Zukunft zuversichtlich an Mathematikaufgaben herangehen.

14. Leistungsdefizite aufgrund von Hilflosigkeit treten dann auf, wenn eine Person nach stetem Misserfolg:
- ☐ erwartet, die Situation bei zukünftigen Aufgaben kontrollieren zu können.
- ☐ erwartet, dass sie Erfolg haben kann, wenn sie sich genügend anstrengt.
- ☐ erwartet, dass solche Aufgaben nicht mehr von ihr gefordert werden.
- ☐ erwartet, Erfolg bei dieser Aufgabe durch eigenes Handeln nicht herbeiführen zu können.

15. Welche der folgenden Attributionen ist internal und stabil? Attribution eines Erfolgs auf
- ☐ Fähigkeit ☐ Anstrengung ☐ Aufgabenschwierigkeit ☐ Zufall

Anhang: Wissenstest

16. Empirische Untersuchungen ergaben:
- ☐ Der erste Eindruck einer Lehrkraft von einem Schüler /einer Schülerin ist meist sehr zu verlässig.
- ☐ Die Verwendung individueller Bezugsnormen führt meist zum Pygmalion-Effekt.
- ☐ Schüler erzielen bei attraktiven Lehrkräften generell höhere Leistungen.
- ☐ Viele Lehrkräfte schätzen das Potential von attraktiven Schülerinnen und Schülern höher ein.

17. Welche Aussage ist richtig?
- ☐ Extrinsische Motivierung durch Belohnungen wirkt sich bei älteren Kindern stärker aus als bei jüngeren.
- ☐ Extrinsische Motivierung durch Belohnungen wirkt sich bei extrem schlechten Schülerinnen und Schülern stärker aus als bei besseren.
- ☐ Der Verweis auf den unmittelbaren Nutzen eines Lerngegenstandes (zu welchem Zweck etwas gelernt wird) dient der Motivation.
- ☐ Langfristig ist die extrinsische Motivation bedeutsamer als die intrinsische.

18. Um zu vermeiden, dass Lehrererwartungen zu selbsterfüllenden Prophezeiungen werden kann man:
- ☐ In der Einzelinteraktion mit den Schülerinnen und Schülern seine Erwartungen deutlich machen.
- ☐ Insbesondere schwächeren Schülerinnen und Schülern mit Wohlwollen und Mitgefühl gegenübertreten.
- ☐ Mit schwächeren Schülerinnen und Schülern eher privat interagieren als vor der Klasse.
- ☐ Bei der Leistungsbewertung nicht nur Gruppenvergleiche vornehmen, sondern individuelle Fortschritte deutlich machen.

19. Angestrebt wird die Förderung des Willens oder Antriebs der Schüler, <u>von sich aus</u> in zweckmäßiger Weise <u>lernen zu wollen</u>. Welche Aussage ist richtig?
- ☐ Motivation beim Lernen von Grundlagen kann gesteigert werden, in dem das Thema in einen größeren Zusammenhang gestellt wird.
- ☐ Überraschungsklausuren erhöhen langfristig die Motivation zum Lernen.
- ☐ Ob die Lehrkraft Interesse am Stoff zeigt, hat keine Auswirkungen auf die Motivation der Schülerinnen und Schüler.
- ☐ Um die Motivation zum Lernen anzuregen, sollte die Lehrkraft möglichst häufig auf Beurteilungen/ Noten hinweisen.

20. Welche Ursachen werden mit Geschlechtsunterschieden in Mathematik in Verbindung gebracht?
- ☐ Mädchen erfahren im Unterricht mehr Aufmerksamkeit als Jungen.
- ☐ Mädchen entwickeln ein geringeres Selbstbewusstsein hinsichtlich ihrer mathematischen Fähigkeiten.
- ☐ Lehrkräfte ermahnen Mädchen häufiger als Jungen.
- ☐ Lehrkräfte erwarten von Jungen mehr Fleiß als von Mädchen.

Anhang: Wissenstest

21. Welche Aussagen zum Flow-Erleben sind richtig?
☐ In empirischen Studien fand man heraus, dass Lehrkräfte mit viel Wissen und hohem Prestige für die Entwicklung der Schülerinnen und Schüler einflussreicher waren als Lehrkräfte die Spass an ihrem Fach hatten.
☐ Die Eindeutigkeit der Handlungsstruktur hat keine Auswirkungen auf das Flow-Erleben.
☐ Wenn ein Schüler beim Bearbeiten mathematischer Aufgaben wiederholt Flow erlebt, dann wird sein Wunsch, sich mit der Mathematik um ihrer selbst willen zu beschäftigen, wachsen.
☐ Rückmeldungen aus Schulnoten fördern das Flow-Erleben eher als Selbstbewertungen.

22. Simon verfolgt eine Aufgaben-, Karin eine Ich-Orientierung.
Welche Aussage trifft nach der Theorie von Dweck und Leggett zu?
☐ Simon wird nach Misserfolg eher beharrlich (erhöhte Anstrengung und das weitere Aufsuchen von Herausforderungen) reagieren als Karin.
☐ Karin wird nach Misserfolg eher beharrlich reagieren als Simon.
☐ Auch wenn Karin ihre eigene Begabung als hoch einschätzt, wird sie Misserfolge wahrscheinlich auf mangelnde Fähigkeiten zurückführen und hilflos reagieren.
☐ Unabhängig von der Einschätzung ihrer eigenen Begabung wird Karin nach Misserfolgen beharrlich sein und sich anstrengen.

23. Welche der folgenden Attributionen ist internal und variabel? Attribution eines Erfolgs auf
☐ Fähigkeit   ☐ Anstrengung   ☐ Aufgabenschwierigkeit   ☐ Zufall

24. Ein und dieselbe "Nachricht" enthält stets viele Botschaften gleichzeitig. Welche Aussage trifft zu?
☐ Der Sender einer Nachricht ist alleine verantwortlich für die Reaktion des Empfängers.
☐ Die Bedeutung einer Nachricht ist für Sender und Empfänger immer gleich.
☐ Feedback vom Empfänger erschwert die Kommunikation.
☐ Die Reaktion des Empfängers auf die Nachricht ist zu einem guten Teil sein eigenes Werk.

25. Bezüglich der Offenheit im Unterricht gilt:
☐ Die Lehrkraft sollte möglichst viele persönliche Informationen in die Klasse hineintragen, egal welcher Art, damit auch die Lernenden mit Offenheit reagieren.
☐ Die Lehrkraft sollte gar keine persönlichen Informationen in die Klasse hineintragen, da Offenheit der Lehrer-Schüler-Beziehung zu schaden scheint.
☐ Die Lehrkraft sollte ein mittleres Maß von persönlichen Informationen in die Klasse hineintragen, die mit den Unterrichtsinhalten in Verbindung stehen.
☐ Die Offenheit einer Lehrkraft hat keine Auswirkungen auf ihre Beziehungen zu den Schülerinnen und Schülern.

26. Matthias und Thomas haben eine offensichtlich sehr schwere Aufgabe falsch gelöst, waren also nicht erfolgreich; Matthias wird dafür von der Lehrerin getadelt, Thomas erhält keinen Tadel. Welche Ursachen kann das haben?
☐ Die Lehrerin hält Matthias für begabter als Thomas.
☐ Die Lehrerin hält Thomas für begabter als Matthias.
☐ Matthias und Thomas sind die besten Freunde.
☐ Keine der Antworten ist richtig.

Anhang: Wissenstest

27. Studien zur Interaktion im Unterricht ergaben:
☐ Mädchen werden häufiger gelobt als Jungen.
☐ Auch wenn sich Jungen und Mädchen gleich häufig melden, werden Jungen öfter aufgerufen.
☐ Etwas mehr Mädchen als Jungen nehmen von sich aus Kontakt zur Lehrperson auf.
☐ Die größere Beachtung von Jungen ist bei Lehrerinnen noch etwas stärker als bei Lehrern.

28. Michael zeigt in Mathematik unterdurchschnittliche Leistungen. Sie, als Lehrkraft, gehen davon aus, dass eine starke Unterschätzung der eigenen Fähigkeiten die Ursache ist. Welche Rückmeldung ist geeignet, seinen <u>Selbstwert</u> zu erhöhen (hier geht es also um <u>selbstwertdienliche</u> Rückmeldungen)?

  a) <u>Nach Erfolg</u> (bitte <u>eine</u> Rückmeldung ankreuzen)

☐ "Siehst du, welche Fähigkeiten in dir stecken?"
☐ "Die Aufgabe war ziemlich einfach."
☐ "Diesmal hast du Glück gehabt."
☐ "Siehst du, wenn du aufpasst und dich konzentrierst, schaffst du es."

  b) <u>Nach Misserfolg</u> (bitte <u>eine</u> Rückmeldung ankreuzen)

☐ "Du hast diesmal zu flüchtig gerechnet."
☐ "Die Aufgabe war doch wirklich nicht schwer!"
☐ "Die Aufgabe war diesmal wirklich schwer und hat vielen Probleme gemacht."
☐ "Macht nichts, solche Aufgaben hast du ja noch nie gekonnt."

29. Wann wird ein Schüler aus Lob oder Tadel der Lehrerin <u>am ehesten </u>Rückschlüsse auf die Ausprägung der eigenen Begabung ziehen?
☐ Wenn die Lehrerin alle Mitschüler gleichermaßen für Erfolg bei einer leichten Aufgabe lobt.
☐ Wenn die Lehrerin nur ihn für Erfolg bei einer leichten Aufgabe lobt.
☐ Wenn die Lehrerin ganz neu in der Klasse ist und die Schülerinnen und Schüler noch nicht kennt.
☐ Wenn die Lehrerin alle Schüler für Misserfolg bei einer Aufgabe tadelt.

30. Hilflosigkeit tritt besonders dann auf, wenn ein Misserfolg...
☐ ...internal, stabil und global attribuiert wird.
☐ ...internal, variabel und spezifisch attribuiert wird.
☐ ...external, stabil und global attribuiert wird.
☐ ...external, variabel und spezifisch attribuiert wird.

31. Was kann man tun, um das mathematische Selbstvertrauen von Mädchen zu steigern?
☐ Lehrkräfte sollten nach Misserfolgen besonders den Begabungsfaktor hervorheben.
☐ Den Schülerinnen sollte eine Stabilitätstheorie von Begabung vermittelt werden.
☐ Lehrkräfte sollten positive Erwartungen verbalisieren.
☐ Die Schülerinnen sollten möglichst oft, auch für das Lösen einfachster Aufgaben, gelobt werden.

Anhang: Wissenstest

32. Welche Aussage ist richtig (nach der Attributionstheorie von Weiner)?
☐ Die Attribution eines Misserfolgs auf ungenügende Anstrengung ruft eher negative affektive Reaktionen hervor als eine Misserfolgsattribution auf mangelnde Fähigkeit.
☐ Die Attribution eines Misserfolgs auf ungenügende Anstrengung führt eher zur Erhöhung der Motivation und Erfolgserwartung als eine Misserfolgsattribution auf mangelnde Fähigkeit.
☐ Die Attribution eines Misserfolgs auf ungenügende Anstrengung führt eher zu depressiven Symptomen und niedrigen Erwartungen als eine Misserfolgsattribution auf mangelnde Fähigkeit.
☐ Attributionen haben keinen Einfluss auf Selbstkonzept, Emotionen und Verhalten.

33. Nach welcher Rückmeldung wird eine Schülerin einen Misserfolg am ehesten auf die eigene mangelnde Begabung zurückführen?
☐ "Deine Arbeit zählt zu den schlechtesten in der Klasse!"
☐ "Du hast diesmal mehr Fehler gemacht als sonst."
☐ "Du hattest Pech."
☐ "Wenn du Dich nächstes Mal anstrengst, wird es besser."

34. Welche Stärke wird von Lehrkräften eher Jungen bescheinigt als Mädchen?
☐ Fleiß
☐ Ordnung
☐ Kreativität
☐ soziale Kompetenzen

35. Um zu vermeiden, dass Lehrererwartungen zu selbsterfüllenden Prophezeiungen werden, kann man...
☐ ...Einsicht in die Schülerdatei nehmen.
☐ ...Informationen bei früheren Lehrkräften einholen.
☐ ...die Lernenden jeweils als Einzelperson/ Individuum betrachten.
☐ ...bei schwächeren Schülern kürzer auf Antworten warten.

36. Britta und Boris haben eine sehr gute Arbeit geschrieben. Welches Lob wird die Lehrerin eher an Britta richten als an Boris? (entsprechend den Ergebnissen zur geschlechtsspezifischen Interaktion)
☐ "Du hattest viele gute Ideen."
☐ "Du hast sehr fleißig gelernt."
☐ "Du hast wirklich elegante Lösungen gefunden."
☐ "Du verstehst Mathematik wirklich gut!"

37. Günstige Attributionen, Erhöhung der Erfolgszuversicht und Sinken der Prüfungsangst bei schwächeren Schülern kann man bewirken durch...
☐ ...die Verwendung der sozialen Bezugsnorm bei der Beurteilung.
☐ ...die Verwendung der individuellen Bezugsnorm bei der Beurteilung.
☐ ...die Verwendung der sachlichen Bezugsnorm bei der Beurteilung.
☐ ...den Verzicht auf Beurteilungen und Rückmeldungen.

Anhang: Differenzen

Tabelle A.1: Mittelwerte und Standardabweichungen der Differenzen zwischen den Messzeitpunkten (MZP) für die bei den Lehrkräften erhobenen Variablen

VARIABLE	DIFFERENZ	KG		LG		FG	
		MW	**STDW**	**MW**	**STDW**	**MW**	**STDW**
Zuwachstheorie	MZP2-MZP1	-0.04	0.36	0.06	0.40	0.19	0.51
	MZP3-MZP1	0.01	0.56	-0.07	0.23	-0.13	0.49
	MZP3-MZP2	0.06	0.50	-0.17	0.26	0.02	0.38
Individuelle Bezugsnormorientierung	MZP2-MZP1	-3.00	5.71	3.00	4.56	-2.63	5.04
	MZP3-MZP1	-1.67	4.97	0.50	3.02	-1.71	4.50
	MZP3-MZP2	0.13	4.19	-2.00	3.46	1.43	5.41
Lehrerlernzielorientierung	MZP2-MZP1	0.04	0.52	0.20	0.40	-0.27	0.35
	MZP3-MZP1	0.22	0.61	-0.03	0.27	-0.35	0.28
	MZP3-MZP2	0.09	0.57	-0.20	0.33	-0.08	0.41
Erwartungseffekte	MZP2-MZP1	-0.07	0.37	0.22	0.61	0.07	0.32
	MZP3-MZP1	-0.13	0.28	0.32	0.60	0.12	0.38
	MZP3-MZP2	-0.09	0.34	0.13	0.31	0.08	0.32
Aufgabenorientierung	MZP2-MZP1	-0.08	0.25	0.14	0.17	0.24	0.33
	MZP3-MZP1	-0.10	0.16	0.21	0.37	0.24	0.45
	MZP3-MZP2	-0.04	0.23	0.10	0.39	-0.03	0.20
Autonomie/ Partnerschaft	MZP2-MZP1	-0.20	0.29	0.20	0.53	0.25	0.25
	MZP3-MZP1	-0.09	0.40	-0.06	0.31	0.31	0.38
	MZP3-MZP2	0.02	0.26	-0.22	0.49	0.07	0.24

Tabelle A.2: Mittelwerte und Standardabweichungen der Differenzen zwischen den Messzeitpunkten (MZP) für die bei den Schülerinnen und Schülern erhobenen Variablen

VARIABLE	DIFFERENZ	KG MW	KG STDW	LG MW	LG STDW	FG MW	FG STDW
Zuwachstheorie	MZP2-MZP1	0.03	0.68	0.03	0.76	-0.11	0.71
	MZP3-MZP1	0.05	0.67	0.05	0.72	0.00	0.70
	MZP3-MZP2	-0.02	0.66	0.01	0.59	0.15	0.67
Hilflosigkeit	MZP2-MZP1	-0.06	0.79	-0.01	0.92	0.07	0.91
	MZP3-MZP1	0.02	0.91	0.00	0.95	-0.06	1.00
	MZP3-MZP2	0.08	0.77	-0.02	0.82	-0.14	0.92
Selbstkonzept	MZP2-MZP1	-0.06	0.61	-0.10	0.59	-0.11	0.52
	MZP3-MZP1	-0.06	0.67	-0.13	0.68	-0.06	0.65
	MZP3-MZP2	-0.04	0.65	-0.07	0.64	0.02	0.66
Lernziel	MZP2-MZP1	-0.07	0.64	-0.18	0.76	-0.12	0.62
	MZP3-MZP1	-0.22	0.72	-0.29	0.83	-0.18	0.68
	MZP3-MZP2	-0.19	0.63	-0.13	0.69	-0.05	0.68
Selbstwirksamkeit	MZP2-MZP1	-0.07	0.64	-0.10	0.66	-0.04	0.64
	MZP3-MZP1	-0.16	0.67	-0.11	0.79	0.07	0.69
	MZP3-MZP2	-0.13	0.62	-0.04	0.63	0.13	0.65
subjektiver Wert	MZP2-MZP1	-0.19	0.66	-0.19	0.79	-0.19	0.70
	MZP3-MZP1	-0.28	0.69	-0.18	0.85	-0.18	0.71
	MZP3-MZP2	-0.11	0.70	-0.01	0.72	0.05	0.72
Erwartungseffekte (schülerperzipiert)	MZP2-MZP1	-0.01	0.68	0.01	0.70	0.02	0.73
	MZP3-MZP1	0.02	0.76	0.06	0.81	0.02	0.74
	MZP3-MZP2	0.06	0.74	0.07	0.71	0.00	0.73
Aufgabenorientierung (schülerperzipiert)	MZP2-MZP1	-0.02	0.60	-0.01	0.60	-0.02	0.67
	MZP3-MZP1	-0.09	0.74	-0.15	0.73	-0.01	0.69
	MZP3-MZP2	-0.11	0.67	-0.15	0.64	0.03	0.67
Autonomie/ Partnerschaft (schülerperzipiert)	MZP2-MZP1	0.08	0.79	0.15	0.78	0.10	0.75
	MZP3-MZP1	-0.02	0.80	0.00	0.76	0.10	0.82
	MZP3-MZP2	-0.14	0.72	-0.15	0.76	0.00	0.73

Aus unserem Verlagsprogramm:

Schriften zur pädagogischen Psychologie

Katharina Ruf
Das Selbstkonzept der Schüler im Sportunterricht
*Struktur und maßgebliche Einflussgrößen –
eine deutsch-kanadische Vergleichsstudie*
Hamburg 2006 / 188 Seiten / ISBN 3-8300-2253-0

Katja Rühl
Förderung des Textverstehens
*Prüfung der differentiellen Wirksamkeit
eines strategieorientierten Unterrichtsprogramms*
Hamburg 2006 / 234 Seiten / ISBN 3-8300-2230-1

Annette Schmitt
Konfliktmediation in der Schule
Ergebnisse einer Evaluationsstudie
Hamburg 2005 / 128 Seiten / ISBN 3-8300-1924-6

Frank Borsch
Der Einsatz des Gruppenpuzzles in der Grundschule
Förderung von Lernerfolg, Lernfreude und kooperativen Fertigkeiten
Hamburg 2005 / 258 Seiten / ISBN 3-8300-1802-9

Torsten Fischer & Peter M. Mroczek
Pädagogik und Therapie
Einführung in die Theorie und Praxis pädagogischer Therapieformen
Hamburg 2004 / 132 Seiten / ISBN 3-8300-1424-4

Christina Schenz
**Leistungseinschätzung und Selbstwertgefühl
bei Kindern in der Schuleingangsphase**
Eine empirische Untersuchung an Wiener Volksschulen
Hamburg 2004 / 232 Seiten / ISBN 3-8300-1289-6

VERLAG DR. KOVAČ
FACHVERLAG FÜR WISSENSCHAFTLICHE LITERATUR

Postfach 57 01 42 · 22770 Hamburg · www.verlagdrkovac.de · info@verlagdrkovac.de

Einfach Wohlfahrtsmarken helfen!